이띠웃따까(如是語經)

청신녀 쿳줏따라가 들어서 전해준 부처님 말씀

이띠웃따까

Itivuttaka

여시어경(如是語經)

청신녀 쿳줏따라가 들어서 전해준 부처님 말씀

초기불전연구원

그분
부처님
공양 올려 마땅한 분
바르게 깨달으신 분께 귀의합니다.

Namo tassa Bhagavato Arahato Sammāsambuddhassa

목차

약어

√	Root(어근)
1st	First Person(1인칭)
2nd	Second Person(2인칭)
3th	Third Person(3인칭)
A.	Aṅguttara Nikāya(앙굿따라 니까야, 증지부)
AA.	Aṅguttara Nikāya Aṭṭhakathā = Manorathapūraṇī(증지부 주석서)
AAṬ.	Aṅguttara Nikāya Aṭṭhakathā Ṭīkā(증지부 복주서)
Abhi-Sgh.	Abhidhammatthasaṅgaha(아비담맛타상가하 = 아비담마 길라잡이)
Aor.	Aorist(아오리스트 과거)
ApA.	Apadāna Aṭṭhakathā(아빠다나(譬喩經) 주석서)
Ā	Ātmanepāda(the middle voice)
Be	Burmese-script edition(VRI 간행 미얀마 육차결집본)
BHD	Buddhist Hybrid Sanskrit Dictionary
BHS	Buddhist Hybrid Sanskrit
BPS	Buddhist Publication Society
Bv.	Buddhavaṁsa(佛種姓)
BvA.	Buddhavaṁsa Aṭṭhakathā

CBETA	CBETA Chinese Electronic Tripitaka Collection: CD-ROM
cf.	*confer*(=*compare*, 비교, 참조)
CDB	The Connected Discourses of Buddha(상윳따 니까야 영역)
CMA	A Comprehensive Manual of Abhidhamma(아비담맛타 상가하 영역)
CPD	Critical Pāli Dictionary

D.	Dīgha Nikāya(디가 니까야, 長部)
DA.	Dīgha Nikāya Aṭṭhakathā = Sumaṅgalavilāsinī(디가 니까야 주석서)
DAṬ.	Dīgha Nikāya Aṭṭhakathā Ṭīkā(디가 니까야 복주서)
Dhp.	Dhammapada(담마빠다, 법구경)
DhpA.	Dhammapada Aṭṭhakathā(담마빠다 주석서)
Dhs.	Dhammasaṅgaṇi(담마상가니, 法集論)
DhsA.	Dhammasaṅgaṇi Aṭṭhakathā = Aṭṭhasālinī(담마상가니 주석서)
DPL	A Dictionary of the Pali Language(Childers)
DPPN.	G. P. Malalasekera's *Dictionary of Pali Proper Names*

Ee	Roman-script edition(PTS본)
EV1	Elders' Verses I(테라가타 영역, Norman)
EV2	Elders' Verses II(테리가타 영역, Norman)

GD	Group of Discourse(숫따니빠따 영역, Norman)
Grd.	Gerund(동명사)
Ibid.	*Ibidem*(전게서, 前揭書, 같은 책)
Imp.	Imparative(명령형)
It.	Itivuttaka(如是語)
ItA.	Itivuttaka Aṭṭhakathā(여시어경 주석서)
Jā.	Jātaka(자따까, 本生譚)
JāA.	Jātaka Aṭṭhakathā(자따까 주석서)
Khp.	Khuddakapātha(쿳다까빠타)
KhpA.	Khuddakapātha Aṭṭhakathā(쿳다까빠타 주석서)
Kv.	Kathāvatthu(까타왓투, 論事)
KvA.	Kathāvatthu Aṭṭhakathā(까타왓투 주석서)

M. Majjhima Nikāya(맛지마 니까야, 中部)

MA. Majjhima Nikāya Aṭṭhakathā = Papañcasūdanī(맛지마 니까야 주석서)

MAṬ. Majjhima Nikāya Aṭṭhakathā Ṭīkā(맛지마 니까야 복주서)

Mhv. Mahāvaṁsa(마하왐사, 大史), edited by Geiger

Mil. Milindapañha(밀린다빤하, 밀린다왕문경)

Moh. Mohavicchedanī(모하윗체다니)

Mtk Mātikā(마띠까)

Mvu. Mahāvastu(북전 大事, Edited by Senart)

MW Monier-Williams' Sanskrit-English Dictionary

Nd1. Mahā Niddesa(마하닛데사, 大義釋)

Nd2. Cūla Niddesa(쭐라닛데사, 小義釋)

Netti. Nettippakaraṇa(넷띠빠까라나, 指道論)

NetA Nettippakaraṇa Aṭṭhakathā(넷띠빠까라나 주석서)

NMD Ven. Ñāṇamoli's Pali-English Glossary of Buddhist Terms

Opt. Optative(기원법)

Pass.	Passive(수동형)
PAP	Present Active Participle(현재능동분사)
PdṬ.	Paramatthadīpani-ṭīkā(빠라맛타디빠니 띠까)
Pe.	Peṭakopadesa(뻬따꼬바데사, 藏釋論)
PED	Pāli-English Dictionary(PTS)
pl	plural(복수)
Pm.	Paramatthamañjūsā = Visuddhimagga Mahāṭīkā(청정도론 복주서)
Pot.	Potential(가능법)
PPP	Past Passive Participle(과거수동분사)
Pre.	Present(현재시제)
Ps.	Paṭisambhidāmagga(빠띠삼비다막가, 무애해도)
Ptṇ..	Paṭṭhāna(빳타나, 發趣論)
PTS	Pāli Text Society
Pug.	Puggalapaññatti(뿍갈라빤띠, 人施設論)
PugA.	Puggalapaññatti Aṭṭhakathā(뿍갈라빤냣띠 주석서)
Pv.	Petavatthu(뻬따왓투, 餓鬼事)
Pvch.	Paramatthavinicchaya(빠라맛타 위닛차야)
Rv.	Ṛgveda(리그베다)

S. Saṁyutta Nikāya(상윳따 니까야, 相應部)

SA. Saṁyutta Nikāya Aṭṭhakathā = Sāratthappakāsinī(상윳따니까야 주석서)

SAṬ. Saṁyutta Nikāya Aṭṭhakathā Ṭīkā(상윳따 니까야 복주서)

Se Sinhala-script edition(스리랑카본)

sg singular(단수)

Sk. Sanskrit

Sn. Suttanipāta(숫따니빠따, 經集)

SnA. Suttanipāta Aṭṭhakathā(숫따니빠따 주석서)

Sv Sāsanavaṁsa(사사나왐사, 교단의 역사)

s.v. *sub verbō*(*under the word*, 표제어)

Te Thai-script edition(태국본)

Thag. Theragāthā(테라가타, 장로게)

ThagA. Theragāthā Aṭṭhakathā(테라가타 주석서)

Thig. Therīgāthā(테리가타, 장로니게)

ThigA. Therīgāthā Aṭṭhakathā(테리가타 주석서)

Ud. Udāna(우다나, 감흥어)

UdA. Udāna Aṭṭhakathā(우다나 주석서)

Uv Udānavarga(북전 출요경, 出曜經)

Vbh.	Vibhaṅga(위방가, 分別論)
VbhA.	Vibhaṅga Aṭṭhakathā = Sammohavinodanī(위방가 주석서)
Vin.	Vinaya Piṭaka(율장)
VinA.	Vinaya Piṭaka Aṭṭhakathā = Samantapāsādikā(율장 주석서)
VinAṬ	Vinaya Piṭaka Aṭṭhakathā Ṭīkā = Sāratthadīpanī-ṭīkā(율장 복주서)
Vin-Kaṅ-nṭ.	Kaṅkhāvitaraṇī-abhinavaṭīkā(깡카위따라니 아비나와띠까)
Vis.	Visuddhimagga(청정도론)
v.l.	*varia lectio, variant reading*(이문, 異文)
VRI	Vipassanā Research Institute(인도)
VṬ	Abhidhammaṭṭha Vibhavinī Ṭīkā(위바위니 띠까)
Vv.	Vimānavatthu(위마나왓투, 천궁사)
VvA.	Vimānavatthu Aṭṭhakathā(위마나왓투 주석서)

Yam.	Yamaka(야마까, 雙論)
YamA.	Yamaka Aṭṭhakathā = Pañcappakaraṇa(야마까 주석서)

디가 니까야	각묵 스님 옮김, 초기불전연구원, 2006, 3쇄 2010
맛지마 니까야	대림 스님 옮김, 초기불전연구원, 2012, 2쇄 2015
상윳따 니까야	각묵 스님 옮김, 초기불전연구원, 2009, 3쇄 2016
앙굿따라 니까야	대림 스님 옮김, 초기불전연구원, 2006~2007, 3쇄 2016
담마상가니	각묵 스님 옮김, 초기불전연구원, 2016, 초판.
위방가	각묵 스님 옮김, 초기불전연구원, 2018, 초판.
육차결집본	Vipassana Research Institute(인도) 간행 육차결집 본
아비담마 길라잡이	대림 스님/각묵 스님 옮김, 초기불전연구원, 2002, 14쇄 2018
청정도론	대림 스님 옮김, 초기불전연구원, 2004, 6쇄 2016
초기불교 이해	각묵 스님 지음, 초기불전연구원, 2010, 5쇄 2015
초기불교 입문	각묵 스님 지음, 초기불전연구원, 초판 2014, 개정판 2018.

Ireland	The Udāna and the Itivuttaka(영역본)
Masefield	The Udāna Commentary I&II(우다나 주석서 영역본)
리스 데이비즈	A Buddhist Manual of Psychological Ethics(담마상가니 영역본)
보디 스님	The Connected Discourses of the Buddha(상윳따 니까야 영역본)

일러두기

(1) 『이띠웃따까』(It.)는 미얀마 육차결집본(VRI본, 인도 Vipassana Research Institute 간행, Be)을 저본으로 하였음.

(2) It1:1은 『이띠웃따까』「하나의 모음」의 첫 번째 경을, It4:13은 『이띠웃따까』「넷의 모음」의 13번째 경을 의미하고 It3:35 §2는 『이띠웃따까』「셋의 모음」 35번째 경의 두 번째 문단을 뜻함.

(3) 본서에서 인용하는 문단 번호는 모두 역자가 임의로 표기하였음.

(4) 본문의 [ ] 안에 PTS본(Ee)의 쪽 번호를 넣었음.

(5) 각 경의 마지막에 표기한 { } 안의 숫자는 전체 경의 일련번호임. 그러므로 {33}은 『이띠웃따까』 112개 경들 가운데 33번째 경임을 의미함.

(6) 『담마상가니』(Dhs.)와 『위방가』(Vbh.)는 미얀마 육차결집본(VRI본, 인도 Vipassana Research Institute 간행, Be)을 저본으로 하였고 그 외 삼장(Tipitaka)과 주석서(Aṭṭhakathā)들은 별다른 언급이 없는 한 모두 PTS본(Ee)임.

(7) 『디가 니까야 복주서』(DAṬ)를 제외한 모든 복주서(Ṭīkā)들은 VRI본(Be)이고, 『디가 니까야 복주서』(DAṬ)는 PTS본(Ee)이며, 『청정도론』은 HOS본임.

(8) S56:11은 『상윳따 니까야』 56번째 상윳따의 11번째 경을 뜻하고 M.ii.123은 PTS본(Ee) 『맛지마 니까야』 제2권 123쪽을 뜻함.

(9) 빠알리어와 산스끄리뜨어는 정체로, 영어는 이탤릭체로 표기함을 원칙으로 하였음.

해제

1. 들어가는 말

부처님과 직계 제자들의 가르침을 초기불교라 한다. 그래서 부처님의 사촌동생이고(tathāgatassa bhātā cūḷapituputta, DA.i.4), 같은 해에 태어났으며, 출가하여 부처님의 후반부 24년을 부처님을 가까이에서 직접 모셨고, 다문제일(多聞第一, etadagga bahussutānaṁ)이라 불리며(A1:14:4-1), 일차 합송에서 경장의 결집을 주도하였고(DA.i.14), 120세까지 살았다고 하며(DhpA.99), 그래서 부처님께서 입멸하신 후에도 무려 40년을 더 생존해 있었던 아난다 존자는 『장로게』에서 이렇게 읊고 있다.

> "8만 2천은 부처님으로부터 받은 것이고
> 2천은 비구들로부터 받은 것이니
> 나는 8만 4천 가지의
> 이러한 법들을 전개하노라."(Thag.92 {1024})[1]

즉 초기불전은 8만 4천의 가르침을 담고 있는데 그 가운데 8만 2천은 부처님의 가르침이고 2천은 직계 제자들의 가르침이라는 뜻이다. 이러한 초기불전은 빠알리어로 삼장(三藏, Tipiṭaka)으로 분류되어 전승되어 오는데 그것은 율장(律藏, Vinaya Piṭaka)과 경장(經藏, Sutta Piṭaka)과 논장(論藏, Abhidhamma Piṭaka)이다. 이 가운데 부처님과 직계 제자들의 가르침[法, dhamma]을 담고 있는 경장은 5부 니까야(Nikāya, 모음, 묶음)로 나누어져 있

1) dvāsīti buddhato gaṇhiṁ, dve sahassāni bhikkhuto caturāsītisahassāni, ye me dhammā pavattino.

는데 그것은 (1) 『디가 니까야』 (Dīgha Nikāya, 長部, 길게 설하신 경들의 모음) (2) 『맛지마 니까야』 (Majjhima Nikāya, 中部, 중간 길이의 경들의 모음) (3) 『상윳따 니까야』 (Saṁyutta Nikāya, 相應部, 주제별 경들의 모음) (4) 『앙굿따라 니까야』 (Aṅguttara Nikāya, 增支部, 숫자별 경들의 모음) (5) 『쿳다까 니까야』 (Khuddaka Nikāya, 小部, 그 외 여러 가르침들의 모음)이다.

이 가운데 『쿳다까 니까야』는 다음의 15개 경전들로 구성되어 있다.

(1) 쿳다까빠타(Khuddakapāṭha, 小誦經)
(2) 담마빠다(Dhammapada, 法句經)
(3) 우다나(Udāna, 自說經)
(4) 이띠웃따까(Itivuttaka, 如是語經)
(5) 숫따니빠따(Suttanipāta, 經集)
(6) 위마나왓투(Vimānavatthu, 天宮事經)
(7) 뻬따왓투(Petavatthu, 餓鬼事經)
(8) 테라가타(Theragāthā, 長老偈經)
(9) 테리가타(Therīgāthā, 長老尼偈經)
(10) 자따까(Jātaka, 本生經)
(11) 닛데사(Niddesa, 義釋)
① 마하닛데사(Mahā-Niddesa, 大義釋)
② 쭐라닛데사(Culla-Niddesa, 小義釋)
(12) 빠띠삼비다막가(Paṭisambhidāmagga, 無礙解道)
(13) 아빠다나(Apadāna, 譬喩經)
(14) 붓다왐사(Buddhavaṁsa, 佛種姓經)
(15) 짜리야삐따까(Cariyāpiṭaka, 所行藏經)

이 15개 가르침 가운데 (2) 담마빠다(법구경), (3) 우다나(자설경), (4) 이띠웃따까(여시어경), (5) 숫따니빠따(경집), (8) 테라가타(장로게경), (9) 테리가타(장로니게경), (10) 자따까(본생경)는 4부 니까야와 같은 권위를 가진 초기불전으로 학자들이 인정하고 있다.

이처럼 본서 『이띠웃따까』는 부처님 원음을 담고 있는 빠알리 삼장 가운데 경장의 다섯 번째인 『쿳다까 니까야』의 네 번째 경전으로 결집되어 전승되어 온다. 이것은 如是語(여시어) 혹은 如是語經(여시어경)으로 우리에게 알려져 있다.

그리고 전통적으로 부처님의 가르침은 내용, 특히 형식에 따라 '아홉 가지 구성요소를 가진 스승의 교법(navaṅga-satthu-sāsana)', 즉 구분교(九分教)로도 분류된다. 이 아홉 가지는 ① 경(經, sutta), ② 응송(應頌, geyya), ③ 상세한 설명[記別, 授記, veyyākaraṇa], ④ 게송(偈頌, gāthā), ⑤ 감흥어(感興語, udāna), ⑥ 여시어(如是語, itivuttaka), ⑦ 본생담(本生譚, jātaka), ⑧ 미증유법(未曾有法, abbhūtadhamma), ⑨ 문답(方等, vedalla)인데[2] 이미 니까야의 여러 경들에서 언급되고 있다.(M22 §10; A4:6 §1; A4:103 §3; A5:155 §8; A6:51 §5 등)[3]

이러한 『이띠웃따까』는 쿳줏따라(Khujjuttarā)라는 청신녀가 부처님으로부터 직접 들어서 그녀가 모시던 사마와띠 왕비와 시녀 500명에게 들려준 것을 모아서 전승한 것이다. 본서는 『앙굿따라 니까야』처럼 각 경들에 포함된 주제의 개수에 따라 「하나의 모음」(It1)부터 「넷의 모음」(It4)까지로 네 개의 모음(nipāta)으로 구성되어 있으며 「하나의 모음」에는 27개의 경들이, 「둘의 모음」에는 22개가, 「셋의 모음」에는 50개가, 「넷의 모음」에는 13개가 들어있어서 모두 112개의 경들을 담고 있다.

---

2) 이 구분교에 대한 설명은 『디가 니까야』 제3권에 부록으로 싣고 있는 『디가 니까야 주석서』 서문(『디가 니까야』 제3권 585~586쪽)이나 『맛지마 니까야』 제1권 「뱀의 비유 경」(M22) §10의 주해를 참조하기 바란다.

3) 특히 『앙굿따라 니까야』 제4권 「아난다 경」(A6:51) §5에서 사리뿟따 존자는 구분교를 전승하는 데 있어서 아난다 존자의 역할이 크다고 강조하고 있다. 여기에 대해서는 아래 §2. 『이띠웃따까』란 무엇인가 — (2) 빠알리 삼장에 나타나는 itivuttaka의 용례의 경전 인용을 참조하기 바란다.

2. 『이띠웃따까』란 무엇인가

(1) '이띠웃따까(itivuttaka)'의 문자적인 의미

(a) 상좌부 불교의 전통적인 해석:
웃따까(Pāli. vuttaka)는 욱따까(Sk. uktaka)이다

① 경전의 출처

'이띠웃따까(itivuttaka)'는 iti와 vuttaka의 합성어이다. 여기서 iti는 '이처럼', '이렇게', '이와 같이' 등을 뜻하는 불변화사(nipāta)이며 evaṁ처럼 영어로는 주로 *thus*로 옮겨지고 있다. vutta는 √vac(*to speak*)의 과거분사 vutta에다 명사형 어미 '-ka'를 붙여서 만든 명사로 '설해진 것', '말해진 것' 등을 뜻한다. 특히 본서의 112개 경들이 모두 "이것은 참으로 세존께서 말씀하신 것이니 아라한께서 말씀하신 것을 이처럼 저는 들었습니다(vuttañhetaṁ bhagavatā, vuttamarahatāti me sutaṁ)."로 시작하여, "이러한 뜻 또한 세존께서 말씀하셨으니 이처럼 저는 들었습니다.(ayampi attho vutto bhagavatā, iti me sutanti)"로 끝나고 있기 때문에 itivuttaka의 vuttaka는 이 √vac(*to speak*)의 과거분사 vutta(Sk. ukta)에서 파생된 중성명사로 보아야 한다.

② 주석서의 해석

상좌부 불교의 대주석가 붓다고사 스님이 지은 여러 주석서들은 본서 itivuttaka를 한결같이 "'이것은 참으로 세존께서 말씀하신 것이니'라는 등의 방법으로 전개되는 110개의 경들[4]이 『이띠웃따까』라고 알아야 한다."[5]라고

---

4) 여기서 dasuttarasatasuttantā는 dasa(10개)-uttara(넘어선)-sata(백개)-suttantā(경들)로 분석이 되는데 문자적으로는 '100개를 넘은(uttara-sata) 10개(dasa)의 경들(suttāntā)'이 되어 '110개의 경들'이라는 뜻이다. 예를 들면 aṭṭhuttarasata, 즉 aṭṭha(8)-uttara-sata는 108개가 된다. (DhA.i.388) 여기서 uttara가 없이 dasasata로만 적으면 이것은 10×100=1000이 된다. 그래서 uttara를 넣어서 10+100=110, 8+100=108이 되는 것이다.

간략하게 설명하고 있다. 이처럼 itivuttaka는 본서 『이띠웃따까』 112개의 모든 경에 나타나는 vutta(말씀하신)를 전제로 하고 있기 때문에 당연히 산스끄리뜨 uktaka로 해석하고 있다. 만일 이 uttaka가 다른 의미를 가졌거나 다르게도 해석할 수 있는 소지가 있다면 주석서는 당연히 이것을 소개했을 것이다. 그러나 그렇지 않다는 것은 여기서 uttaka는 산스끄리뜨 uktaka의 뜻이라는 것이 명백하기 때문이다.

(b) 북방불교의 해석: 웃따까(vuttaka)는 워릇따까(Sk. vṛttaka)이다

그런데 BHD, 즉 불교 하이브리드 산스끄리뜨 사전에 의하면 빠알리어 itivuttaka에 대응되는 산스끄리뜨는 ityuktaka가 아닌 itivṛttaka[6]로 나타나고 있는데 이것은 vutta를 ukta(√vac, *to speak*의 과거분사)가 아닌 vṛtta(√vṛt, *to happen, to turn*의 과거분사)로 이해한 것이다. BHD는 그 출처로 "nidānetivṛtta — Kv.81.21"라고 밝히고 있다. 즉 '이와 같이 일어난 이야기(*tale*)', '이와 같이 생긴 일화(*happening*)' 등으로 해석이 되는 itivṛttaka로 이해한 것이다. PED는 이 vṛttaka의 보기로 북방불교 저술인 Divyāvadāna(天譬喩曼經, Divy.439)를 들고 있기도 하다(PED *s.v.* vuttaka).[7]

이런 이유로 중국에서는 itivṛttaka를 一曰多伽(일왈다가), *伊帝目多伽*(이제목다가), *伊帝弗多迦*(이제불다가) 등으로 음역하였고 vṛttaka를 √vṛt(*to happen, to turn*)의 과거분사 vṛtta에서 파생된 명사, 즉 일화나 일이나 사

---

5) "vuttañhetaṁ bhagavatātiādinayappavattā dasuttarasatasuttantā itivuttakanti veditabbaṁ."(DA.i.24; MA.ii.106; AA.iii.6; DhsA.26 등)

6) BSD는 빠알리어 itivuttaka는 iti vuttaṁ 즉 산스끄리뜨 ity-uktaṁ에서 온 것이 분명하지만 BHS에서는 Sk. itivṛtta에서 온 것이라고 밝히면서 티벳 자료와 'SP 45.7 (vs) sūtrāṇi (or, with v.l. sūtrānta) bhāṣāmi tathaiva gāthā itivṛttakaṁ jātakam adbhutaṁ ca'와 'Bbh 397.12-13 tathāgataḥ pūrvānte itivṛttakāṁś ca jātakāṁś ca smṛtvā'와 같은 산스끄리뜨 자료를 제시하고 있다.(BHS *s.v.* itivṛttaka)

7) 'Divyāvadāna or Divine narratives is a Sanskrit anthology of Buddhist avadana tales, many originating in Mūlasarvāstivādin vinaya texts.[1] It may be dated to 2nd century CE.'(Wikipedia)

건으로 이해하여 事(일 사 자)를 넣어 本事(본사)나 本事經(본사경)으로 번역한 것으로 이해된다.8)

이 이띠워룻따까는 현장 스님에 의해서 650년 경에 『本事經』(본사경)으로 중국에서 번역되었다. 『본사경』은 각각 「하나의 모음」과 「둘의 모음」

---

8) 그런데 북방 소전에는 9분교 대신에 대부분 12분교로 나타난다. 중국에서는 역자마다 조금씩 달리 번역했는데 주로 ① 경(經, 契經), ② 고기송(孤起頌, 諷誦, 伽他), ③ 중송(重頌, 應頌), ④ 자설(自說, 無問自說), ⑤ 미증유법(未曾有法, 希法), ⑥ 본사경(本事經, 如是語), ⑦ 인연(因緣), ⑧ 비유(譬喩), ⑨ 본생(本生), ⑩ 수기(受記, 記別), ⑪ 논의(論義), ⑫ 방광(方廣)으로 번역되었다.
혹은 각각 ① 수다라(修多羅, sutra, Pāli. sutta), ② 가타(伽陀, gāthā), ③ 기야(祈夜, geya, Pāli. geyya), ④ 우타나(優陀那, udāna), ⑤ 아부다달마(阿浮多達磨, adbhutadharma, Pāli. abbhutadhamma), ⑥ 이제목다가(伊帝目多伽, itivṛttaka, Pāli. itivuttaka), ⑦ 니타나(尼陀那, nidāna), ⑧ 아파타나(阿波陀那, avadāna), ⑨ 도타가(闍陀伽, jātaka), ⑩ 화가라나(和伽羅那, vyākaraṇa), ⑪ 우파제사(優波提舍, upadeśa), ⑫ 비부략(毗浮略, vaipulya) 등으로 음역하기도 하였다. 이 가운데 ⑦ 인연(因緣, nidāna), ⑧ 비유(譬喩, avadāna), ⑪ 논의(論義, upadesa)의 셋을 빼면 구분교가 된다.

이 12분교 가운데 여섯 번째인 본사경(本事經, 如是語) 혹은 이제불다가(伊帝弗多迦)는 본서의 명칭인 빠알리어 이띠웃따까(itivuttaka)나 이것의 산스끄리뜨인 ityuktaka의 번역이 아니라 itivṛttaka(이띠워룻따까)를 옮긴 것이다. 그래서 이 용어는 중국에서 이제목다가(伊帝目多伽), 이제불다가(伊帝弗多迦), 一曰多伽(일왈다가) 등로 음역되었고 本事(본사)나 특히 本事經(본사경) 등으로 번역되어 옮겨졌으며 드물게 如是語經(여시어경)으로도 옮겨진 듯하다.
예를 들면 CBETA에서 本事經(본사경)으로 검색을 하면 현장 스님이 옮긴 『本事經』(본사경)을 제외하고 55군데 정도에 나타나는 것으로 검색이 되지만 如是語經(여시어경)으로 검색을 하면 6군데 정도에 나타난다. 그런데 이 여시어경이라는 번역어는 구마라즙 스님이 옮긴 『마하반야바라밀경』(摩訶般若波羅蜜經)과 역시 구마라즙 스님이 옮긴 『대지도론석』(大智度論釋)과 불타발타라(佛陀跋陀羅) 스님과 법현(法顯) 스님이 함께 옮긴 『마하승기율』(摩訶僧祇律) 등의 권위 있는 번역본에 12분교의 이름으로 나타나고 있는 것도 관심을 끈다. 그리고 이제목다가(伊帝目多伽)로 음역된 경우는 『잡아함경』과 『대반열반경』, 『불설화수경』, 『화엄경』, 『종경록』 등의 60여 곳에 나타나고 있다.

과 「셋의 모음」에 배대가 되는 일법품과 이법품과 삼법품으로 구성되어 있으며 모두 138개의 가르침을 담고 있다. 이 가운데 대략 65개 정도의 경들이 본서 『이띠웃따까』와 같은 것으로 여겨진다.

그런데 빠알리어에서는 이 √vṛt에서 파생된 단어로는 vutti[9]에서 파생된 vuttika,[10] 즉 '살아가는 자', '생계를 유지하는 자'가 있다.(PED) 그러므로 빠알리 문헌에서 vuttaka는 √vac(*to speak*)에서 파생된 명사로 보는 것이 타당하다. 그러나 빠알리어에서 vuttaka라는 용어는 이 itivuttaka라는 합성어 외에는 없는 것으로 PED는 밝히고 있다.[11] 그러므로 빠알리어 itivuttaka는 '이러한 말씀', '이처럼 설하신 말씀'으로 이해해야 하고 iti와 vutta는 본서의 112개 모든 경들의 처음 시작 부분과 마지막의 결언으로 나타나고 있기도 하다.

(c) 빠알리 삼장에 나타나는 vutta의 의미

한편 『이띠웃따까 주석서』는 빠알리 삼장에 나타나는 vutta의 의미를 8가지 키워드로 제시하는데(ItA.i.4) 그것은 다음과 같다.

① vapana(씨를 뿌림) ② vāpasamakaraṇe(씨를 뿌리게 하는 것과 같은 이유) ③ kesohāraṇe(삭발) ④ jīvitavuttiya(삶을 영위함, √vṛt(*to be, to happen*)의 과거분사 ⑤ pavuttabhāva(떨어짐을 뜻하고 PED에는 나타나지 않으며 MOL에 언급됨) ⑥ pāvacanabhāvena pavattita(따라 설함) ⑦ ajjhena

---

9) PED: *mode of being or acting, conduct, practice, usage, livelihood, habit.*
예를 들면, "성스러운 <u>삶을 살아가는</u> 그런 바른 수행자를 낮은 태생이더라도 마땅히 공양해야 하노라.(ariya<u>vuttiṁ</u> medhāviṁ, hīnajaccampi pūjaye)" (S3:24 §7 {435})를 들 수 있다.

10) PED: *living, behaving, acting*
예를 들면, "dalidde appannapānabhojane <u>kasiravuttike</u>, yattha kasirena ghāsacchādo labbhati. 그는 가난하고 먹고 마실 것이 부족하고 <u>생계가 곤란한 자</u>여서 거친 음식이나 겨우 몸을 가릴 천조차도 아주 어렵게 얻습니다."(S3:21 §4 등)

11) '*only in title of a canonical book* "iti-vuttakaṁ"'(PED s.v. vuttaka)

(학문)[12] ⑧ kathana(설함)

이 가운데 ①과 ②는 vutta를 √vap(*to sow*)의 과거분사로 설명하고 있고 ③은 √vap(*to shave*)의 과거분사로, ④는 √vṛt(*to be*)의 과거분사로, ⑤는 pavuttabhāva로 즉 pra+√vap(*to shave*)의 과거분사로, ⑥은 pra+√vac(*to speak*)의 과거분사로, ⑦은 adhi+√i(*to go*)로, ⑧은 √kathā(*to tell*) = √vac(*to speak*)로 이해하고 있다.

이렇게 하여 주석서는 삼장에 나타나는 출처를 밝히면서 그 용례를 설명한 뒤에 "여기 본서에서도 말씀이라는 뜻으로 보아야 한다(kathane daṭṭhabbo). 그러므로 vutta(말씀하신)는 kathita(설명하신)와 bhāsita(설하신)의 뜻이다."(ItA.i.4)라고 결론짓는다.

주석서의 이러한 설명처럼 문자적으로만 보면 빠알리어 vutta는 √vap(*to sow*)의 과거분사로도 볼 수 있고 특히 √vṛt(*to be, to happen*)의 과거분사로도 볼 수 있다. 그렇지만 『이띠웃따까 주석서』에서 담마빨라 스님은 vutta 혹은 vuttaka의 어근을 √vac(*to speak*)로 설명하지 결코 북방불교에서 주장하는 √vṛt(*to be, to happen*)로 설명하지 않는다. 경에 쓰이는 문맥으로 보거나 전통적인 해석으로 보거나 vutta는 √vac(*to speak*)의 과거분사이고 vuttaka는 여기에 명사형 어미 -ka가 첨가되어 중성명사로 사용된 것이다. 북방 불교에서 주장하는 itivṛtaka는 상좌부 불교 전통에서는 전혀 근거도 없고 의미도 없다고 해야 한다.

(2) 빠알리 삼장에 나타나는 itivuttaka의 용례

먼저 밝히고 싶은 것은 이띠웃따까(itivuttaka)나 웃따까(vuttaka)라는 용어가 경의 이름이 아닌 보통명사로는 빠알리 삼장에 나타나지 않는다는 점이다. 이러한 사실은 PED도 밝히고 있고 VRI본 CD-ROM을 검색해보면 알 수 있다. 그리고 본경의 이름으로는 4부 니까야에서 11번 정도 나타

12) 성전을 공부하는 것. ajjhayana로도 나타나는데 Sk. adhyayana(adhi+√i(*to go*)에 해당한다.

나는데 『맛지마 니까야』에서 한 번 나타나고(M22 §10) 『앙굿따라 니까야』에서는 「적게 배움 경」(A4:6) §1 등의 열 곳 정도에서 나타난다. 그런데 이 11번은 예외 없이 모두 구분교의 아홉 가지를 나열하는 문맥에서 나타나는 것이다. 즉 이미 살펴보았듯이 ① 경(經, sutta)부터 ⑨ 문답[方等, vedalla]까지의 아홉 가지 교법의 구성요소 가운데 ⑥ 여시어(如是語, iti-vuttaka)라는 구성요소로 나타나고 있다. 이해를 돕기 위해서 『앙굿따라 니까야』의 두 곳을 소개하면 다음과 같다.

『앙굿따라 니까야』 제3권 「정법을 혼란스럽게 함 경」2(A5:155) §8은 구분교를 배우지 않는 것이 정법을 혼란스럽게 하는 첫 번째 경우라고 아래와 같이 강조한다.

"비구들이여, 여기 비구들은 경(經), 응송(應頌), 상세한 설명[記別, 授記], 게송(偈頌), 감흥어(感興語), 여시어(如是語), 본생담(本生譚), 미증유법(未曾有法), 문답[方等]이라는 가르침을 배우지 않는다. 비구들이여, 이것이 정법을 혼란스럽게 하고 사라지게 하는 첫 번째 경우이다."(A5:155 §2)

그리고 『앙굿따라 니까야』 제4권 「아난다 경」(A6:51) §5에서 사리뿟따 존자는 구분교를 전승하는 데 있어서 아난다 존자의 역할이 크다고 이렇게 강조하고 있다.

"도반 사리뿟따여, 여기 비구는 경(經) … 문답[方等]이라는 [아홉 가지] 법을 배웁니다. 그는 들은 대로 배운 대로 남들에게 자세하게 법을 설합니다. 그는 들은 대로 배운 대로 남들에게 자세하게 말해줍니다. 그는 들은 대로 배운 대로 법을 자세하게 암송합니다. 그는 들은 대로 배운 대로 마음으로 생각해 보고 지속적으로 고찰해 보고 마음으로 숙고해 봅니다. 그는 많이 배우고 전승된 가르침에 능통하고 법(경장)을 호지하고 율[장]을 호지하고 논모(論母, 마띠까)를 호지하는 장로 비구들이 머물고 있는 곳에서 안거를 납니다."(A6:51 §3)

율장에서도 『빠라지까』에서 두 번 나타나고(Vin.iii.8) 논장의 『위방가』에 한 번(Vbh.294), 『뿍갈라빤냣띠』에 두 번(Pug.43 등) 나타나는 것으로 조사되었는데 이들도 모두 구분교의 이름을 나열하는 문맥에서 나타나고 있다.

『쿳다까 니까야』의 『닛데사』(義釋)의 몇 군데에서도 나타나는데 이들도 예외 없이 구분교의 이름을 나열하는 문맥에서 나타난다. 후대의 『밀린다빤하』와 『네띠빳까라나』에서도 각각 한 번 나타나는 것으로 조사되는데 이들도 예외 없이 구분교의 이름을 나열하는 문맥에서 나타나고 있다. 이처럼 빠알리 삼장에서 『이띠웃따까』는 오직 본서의 이름으로만 빠알리 삼장과 주석서 문헌에 나타난다.

(3) itivuttaka에 대한 주석서의 설명

그리고 담마빨라 스님이 지은 본서의 주석서인 『이띠웃따까 주석서』에도 '이띠웃따까'라는 용어의 문자적인 설명은 나타나지 않는 것으로 보인다. 그리고 다른 주석서 문헌들에서도 '이띠웃따까'라는 타이틀을 문자적으로 설명하고 정의하는 것은 만날 수가 없다. DPPN도 『이띠웃따까』를 소개하고 중요성을 설명만 하고 있을 뿐이다. iti(이렇게, *thus*)와 vuttaka(설하신 것, *saying*)라는 너무 평범한 뜻을 가진 단어에 대해서 문자적으로 특별히 설명할 필요를 느끼지 못했기 때문일 것이다.[13]

앞에서 밝혔듯이 붓다고사 스님이 지은 여러 주석서들은 본서 itivuttaka를 한결같이 "'이것은 참으로 세존께서 말씀하신 것이니'라는 등의 방법으로 전개되는 110개의 경들이 『이띠웃따까』라고 알아야 한다."라고 간략하게 설명하고 있을 뿐이다. 그리고 『이띠웃따까 주석서』도 itivuttaka라는 용어에 대한 문자적인 설명은 전혀 하지 않고 대신에 서문(ganthārambha-kathā)에서 본서를 이렇게 설명한다.

"여기서 『이띠웃따까』라는 것은 「하나의 모음」과 「둘의 모음」과 「셋

---

13) 예를 들면, 같은 주석가인 담마빨라 스님이 지은 『우다나 주석서』는 서문(ganthārambhakathā)에서 바로 "tattha udānanti kenaṭṭhena udānaṁ? udānanaṭṭhena. kimidaṁ udānaṁ nāma? pītivegasamuṭṭhāpito udāhāro." 등으로 우다나라는 용어를 문자적으로 설명하고 있다.

의 모음」과 「넷의 모음」이라는 네 가지 모음으로 구성되어 있다(catu-nipātasaṅgaha). 이것은 역시 율장과 경장과 논장의 삼장(Ti-piṭaka) 가운데 경장에 포함되어 있다. 『디가 니까야』, 『맛지마 니까야』, 『상윳따 니까야』 『앙굿따라 니까야』, 『쿳다까 니까야』라는 다섯 가지 니까야 가운데 『쿳다까 니까야』에 포함되어 있다. ① 경(經, sutta), ② 응송(應頌, geyya), ③ 상세한 설명[記別, 授記, veyyākaraṇa], ④ 게송(偈頌, gāthā), ⑤ 감흥어(感興語, udāna), ⑥ 여시어(如是語, itivuttaka), ⑦ 본생담(本生譚, jātaka), ⑧ 미증유법(未曾有法, abbhūtadhamma), ⑨ 문답(方等, vedalla)이라는 아홉 가지 교법의 구성요소(nava sāsanaṅgā) 가운데 ⑥ 여시어(如是語, itivuttaka)라는 구성요소가 된다."(ItA.i.2)

계속해서 주석서는 이렇게 적고 있다.

"이와 같이 법의 창고지기(dhamma-bhaṇḍāgārika = 아난다 존자)에 의해서 인정된 8만 4천의 법의 무더기들[法蘊, dhammakkhandha] 가운데서 [본서는] 몇 개의 법의 무더기의 조합으로 이루어져 있다. 그것을 경(經, sutta)의 [관점에서 살펴보면] 「하나의 모음」에 27개 경들이 있고, 「둘의 모음」에는 22개가, 「셋의 모음」에는 50개가, 「넷의 모음」에는 13개가 있어서 모두 112개 경들의 조합으로 되어 있다. 이러한 모음들(nipātā) 가운데서는 「하나의 모음」이 처음이고, 품(vaggā)들 가운데서는 보증 품(pāṭibhoga-vagga)이[14] 처음이며, 경들 가운데서는 「탐욕 경」(lobha-sutta, It1:1)이 그러하다. 이 [탐욕 경에서도] '이것은 참으로 세존께서 말씀하신 것이니(vuttañhetaṁ bhagavatā)'라는 것이 처음이고, [이러한 경의] 기원(nidāna)도 아난다 존자가 일차대합송(一次大合誦, 一次結集, paṭhama-mahāsaṅgīti) 때에 읊은 것이 처음이다."(ItA.i.2)

14) 주석가 담마빨라 스님도 본서 「하나의 모음」의 첫 번째 품을 보증 품(pāṭi-bhogavagga)이라 부르고 있다. VRI본은 단순히 첫 번째 품(Pathama-vagga)으로 표기하고 있고 PTS본은 보증 품인 첫 번째 품(pāṭibhoga-vaggo paṭhamo)으로 적고 있다.

(4) 『이띠웃따까』의 경들은 110개인가 112개인가

위에서 살펴보았듯이 붓다고사 스님이 지은 여러 주석서들은 본서 『이띠웃따까』를 한결같이 "'이것은 참으로 세존께서 말씀하신 것이니'라는 등의 방법으로 전개되는 110개의 경들이 『이띠웃따까』라고 알아야 한다(vuttañ-hetaṁ bhagavatātiādinayappavattā dasuttarasatasuttantā itivuttakanti vedi-tabbaṁ)."(DA.i.24; MA.ii.106; AA.iii.6; DhsA.26 등)라고 간략하게 설명하고 있다. 이처럼 『이띠웃따까』는 110개의 경들로 구성되어 있다고 붓다고사 스님은 여러 주석서들의 서문에서 구분교를 정의하는 문맥에서 이렇게 적고 있다. 그러면 왜 대주석가 붓다고사 스님은 110개라고 하는가? 여기에 대해서 후대 주석가들은 어떻게 첨언을 하는가? 먼저 본서의 주석가인 담마빨라 스님이 지은 『이띠웃따까 주석서』를 살펴보자.

『이띠웃따까 주석서』는 먼저 서문(ganthārambhakathā)을 마무리하면서 "그래서 주석서를 지은 스승들이 '이것은 참으로 세존께서 말씀하신 것이니라는 등의 방법으로 전개되는 112개의 경들이 『이띠웃따까』이다.'라고 말씀하셨다."(ItA.i.33)[15]라고 적고 있다. 그리고 『이띠웃따까 주석서』의 마지막에 나타나는 후기(nigamanakathā)의 게송에서도,

"110개에 2개를 더한 경들이 『이띠웃따까』이다.
이렇게 말씀하신 것의 분류에 의해서 대선인들은 합송하였다."[16]라고 적고 있다.

그러면 왜 대주석가 붓다고사 스님은 110개라고 하였는가? 담마빨라 스님 시대로 내려오면서 2개의 경이 늘어난 것인가? 그렇지는 않다고 해야 한다. '드와다숫따라사따'라는 말보다는 '다숫따라사따'라는 표현이 자연스러워서 그렇게 적었을 것이다. 그래서 율장의 복주서인 『사랏타디빠니띠

---

15) "tenāhu aṭṭhakathācariyā 'vuttañhetaṁ bhagavatāti ādinayappavattā dvādasuttarasatasuttantā itivuttakan'ti."(ItA.i.33)

16) "dasuttarasataṁ dve ca, suttāni itivuttakaṁ itivuttappabhedena, saṅgāyiṁsu mahesayo."(ItA.ii.193)

까』(Sāratthadīpanī-ṭīkā)를 지은 12세기의 사리뿟따(Sāriputta) 스님도 붓다고사 스님이 지은 『율장 주석서』에 나타나는 '110개의 경들(dasuttarasata-suttantā)'(VinA.i.28)이라는 표현을 두고 "110개의 경들이라고 하였지만 여기서도 경전에는 112개의 경들이라고 되어야 한다."17)라고 강조하고 있다.(VinAṬ.i.102)

이외에는 붓다고사 스님은 110개라고 언급하였지만 경에는 왜 112개가 실려 있는지에 대한 더 이상의 설명은 없는 것 같다. 이미 이론의 여지가 없이 『이띠웃따까』에는 112개의 경들이 담겨있기 때문일 것이다. 그렇지 않다면 주석가들의 해명이 당연히 있었을 것이다.

3. 『이띠웃따까』 경들의 구조

(1) 『이띠웃따까』 112개 경들의 공통된 구조

앞에서 살펴보았듯이 문자적으로 itivuttaka는 iti와 vuttaka로 분석이 된다. iti/ti는 '~라는, 이러한, 이처럼, *thus*'를 뜻하는 불변사로 초기불전과 범어 일반에서 아주 많이 나타나고 있다. vuttaka는 √vac(*to speak*)의 과거분사 vutta에다 -ka 어미를 붙여서 명사화한 것인데 vuttaka가 단독으로 쓰인 경우는 찾아보기가 어려우며 여기서처럼 iti-vuttaka로 쓰여 본서의 이름으로만 사용되고 있다.

본서에 포함된 112개의 경들은 모두 같은 형식으로 구성되어 있는데 크게는 다음의 두 부분으로 구성되어 있다. ① 먼저 특정 경의 주제에 대한 산문으로 된 가르침이 있고 ② 그 주제를 게송으로 정리하여 말씀하시는 것이 실려 있다. 역자는 이러한 형식은 다섯 가지 원칙이 정확히 적용된다고 강조하고 싶다. 이것을 정리해 보면 다음과 같다.

첫째, 본서의 모든 경들은 'vuttañhetaṁ bhagavatā, vuttamarahatāti

17) "dasuttarasatasuttantāti etthāpi 'dvādasuttarasatasuttantā'ti pāṭhena bhavitabbaṁ."(VinAṬ.i.102)

me sutaṁ(이것은 참으로 세존께서 말씀하신 것이니 아라한께서 말씀하신 것을 이처럼 저는 들었습니다.).'로 시작된다. 여기서 보듯이 이 문장에는 vutta가 두 번 나타나고 iti(ti)가 한 번 나타나고 있다.

둘째, 본서의 모든 경들의 내용이 먼저 산문으로 설해진다. 「하나의 모음」에 포함된 27개의 경들에서는 하나의 주제가 산문으로 설해지고, 같은 방법으로 「둘의 모음」에 포함된 22개의 경들에서는 두 개의 주제가, 「셋의 모음」에 포함된 50개의 경들에서는 세 개의 주제가, 「넷의 모음」에 포함된 13개의 경들에서는 네 개의 주제가 산문으로 설해진다. 그런 뒤 모든 경들의 이 산문은 'etamatthaṁ bhagavā avoca(이러한 뜻을 세존께서는 말씀하셨습니다.).'로 마무리가 된다. 이 문장에는 불변화사 iti(이와 같이, 이처럼)와 같은 의미를 가진 대명사 etaṁ(이것)과, 과거분사 vutta의 동사 아오리스트 과거(Aor.) 삼인칭 단수인 avoca가 나타난다.

셋째, 그런 뒤에 112개의 경들은 모두 게송으로 이 가르침의 핵심을 드러내고 있다. 이 게송은 112개의 경들에서 모두 'tatthetaṁ iti vuccati(여기서 이것을 [정리하여] 이렇게 말씀하셨습니다.).'라는 문장으로 도입이 된다. 여기서 보듯이 이 문장에도 iti와 과거분사 vutta의 동사 수동태 현재 3인칭 단수인 vuccati가 나타난다.

넷째, 그다음은 본서의 핵심이 되는 게송이 나타난다. 각 경들은 한 개의 게송을 가진 경우도 있고 두 개의 게송을 가진 경우도 있으며 최대 9개의 게송을 가진 경이 있다. 게송에 대해서는 본 해제 §5. 『이띠웃따까』의 구성 — (2) 경들에 포함되어 있는 270개 게송들의 분류에서 살펴보겠다.

다섯째, 그리고 게송으로 된 가르침이 마무리되어 경들이 끝날 때에도 이들 112개의 경들은 모두 'ayampi attho vutto bhagavatā, iti me sutanti(이러한 뜻 또한 세존께서 말씀하셨으니 이처럼 저는 들었습니다.).'로 끝나고 있다. 이처럼 이 문장에도 iti와 vutta라는 용어가 들어있다.

이처럼 본서에 포함된 모든 경은 ① iti - vutta 구문으로 시작하고 ② etaṁ - avoca로 산문이 종결되고 ③ iti - vuccati 구문으로 게송이 도입되고 ④ 게송을 드러내고 ⑤ iti - vutta 구문으로 마무리된다. 이와 같이 본서에 포함된 112개의 경들은 모두 똑같은 형식으로 구성되어 있어서 부처님 제자들, 특히 재가자들이 개인적으로나 함께 독송하기에 좋은 형식으로 구성되어 있다. 거듭 강조하지만, 112개의 경들에서 iti와 vutta는 처음 문장과 마지막 문장에 모두 포함되어 있고 둘째 문장에는 etaṁ과 avoca가, 셋째 문장에는 iti와 vuccati가 들어있다. 그래서 이 두 단어, 즉 iti와 vutta가 자연스럽게 iti + vutta로 결합이 되어 itivutta가 되고 여기에다 명사형 어미 -ka를 붙여서 itivuttaka가 되어 본서의 이름으로 정착이 된 것이다.

(2) 'evaṁ me sutaṁ'과 'iti me sutaṁ'

① 이와 같이 나는 들었다(evaṁ me sutaṁ)

그 다음으로 살펴볼 점은 본서에 포함된 112개 경들의 도입부인 '이것은 참으로 세존께서 말씀하신 것이니 아라한께서 말씀하신 것을 이처럼 저는 들었습니다(vuttañhetaṁ bhagavatā, vuttamarahatāti me sutaṁ).'이다. 본서 itivuttaka를 제외한 경장의 5부 니까야의 모든 경들은 게송만으로 되어있는 경우를 제외하고는 반드시 '이와 같이 나는 들었다(evaṁ me sutaṁ).'로 시작한다. 예를 들면 『디가 니까야』부터 『앙굿따라 니까야』까지 4부 니까야에 포함된 경들은 모두 예외 없이 evaṁ me sutaṁ으로 시작된다.

물론 전통적으로 이 문장은 '반복되는 부분(뻬얄라, peyyāla)'의 생략으로 편집되어 이것이 나타나지 않고 그래서 번역되지 않은 경우가 아주 많다. 이미 '반복되는 부분의 [생략에 의한] 결집(peyyālasaṅgaha)'[18]이라는 용어가 『디가 니까야 주석서』 서문(DA.i.25) 등에 나타나고 있을 정도로[19] '반

18) "uttarimanussadhammapeyyāla-nīlacakkapeyyālādi-vavatthāpana-vasena peyyālasaṅgaho."(VinAṬ.i.108)

19) 『디가 니까야』 제3권 부록, 『디가 니까야 주석서』 서문 §69 참조.

복되는 부분(뻬얄라, peyyāla)'의 생략은 아주 일찍부터 상좌부 불교 교단에 있었던 관행이다.

'이와 같이 나는 들었다(evaṁ me sutaṁ).'에서 me(나)는 당연히 아난다 존자이다. 이 모든 경들은 아난다 존자가 일차합송에서 경장을 암송하여 499명의 부처님의 직계 제자 아라한들로부터 승인을 받아서 부처님의 말씀으로 결정이 되었기 때문에 아난다 존자가 이와 같이 들었음을 인정하는 구절로 들어가 있는 것이다. 그리고 『쿳다까 니까야』에 포함된 15개 경들 가운데 게송만으로 되어 있는 —

(2) 『담마빠다』(법구경), (6) 『위마나왓투』(천궁사경), (7) 『뻬따왓투』(아귀사경), (8) 『테라가타』(장로게경), (9) 『테리가타』(장로니게경), (10) 『자따까』(본생경), (11) 『닛데사』(의석), (13) 『아빠다나』(비유경), (14) 『붓다왐사』(불종성경), (15) 『짜리야삐따까』(소행장경)의 10가지와 (5) 『숫따니빠따』(경집) 가운데 게송만으로 된 경들은 evaṁ me sutaṁ으로 시작하지 않는다.

그러나 이 외에 본서 (4) 『이띠웃따까』(여시어경)를 제외한 (3) 『우다나』(자설경)와 (5) 『숫따니빠따』(경집) 가운데 산문으로 시작하는 경들과 (12) 『빠띠삼비다막가』(무애해도)의 경들은 evaṁ me sutaṁ으로 시작한다. 그리고 다른 경들을 모아서 갓 출가한 스님들의 교재로 쓰였음직한 (1) 『쿳다까빠타』(소송경)에는 evaṁ me sutaṁ으로 시작하는 경들이 있는데 게송으로 시작하는 경들에서는 이것이 나타나지 않는다.

그래서 '이와 같이 나는 들었다(evaṁ me sutaṁ).'라는 언급은 일차합송에서 499명의 아라한들 앞에서 아난다 존자가 부처님과 직계 제자들로부터 들었음을 나타내는 문장으로 경전의 권위를 드러내는 중요한 문장이다. 그래서 후대에 결집된 대승경전들도 모두 이렇게 시작된다.

율장은 우빨리 존자가 일차합송에서 율을 풀이하는 역할을 하였기 때문에[20] 모든 율장의 조항은 evaṁ me sutaṁ으로 시작하지 않고 빠라지까

---

20) "그때 마하깟사빠 존자는 승가에게 선언하였다. '도반들이여, 승가는 저의

항목(pārājika)의 구문들과 빠찟띠야 항목(pācittiya)의 구문들은 바로 '그때 부처님, 세존께서는 웨란자에서 머무셨다(tena samayena Buddho bhagavā Verañjāyaṁ viharati).'(Vin.iii.1) 등으로 시작한다. 그리고 비대기설법임을 강조하는 논장에는 그 성격상 evaṁ me sutaṁ이나 설하신 장소 등이 나타나지 않는다. 여기에 대해서는 『담마상가니』 역자 서문 §6-(3)을 참조하기 바란다.

이처럼 경장의 5부 니까야 가운데 본서와 게송으로 구성된 경들을 제외한 모든 경들은 '이와 같이 나는 들었다(evaṁ me sutaṁ)'로 시작한다. 아난다 존자가 들어서 일차합송에서 제기를 하였고 499명의 아라한들이 합송하여 승인하는 형식으로 경장은 출발되었기 때문이다.

② 이처럼 저는 들었습니다(iti me sutaṁ)

그런데 본서 『이띠웃따까』에는 이러한 도입부가 들어있지 않다. 본서의 112개 경에는 evaṁ me sutaṁ, 즉 '이와 같이 나는 들었다.'가 나타나지 않는다. 아난다 존자가 직접 들어서 합송한 것이 아니기 때문이다. 그렇지만 본서에 들어있는 112개의 경들도 엄연히 부처님 말씀이고 이것은 쿳줏따라 청신녀가 들어서 사마와띠 왕비와 시녀 500명에게 들려준 것이다. 쿳줏따라 청신녀는 당연히 어떤 식으로든 이러한 사실을 모든 경의 처음에 드러내어야 했을 것이다. 그리고 그들에게 부처님의 말씀을 들려준 뒤에는 반드시 부처님 말씀은 이것으로 끝이 났음을 밝혀야 했을 것이다.

그래서 그녀가 채택한 방법이 iti me sutaṁ, 즉 '이처럼 저는 들었습니다.'이다. 물론 여기서 me(저)는 쿳줏따라 청신녀이다. 이 구문은 본서에 들어있는 112개 경들의 첫머리에 나타나는 ① vuttañhetaṁ bhagavatā, vuttamarahatāti me sutaṁ, 즉 '이것은 참으로 세존께서 말씀하신 것이니 아라한께서 말씀하신 것을 이처럼 저는 들었습니다.'에도 들어있고, 모든

말씀을 들으십시오. 만일 승가에게 적당하다면 제가 우빨리 존자께 율을 질문하겠습니다.' 우빨리 존자도 승가에게 선언하였다. '존자들이시여, 승가는 저의 말씀을 들으십시오. 저는 마하깟사빠 존자께서 질문하신 율을 풀이하겠습니다.'"(Vin.ii.286)

경들의 마지막에 언급되는 ② ayampi attho vutto bhagavatā, iti me sutanti, 즉 '이러한 뜻 또한 세존께서 말씀하셨으니 이처럼 저는 들었습니다.'라는 문장[21]에도 나타난다.

③ evaṁ과 iti는 같은 뜻이다

빠알리 사전들과 산스끄리뜨 사전들의 설명처럼 '이처럼'으로 옮긴 iti me sutaṁ의 'iti'와 '이와 같이'로 옮긴 evaṁ me sutaṁ의 'evaṁ'은 둘 다 불변화사(nipātapada, 부사)로 그 의미는 같다. 예를 들면, 『디가 니까야 주석서』 등 4부 니까야 주석서들은 'evaṁ'이 가지는 의미를 ① 비유(upama) ② 지시(upadesa) ③ 기쁘게 함(sampahaṁsana) ④ 비난함(garahaṇa) ⑤ 말에 동의함(vacanasampaṭiggaha) ⑥ 형태(방법, ākāra) ⑦ 드러냄(nidassana) ⑧ 결론(avadhāraṇa)의 8가지로 요약하고 그 용례들을 경의 예문을 제시하면서 설명한다. 그런 뒤에 "여기서는 ⑥ 형태(방법, ākāra) ⑦ 드러냄(nidassana) ⑧ 결론(avadhāraṇa)을 뜻하는 것으로 봐야 한다."[22]라고 설명하고 있다.(DA.i.26 이하; MA.i.3 이하; SA.i.4 이하; AA.i.4 이하)

한편 본서의 주석서는 먼저 'iti'가 가지는 의미를 ① 원인(hetu) ② 확정지음(parisamāpana) ③ 등(等)의 뜻(ādi) ④ 단어의 뜻을 전개함(padattha-vipariyāya) ⑤ 방법(pakāra) ⑥ 드러냄(nidassana) ⑦ 결론(avadhāraṇa) 등의 7가지 뜻으로 요약한다. 그런 뒤에 이 7가지에 대한 용례를 경을 인용하여 드러낸 뒤 "여기서 iti는 ⑤ 방법과 ⑥ 드러냄과 ⑦ 결론(pakāra-nidassana-avadhāraṇa)을 뜻하는 것이라고 보아야 한다."(ItA.i.19)라고 결론

21) 그런데 『우다나』 제1품의 마지막에 ayampi udāno vutto bhagavatā iti me sutaṁ, 즉 '이 우러나온 말씀 또한 세존께서 말씀하셨으니 이처럼 나는 들었다.'로도 나타나는데 이것은 본서 112개 모든 경들의 마지막에 언급되는 ayampi attho vutto bhagavatā, iti me sutaṁ, 즉 '이러한 뜻 또한 세존께서 말씀하셨으니 이처럼 저는 들었습니다.'는 전적으로 같은 어법이다. 여기에 대해서는 『우다나』의 「바히야 경」(Ud1:10) §11의 마지막 주해를 참조하기 바란다.

22) ākāra-nidassana-avadhāraṇesu daṭṭhabbo(DA.i.27)

짓는다.

즉 iti me suttaṁ(이처럼 저는 들었습니다.)은 ⑤ 본경에서 설한 방법대로 저는 들었습니다, ⑥ 본경에서 드러내신 대로 저는 들었습니다, ⑦ 본경에서 결론지으신 대로 저는 들었습니다로 해석해야 한다는 뜻이다. 그리고 이것은 앞에서 밝힌 evaṁ이 가지는 8개의 뜻 가운데 ⑥ 형태(방법, ākāra) ⑦ 드러냄(nidassana) ⑧ 결론(avadhāraṇa)과 같은 의미이다. 이처럼 주석서들에 의하면 evaṁ me sutaṁ의 'evaṁ'과 iti me sutaṁ의 'iti'는 같은 의미를 가지고 같은 용법으로 쓰이고 있다.

그리고 『우다나 주석서』도 『우다나』의 제1품 깨달음 품의 끝에 나타나는 '이 우러나온 말씀 또한 세존께서 말씀하셨으니 이처럼 나는 들었다(ayampi udāno vutto bhagavatā iti me sutaṁ)'를 설명하면서 "여기서 '이처럼'이라는 단어(iti-sadda)가 드러내는 의미(atthuddhāra)는 '이와 같이'라는 단어(evaṁ-sadda)와 같은 의미가 되기 때문에(samānatthatāya) '이와 같이 나는 들었다.'처럼 『이띠웃따까』의 해설에서 설명한 방법이 여기서도 그 뜻이 적용되어야 한다."(UdA.45~46)라고 강조하고 있다.

쿳줏따라 청신녀는 이러한 어법으로 자기가 지금 읊으려고 하는 것은 부처님의 말씀임을 알리고 나서 부처님 말씀을 다 읊은 뒤에는 이것은 부처님 말씀이었고 제가 들은 것입니다라고 분명하게 고하였을 것이다. 이렇게 하여 모아진 일련의 부처님 가르침은 '세존께서 말씀하신 것(vutta)을 이처럼(iti) 저는 들었습니다.'라는 어법에서 iti와 vutta를 따와서 itivuttaka라는 제목을 달아서 유통하였을 것이다. 이러한 본서의 제목 자체가 본서의 가르침은 아난다 존자가 전승한 경들이 아님을 강조하고 있는 것이 된다.

이처럼 본서는 아난다 존자가 직접 들어서 합송한 것이 아니기 때문에 evaṁ me suttaṁ이라는 이러한 권위 있는 문장으로 시작하지 않는다. 대신에 본서의 모든 경들은 evaṁ 대신에 같은 의미를 가진 iti를 써서 iti me sutaṁ으로 전개가 된다. 물론 이처럼(iti) 들은 것은 아라한이신 세존으로부터 들은 것이기 때문에 "이것은 참으로 세존께서 말씀하신 것이니 아라한께서 말씀하신 것(vuttañhetaṁ bhagavatā, vuttamarahatā)"이라고 이 경들의 출처가 부처님임을 먼저 밝힌 뒤에 "이처럼 저는 들었습니다(iti me sutaṁ)."라고 부연하는 방식을 택하고 있다.

그래서 본서는 구분교의 분류에서도 특별하게 취급되어 이 itivuttaka라는 용어는 부처님 말씀, 즉 스승의 교법(satthu-sāsana)을 전승하는 독립된 형식으로 받아들여 '아홉 가지 구성요소를 가진 스승의 교법(navaṅga-satthu-sāsana)'인 구분교(九分敎)에 넣어서 이 가운데 여섯 번째인 여시어(如是語, itivuttaka)로 정리한 것이라 여겨진다. 물론 일차합송에는 500명의 아라한들만이 참석했기 때문에 본서는 일차합송에서 아난다 존자의 입을 통해서 정전으로 공인이 되었다.

(3) 경들을 설하신 기원(nidāna)이 나타나지 않는다

경장의 경들은 게송으로만 구성되어 있는 일부 경들을 제외하고 모두 그 경의 가르침을 설하신 장소와 시간과 청법자 등이 언급되지만 본서에 포함된 112개의 경들에는 이것이 나타나지 않는다. 그래서 『이띠웃따까 주석서』도 다음과 같이 강조하고 있다.

"다른 경들에서는 '이와 같이 나는 들었다. 한때 세존께서는(evaṁ me sutaṁ, ekaṁ samayaṁ bhagavā) …'이라는 등으로 시간과 장소를 언급하여(kāladese apadisitvā) [경이 설해진] 기원(nidāna)을 밝혔다. 그런데 왜 여기서는 그렇게 밝히지 않는가? 다른 사람들이 여기에 대해서 말하였다.(apare tāva āhu) — [이 경들은 아난다] 장로가 드러내어 밝힌 것이 아니기 때문이다(na pana therena bhāsitattā).

참으로 [여기서 언급되는 이 경이 설해진] 기원은 아난다 존자가 맨 처음 전한 것이 아니다(idañhi nidānaṁ na āyasmatā Ānandena paṭhamaṁ bhāsitaṁ). 이것은 쿳줏따라(Khujjuttarā)라는 여자 신도가 [세존께서 설하신 것을 다시] 사마와띠를 상수로 하는(Sāmāvatippamukhā) 500명의 여인들(itthi)에게 맨 처음 드러내어 밝힌 것이다(paṭhama bhāsita). [쿳줏따라]는 세존께서 여자 신도들(upāsikā) 가운데서 많이 배운 존재(bahussuta-bhāva)

로 으뜸에 놓으셨으며(etadagge ṭhapitā, A1:14:7-3) 유학의 무애해체지를 증득한 성스러운 여제자(sekkhappaṭisambhidāppattā ariyasāvikā)이었다." (ItA.i.29)

주석서는 이렇게 설명한 뒤 본서가 어떤 배경에서 모아져서 전승되어 왔는지를 자세하게 드러내고 있다. 본서는 구부정한 웃따라, 혹은 꼽추 웃따라, 즉 쿳자(khujja)-웃따라(Uttarā)가 들어서 전해준 부처님 말씀이다. 등이 구부정하여서(khujja) 쿳줏따라(Khujjuttarā)라 불리던 굽정이 웃따라는 우데나 왕의 왕비였던 사마와띠 청신녀의 하녀였다. 굽정이 웃따라는 우연히 부처님 말씀을 듣고 예류자가 되어 그 말씀을 사마와띠 왕비와 500명의 시녀들에게 들려주자 기뻐한 왕비가 매일 가서 부처님 말씀을 듣고 와서 자기들에게 들려달라고 요청을 하였고 쿳줏따라는 그렇게 하였다.(ItA.i.31) 이렇게 해서 모아진 것이 바로 본서인 『이띠웃따까』— 쿳줏따라가 듣고 와서 전해준 부처님 말씀이다. 역자는 Khujjuttarā라는 이름을 대부분 쿳줏따라로 음역하거나 꼽추라는 단어 대신에 필요에 따라서 '구부정한 웃따라'로 풀어서 적고 있음을 밝힌다.

이처럼 본서는 경장의 5부 니까야 가운데 유일하게 아난다 존자가 들어서 결집한 경이 아니다. 재가자가, 그것도 여자 신도가, 그것도 하녀가, 그것도 몸이 불편한 여인이 들어서 전한 부처님의 말씀인 것이다. 그리고 이 청신녀의 암송으로 가르침을 전해 들은 500명은 불에 타 죽어버렸다. 그러나 이러한 가르침을 듣고 그들은 이미 예류과를 얻었고 죽을 때는 더 높은 성자의 경지까지 증득하였다. 그래서 그들에 대한 추모의 마음 등이 모아졌을 것이고 그래서 이미 부처님 재세 시에도 본서는 많은 불자들로부터 사랑을 받아 애송되었음이 분명하고 아난다 존자까지 알게 되었고 그래서 일차합송에서 아난다 존자가 전적으로 부처님 말씀으로 대합송에서 제기하여 정전(正典)으로 인정을 받은 것이다. 놀랍도록 간단하면서도 명료하고 명쾌한 부처님 말씀을 담고 있는 본서는 특히 합리성이 존중받는 이 시대에 전 인류의 사랑을 받을 것이라 확신한다.

(4) 『이띠웃따까』는 어디서 설하셨는가

본서에 포함된 112개의 경에는 부처님께서 어디서 이 경들을 설하셨는지도 언급되고 있지 않다. 주석서는 부처님께서 꼬삼비에서 이 112개의 경들을 설하신 것을 당연한 것으로 말하고 있으며(ItA.i.29 이하) 꼬삼비의 왕비였던 사마와띠 왕비의 간청으로 쿳줏따라가 이 경들을 꼬삼비에서 듣고 사마와띠 왕비와 500명의 시녀들에게 전해준 것이라고 밝히고 있다.(ItA.i.31)

주석서에 의하면 꼬삼비에는 세 개의 승원이 있었다. 그것은 고시따 원림(Ghositārāma)과 꾹꾸따 원림(Kukkuṭārāma)과 빠와리까 원림(Pavārikārāma)인데 각각 고시따 장자(Ghosita gahapati)와 꾹꾸따(Kukkuṭa) 상인과 빠와리까(Pavārika) 상인이 지어서 승단에 기증한 것이었다.(ItA.i.29~30; DhpA.i.203) 4부 니까야 가운데 30개 정도가 꼬삼비의 이 승원 세 곳에서 설해진 것으로 조사된다. 그것은 『디가 니까야』의 한 개 경(D7), 『맛지마 니까야』의 세 개 경들(M48, M76, M128), 『상윳따 니까야』의 「꼬삼비 경」(S12:68) 등 13개 경들, 『앙굿따라 니까야』의 「아지와까 경」(A3:72) 등 13개 경들이다. 이 가운데 강가 강의 언덕(S35:241)과 심사빠 숲(S56:31)을 제외한 28개 경들은 모두 고시따 원림(Ghositārāma)에서 설하신 것으로 전승되고 있다.

주석서에 의하면 세존께서는 9번째 안거를 꼬삼비에서 하셨다.(AA.ii.124; BvA.3) 그러나 일 년 중에 안거 기간 석 달을 제외한 9개월 동안의 산철에는 꼬삼비에 자주 방문하셨을 것이다. 그래서 전승되는 경들도 30개나 되고 쿳줏따라도 112개의 경들을 본서에서 전승하는 것이다. 주석서는 이 112개의 경들이 구체적으로 꼬삼비의 어느 곳에서 설해졌는지는 밝히지 않고 있다. 위에서 보았듯이 니까야에 나타나는 꼬삼비에서 설하신 30개의 경들 가운데 28개가 고시따 원림에서 설해졌고 이 고시따 원림을 지은 고시따 장자는 사마와띠 왕비의 아버지나 다름없는 후원자였기 때문에 사마와띠의 하녀였던 쿳줏따라도 거의 대부분 이곳에서 부처님의 설법을 듣고 사마와띠 왕비와 500명의 시녀들에게 법을 전해주었을 것이다.

한편 주석서는 왜 설하신 곳은 언급되지 않는가를 두고 다음과 같이 설명하고 있다.

"그런데 [이들 112개의 경들은] 그 도시(꼬삼비)에서 세존의 면전에서 직접 듣고(sammukhā sutvā) 바로 그날에(tadaheva) 그녀가 그들에게 설하여 [전해준] 것이기 때문에 '한때 세존께서는 꼬삼비에 머무셨다(ekaṁ samayaṁ bhagavā Kosambiyaṁ viharati).'라고 때와 장소(kāladesa)를 언급해야 할 필요가 없었다. 명백하였기 때문이다(supākaṭabhāvato). 그리고 비구니들도 그녀의 곁에서 이 경들을 수지하였다. 이와 같이 전해져서 비구들에게도 그녀가 제기한 [이 경들의] 기원이 분명하게 되었다.

그러자 아난다 존자가 세존께서 반열반하신 뒤에 칠엽굴(sattapaṇṇiguhā)에서 아자따사뚜 왕이 건립해 준 정법의 천막(saddhammamaṇḍapa)에서 마하깟사빠 존자를 상수로 하는 자유자재한 무리의 가운데 앉아서 법을 합송하면서 이 경들의 기원에 대한 의심(dveḷhaka)을 제거하면서 그녀가 제기한 확정된 방법(āropita-niyāma)에 의해서 [이 경들의] 기원(nidāna)을 제기하였다."(ItA.i.32)

4. 쿳줏따라는 누구인가?

그러면 쿳줏따라는 누구인가? 『이띠웃따까』를 처음 모아서 유통시킨 사람이 아난다 존자가 아니라 쿳줏따라라는 재가자요, 여자 신도요, 하녀요, 몸이 불편한 쿳줏따라가 확실하다면(ItA.i.32) 이것은 불교 역사에 있어서 아주 중요하다. 그녀는 초기불전이 인정하는 부처님 가르침의 재가 전승자이기 때문이다. 그녀는 이미 『앙굿따라 니까야』에서 세존으로부터 친히 "많이 들은 자[多聞]들 가운데서 쿳줏따라가 으뜸"(A1:14:7 (3))이라고 인정받았고, "내 청신녀 제자들의 모범이고 표준"(A2:12:4; A4:176 §4)이라고 칭찬을 받았으며, 세존께서 직접 "나도 쿳줏따라와 웰루깐다끼 마을의 난다마따처럼 되기를!"이라고 발원해야 한다(Ibid.)고 말씀하시기 때문이다. 이처럼 쿳줏따라는 비록 궁녀에도 속하지 못하는 하녀이고 몸도 불편하였지만 실로 재가자들 가운데 아난다 존자와 같은 사람이었다.

그녀가 모셨던 사마와띠 왕비와 500명의 궁궐의 시녀들이 셋째 왕비인 마간디야의 간교한 획책으로 불에 타서 죽는 참극이 빚어지자 그녀는 남은 인생을 이들을 추모하는 의미에서라도 본서를 엮어서 재가자들 사이에서 유통하였을 것이고, 이 부처님의 직절근원(直截根源, 곧바로 뿌리를 끊음)의 명쾌한 가르침을 담은 아름답고 울림을 주는 본서는 『숫따니빠따』 제4장과 제5장처럼 이미 세존 재세 시에 널리 재가자들에게 유통이 되었을 것이다. 그리고 이미 비구니 스님들을 위시한(ItA.i.32) 승가에도 유통이 되어 있어서 일차합송에서 아난다 존자가 전격적으로 합송에 상정하여 부처님의 직설을 모은 경장의 내용으로 당당하게 인정이 되었으며, 부처님 가르침을 형식과 종류별로 분류하는 방법인 구분교에도 당당하게 이띠웃따까가 나타나고 있다고 역자는 굳게 믿고 있다. 이제 『이띠웃따까』를 처음 모아서 유통시킨 쿳줏따라에 대해서 살펴보자.

(1) **니까야에 나타나는 쿳줏따라**

먼저 초기불전에 나타나는 쿳줏따라에 대한 출처부터 살펴보자. 『상윳따 니까야』 제2권 「외동딸 경」(S17:24) §3에서 세존께서는 말씀하신다.

"비구들이여, 신심있는 청신녀가 사랑스럽고 소중한 외동딸에게 바르게 원한다면 이렇게 원해야 한다. '얘야, 너는 쿳줏따라 청신녀와 웰루깐다끼의 난다마따처럼 되어라.'라고. 비구들이여, 쿳줏따라 청신녀와 웰루깐다끼의 난다마따는 내 청신녀 제자들의 모범이고 표준이기 때문이다."(S17:24 §3)

그리고 『앙굿따라 니까야』에서도 이렇게 말씀하신다.

"비구들이여, 신심 있는 여자 신도가 바르게 원한다면 이렇게 원해야 한다. '나도 쿳줏따라와 웰루깐다끼 마을의 난다마따처럼 되기를!' 비구들이여, 이들은 내 청신녀 제자들의 모범이고 표준이니 다름 아닌 쿳줏따라와 웰루깐다끼 마을의 난다마따이다."(A2:12:4)

"비구들이여, 믿음을 가진 청신녀는 이와 같은 바른 포부를 가져야 한다. '나는 청신녀 쿳줏따라와 웰루깐다끼 마을의 난다마따(난다의 어머니) 같은 그런 분이 되기를!' 비구들이여, 청신녀 쿳줏따라와 난다의 어머니 웰루깐

다끼야는 내 청신녀 제자들의 모범이고 표준이다."(A4:176 §4)

나아가 『앙굿따라 니까야』 제5권 「청신녀 경」(A8:91)에는 쿳줏따라가 27명의 청신녀들 가운데 한 명으로 언급되고 있다. 무엇보다도 『앙굿따라 니까야』 제1권 「하나의 모음」 「으뜸 품」(A1:14)에서 세존께서는 "많이 들은 자[多聞]들 가운데서 쿳줏따라가 으뜸이다."(A1:14:7-3)라고 말씀하고 계신다.

한편 『청정도론』 제14장은 "이 네 가지 걸림 없는 해체의 지혜[無礙解體智, cattāro paṭisambhidā]는 유학의 경지와 무학의 경지의 두 단계에서 통달하게 된다. 그 가운데서 상수 제자들과 큰 제자들은 무학의 경지에서 통달했고 아난 존자와 찟따 장자와 담미까 청신사와 우빨리 장자와 쿳줏따라 청신녀 등은 유학의 경지에서 통달했다."(Vis.XIV.27)라고 하여 쿳줏따라 청신녀가 무애해체지를 갖춘 사람으로 언급이 되고 있다.

간략하게 설명하면 쿳줏따라 청신녀는 꼬삼비에서 고시따 원림을 지어 승가에 보시한 고시따(혹은 고사까) 장자의 집의 하녀의 딸로 태어나 하녀로 있었으며 그 뒤에는 꼬삼비의 우데나 왕의 왕비가 된 사마와띠(Sāmāvati) 왕비의 하녀가 되어 궁궐로 들어갔다. 그녀는 왕비의 심부름으로 매일 궁궐 밖으로 나가 꽃을 사왔는데 그러던 중 세존을 뵙고 가르침을 듣고 예류과를 얻었다. 환희로 가득한 그녀를 보고 사마와띠가 전말을 묻자 모두 이야기 해주었고 사마와띠 왕비는 그녀로부터 부처님의 가르침을 들었으며, 그날부터 그녀를 자신의 어머니처럼 스승처럼 대했다고 한다.(mātuṭṭhāne ca ācariyaṭṭhāne ca ṭhatvā) 사마와띠는 세존께서 꼬삼비에 오시면 그녀가 법을 듣고 와서 자신과 500명의 시녀들에게 설해주도록 하였다. 그들도 쿳줏따라가 들려주는 부처님 가르침을 듣고 모두 예류과를 얻었다고 한다.

이런 연유로 세존께서는 그녀를 많이 들은(bahussutā) 여자 신도들 가운데 으뜸이라고 칭찬하시는 것이며(A1:14:7-3) 「발원 경」 4(A2:12:4)와 「포부 경」(A4:176) §4에서 본받아야 할 대표적인 여자 신도로 쿳줏따라와 난다마따(난다의 어머니)[23]를 거명하고 계시는 것이다.

(2) 쿳줏따라에 대한 주석서의 설명

(a) 세 개의 주석서

쿳줏따라에 대한 이야기는 다른 주석서들에도 전해오지만 특히 ① 본서의 주석서인 『이띠웃따까 주석서』의 경의 기원에 대한 설명(nidānavaṇṇanā, ItA.i.4 이하)과 ② 『법구경 주석서』의 불방일 품(appamādavagga)에 대한 주석의 사마와띠의 일화(Sāmāvatīvatthu, DhpA.i.161 이하)와 ③ 『앙굿따라 니까야 주석서』의 『앙굿따라 니까야』 「하나의 모음」 으뜸 품(A1:14)에 대한 주석(AA.i.418 이하)에 자세히 전승되어 온다.

부연하면 ① 본서는 쿳줏따라가 들어서 사마와띠 왕비와 500명의 시녀들에게 전해준 것이기 때문에 담마빨라 스님이 지은 『이띠웃따까 주석서』의 경의 기원에 대한 설명(nidānavaṇṇanā)은 그녀에 대한 일화를 자세히 담고 있다.

② 그리고 쿳줏따라는 사마와띠 왕비의 하녀이었기 때문에 붓다고사 스님이 지은 것으로 알려진 『법구경 주석서』 가운데 사마와띠의 일화(Sāmāvatīvatthu, DhpA.i.161 이하)에도 나타난다. 이것은 『이띠웃따까 주석서』와 거의 같게 나타나지만 이보다 좀 더 자세한 부분도 있고 『이띠웃따까 주석서』가 더 자세한 경우도 있다.

③ 그리고 붓다고사 스님이 지은 『앙굿따라 니까야 주석서』의 으뜸 품

---

23) 한편 웰루깐다끼의 난다마따(Veḷukaṇḍakiyā Nandamātā)는 아완띠(Avanti)의 웰루깐다(혹은 웰루깐따)에 살고 있었으며(TagA.105) 그녀는 사리뿟따와 목갈라나 존자에게 큰 믿음을 가진 사람이었다. 『앙굿따라 니까야』 「난다마따 경」(A7:50)에서도 사리뿟따와 목갈라나 존자가 언급되고 있다. 그 경에 의하면 그녀의 아들 난다가 왕의 사람들에게 잡혀서 죽을 때도 그녀는 동요하지 않았다고 하며, 네 가지 禪을 증득했고 불환과를 얻었다고 한다.
한편 『앙굿따라 니까야』 「하나의 모음」에는 "禪을 얻은 자들 가운데서 웃따라 난다마따(난다의 어머니)가 으뜸"(A1:41:7-5)이라고 나타나는데 이 둘은 다른 사람이다. 그러나 이 두 사람 모두 禪의 증득에 뛰어났던 것은 분명하다.

(A1:14)에 대한 주석 가운데 쿳줏따라와 사마와띠의 일화(Khujjuttarā-Sāmāvatīvatthu)에도 자세히 언급이 되는데 기본 줄거리는 앞의 두 주석서와 동일하다. 역자는 이 가운데 『이띠웃따까 주석서』의 서문을 중심으로 나머지 둘을 취합하여 이를 토대로 쿳줏따라에 대한 소개를 하고자 한다.

『이띠웃따까 주석서』에 의하면 쿳줏따라는 꼬삼비[24]에서, 고시따 장자[25]의 집에서 하녀로 있던 여인을 어머니로 하여 태어났으며 웃따라

---

24) 꼬삼비(Kosambī)는 인도 중원의 16국 가운데 하나인 왐사(Vaṁsa, Sk.Vatsa)의 수도였다.(Jā.iv.28; vi.236) 부처님 재세 시에는 빠란따빠(Parantapa)가 왕이었으며 그의 아들 우데나(Udena)가 대를 이었다고 한다.(MA.ii.740f.; DhpA.i.164f.) 주석서에 의하면 꾸숨바(Kusumba) 선인이 머물던 아쉬람의 근처에 도시를 만들었다고 해서 꼬삼비(Kosambī)라고 한다.(UdA.248; SnA.300; MA.i.535) 또 다른 설명에 의하면 큰 님 나무(Kosamba-rukkha)들이 도시의 주위에 많이 있다고 해서 꼬삼비라고 한다.(MA.i.539; PsA.413)

꼬삼비는 야무나 강 변에 위치하며 현재 인도 웃따라쁘라데쉬 주의 알라하바드(Allahabad)에서 150㎞(56㎞ - 위키피디아) 정도 떨어진 Kosam이라는 두 마을이라고 학자들은 말한다.

25) 고시따 장자(Ghosita gahapati) 혹은 고사까(Ghosaka) 장자는 꼬삼비의 상인(seṭṭhi)이었다. 그는 기녀의 아들로 태어났는데 쓰레기 더미에 버려진 것을 꼬삼비의 대신이 행운을 가진 아이가 태어났다는 점술가의 예언을 믿고 그를 찾아서 양자로 삼았다고 한다. 여러 역경을 딛고 건실한 청년으로 자란 그는 꼬삼비의 우데나 왕의 대신이 되었다. 후에 그는 친구인 밧다와띠야(Bhaddavatiya)의 딸인 사마와띠(Sāmavati)를 양녀로 삼아서 우데나 왕과 결혼시켜 왕비가 되게 하였다.(DhpA.i.161 이하) 그에게는 꼬삼비에 절친한 두 명의 상인 친구가 있었는데 꾹꾸따(Kukkuṭa)와 빠와리까(Pavārika)였다. 이들은 세존께 깊은 믿음이 있었으며 각각 고시따 원림(Ghositārāma)과 꾹꾸따 원림(Kukkuṭārāma)과 빠와리까 원림(Pavārik-ārāma)을 지어서 승단에 기증했다.(DhpA.i.203) 그가 지은 승원이 고시따 원림(Ghositārāma)이다.

앞에서 밝혔듯이 4부 니까야에는 30개 정도의 경이 꼬삼비에서 설해진 것으로 나타나는데 그 가운데 28개 경이 이곳 고시따 원림에서 설해진 것으로 나타나고 있다. 이처럼 고시따 상인이 지은 고시따 원림은 꼬삼비에서 불교 전법의 거점 역할을 하고 있었다. 이러한 사실은 사마와띠 왕비가 고시따 장자의 수양딸이었으며 본서의 주인공인 쿳줏따라가 사마와띠 왕비의 하녀인 것

(Uttarā)라는 이름을 얻었다. 그녀는 태어날 때부터 꼽추(khujja)로 태어났으며 그래서 구부정한(khujja) 웃따라(Uttarā), 즉 쿳줏따라(Khujjuttarā)로 불리게 되었다. 나중에 고사까(Ghosaka, 혹은 Ghosita) 장자가 꼬삼비의 우데나(Udena/Utena) 왕[26]에게 사마와띠[27]를 시집보낼 때 쿳줏따라는 그녀

과 무관하지 않은 것으로 여겨진다.

26) 우데나 왕(rājā Udena, VRI: rājā Utena)은 그의 아버지 빠란따빠(Paran-tapa)의 대를 이은 꼬삼비(Kosambi)의 왕이었다. 우데나 왕에 대한 자세한 이야기는 『법구경 주석서』(DhpA.i.161～227)에 나타나고 있다. 우데나 왕의 이야기는 주로 사마와띠(Sāmavati, 아래 주해 참조) 등의 세 명의 왕비의 일화와 연결되어있는데 여기에 대해서는 『우다나』의 「우데나 경」(Ud7:10) §1의 해당 주해를 참조하기 바란다.

27) 사마와띠(Sāmāvati)는 꼬삼비의 우데나 왕의 첫째 왕비였다. 그녀는 밧다와띠(Bhaddavatī)의 밧다와띠야 장자의 딸이었는데 그곳에 질병이 돌자 장자는 가족을 데리고 친구인 고시따(Ghosita 혹은 Ghosaka)가 살고 있는 꼬삼비로 피난을 왔다고 한다. 난민 수용소에 있던 첫날에 아버지가 돌아가시고 둘째 날에 어머니가 돌아가셨는데 그녀를 불쌍히 여긴 밋따(Mitta)라는 부자(kuṭumbika)의 양녀가 되었다고 한다.
후에 우데나 왕이 그녀에게 반해서 결혼을 하였으며 첫째 왕비가 되었다. 그녀는 쿳줏따라를 통해서 부처님 가르침을 듣고 환희심이 생겼으며, 이를 안 셋째 왕비이자 부처님을 싫어한 마간디야(Māgandiya, 그녀의 아버지가 세존께 마간디야를 시집보내려 하였으나 세존이 거절하여 그녀는 세존께 앙심을 품고 있었다고 함)의 모함과 계략에 휘말려 끝내 그녀와 500명의 측근들은 모두 불에 타 죽고 말았다고 한다. 뒤늦게 이를 안 우데나 왕이 부처님께 그들에 대해서 묻자 세존께서는 그들은 모두 예류과 이상을 얻은 자들이라고 하셨다.
사마와띠는 마간디야가 쏜 화살을 자애의 마음으로 무력하게 만들기도 하였으며 그녀의 계략으로 끝내 죽음을 맞았지만 끝까지 그녀에 대해서 증오심을 내지 않고 자애의 마음을 가졌다고 한다. 그래서 세존께서는 사마와띠를 자애가 가득한 마음으로 머무는 자(mettā-vihārī)들 가운데서 으뜸이라 칭찬하신 것이다.

"자애가 가득한 마음으로 머무는 자들 가운데서 사마와띠가 으뜸이다."(A1:14:7-4.)

"사마와띠는 우데나(Udena) 왕의 첫째 왕비였다. 마간디야(Māgaṇḍiya)라는 바라문이 자기의 딸이 첫째 왕비의 자리에 오르기를 바라면서 그녀의 류트 안에 독사를 집어넣고 왕에게 말했다. '대왕이시여, 사마와띠가 대왕을

의 하녀로 함께 가게 되어 우데나 왕의 내전에 머물렀다고 한다. 주석서를 직역하면 다음과 같다.

"이 행운의 겁[28]에 우리 세존이 계시는 시기에 그녀는 천상세계에서 떨어져서 고사까 상인(Ghosaka-seṭṭhi)의 집에 있던 하녀(dāsi)의 태중에 재생연결을 취하여 웃따라(Uttarā)라는 이름을 얻었다. 그녀는 태어날 때에 꼽추(khujjā)였다고 해서 쿳줏따라(Khujjuttarā)로 알려지게 되었다. 그녀는 나중에 고사까 상인이 우데나(Udena/Utena) 왕에게 사마와띠를 시집보낼 때에 그녀의 하녀가 되어(paricārikabhāvena) 함께 보내져서 우데나 왕의 내전(antepura)에 머물게 되었다."(ItA.i.29)

계속해서 주석서는 말한다.

"그 무렵에 꼬삼비에는 고사까 상인과 꾹꾸따 상인(Kukkuṭa-seṭṭhi)과 빠와리까 상인(Pāvārika-seṭṭhi)이 세존을 지목해서 세 개의 승원(vihāra)을 만들었다.[29] 그래서 세존께서 지방을 유행하시다가 꼬삼비 도시에 당도하

죽이기를 원하여 류트 속에 독사를 넣어 소지하고 있습니다.' 왕은 독사를 보자 화가 나서 사마와띠를 죽이리라고 생각하고 활을 빼 들어 독화살을 고정시켰다. 사마와띠는 시녀들과 함께 자애로 왕을 가득 채웠다. 왕은 화살을 쏠 수도 내려놓을 수도 없이 떨면서 서있었다.
그때 왕비가 그에게 말했다. '대왕이시여, 고단하십니까?' '그렇소, 고단하다오.' '그렇다면 활을 내려놓으세요.' 활은 왕의 발아래 떨어졌다. 그때 왕비가 '대왕이시여, 허물이 없는 사람에게 허물을 뒤집어씌우지 마세요.'라고 말했다. 이와 같이 왕이 감히 화살을 쏠 수 없었던 것이 사마와띠 청신녀에게 있었던 삼매가 충만함에 의한 신통이다."(Vis.XII.35, cf. DhpA.i.216; AA.i.443)

28) "행운의 겁(bhadda-kappa)이란 [미륵불을 포함하여] 다섯 분의 부처님들께서 출현하시어 장엄하시는 멋진(sundara) 겁이요 핵심이 되는(sāra) 겁이라고 세존께서 이 겁을 칭송하시면서 이렇게 말씀하셨다."(DA.ii.410)

즉 칠불 가운데 이 겁에서 까꾸산다(Kakusandha), 꼬나가마나(Koṇāgama-na), 깟사빠(Kassapa), 석가모니(Sakyamuni), 미륵(Metteyya)의 다섯 부처님이 출현하셨거나 출현하실 겁이기 때문에 현재의 겁을 행운의 겁이라 부른다는 뜻이다.

29) 주석서에 의하면 꼬삼비에는 이처럼 세 개의 원림이 있었는데 본서에 나타나는 고시따 원림(Gositārāma)은 고시따 상인(seṭṭhi)이 만든 것이고 꾹꾸

시면 부처님을 상수로 하는 비구승가의 승원으로 사용하도록 지정을 하고 많은 보시물들(mahādānāni)을 마련하였다. 그리고 한 달쯤이 지났다. 그때 그들에게 이런 생각이 들었다. '부처님들은 참으로 모든 세상을 연민하신다(sabbalokānukampakā). 다른 사람들에게도 [보시의] 기회를 주어야 한다.'라고. 그들은 꼬삼비 도시에 사는 사람들에게도 기회를 주었다. 그때부터 시작하여 꼬삼비 사람들은 도로마다 일률적으로(vīthisabhāgena) 무리마다 일률적으로(gaṇa-sabhāgena) 큰 보시를 하였다."(ItA.i.29~30)

한편 『법구경 주석서』 에는 다음 구절이 나타난다.

"세존께서는 매일 각각의 승원에서 머무셨으며 그 머무는 곳의 대문에서 탁발을 하셨다. 거기에는 이 세 상인들을 시중드는(upaṭṭhāka) 수마나(Sumana)라는 화환을 만드는 자(mālākāra)가 있었다. 그는 그 상인들에게 말하였다.

'저는 오랫동안 당신들을 시중들었습니다. 저도 세존께 공양을 올리고자(bhojetukāma) 합니다. 우리도 하루를 스승께 보시를 하도록 해주십시오.'

'그렇다면 그대는 내일 공양을 올리도록 하여라.'

'감사합니다, 주인님.'이라고 말한 뒤 그는 세존께 공양청을 한 뒤 공경(sakkāra)을 할 준비를 하고 있었다."(DhpA.i.208)

(b) 예류과를 얻은 인연

계속해서 『이띠웃따까 주석서』 는 말한다.

"그러던 어느 날 스승께서는 비구승가에 둘러싸여 화환을 만드는 장인(mālākāra-jeṭṭhaka)의 집에 앉아계셨다. 그 순간에 쿳줏따라는 사마와띠에게 줄 꽃들(pupphāni)을 구하기 위해서 8 까하빠나(aṭṭha kahāpaṇa)[30]를 가

따 상인이 만든 꾹꾸따 원림(Kukkuṭārāma)과 빠와리까 상인이 기증한 빠와리까 망고 숲(Pāvārikambavana)이 있었다고 한다.(DA.i.319) 그 외에도 꼬삼비의 우데나 공원(Udenassa uyyāna, Vin.ii.290)과 심사빠 숲(Siṁsapā-vana,S56:31 §1)이 다른 경에 나타난다. 꼬삼비 비구들 사이에 큰 분열이 생겨서 세존께서 꼬삼비를 떠나시는 것으로 대처하신 것도 초기경에서는 잘 알려진 사건이다.(M48; Vin.i.337~57; Jā.iii.486 ff.)

지고 그 집에 갔다."

『법구경 주석서』는 여기에 대해서 좀 더 자세히 "그때 왕은 매일 사마와띠 왕비에게 꽃값으로 8 까하빠나를 주었으며(tadā rājā Sāmāvatiyā devasikaṁ pupphamūle aṭṭha kahāpaṇe deti) 사마와띠 왕비의 하녀인 쿳줏따라가 수마나라는 화환 만드는 자에게 가서 정기적으로(nibaddhaṁ) 꽃들을 [구입해서] 가지고 왔다고 한다."(DhpA.i.208)라고 하여 왕이 직접 꽃값으로 8 까하빠나를 왕비에게 주었고 그것을 왕비가 쿳줏따라에게 건네준 것으로 적고 있다.

『이띠웃따까 주석서』는 계속한다.

"화환을 만드는 장인은 그녀를 보고 '웃따라 이모, 오늘은 그대에게 꽃들을 줄 시간이 없어요. 나는 부처님을 상수로 하는 비구승가에 음식 공양을 올리는 시중을 들기 위해서 갑니다. 그대도 음식 공양을 올리는 시중을 드는 데 동참하세요. 그러면 다른 사람들을 가까이 섬기는 행위(veyyāvacca-karaṇa)로부터 풀려날 것입니다.'라고 말했다. 그래서 쿳줏따라는 부처님 일행들의 공양 장소에 가서 가까이에서 음식 시중을 들었다. 그녀는 스승께서 가까이 앉은 사람들에게 하시는 말씀(upanisinnaka-kathā)[31]을 통해서 모든 법을 섭렵하였고 [공덕을] 함께 기뻐하시는 [말씀](anumodanā)[32]을 듣고 예류과에 확립되었다."(ItA.i.30)

『법구경 주석서』에는 "쿳줏따라는 스승의 법문을 듣고 예류과에 확립되었다."(DhpA.i.209)[33]라고 간단하게 언급되어 있다.

---

30) '까하빠나(kahāpaṇa)'는 그 시대의 화폐단위가 되는 동전이다.

31) upagantvā nisinnassa yassa kassaci gahaṭṭhassa pabbajitassa vā taṅkhaṇānurūpā dhammī kathā upanisinnakathā.(MAṬ.ii.17)
attano santikaṁ upagantvā nisinnassa kātabbā tadanucchavikā dhammakathā .upanisinnakakathā.(MAṬ.iii.367)

32) katassa dānādipuññassa anumodanakathā anumodanā.(MAṬ.ii.196; MAṬ.iii.367)

계속해서 『이띠웃따까 주석서』는 말한다.

"[공양 시중을 마치고 내전으로 돌아가면서] 그녀는 이전의 다른 날들에는 4 까하빠나를 주고 꽃들을 구해서 갔지만 그날에는 진리를 보았기 때문에 남의 재물(parasantaka, sa+antaka)에 마음을 일으키지 않고 8 까하빠나를 주고 바구니를 가득 채워서 꽃들을 들고 사마와띠의 곁으로 갔다. 그러자 사마와띠는 그녀에게 물었다. '웃따라 이모, 그대는 다른 날들에는 많은 꽃들을 가지고 오지 않았는데 오늘은 많구나. 왕께서 그대에게 더 많은 은총을 주셨느냐?' 그녀는 [성자가 되어] 거짓말을 할 수가 없었기 때문에 이전에 그녀가 행한 것을 숨기지 않고 모두 털어놓았다.

그때 '그런데 오늘은 왜 많은 꽃들을 가지고 왔느냐?'라고 묻자 '오늘은 제가 정등각자의 법을 듣고 불사를 실현하였습니다. 그래서 당신을 속이지 않습니다.'라고 대답했다. 이 말을 듣고 [사마와띠 왕비는] '아니, 이런 나쁜 하녀를 봤나. 이때까지 네가 가져간 까하빠나를 모두 가져오너라.'라고 책망하지 않고(atajjetvā) 앞의 이유로 경책을 하면서 '이모여, 그렇다면 그대가 마신 감로를 우리들도 마시게 해다오(amma, tayā pivitaṁ amataṁ amhepi pāyehi).'라고 말하였다."(ItA.30)

『앙굿따라 니까야 주석서』에도 위와 같이 나타난다. 법구경 주석서는, "그녀는 다른 날들에는 4 까하빠나는 자신이 갖고(attano gahetvā) 4 [까하빠나]로 꽃을 구해서 갔지만 그날은 8 [까하빠나로] 꽃을 구해서 갔다." (DhpA.i.209)라고 4 까하빠나를 자신이 가졌음을 강조하고 있다.

계속해서 『법구경 주석서』는 이렇게 좀 더 자세히 적고 있다.

"그러자 사마와띠가 물었다.

'이모여, 오늘은 우리 왕께서 꽃값으로 두 배를 주셨느냐?'

'아닙니다, 왕비님.'

---

33) Khujjuttarāpi satthu dhammakathaṁ suṇantīyeva sotāpattiphale pati-ṭṭhahi.(DhpA.i.209)

'그렇다면 왜 꽃이 이렇게 많으냐?'

'다른 날들에는 4 까하빠나를 제가 갖고 4 [까하빠나]로 꽃을 사서 왔습니다.'

'그러면 오늘은 왜 갖지 않았느냐?'

'정등각자의 법문을 듣고 법을 증득하였기 때문입니다.'

그러자 왕비는 '오, 이 나쁜 하녀를 보게나. 이때까지 네가 가져간 까하빠나를 내게 가져오너라.'라고 책망하지 않고 '이모여, 그렇다면 그대가 마신 감로를 우리들도 마시게 해다오.'라고 말하였다."(DhpA.i.209)

계속해서 『이띠웃따까 주석서』는 이렇게 적고 있다.

"[쿳줏따라가] '그러면 저를 목욕하게 해주십시오.'라고 말하자 16가지의 향기 나는 물 항아리로 목욕을 하게 한 뒤 광택이 나는 옷감 두 벌을 그녀에게 내어 주게 하였다. 그녀는 한 벌은 입고 한 벌은 [자리에] 덮어서 자리를 정돈한 뒤 그 자리에 앉았다. 그녀는 잘 장엄된 부채(vicitra-bījani)를 든 뒤 유학의 무애해체지(sekhappaṭisambhidā)에 확고하게 서서 낮은 자리에 앉아있는 500명의 여인들을 불러서 스승께서 가르치신 확고한 방법(desita-niyāma)에 따라 그들에게 법을 설하였다. 설법을 마치자 그들 모두는 예류과(sotāpattiphala)에 확립되었다. 그들 모두는 쿳줏따라에게 예배한 뒤 '귀한 분이여, 오늘부터 당신은 잡스러운 일일랑 하지 마시오. 당신은 우리들의 어머니의 위치(mātuṭṭhāna)와 스승의 위치(ācariyaṭṭhāna)에 머물러주십시오.'라고 하면서 그녀를 공경하는 위치(garuṭṭhāna)에 놓았다."(ItA.31)

(c) 하녀요 몸이 불편했지만 통찰지를 가져 태어난 인연

계속해서 『이띠웃따까 주석서』는 ① 그녀가 하녀로 태어난 인연과 ② 꼽추가 된 인연과 ③ 그러면서도 통찰지를 갖추게 된 인연을 이렇게 밝히고 있다.

"① 그러면 그녀는 왜 하녀(dāsī)가 되어 태어났는가? 그녀는 깟사빠 정등각자의 시기에 바라나시에서 상인의 딸(seṭṭhidhītā)로 태어났다. 어떤 번뇌 다한 장로니(khīṇāsavattheri)가 그 신도 집에 가자 그녀는 '여보시오, 나

에게 장식용 바구니를 가져다 주시오.'라고 하면서 자기 자신을 가까이서 시중을 들도록(veyyāvaccaṁ) 하였다. 그 장로니는 '그대에게 주지 않으면 나에 대해 증오(āghāta)가 생겨서 그대가 지옥(niraya)에 태어날 것이고 내가 그대에게 주면 그대는 남들의 하녀로 태어날 것이니 지옥에서 고통을 받는 것보다는 하녀가 되는 것이 나을 것이다.'라고 그녀를 동정을 한 것(anuddaya)을 반연하여 그녀가 말한 대로 하였다. 그녀는 이러한 업으로 오백 생을 남들의 하녀로 태어났다.

② 그러면 왜 꼽추(khujjā)가 되었는가? 부처님이 나시지 않은 시기에 이 바라나시의 왕의 궁전에서 살고 있었을 때 어떤 왕의 가문과 관련이 있는 벽지불(paccekabuddha)이 조금 구부정한 자세인 것(thoka khujjadhātuka)을 보고 함께 사는 여인들의 무리 앞에서 비웃고 조롱을 하면서 자신이 그 흉내를 내어 꼽추와 같은 모습을 보여주었다. 그래서 꼽추로 태어났다.

③ 그러면 무엇을 지어서 통찰지를 가지고 태어났는가? 부처님이 나시지 않은 시기에 이 바라나시 왕의 궁전에서 살고 있었을 때 여덟 분의 벽지불들이 궁전에서 뜨거운 죽(uṇhapāyāsa)으로 가득 찬 발우들을 이리저리 돌리고 돌리면서 [죽을] 드시는 것을 본 뒤 자신이 가진 여덟 개의 상아로 만든 팔찌들(dantavalayāni)을 드려서 '여기에 놓고 드십시오.'라면서 보시하였다. 그들은 그렇게 한 뒤에 그녀를 쳐다보았다. 그녀는 '당신들께 이것들을 드립니다. 가지고 가십시오.'라고 대답하였다. 그들은 크게 기뻐하면서(nandamūlaka-pabbhāraṁ) 돌아갔다. 그녀는 이러한 결과로 통찰지를 가진 자가 되었다."(ItA.31)

(d) 삼장을 호지하는 자가 됨

"그러자 사마와띠를 상수로 한 500명의 여인들은 그녀에게 '귀한 분이여, 당신은 매일 매일 스승의 곁에 가서 세존께서 설하시는 법을 들은 뒤 우리들에게 가르쳐주시오.'라고 말했다. 그녀는 그렇게 하면서 나중에 삼장을 호지하는 자(tipiṭaka-dharā)가 되었다."(ItA.31)

같은 방법으로 『법구경 주석서』는 "그런데 쿳줏따라는 ① 무슨 업으로 꼽추로 태어났는가? ② 무슨 업으로 큰 통찰지(mahāpaññā)를 가지게 되었는가? ③ 무슨 업으로 예류과를 증득했는가? ④ 무슨 업으로 남들의 하녀가 되었는가?"(DhpA.i.225~226)라는 네 가지 질문을 하고 위에서 인용한 『이띠웃따까 주석서』와 같은 설명을 하고 있다. 이 가운데 예류과를 얻은 업에 대한 설명은 위에서 인용한 『이띠웃따까 주석서』에는 없다. 『법구경 주석서』는 그녀는 그 벽지불들을 시봉한 그 [과보가] 흘러내려(paccekabuddhānaṁ kataupaṭṭhānassa nissandena) 예류과를 얻었다고 하며 이것이 부처님들의 출현의 사이에서 있었던(Buddhantare) 그녀의 이전의 업(pubbakamma)이라고 적고 있다.(DhpA.i.226)

『우다나』의 「우데나 경」(Ud7:10)에 나타나듯이 사마와띠 왕비는 시녀 500명과 함께 불에 타서 죽음을 맞았다. 주석서에 의하면 마간디야(Māgaṇḍiya)의 삼촌(cūḷapitara)이 계략을 꾸며서 마간디야의 친지들이 사마와띠 왕비의 거처의 기둥들을 모두 기름에 흠뻑 적신 천으로 감싼 뒤에 왕비와 시녀들이 집 안에 있을 때 집에 불을 질렀다고 한다.(UdA.383) 사마와띠 왕비는 그 불이 사방으로 활활 타오르는 것을 보고 시녀들에게 '자매들이여, 시작이 없는 윤회에서 배회하면서 이와 같이 우리가 불에 탈 수밖에 없는 상황(evameva agginā jhāmattabhāvānaṃ)에 대해서는 부처님의 지혜로도 가늠하기가 쉽지 않습니다(paricchedo na sukaro). 부디 방일하지 마시오.'라고 간곡한 교계를 하였다. 그들은 이미 쿳줏따라가 들려준 부처님 말씀을 통해서 예류과를 증득하였고 사마와띠의 이러한 교계로 느낌을 파악하는 명상주제를 마음에 잡도리하여 어떤 자들은 일래자가 되고 어떤 자들은 불환자가 되어서(vedanāpariggaha-kammaṭṭhānaṁ manasikarontiyo kāci dutiyaphalaṁ, kāci tatiyaphalaṁ pāpuṇiṁsu) 죽음을 맞았다고 한다.(UdA.383~384; DhpA.i.221)

『법구경 주석서』에 의하면 우데나 왕은 이것이 마간디야의 작은 삼촌(cūḷapitara)과 그 친지들(ñātigaṇa)이 꾸민 일임을 마간디야로부터 알아내고 그들에게 상을 주겠다고 모두 모이게 하여 구덩이를 파고 그들을 밀어 넣어서 짚으로 덮고 불로 태운 뒤 쟁기로 갈아엎게 한다. 그리고 곁에 서서 이 광경을 보고 있는 마간디야에게 튀어서 몸에 묻은 타다 만 시신 조각들은 마간디야로 하여금 먹게 하였다고 한다.(DhpA.i.223)

『우다나 주석서』는 "쿳줏따라는 아직 남은 수명이 있었고(āyusesassa atthitāya) 전에 그런 업을 짓지 않았기 때문에(pubbe tādisassa kammassa akatattā) 그때 그 궁궐 밖에(pāsādato bahi) 있었다. 그녀는 10 요자나(120 ㎞) 정도 멀리 나가 있었다고 사람들은 말한다."(UdA.384)라고 적고 있다.

이런 참화에서 살아남은 쿳줏따라의 노력으로 이 아름답고 품격 있는 부처님의 가르침은 이런 슬픈 배경을 간직한 채 부처님 재세 시에 이미 널리 퍼지게 되었을 것이며 이를 아난다 존자가 일차합송에서 아라한들과 함께 합송하여 『이띠웃따까』라는 정전(正典)으로 채택하게 된 것이다.

쿳줏따라와 사마와띠 왕비, 사마와띠 왕비와 마간디야와의 관계 등은 특히 『법구경 주석서』에 자세하게 언급되고 있다. 여기에 대해서는 『법구경 이야기』 1(335~396쪽)을 참조하기 바란다.

5. 『이띠웃따까』의 구성

(1) 「하나의 모음」(It1)부터 「넷의 모음」(It4)까지로 구성되어 있다

먼저 본서의 맨 마지막에 실려 있는 '경에 대한 길라잡이'는 이렇게 적고 있다.

> 27개 [경으로 된 것이] 「하나의 모음」이고
> 「둘의 모음」은 22개 경들을 포함하고 있다.
> 딱 50개로 된 것이 「셋의 모음」이요
> 13개로 된 것은 「넷의 모음」이다.
> [웃따라 청신녀가 들은] 112개의 높은 경들을

<도표1: 『이띠웃따까』의 구성>

모음	품명	경 번호	경의 수	게송 수
하나의 모음	보증 품	It1:1~1:10	10	11
	두 번째 품	It1:11~1:20	10	14
	세 번째 품	It1:21~1:27	7	21
둘의 모음	첫 번째 품	It2:1~2:10	10	20
	두 번째 품	It2:11~2:22	12	31
셋의 모음	첫 번째 품	It3:1~3:10	10	17
	두 번째 품	It3:11~3:20	10	19
	세 번째 품	It3:21~3:30	10	28
	네 번째 품	It3:31~3:40	10	38
	다섯 번째 품	It3:41~3:50	10	33
넷의 모음	없 음	It4:1~4:13	13	38
합 계	10개 품		112개	270개

합송하여 옛 분들은 잘 내려놓았나니
[이 세상에] 아라한들이 오래 머물도록 하기 위해서
그것을 『이띠웃따까』라는 이름으로 불렀다.34)

그리고 『이띠웃따까 주석서』도 본서에는 "「하나의 모음」에 27개 경들이 있고 「둘의 모음」에는 22개가, 「셋의 모음」에는 50개가, 「넷의 모음」에는 13개가 있어서 모두 112개 경들의 조합이 된다."(ItA.i.2)라고 정리하고 있다.

34) 이 '경에 대한 길라잡이(suttasaṅgaha)'는 VRI본에만 나타난다. PTS본은 124쪽의 각주에서 이 게송을 소개하면서 미얀마 본(M = Mandalay 본)에 나타나는 것으로 밝히고 있다.

그리고 「하나의 모음」에 포함된 27개 경들은 세 개의 품으로 나누어져 있고, 22개의 경들이 포함된 「둘의 모음」은 두 개의 품으로 구성되어 있으며, 50개 경들이 포함된 「셋의 모음」은 다섯 개의 품으로 구성되어 있고, 13개의 경들이 포함된 「넷의 모음」은 품의 구분이 없다.

각각의 모음에 들어있는 각 품은 첫 번째 품, 두 번째 품 등으로 서수를 사용하여 품의 명칭을 삼았다. 그러나 「하나의 모음」의 첫 번째 품은 '보증 품(pāṭibhogavagga)'이라고 부르고 있다. 이를 도표로 정리해 보면 <도표1: 『이띠웃따까』의 구성>과 같다.

여기서 보듯이 「하나의 모음」의 첫 번째 품은 '보증 품'으로 불리고 있다. '보증 품'은 PTS본에서 'Pāṭibhoga-vagga'를 취하여 옮겼다. 주석가 담마빨라 스님도 『이띠웃따까 주석서』에서 본서 「하나의 모음」의 첫 번째 품인 본품을 '보증 품(Pāṭibhoga-vagga)'이라 부르고 있다.(ItA.i.2) VRI본은 단순히 첫 번째 품(Pathama-vagga)으로 표기하고 있고 PTS본은 \'보증 품인 첫 번째 품(Pāṭibhogavaggo paṭhamo)'으로 적고 있다.

본 품, 나아가서 본서의 백미는 본서 맨 처음의 여섯 개 경들(It1:1~1:6)에서 부처님께서 힘주어 말씀하시는 "비구들이여, 한 가지 법을 버려라. 나는 그대들에게 다시는 돌아오지 않는 경지를 보증하노라."(It1:1 §1)일 것이다. 그래서 예로부터 합송가와 주석가들은 다른 모음들의 다른 품들은 모두 첫 번째 품, 두 번째 품 등으로 단순하게 품의 명칭을 붙였지만 본 품만은 '보증 품'이라 불렀다고 여겨진다.

(2) 경들에 포함되어 있는 270개 게송들의 분류

본서의 핵심은 게송이라 할 수 있다. 쿳줏따라는 특히 부처님께서 설하신 이 게송을 귀담아 듣고 외워서 사마와띠 왕비와 500명의 시녀들에게 전해주는 데 심혈을 기울였을 것이다. 그리고 산문으로 말씀하신 부처님의 가르침은 그 핵심만을 드러내어 본서의 경들처럼 간단명료하게 하여 전해주었을 것이다.

본서의 많은 게송은 실로까(siloka, Sk. śloka, 혹은 아누슈뚭(anuśtubh)이라고도 함), 즉 4구게로 되어 있어서 한 구절에 8음절씩 모두 32음절로 되어 있다. 그러나 46개라는 적지 않은 게송은 하나의 게송에 6개의 구절을 가져 모두 48음절로 이루어진 6구게 형식의 운율로 되어 있다. 그리고 각각의 경들에 포함된 게송의 숫자는 경들마다 다르다. 그것을 분류해 보면 다음과 같다.

① 한 개의 게송을 가진 경: 「탐욕 경」(It1:1) 등 29개
② 두 개의 게송을 가진 경: 「자만을 철저하게 앎 경」(It1:8), 「후회 경」(It2:3) 등 45개
③ 세 개의 게송을 가진 경: 「타락한 마음 경」(It1:20), 「괴롭게 머묾 경」(It2:1) 등 23개
④ 네 개의 게송을 가진 경: 「뼈 무더기 경」(It1:24), 「으뜸가는 청정한 믿음 경」(It3:41) 등 7개
⑤ 다섯 개의 게송을 가진 경: 「자애 수행 경」(It1:27), 「비 없는 구름 경」(It3:26)의 두 개
⑥ 일곱 개의 게송을 가진 경: 「행복을 열망함 경」(It3:27), 「다섯 가지 전조 경」(It3:34), 「데와닷따 경」(It3:40), 「불 경」(It3:44), 「세상 경」(It4:13)[35]의 다섯 개
⑦ 아홉 개의 게송을 가진 경: 「내면의 때 경」(It3:39) 한 개

이렇게 하여 본서에는 모두 (29×1)+(45×2)+(23×3)+(7×4)+(2×5)+(5×7)+(1×9) = 29+90+69+28+10+35+9 = 270개의 게송이 실려 있다.

여기서 주목할 사실은 본서에는 여섯 개의 구절을 가진 게송[六句偈, 6구게]이 모두 46개가 나타난다는 점이다. 특히 「하나의 모음」의 27개 경들 가운데 15개가 6구게로 되어 있다. 이 가운데 20번 경 이후의 8개를 빼면 19개 경들 가운데 1:7, 1:8, 1:14, 1:15의 네 개 경들을 제외한 15개 경들이 6구게를 포함하고 있다.

---

35) 게송을 포함한 본경은 같은 이름을 가진 『앙굿따라 니까야』 제2권 「세상 경」(A4:23)과 같다. 그리고 게송을 제외한 부분, 즉 본경의 §§2~3은 『디가 니까야』 제3권 「정신경」(D29) §29와도 같다.

베다에서 가장 신성한 운율이 3구게, 즉 3×8=24음절로 된 가야뜨리 만뜨라(Gāyatrī Mantra)이다.[36] 역자는 개인적으로 본서에 나타나는 이 6개의 구절을 가져 모두 48음절로 이루어진 6구게 형식의 게송은 이러한 24음절의 가야뜨리 운율과 관계가 있다고 보는 입장이다. 특히 본서의 모두(冒頭)를 장식하는 처음의 여섯 개 경들(It1:1~It1:6)에는 각각 탐 · 진 · 치 · 분노 · 모욕 · 자만을 버리면 불환과를 얻는다는 같은 형식의 6구게가 들어있는데 이 6구게의 48음절은 24음절씩으로 나누면 두 개의 가야뜨리 운율이 된다.

예를 들면 첫 번째 경에 들어있는 게송(It1:1 §2)[37] 가운데 전반부의 24개의 음절은 탐욕을 경계하는 내용을 담고 있고 후반부 24개의 음절은 이것을 버리고 불환과의 경지를 체득하는 것을 담고 있다.[38] 이처럼 탐 · 진 ·

---

36) 리그베다에 들어있는 가야뜨리 만뜨라는 다음과 같다.
"[oṃ bhūr bhuvaḥ suvaḥ]
tat savitur vareṇyaṁ
bhargo devasya dhīmahi
dhiyo yo naḥ prachodayāt."(ṚV.iii.62 10)

이 가야뜨리 만뜨라는 태양의 신인 사위뜨르(Savitṛ)를 찬미하는 게송으로 그의 지혜가 찬미자들을 일깨워 주기를 기원하는 내용을 담고 있다. 그리고 먼저 읊는 'oṃ bhūr bhuvaḥ suvaḥ'는 만뜨라에는 포함되지 않는다.

37) "yena lobhena luddhāse,
sattā gacchanti duggatiṁ.
taṁ lobhaṁ sammadaññāya,
pajahanti vipassino.
pahāya na punāyanti,
imaṁ lokaṁ kudācanaṁ."

"탐욕으로 탐내는 중생들은
불행한 곳[惡處]으로 가나니
통찰력 가진 자들은 이러한 탐욕을
바른 구경의 지혜로 버리노라.
버리고 나서는 이 세상으로
결코 다시 되돌아오지 않느니라." {1}

38) 더 자세한 설명은 아래 <§7. 각 모음의 개관 및 관심을 끄는 경들> 가운데 <「하나의 모음」에서 관심을 끄는 경들>을 참조하기 바란다.

치 · 분노 · 모욕 · 자만의 위험을 꿰뚫어 본 뒤 이것을 버리면 성자가 된다는 부처님의 강력한 보증을 담은 여섯 개 경들(It1:1~It1:6)을, 그것도 인도인들이 신성시 여기는 가야뜨리 운율에 담아서 세존께서 읊으신 이러한 게송들을 본서의 맨 처음에 배대한 쿳줏따라 청신녀의 안목이 참으로 뛰어나다고 역자는 판단한다.

그러면 각 모음에는 몇 개의 게송들이 들어있을까? 이들을 위의 게송의 숫자별 분류에 맞추어서 적어 보면 다음과 같다.

① 「하나의 모음」: 17+5+2+2+1+0+0=27개 경 →
17+(5×2)+(2×3)+(2×4)+(1×5)=46개 게송
② 「둘의 모음」: 2+11+9+0+0+0+0=22개 경 →
2+(11×2)+(9×3)=51개 게송
③ 「셋의 모음」: 9+25+7+3+1+4+1=50개 경 →
9+(25×2)+(7×3)+(3×4)+(1×5)+(4×7)+(1×9) =134개 게송
④ 「넷의 모음」: 1+4+5+2+0+1+0=13개 경 →
1+(4×2)+(5×3)+(2×4)+(1×7)=39개 게송

이렇게 하여 본서에는 모두 270개의 게송이 실려 있다.

(3) 본서의 경들에 포함되어 있는 게송에 대한 소고

물론 대부분의 게송은 부처님께서 직접 읊으신 것이지만 내용으로 보거나 주석서의 언급처럼 부처님이 아니라 쿳줏따라나 다른 사람이 읊은 것으로 여겨지는 것도 한두 곳이 있다. 예를 들면,

"여기 타락한 마음을 가진 어떤 사람을 알고서
부처님께서 비구들의 곁에서 그 의미를 설명하셨다."(It1:20 §2)

로 나타나는 「타락한 마음 경」(It1:20) §2의 |1|번 게송은 주석서가 "합송을 한 분들이 엮은 게송들(saṅgītikārehi upanibandhagāthā)"(ItA.i.73)이라고 설명하듯이 누가 보아도 이것은 부처님의 말씀이 아니다. 그러나 주석서는 세존께서 읊으신 것이라고 하지만 합송자나 다른 사람이 읊은 것으로 여겨지는

<도표2: 각 모음에 포함된 게송들의 개수>

	1개	2개	3개	4개	5개	7개	9개	경	게송
하나의 모음	17	5	2	2	1	0	0	27	46
둘의 모음	2	11	9	0	0	0	0	22	51
셋의 모음	9	25	7	3	1	4	1	50	134
넷의 모음	1	4	5	2	0	1	0	13	39
합 계	29	45	23	7	2	5	1	112	270

게송도 있는데 「일으킨 생각 경」(It2:11) §5의 게송을 들 수 있다. 그러나 주석서는 It1:20 §2의 |1|번 게송을 제외한 본서에 나타나는 모든 게송은 부처님께서 직접 설하신 것이라고 보고 있다. 그래서 본서의 첫 번째 경을 주석하면서 다음과 같이 강조한다.

"'이렇게 말씀하셨습니다(iti vuccati).'라고 했다. 누가 말씀하신 것인가? 바로 세존이시다(bhagavatā va). 다른 그러한 경우들에는 [예를 들면 It1:20 §2의 |1|번 게송처럼] 합송을 한 분들이 엮은 게송들(saṅgītikārehi upanibandhagāthā)도 있지만 여기서는 세존께서 게송을 좋아하는 사람(gāthārucikā puggalā)들의 의향(ajjhāsaya)을 고려하여 [이미] 설하신 의미를 간추려서(saṅgahetvā) 게송으로 말씀하신 것(gāthā bhāsitā)이다."(ItA.i.44)

6. 『이띠웃따까 주석서』와 저자 담마빨라 스님에 대해서

이제 『이띠웃따까 주석서』와 저자인 담마빨라 스님에 대해서 간략하게 살펴보고자 한다. 상좌부 불교 역사에서 중요한 두 분을 들라면 바로 서기

400～450년쯤에 생존하셨던 대주석가 붓다고사 스님과 그로부터 150년쯤 후인 서기 550～600년쯤에 사셨던 것으로 여겨지는 아짜리야 담마빨라 스님이다. 붓다고사 스님은 빠알리 삼장에 대한 대부분의 주석서들을 완성한 분이며 담마빨라 스님은 나머지 주석서들과 특히 대부분의 복주서들을 완성하여 상좌부 불교의 삼장-주석서-복주서 전통을 완결한 분이다.

(1) 붓다고사 스님이 남긴 주석서 13권

상좌부의 빠알리 삼장에 대한 주석서는 대부분이 붓다고사 스님이 지은 것으로 전승되어 온다. 『마하왐사』와 『간다왐사』 등에 의하면 전통적으로 붓다고사 스님은 빠알리 삼장에 대한 다음 13가지 주석서들을 지은 것으로 인정되고 있다.

I. 율장의 주석서들

① 사만따빠사디까(Samantapāsādīka): 율장의 주석서(VinA)
② 깡카위따라니(Kaṅkhāvitaraṇī): 빠띠목카에 대한 주석서(VinA)

II. 경장의 주석서들

③ 수망갈라윌라시니(Sumaṅgalavilāsinī): 디가 니까야 주석서(DA)
④ 빠빤짜수다니(Pāpañcasūdanī): 맛지마 니까야 주석서(MA)
⑤ 사랏탑빠까시니(Sāratthappakāsinī): 상윳따 니까야 주석서(SA)
⑥ 마노라타뿌라니(Manorathapūraṇī): 앙굿따라 니까야 주석서(AA)
⑦ 청정도론(Visuddhimagga): 4부 니까야에 대한 종합적인 주석서(Vis)
⑧ 빠라맛타조띠까(Paramatthajotikā): 쿳다까빠타(Khuddakapāṭha)와 숫따니빠따(Suttanipāta)의 주석서(KhuA, SnA)
⑨ 담마빠다앗타까타(Dhammapadatthakathā): 법구경 주석서(DhpA)
⑩ 자따까앗타까타(Jātakatthakathā): 자따까 주석서(JāA)

III. 논장의 주석서들

⑪ 앗타살리니(Aṭṭhasālinī): 담마상가니(Dhammasaṅgaṇī) 주석서(DhsA)
⑫ 삼모하위노다니(Sammohavinodanī): 위방가(Vibhaṅga) 주석서(VbhA)

⑬ 빤짜빠까라나-앗타까타(Pañcapakaraṇatthakathā): 나머지 다섯 논장의 주석서

이들에 대한 논의는 『청정도론』 역자 서문 §5. 붓다고사 스님이 지은 주석서들을 참조하기 바란다.

(2) 담마빨라 스님의 저작 18권

담마빨라 스님도 방대한 주석서들과 복주서들을 지은 분이며 그래서 그는 상좌부 불교에서 아짜리야 담마빨라(Ācariya Dhammapāla)로, 즉 스승(ācariya)으로 호칭되고 있다.

17세기에 마얀마에서 난다빤냐(Nandapañña)가 지은 상좌부 불교 문헌에 대한 역사서라 할 수 있는 『간다왐사』(Gandhavaṁsa)를 토대로 정리해 보면 담마빨라 스님은 아래에서 언급하는 모두 18개의 주석서와 복주서를 지은 것으로 인정되고 있다. 이 18개는 아래의 다섯 종류로 나누어진다.[39)]

I. 빠라맛타디빠니(Paramatthadīpanī)

① 담마빠다 주석서(DhpA)
② 우다나 주석서(UdA)
③ 이띠웃따까 주석서(ItA)
④ 숫따니빠따 주석서(SnA)
⑤ 테라가타 주석서(ThagA)
⑥ 테리가타 주석서(ThigA)
⑦ 짜리야삐따까 주석서(CpA)

이들은 『쿳다까 니까야』에 포함된 게송을 포함하는 7개의 경들에 대한

---

39) 대림 스님 박사학위 논문, 'A Study in Paramatthamañjūsā'의 10쪽에서 인용함.
간다왐사(Gandhavaṁsa)에서 언급되고 있는 이 14가지 가운데 리낫타빠까시니(Līnatthapakāsinī)와 리낫타완나나(Līnatthavaṇṇanā)를 아래처럼 각각 네 권과 세 권으로 계산하면 모두 18권이 된다.

주석서이다.

II. 빠라맛타만주사(Paramtthamañjūsā, Pm) – ⑧ 청정도론 복주서

III. 리낫타빠까시니(Līnatthappakāsinī, 숨은 뜻을 밝힘) – 경장의 복주서
⑨ 디가 니까야 복주서(DAṬ)
⑩ 맛지마 니까야 복주서(MAṬ)
⑪ 상윳따 니까야 복주서(SAṬ)
⑫ 자따까 복주서(JAṬ)

IV. 리낫타완나나(Līnatthavaṇṇanā, 숨은 뜻을 설명함) – 논장의 복주서
⑬ 담마상가니 복주서(DhsAṬ)
⑭ 위방가 복주서(VbhAṬ)
⑮ 빤짜빠까라나 복주서(Pañcapakaraṇa-mūlaṭīkā) – 나머지 5론의 복주서

V. ⑯ 넷띠빠까라나 주석서(Nettippakaraṇa-aṭṭhakathā)
⑰ 넷띠빠까라나 복주서(Nettippakaraṇa-ṭīkā)
⑱ 붓다왐사 복주서(Buddhavaṁsa-ṭīkā)

이렇게 하여 18개의 주석서와 복주서 문헌들이 담마빨라 스님의 저술로 전해온다.

(3) 『이띠웃따까 주석서』

여기서 보듯이 『이띠웃따까 주석서』는 『빠라맛타디빠니』(Paramattha-dīpanī)에 포함되어 『쿳다까 니까야』의 다른 여섯 개 경들의 주석서와 함께 전해온다. 역자는 VRI본 삼장과 주석서들과 복주서들을 Foxpro를 이용하여 컴퓨터로 정리한 개인적인 자료를 통해서 이 『이띠웃따까 주석서』를 읽고 검색과 인용을 하였다. 『우다나 주석서』는 1995년에 Masefield 교수에 의해서 'The Udāna Commentary'(Vol. I, II)로 영역이 되어 PTS에서 출간이 되었지만 이 『이띠웃따까 주석서』는 아직 영어로 번역되어 출

간되지 않았다.

본서의 주해에서 인용하고 있는 주석서의 설명은 가급적이면 모두 『이띠웃따까 주석서』에서 인용하였다. 물론 기존의 초기불전연구원에서 번역한 4부 니까야의 주해를 그대로 가져온 곳도 적지 않다. 이런 주해들은 붓다고사 스님이 지은 4부 니까야의 주석서들을 인용한 것이다. 『이띠웃따까 주석서』를 참조해서 주해를 달면서 살펴보면 의외로 붓다고사 스님의 주석서와 담마빨라 스님의 주석서가 문장까지 같은 설명이 적지 않았다. 그리고 문장 표현은 다르더라도 내용은 거의 일맥상통하고 있었다. 특히 『우다나 주석서』나 『이띠웃따까 주석서』의 설명이 담마빨라 스님이 지은 복주서들, 예를 들면 『디가 니까야 복주서』(DAṬ)와 『맛지마 니까야 복주서』(MAṬ)와 『상윳따 니까야 복주서』(SAṬ)와 문장까지 같은 부분이 적지 않았으며 12세기에 사리뿟따 스님이 지은 『앙굿따라 니까야 복주서』(AAṬ)와도 같은 것을 보았다. 그래서 역자도 주석서를 지은 담마빨라 스님과 복주서를 지은 담마빨라 스님은 동일인으로 보는 의견에 동의한다.

(4) 담마빨라 스님은 한 명으로 보는 것이 타당하다

역자가 번역한 『우다나』 역자 서문에서도 밝혔지만 현대에 들어와서 담마빨라 스님에게는 다음의 세 가지 문제가 늘 따라다닌다.

첫째, 담마빨라 스님은 한 명인가 두 명인가 아니면 여러 명인가?
둘째, 담마빨라 스님과 북방불교의 대논사 다르마빨라 스님은 같은 분인가 다른 분인가?
셋째, 담마빨라 스님은 어느 때 사람인가?
이 가운데 제일 중요한 문제이며 아직도 결정되지 않은 것이 담마빨라 스님은 한 명인가 두 명인가, 아니면 더 많을 수 있는가이다.
그리고 이 세 가지 질문에 대한 대답은 다섯 가지 자료에 바탕을 두고 있다. 여기에 대해서는 『우다나』 역자 서문을 참조하기 바란다.

히뉘버 교수는 『우다나 주석서』(UdA.94)에 나타나는 "kathāvatthupakaraṇassa ṭīkāyaṁ gahetabbo(까타왓투 논서의 복주서에서 취해야 한다)."[40]를 예로 들어서, "이처럼 [『쿳다까 니까야의 주석서』 인] 『빠라맛타디빠니』 와 아비담마의 복주서인 『리낫타완나나』 가 상호 참조에 의해서 서로 연결되어 있기 때문에 두 명의 담마빨라가 존재한다는 주장과 이 주석서들과 복주서들의 통일성 문제에 대한 새로운 논의가 있어야만 한다."[41] 라고 적고 있다. 역자는 릴리 드 실바(Lily de Silva) 교수나 피어리스(A. Pieris)나 대림 스님이나 특히 히뉘버 교수의 이 의견에 동의하며 그래서 담마빨라 스님은 한 명으로 보는 것이 타당하다고 생각한다.

그러므로 대림 스님의 제언처럼 담마빨라 스님은 ① 먼저 아비담마 칠론의 아누띠까인 『리낫타완나나』 를 짓고 ② 다음에 『쿳다까 니까야』 의 시로 된 7개 경전들의 주석서인 『빠라맛타디빠니』 를 짓고 ③ 그다음에 Pm과 『디가 니까야』 와 『맛지마 니까야』 와 『상윳따 니까야』 의 복주서를 지었다고 말할 수 있다.[42] 왜냐하면 대림 스님의 언급처럼 Pm에 『쿳다까 니까야』 의 『짜리야삐따까 주석서』 (CpA)를 참조하라는 언급이 나타나기 때문에 7개 주석서들이 Pm보다는 먼저 쓰여졌다고 해야 하기 때문이다.[43]

(5) 담마빨라 스님의 연대

담마빨라 스님은 붓다고사 스님(A.D. 5세기)보다는 후대이고 『앙굿따라 니까야 복주서』 를 지은 사리뿟따 스님(A.D. 12세기)보다는 이전이라는 사

40) "vitthāro pana paṭibimbassa udāharaṇabhāvasādhanādiko antarābhavakathāvicāro kathāvatthupakaraṇassa ṭīkāyaṁ gahetabbo." (UdA.94)

41) Ibid, 169.

42) It is more likely to say that Pm forms a unit together with ṭīkās on DA, MA, SA, because we can find one reference of SAṬ in Pm. It is: tā pana asammohantena saṁyuttasuttaṭīkāyaṁ. vitthārato dassi-tāti tattha vuttanayena veditabbā.(Pm. III. §43)

43) "ayamettha saṅkhepo, vitthārato pana pāramitāsu yaṁ vattabbaṁ, taṁ **paramatthadīpaniyaṁ cariyāpiṭakavaṇṇanāyaṁ** vuttanayeneva veditabbaṁ, ativitthārabhayena na vitthārayimha."(Pm.i.392)

실 외에는 알려진 것이 없다. 그래서 다른 자료를 찾아보아야 한다.

피어리스(Pieris)는 담마빨라 스님의 연대를 10세기가 아닌 6세기로 제안한다.[44] 노만 교수는 두 분의 담마빨라 스님을 인정하지만 주석서들을 지은 담마빨라 스님의 연대를 A.D. 6세기로 추정하고 있다.[45] 그래서 히뉘버 교수는 "아난다 스님은 그의 스승이라는 것이 확정적인 것 같다."[46]라고 말한다.

히뉘버 교수는 Porāṇagaṇṭhipada – Dhammasirigaṇṭhipada – Ānanda – Vajirabuddhi의 연표를 제시하면서 이 와지라붓디 스님과 담마빨라 스님은 동시대 사람이고 남인도 출신이라고 결론짓고 이 연표에 나타나는 스님들은 A.D. 450년부터 A.D. 600년 사이에 살았을 것이라고 말한다. 그래서 그는 담마빨라 스님은 A.D. 550~600년의 어느 때의 인물이라고 제시한다.[47]

이처럼 『청정도론』 등의 13개의 주석서들을 지은 붓다고사 스님과 아비담마 칠론에 대한 『물라띠까』 (근본복주서)를 지은 아난다 스님과 『빠라맛타만주사』 를 비롯한 18개의 주석서들과 복주서들을 지은 담마빨라 스님이 활동한 A.D. 5~6세기는 상좌부 불교의 교학이 정리되고 체계화되고 심화되고 전파된 가장 역동적인 시대였다고 할 수 있다.

역자는 『우다나』 해제를 적으면서 대림 스님의 박사학위 논문인 'A Study in Paramatthamañjūsā.'의 제1장 서문의 'Dhammapāla - the author of Pm'을 전적으로 의지하여 『우다나 주석서』 와 『이띠웃따까 주석서』 의 저자인 담마빨라 스님에 대해서 기술을 하였다. 그리고 『우다나』 해제에서 적은 것을 요약하여 여기에 실었다.

---

44) A. Pieris, p. 74.

45) K. R. Norman, p. 137.

46) Hinüber, p. 170.

47) Hinüber, pp. 170-1.

간추리면, 18개의 주석서들과 복주서들을 지은 담마빨라 스님은 한 분이며, 6세기 후반부에 실존했던 분이고 남인도 출신이며 아난다 스님의 제자였고, 북방의 다르마빨라(法護) 스님과는 동일인이 아니다.

7. 각 모음의 개관 및 관심을 끄는 경들

본서에 포함된 경들은 개개의 경들에 포함된 주제의 개수에 따라 「하나의 모음」(It1)부터 「넷의 모음」(It4)까지 네 개의 모음으로 나누어져서 전승되어 온다. 그러면 같은 모음에 포함된 경들은 어떤 원칙이 있어서 지금과 같은 순서로 정착이 되었을까? 주석서는 별다른 언급을 하지 않는 것 같다. 그렇지만 분명히 본서를 모은 쿳줏따라 청신녀가 이런 순서로 경들을 합송하여 전승한 데는 나름대로 이유와 원칙이 있을 것이다. 역자는 본서 「하나의 모음」부터 「넷의 모음」에 대해서 개관해 보고 각 모음에서 역자의 관심을 끄는 경들을 살펴보고자 한다.

(1) 「하나의 모음」(It1)

「하나의 모음」에는 모두 27개의 경들이 담겨있다. 이것은 크게 세 부분으로 대별해 볼 수 있다. 첫째는 It1:1부터 1:13까지의 13개 경들이고 둘째는 1:14부터 1:21까지의 8개 경이며 셋째는 나머지, 즉 1:22부터 마지막인 1:27까지의 6개 경들이다.

첫 번째에서 언급한 It1:1부터 1:6까지의 6개 각각의 경의 주제는 1:8부터 1:13까지의 각각의 경의 주제와 같다. 특히 1:1부터 1:5까지의 5개 경의 게송과 이들 각각에 대응되는 1:9부터 1:13까지의 5개 경의 게송은 각각 같다. 두 번째에서 언급한 1:14부터 1:21까지의 8개 경은 두 개가 한 쌍을 이루는 4개의 쌍으로 된 경들이다. 세 번째에서 언급한 6개 경들은 서로 큰 연관성이 없는 경들을 뒤쪽에 배열한 것으로 여겨진다.

「하나의 모음」에는 모두 27개의 경들이 세 개의 품으로 나누어져서 담겨있지만 이러한 품의 구분은 큰 의미가 없다. 이것은 비단 「하나의 모음」

뿐만 아니라 다른 모음들에서도 그러하다. 본서에서 품의 구분은 단순히 순서대로 10개씩을 잘라서 하나의 품을 만들었을 뿐이다. 예를 들면 여기 「하나의 모음」의 첫 번째 품에는 괴로움의 멸진에 관계된 경들이 두 번째 품에도 배열이 되고 특히 「타락한 마음을 가진 자 경」(It1:20)과 「깨끗한 마음 가진 자 경」(It1:21)은 서로 대조가 되지만 서로 다른 품에 속해 있다.

이렇게 볼 때 품은 오히려 단순히 순서대로 10개씩 잘라서 품을 만들었을 뿐임이 분명하다. 그래서 본서 전체에 나타나는 10개의 품은 특별한 명칭이 없고 첫 번째 품, 두 번째 품, 세 번째 품으로 부르게 된 듯하다. 물론 「하나의 모음」의 첫 번째 품은 아주 중요한 메시지를 담고 있기 때문에 PTS본과 주석서에서는 이를 '보증 품(Pāṭibhoga-vagga)'이라고 명명하였다. 그러나 VRI본은 이것도 단순히 첫 번째 품으로 부르고 있다.

◎ 「하나의 모음」에서 관심을 끄는 경들

「하나의 모음」에는 모두 27개의 경들이 들어있다. '하나'라는 말이 드러내듯이 본 모음에 담긴 경들은 모두 하나의 주제를 담고 있기 때문에 간단하면서도 명료하고 명쾌하다. 이 27개의 경들은 모두 부처님의 간명한 가르침(desana) 혹은 명령(sāsana)을 담고 있지만 특히 본 모음에서 역자의 관심을 끄는 경들은 첫 번째 품인 보증 품에 들어있는 「탐욕 경」(It1:1) 등 10개 경들 전체와 두 번째 품의 처음 3개의 경들을 포함한 13개 경들이다.

이 가운데 「탐욕 경」(It1:1)부터 「자만 경」(It1:6)까지의 6개 경은 다시 「자만을 철저하게 앎 경」(It1:8)부터 「모욕을 철저하게 앎 경」(It1:13)까지 같은 주제어로 연결되는데 「자만을 철저하게 앎 경」(It1:8)을 앞에 두었을 뿐이다. 즉 It1:1부터 It1:6까지의 주제어가 탐욕-성냄-어리석음-분노-모욕-자만의 순서였는데 이것이 It1:8부터 It1:13까지에서는 자만-탐욕-성냄-어리석음-분노-모욕의 순서로 바뀌었는데 이것은 「자만을 철저하게 앎 경」(It1:8)이 이들 두 모둠 사이에 들어있는 「일체를 철저하게 앎 경」(It1:7)과 같은 방법으로 전개되기 때문에 이 경 다음에 배치하였을 것이다.

여기 「하나의 모음」, 나아가서 본서 전체에서 백미는 본서 맨 처음의 여섯 개 경들(It1:1~1:6)에서 부처님께서 힘주어 말씀하시는 "비구들이여, 한 가지 법을 버려라. 나는 그대들에게 다시는 돌아오지 않는 경지를 보증하노라."(It1:1~1:6)일 것이라고 역자는 파악한다. 이런 의미에서 예로부터 합송가와 주석가들은 본 품을 '보증 품'이라고 불렀음이 틀림없다.

여기서 '보증'은 pāṭibhoga를 옮긴 것이다. 『이띠웃따까 주석서』는 "여기서 '빠띠보가(pāṭibhoga)'는 보증(paṭibhū)을 뜻한다. 채무자(dhāraṇaka)를 반연하여 채권자에게(dhanika), 채권자를 반연하여 채무자에게 담보가 되어(paṭinidhibhūta) 채권자에게 예속된 위탁물 등(haraṇādi)이라 불리는 재산(bhoga)이라고 해서 보증이라 한다."(ItA.i.40)라고 설명한다.

본서 『이띠웃따까』는 쿳줏따라가 모은 것인데 이것은 그녀가 부처님으로부터 직접 듣고, 왕궁에서 외부로 나오기가 어려웠던 자신의 주인인 사마와띠 왕비와 500명의 시녀들에게 들려주었던 것을 모은 것이다. 재가자요, 여자 신도요, 하녀요, 몸이 불편한 쿳줏따라에게는 스승께서 보증을 서주시고 보증인이 되어주시겠다고 말씀하시는 이 '보증(pāṭibhoga)'이라는 용어가 큰 감격(veda)과 큰 영감(paṭibhāna)을 주었을 것이라 생각된다. 그래서 부처님께서 탐욕 · 성냄 · 어리석음 · 분노 · 모욕 · 자만을 버린 자에게 다시는 돌아오지 않는 경지(불환자됨)를 보증하신 이 여섯 가지 가르침을 쿳줏따라는 본서의 맨 처음에 놓아서 전승하였으며 다시 이 여섯 가지 주제를 바로 다음의 It1:7부터 It1:13까지의 7개 경들로 강조하고 있다고 역자는 생각해 본다.

이처럼 여기 It1:1부터 It1:6까지의 6개 경들은 불환과를 보증하시는 부처님의 말씀을 담고 있고 It1:7부터 It1:13까지의 7개 경들은 그 보증을 구체적으로 실현하는 방법인 최상의 지혜로 앎 – 철저하게 앎 – 탐욕의 빛바램 – 제거(abhijāna – parijāna – virājaya – pajaha)를 강조하고 있다. 이 네 가지는 주석서 문헌들에서 세 가지 통달지(pariññā)로 설명이 되는데 여기에 대해서는 본서 「일체를 철저하게 앎 경」(It1:7)의 해당 주해들을 참조하기 바란다. 부처님께서 행복과 깨달음의 보증인이 되어주시겠다는 이런 말씀을 담은 세존의 가르침 13개를 쿳줏따라는 여기 『이띠웃따까』의 맨 처음의 여섯 개 경(It1:1~1:6)과 그다음의 일곱 개 경(It1:8~1:13)으로 담아서 강조하고 있는 것이다.

불자(佛子, Buddha-putta, Buddha-dhītā)는 부처님의 아들딸들이다. 우리 부처님의 아들딸들이 부처님 가르침대로 수행했는데도 행복을 실현하지 못한다면 부처님께서 보증을 서주셨으니 부처님께 빚을 받으러 가야 할까? 그러나 걱정하지 않아도 된다. 불교는 2600년 동안 전승되어 오면서 보증인이 늘어났기 때문이다. 이 세상에 존재하셨던 예류·일래·불환·아라한의 모든 성자들이 보증인이 되어주셨고 대승불교에서는 보살님들까지 등장하셔서 연대보증을 해주셨기 때문이다. 그러므로 우리도 저 깔리고다의 아들 밧디야 존자처럼 "아, 행복하다! 아, 행복하다!"(Ud2:10)라고 외치고 다녀야 할 것이다.

그리고 특히 부처님의 보증을 담은 1번 경부터 6번 경까지는

> "탐욕으로 탐내는 중생들은
> 불행한 곳[惡處]으로 가나니
> 통찰력 가진 자들은 이러한 탐욕을
> 바른 구경의 지혜로 버리노라.
> 버리고 나서는 이 세상으로
> 결코 다시 되돌아오지 않느니라."

라는 게송에서 탐욕 대신에 성냄, 어리석음, 분노, 모욕, 자만 등의 나머지 키워드를 넣으면 되는 형태로 게송이 되어 있다. 그리고 「자만 경」(It1:6)을 제외한 처음의 다섯 개 게송들은 「탐욕을 철저하게 앎 경」(It1:9)부터 「모욕을 철저하게 앎 경」(It1:13)까지의 다섯 개 경에서 같은 게송으로 나타나고 있다. 산문만 "비구들이여, 한 가지 법을 버려라. 나는 그대들에게 다시는 돌아오지 않는 경지를 보증하노라. 무엇이 한 가지 법인가? 비구들이여, 탐욕이라는 한 가지 법을 버려라. 나는 그대들에게 다시는 돌아오지 않는

경지를 보증하노라."(It1:1) 대신에 "비구들이여, 탐욕을 최상의 지혜로 알지 못하고 철저하게 알지 못하고 여기에 대해서 마음이 탐욕으로부터 빛바래지 못하고 [오염원을] 제거하지 못하면 괴로움을 멸진할 수 없다. 비구들이여, 그러나 탐욕을 최상의 지혜로 알고 철저하게 알고 여기에 대해서 마음이 탐욕으로부터 빛바래고 [오염원을] 제거하면 괴로움을 멸진할 수 있다."(It1:9)로 바뀌고 있다.

즉 불환과의 경지는 ① 최상의 지혜로 알고 ② 철저하게 알고 ③ 마음이 탐욕으로부터 빛바래고 ④ [오염원을] 제거하는 것에 의해서 체득되는 것으로 더 구체적으로 설명하는 것이다. 주석서는 이 넷을 다음과 같이 설명한다.

"'최상의 지혜로 알고(abhijānaṁ)'를 통해서는 안 것의 통달지[知遍知, ñātapariññā]를 말씀하셨다. 두 번째인 '철저하게 알고(parijānaṁ)'를 통해서는 조사의 통달지[審察遍知, tīraṇapariññā]를, 세 번째와 네 번째인 '탐욕의 빛바램(virājaya)'과 '제거함(pajaha)'을 통해서는 버림의 통달지[斷遍知, pahānapariññā]를 설하셨다. 이처럼 본경에서는 세 가지 통달지를 설하셨다. … 무엇이 안 것의 통달지인가? 오온에 대해서 철저하게 아는 것이다. 무엇이 조사의 통달지인가? 이렇게 안 뒤에 오온에 대해서 무상하고 괴로움이고 병이라는 등의 42가지 방법으로 조사하는 것을 말한다. 무엇이 버림의 통달지인가? 이렇게 조사한 뒤에 으뜸가는 도(agga-magga)에 의해서 욕탐(chanda-rāga)을 제거하는 것을 말한다."(SA.i.44~45, cf. ItA.i.53)

본서의 주석서인 『이띠웃따까 주석서』는 이렇게 분명하게 말한다.

"[『청정도론』 제18장] 견해의 청정[見淸淨]과 [제19장] 의심을 극복함에 의한 청정[渡疑淸淨]이 ① 안 것의 통달지(ñāta-pariññā)이다.

[제20장] 도와 도 아님에 대한 지와 견에 의한 청정[道非道知見淸淨]과 [제21장] 도닦음에 대한 지와 견에 의한 청정[行道知見淸淨], 즉 [제20장과 제21장의] 깔라빠에 대한 명상의 [지혜]로부터 시작해서 수순하는 [지혜]로 종결되는 [10가지 위빳사나의 지혜]가 ② 조사의 통달지(tīraṇa-pariññā)이다.

[제22장] 성스러운 도(ariyamagga)에 의해서 버리는 것이 ③ 버림의 통달지(pahāna-pariññā)이다. 그러므로 일체를 철저하게 안다는 것은 이들 세 가지 통달지를 통해서 철저하게 아는 것이다.

그러나 여기 [본경에서 철저하게 아는 것은] 탐욕의 빛바램에 의한 버림들(virāgappahānā), 즉 [③ 버림의 통달지를] 배제하여 각각 취한 것이기 때문에 ① 안 것의 통달지와 ② 조사의 통달지를 통해서 철저하게 아는 것(parijānanā)이라고 알아야 한다. 그러므로 여기서 이와 같이 [① 안 것의 통달지와 ② 조사의 통달지를 통해서] 철저하게 알지 못하는 것을 두고 '철저하게 알지 못하고(aparijānaṁ)'라고 말씀하신 것이다."(ItA.i.53)

그러므로 이 세 가지 통달지는 위빳사나 수행을 칠청정 가운데 다섯 가지 청정으로 설명하며, 이것은 『청정도론』에서 설명하는 위빳사나 수행의 핵심인 『청정도론』 제18장부터 제22장까지로 정리가 된다.

역자가 역자 서문을 적으면서 왜 갑자기 이렇게 어렵게 느껴지는 교학적 이해를 가져와서 장황하게 설명하는가 하면, 비록 본서의 맨 처음인 「하나의 모음」의 13개 경들에서 간단한 문장에서 키워드만 바꾸어 나가고 그리고 쉬운 반복 구문으로 게송을 만드는 식으로 누구라도 따라 부르고 따라 외울 수 있도록 본서의 맨 앞부분에 배치를 하였지만 이러한 간단한 산문과 게송이 실제로는 위빳사나 수행의 핵심을 드러내고 있다는 점을 강조하고 싶어서이다.

이처럼 섬세하고 지극히 높은 위빳사나 수행은 본서의 맨 처음인 「하나의 모음」의 13개 경들(It1:1~13)의 게송으로 본서의 맨 앞부분에 배치를 하였다. 이런 배려로 본서와 본서의 게송들은 보통 사람들에게 널리 퍼져나갔을 것이다.

1~6번 경에서 부처님은 보증을 하셨고 그 보증을 실현하는 방법으로 7~13번 경에서 '최상의 지혜로 앎(abhijāna)'과 '철저하게 앎(parijāna)'과 '탐욕의 빛바램(virājaya)'과 '제거함(pajaha)'의 네 가지를 말씀하셨으며 주석가들은 이것을 세 가지 통달지로 정리한다. 그리고 본경의 주석서는 이것

을 『청정도론』의 위빳사나 수행의 핵심인 제18장부터 제22장까지에 배대해서 설명한다. 물론 이 가운데 도의 경지인 버림의 통달지는 본경들에는 적용되지 않는다는 친절함까지 베푼다. 이처럼 긋굿따라는 부처님 말씀을 보증과 실참수행으로 멋지게 정리하고 있다. 이것만 보아도 왜 그녀가 재가자들 가운데 그것도 예류자인 유학이면서도 무애해체지를 가졌다고 부처님께서 인정하셨는지를 여실히 알 수 있다.

(2) 「**둘의 모음**」(It2)

「둘의 모음」에는 22개의 경들이 첫 번째 품과 두 번째 품으로 명명되는 두 개의 품에 담겨서 전승되어 온다. 일반적으로 특정한 사물이나 현상을 두 가지로 나누어 설명할 때 그 두 가지는 서로 대비되는 것일 경우가 많다. 예를 들면 긴 것과 짧은 것, 선처와 악처, 있음과 없음 등이다. 여기 「둘의 모음」에 포함된 22개의 경들도 서로 대비되는 것을 담은 경들이 많다.

「둘의 모음」에서 서로 대비되는 두 가지를 드러내고 설명하는 데는 두 가지 방법이 있는 것 같다. 첫 번째는 서로 다른 두 개의 경을 통해서 드러내는 것이고 두 번째는 하나의 경 안에 서로 대비되는 두 가지를 담고 있는 것이다. 그래서 역자는 본 모음에 포함된 22개의 경들을 ① 두 개의 경으로 서로 대비되는 것을 드러내는 경우와 ② 한 개의 경 안에서 서로 대비되는 것을 드러내는 경우와 ③ 그 외 두 가지를 나열하고 설명하는 경우로 나누어보았다.

① 두 개의 경으로 서로 대비되는 것을 드러내는 경우 – 6개 경

「괴롭게 머묾 경」(It2:1)과 「행복하게 머묾 경」(It2:2)은 각각 악처에 태어나는 두 가지 경우와 선처에 태어나는 두 가지 경우를 들고 있다. 「후회 경」(It2:3)과 「후회 않음 경」(It2:4)은 각각 후회를 가져오는 두 가지와 후회를 가져오지 않는 두 가지를 들고 있다. 「계행 경」1(It2:5)과 「계행 경」2(It2:6)는 각각 지옥에 떨어지는 두 가지와 천상에 태어나는 두 가지를 들고 있다.

이처럼 본 모음의 처음 6개 경들은 세 쌍이 되어 서로 대비되는 두 가지

를 드러내고 있다.

② 한 개의 경 안에서 서로 대비되는 것을 드러내는 경우 - 9개 경

「근면함 경」(It2:7)은 한 경 안에 근면하지 않은 경우와 근면한 경우를 대비시켜 결과를 설명한다. 「계략을 부리지 않음 경」 1/2(It2:8~9)는 청정범행을 닦는 것은 A를 위함이 아니라 B를 위함이라는 형식으로 설명을 한다. 「명지 경」(It2:13)은 무명이 선구자가 되는 것과 명지가 선구자가 되는 것을 대비시켜 설명한다. 「통찰지를 버림 경」(It2:14)은 통찰지를 버린 중생은 악처에 나고 버리지 않은 중생은 선처에 나는 것을 대비시켜 강조한다.

마찬가지로 「태어나지 않음 경」(It2:16)은 태어남과 태어나지 않음을 대비시키고 「열반의 요소 경」(It2:17)은 유여열반과 무여열반을 대비시키고 「나쁜 견해 경」(It2:22)은 존재와 존재하지 않음을 잘못 이해함을 대비시킨다. 그리고 청정범행을 닦는 서원을 가진 척하는 것과 근거 없이 청정범행을 닦지 않는다고 비방하는 것을 멈추지 않으면 악처와 지옥에 떨어진다고 강조하는 「악처에 떨어지는 자 경」(It2:21)도 이 범주에 넣을 수 있다.

③ 그 외 두 가지를 나열하고 설명하는 경들 - 7개 경

먼저 아라한이나 불환자가 된다고 설명하는 다음 세 개의 경을 들고 싶다. 「홀로 앉음 경」(It2:18)은 홀로 앉음을 즐기어 사마타와 위빳사나를 닦으면 아라한이나 불환자가 된다고 강조하고, 「공부지음의 이익 경」(It2:19)은 공부지어서 통찰지, 해탈, 마음챙김을 통달하면 아라한이나 불환자가 된다고 하며, 「깨어있음 경」(It2:20)은 깨어있어서 마음챙김과 알아차림과 환희와 삼매와 통찰지를 갖추면 아라한이나 불환자가 된다고 강조한다.

그 외에도 「기쁨 경」(It2:10)은 절박함과 절박함을 가진 자의 지혜로운 노력은 행복과 기쁨을 가져온다고 설하고, 「일으킨 생각 경」(It2:11)은 여래의 [중생의] 안은함에 대한 생각과 한거에 대한 생각을, 「설법 경」(It2:12)은 여래의 두 가지 설법으로 사악한 법을 여실히 봄과 염오·이욕·해탈을 설한다. 「밝은 법 경」(It2:15)은 양심과 수치심이 세상을 보호한다고 강조한다.

◎ 「둘의 모음」에서 관심을 끄는 경들

① 「설법 경」(It2:12)

「둘의 모음」에서는 특히 「설법 경」(It2:12)을 주목하고 싶다. 「설법 경」(It2:12)에서 세존께서는 "'사악한 것을 사악한 것으로 보라.'48)는 이것이 첫 번째 설법이다. '사악한 것을 사악한 것으로 본 뒤 염오하라, 탐욕을 빛바래게 하라[離慾], 해탈하라.'49)는 이것이 두 번째 설법이다. 비구들이여,

---

48) "'사악한 것을 사악한 것으로 보라(pāpaṁ pāpakato passatha).'는 것은 모든 사악한 법은 지금·여기에서나 미래에서나 해로움과 괴로움을 실어오는 것(ahitadukkhāvaha)으로 저열한 것(lāmaka)으로 보라는 말씀이다." (ItA.i.152)

49) 여기서 '① 염오하라, ② 탐욕을 빛바래게 하라[離欲], ③ 해탈하라'는 ① nibbindatha ② virajjatha ③ vimuccatha를 옮긴 것이다. 이 세 가지는 각각 ① nis(부정접두어)+√vid(*to know, to find*) ② vi(분리접두어)+√rañj(*to dye*) ③ vi+√muc(*to release*)의 동사 명령형 2인칭 복수이다. 이 세 동사에서 파생된 명사 ① nibbidā(염오) ② virāga(이욕) ③ vimutti(해탈)는 초기불교의 가장 중요한 용어들에 속한다. 이들에 대해서 살펴보자.

첫째, nibbidā는 '염오'로 옮기고 있다. 이 용어는 nis(부정접두어)+√vid(*to know, to find*)에서 파생된 명사이다. 산스끄리뜨로는 nirvid 혹은 nirvidā인데 중국에서는 염(厭)이나 염리(厭離)로 옮겼다. 그래서 초기불전연구원에서는 염오(厭惡)로 정착시키고 있다. 역겨워함, 넌더리침 등으로도 옮길 수 있다. 이것의 동사 nibbindati도 적지 않게 나타나는데, 이것은 모두 염오하다로 옮겼다. 온·처·계 등에 대해서 염오하는 것은 초기불교 수행에서 가장 중요한 단계이다. 그래서 주석서는 이 염오를 강한 위빳사나라고 설명하고 있다. 염오가 일어나지 않으면 도와 과의 증득은 있을 수 없다. 그러므로 정형구에는 항상 염오-이욕-소멸 혹은 염오-이욕-해탈-구경해탈지 등으로 나타나는 것이다.

주석서는 "'염오'란 염오의 지혜를 말하는데 이것으로 강한 위빳사나(balava-vipassanā)를 드러내고 있다. 여기서 강한 위빳사나란 [10가지 위빳사나의 지혜 가운데] ④ 공포의 지혜(bhayatūpaṭṭhāne ñāṇa) ⑤ 위험을 관찰하는 지혜(ādīnavānupassane ñāṇa) ⑦ 해탈하기를 원하는 지혜(muñcitukamyatā-ñāṇa) ⑨ 형성된 것들[行]에 대한 평온의 지혜(saṅkhār-upekkhā-ñāṇa)의 네 가지 지혜와 동의어이다."(SA.ii.53, 『상윳따 니까야』 제2권 「의지처 경」(S12:23) §4에 대한 주석)라고 설명하고 있다.

그러면 염오는 무엇을 기반으로 하여 생겨나는가? 초기불전을 정리해 보면

무상-고-무아에 대한 통찰이 있어야 한다. 무상-고-무아로 통찰해 보기 위해서는 모든 개념적 존재를 법으로 해체해서 보아야 한다. 해체 혹은 해체해서 보기에 대해서는 졸저 『초기불교 이해』 26쪽 이하 등을 참조하기 바란다.

둘째, virāga는 '이욕(離欲)' 혹은 '탐욕의 빛바램'으로 옮겼다. 이 용어는 vi(분리접두어)+rāga로 구성되었다. rāga는 물들인다는 동사 rañjati(√rañj, *to dye*)에서 파생되었다. 그러므로 rāga는 기본적으로 색깔이나 색조나 빛깔이나 물들임의 뜻이 있다. 그래서 마음이 물든 상태, 즉 애정, 애착, 애욕, 갈망, 집착, 탐욕, 욕망 등의 뜻으로 쓰인다. 『청정도론』에서는 이성(異性)을 대상으로 자애를 닦으면 애욕이나 애정이 일어난다는 문맥에서도 나타나고 있다.(Vis.IX.6) 중국에서는 이구·이염·이욕·이탐(離垢·離染·離欲·離貪)으로 옮겼고 초기불전연구원에서는 '탐욕의 빛바램[離欲]'으로 옮기고 있다. 아비담마와 주석서에서는 이 탐욕의 빛바램의 단계를 도(예류도부터 아라한도까지)가 드러나는 단계라고 설명한다.

셋째, vimutti(위뭇띠)는 '해탈'로 옮기고 있다. 이 위뭇띠는 초기불전에서 대략 9가지 문맥에서 나타난다. 여기에 대해서는 『초기불교 이해』 '제27장 해탈이란 무엇인가'의 (2)를 참조하기 바란다. 주석서는 "'탐욕이 빛바랜다(virāga).'는 것은 도(magga)를 말하고, 탐욕의 빛바램인 도를 통해서 '해탈한다(vimuccati)'는 것은 과(phala)를 말한 것이다. '해탈할 때 해탈했다는 지혜가 생긴다(vimuttasmiṁ vimuttamiti ñāṇaṁ hoti).'는 것은 반조(paccavekkhaṇā)를 말한 것이다."(MA.ii.115, SA.ii.53 등)라고 설명하고 있는데 이처럼 염오와 이욕의 문맥에서 나타나는 해탈은 예외 없이 과의 경지를 나타낸다. 또 다른 주석서를 인용하자면 다음과 같다.

"'염오'는 강한 위빳사나이고 '탐욕의 빛바램'은 도이다. '해탈과 [해탈]지견(vimutti-ñāṇadassana)'은 과의 해탈과 반조의 지혜(paccavekkhaṇa-ñāṇa)를 뜻한다."(AA.iii.228)

본경에 해당하는 『이띠웃따까 주석서』도 이렇게 설명한다.
"도(magga)에 의해서는 근절하는 이욕(samuccheda-virāga)을 통해서 '탐욕을 빛바래게 하라(virajjatha)', 그런 뒤에 과(phala)에 의해서는 편안함의 해탈(paṭippassaddhi-vimutti)을 통해서 해탈하라(vimuccatha)는 말씀이다."(ItA.i.152)

다시 정리하면, 해탈은 가장 넓게는 네 가지 과(즉 예류과·일래과·불환과·아라한과)의 증득을 뜻하기도 하고 아라한과의 증득을 뜻하기도 하며 열반의 실현을 뜻하기도 한다. 이러한 성자의 경지를 체득하지 못하고서는 결코 그것을 해탈(vimutti, 여기서 해탈은 8해탈(vimokkha)과는 구분해야 함)이라고 부르지 않는다. 그런데 네 가지 과는 한 찰나라도 열반에 들었다 나와야 한다. 혹은 다르게 표현하면 한 찰나라도 열반의 체험이 있어야 한다.

여래 · 아라한 · 정등각자에게는 방편에 따라 이러한 두 가지 설법이 있다." 라고 강조하신다.

본서 「둘의 모음」에서 백미는 아무래도 본경이라고 해야 한다. 초기불전 500군데 이상에서 언급되고 있는 해탈 · 열반을 실현하는 여섯 단계의 가르침의 핵심이 들어있기 때문이다. 졸저 『초기불교 이해』 등에서 역자는 초기불전에 나타나는 깨달음과 열반을 실현하는 단계를 해체해서 보기 - 무상 · 고 · 무아 - 염오 - 이욕 - 해탈 - 구경해탈지의 여섯 단계로 정리하여 강조하였다. 여기서는 이 가운데 핵심이라 할 수 있는 염오 - 이욕 - 해탈을 강조하고 있다.

② 「열반의 요소 경」(It2:17)

다음으로는 「열반의 요소 경」(It2:17)을 들고 싶다. 불교의 목적은 이고득락(離苦得樂), 즉 괴로움을 여의고 행복을 실현하는 것이다. 이미 「대념처경」 등 수행을 강조하는 초기불전에서 "비구들이여, 이 도는 유일한 길이니, 중생들의 청정을 위하고, 근심과 탄식을 다 건너기 위한 것이며, 육체적 고통과 정신적 고통을 사라지게 하고, 옳은 방법을 터득하고, 열반을 실현하기 위한 것이다. 그것은 바로 네 가지 마음챙김의 확립[四念處]이다."(D22 §1 등)라고 분명히 밝히고 있다. 그 가운데 궁극적 행복이 바로 열반의 실현(nibbānassa sacchikiriya)이다. 이러한 열반에는 유여열반과 무여열반의 두 가지가 있다. 본경은 이것을 명쾌하게 설명하고 있다.

본경에서 유여열반의 요소[有餘涅槃界]는 다음과 같이 설명된다.

"비구들이여, 여기 비구는 아라한이어서 번뇌가 다했고 삶을 완성했으며 할 바를 다 했고 짐을 내려놓았으며 참된 이상을 실현했고 삶의 족쇄를 부수었으며 바른 구경의 지혜로 해탈했다. 그러나 그의 다섯 가지 감각기능은

이러한 열반의 체험이 없으면 그 사람을 결코 예류자부터 아라한까지의 성자라고 부르지 않는다. 그러므로 열반의 체험이야말로 해탈(vimutti)인 것이다. 이처럼 염오-이욕-해탈은 각각 강한 위빳사나-도-과의 체득과 동의어가 된다.

머물러 있어서 버려지지 않았기 때문에 마음에 들거나 마음에 들지 않는 것을 만나서 즐거움이나 괴로움을 경험한다. 비구들이여, 그의 갈망의 멸진, 성냄의 멸진, 어리석음의 멸진 — 이를 일러 유여열반의 요소라 한다." (It2:17 §2)

그리고 무여열반의 요소[無餘涅槃界]는 이렇게 설명된다.

"비구들이여, 여기 비구는 아라한이어서 번뇌가 다했고 삶을 완성했으며 할 바를 다 했고 짐을 내려놓았으며 참된 이상을 실현했고 삶의 족쇄를 부수었으며 바른 구경의 지혜로 해탈했다. 비구들이여, 바로 여기서 즐길 것이라고는 [하나도] 없는 이 모든 느껴진 것들도 바로 여기서 싸늘하게 식고 말 것이다. 비구들이여, 이를 일러 무여열반의 요소라 한다."(It2:17 §3)

불교의 궁극적 행복인 열반은 출세간이며, 형성된 것들[有爲, saṅkhatā]을 완전히 벗어난 형성되지 않은 것이고[無爲, asaṅkhata], 고요함(santi)을 특징으로 하는 하나의 고유성질(sabhāva)을 가졌다. 그러나 구분하는 방편에 따라 유여열반의 요소와 무여열반의 요소의 두 가지이다. 고요함이라는 측면에서 보면 하나이지만 우빠디(upādi)가 남아 있느냐 없느냐 하는 측면에서 보면 두 가지인 것이다.

이처럼 여기서 중심이 되는 용어는 upādi인데 이것은 upa(위로)+ā(이쪽으로)+√dā(*to give*)에서 파생된 남성명사로서 거머쥐고 있음, 남아 있음을 뜻하며 오온이나 오취온을 말한다.(ItA.i.165, Pm.568) 자세한 것은 이 경 §1의 해당 주해를 참조하기 바란다.

그리고 요소[界, dhātu]라는 용어를 써서 열반을 표현하는 것은 열반도 구경법(paramattha)의 하나라는 점을 강조하기 위해서일 것이다. 잘 알려진 대로 초기불교와 아비담마에서는 일체법(一切法, sabba-dhammā, sabbe dhammā, 諸法, 구경법)을 [81가지] 유위법과 [한 가지] 무위법으로 분류한다. 이러한 일체법의 법(dhamma)은 √dhṛ(*to hold*)에서 파생된 용어이며 이 dhātu(계, 요소)도 같은 어근에서 생긴 용어이다. 자세한 것은 『아비담마 길라잡이』 제7장 §37의 해설을 참조하기 바란다. 그리고 일체법[諸法]은 18계(요소)로 분류하기도 하는데 상좌부에서는 『아비담마 길라잡이』 제7장의 <도표 7.4>에서 보듯이 열반도 법의 요소[法界]에 포함시키고 있다. 이것은 본경에서처럼 무위법인 열반도 요소라는 용어를 사용하여 표현하고 있기 때문이다.

(3) 「**셋의 모음**」(It3)

「셋의 모음」은 본서의 모음들 가운데 가장 많은 50개 경들을 포함하고 있으며 각 품에 열 개씩 모두 다섯 개의 품으로 구성되어 있다. 역자는 이 50개 경들을 다음의 다섯 가지로 분류해서 개관해 보았다.

① 용어를 정의하는 경들(It3:1~It3:18)

「셋의 모음」에 포함된 경들 가운데 거의 반 정도에 해당하는 경들은 특정 용어를 정의하고 설명하는 것으로 구성되어 있다. 특히 「셋의 모음」의 「뿌리 경」(It3:1) 부터 「성자에게 어울리는 행위 경」(It3:18) 까지의 17개 경들(「마라의 영역 경」(It3:10) 제외)은 이 17가지 주제들을 세 가지로 정의하는 경들이다. 먼저 이 17개 경의 주제들을 하나씩 열거해 보면 다음과 같다.

「뿌리 경」(It3:1) - 세 가지 해로움의 뿌리 — 탐욕이라는 해로움의 뿌리, 성냄이라는 해로움의 뿌리, 어리석음이라는 해로움의 뿌리

「요소 경」(It3:2) 세 가지 요소[三界] — 색계(色界), 무색계(無色界), 멸계(滅界)

「느낌 경」 1/2(It3:3~4) — 즐거운 느낌, 괴로운 느낌, 괴롭지도 즐겁지도 않은 느낌

「추구 경」 1/2(It3:5~6) — 감각적 쾌락의 추구, 존재의 추구, 청정범행의 추구

「번뇌 경」 1/2(It3:7~8) — 감각적 쾌락의 번뇌, 존재의 번뇌, 무명의 번뇌

「갈애 경」(It3:9) — 감각적 쾌락에 대한 갈애, 존재에 대한 갈애, 존재하지 않음에 대한 갈애

「공덕을 짓는 토대 경」(It3:11) — 보시·지계·수행으로 이루어진 공

덕을 짓는 토대

「눈 경」(It3:12) — 육체적인 눈[肉眼], 신성한 눈[天眼], 통찰지의 눈[慧眼]

「기능 경」(It3:13) — 구경의 지혜를 가지려는 기능[未知當知根], 구경의 지혜의 기능[已知根], 구경의 지혜를 구족한 자의 기능[具知根]

「시간 경」(It3:14) — 과거의 시간, 미래의 시간, 현재의 시간

「나쁜 행위[惡行] 경」(It3:15) — 몸과 말과 마음으로 짓는 나쁜 행위

「좋은 행위[善行] 경」(It3:16) — 몸과 말과 마음으로 짓는 좋은 행위

「깨끗함 경」(It3:17) — 몸의 깨끗함, 말의 깨끗함, 마음의 깨끗함

「성자에게 어울리는 행위 경」(It3:18) — 몸과 말과 마음으로 짓는 성자에게 어울리는 행위

그리고 「벗어남 경」(It3:23)은 세 가지 벗어남의 요소를 설명한다. 여기에다 세 가지 해로운 생각을 멸시받지 않음과 관련된 생각과 이득과 존경과 명성과 관련된 생각과 남들에 대한 동정심과 관련된 생각으로 구분하는 「생각 경」(It3:31)과, 갈망 · 성냄 · 어리석음의 불로 나누는 「불 경」(It3:44)도 이 범주에 넣을 수 있다. 세 가지 감각적 쾌락의 일어남을 설명하는 「감각적 쾌락의 일어남 경」(It3:46)도 여기에 넣을 수 있다.

「보시 경」(It3:49)은 각각 두 가지로 구성된 보시, 함께 나눔, 호의의 세 가지를 설명한다. 그래서 「셋의 모음」에 넣었다. 「넷의 모음」의 바라문과 법으로 이루어진 「제사 경」(It4:1)은 여기에다 두 가지 제사를 넣어서 네 가지가 된다.

이런 것은 재가자들에게 불교식 사유를 하는 토대가 되는 가르침이라 할 수 있다. 「셋의 모음」에 있는 이들 19개 경들은 불교식 사유를 하는 기본 토대를 제공한다 할 수 있겠다.

「갈망 경」1(It3:19)을 비롯한 나머지 반 정도의 경들은 대부분이 설명 형태의 경들로 이루어져 있다. 이들을 다시 대략 네 가지로 나누어서 정리해 보면 다음과 같다.

② 주제나 정형구를 먼저 말씀하시고 이것을 설명하시는 경들

「아들 경」(It3:26)은 세상에는 더 뛰어나게 태어난 [아들]과 비슷하게 태어난 [아들]과 못하게 태어난 [아들]의 세 가지 아들이 존재한다고 말씀하시고 이 셋을 하나씩 설명하는 형태로 되어 있다. 「비 없는 구름 경」(It3:26)도 먼저 비 없는 구름과 같은 [사람], 국지적으로 내리는 비와 [같은 사람], 모든 곳에 내리는 비와 [같은 사람]을 나열하고 이 셋을 설명하고 있다.

「요소에 따라 함께 모임 경」(It3:29)은 "중생들은 요소에 따라 함께 모이고 함께 어울린다."로 시작하는 정형구를 과거·미래·현재에 적용시키는 방법으로 구성되어 있다.

「내면의 때 경」(It3:39)은 세 가지 내면의 때, 내면의 적, 내면의 원수, 내면의 살인자, 내면의 반대자가 있다고 한 뒤 이를 설명한다. 「으뜸가는 청정한 믿음 경」(It3:41)은 세 가지 으뜸가는 청정한 믿음이 있다고 한 뒤 이를 설명한다. 「좋은 계행 경」(It3:48)은 세 가지를 담은 정형구를 먼저 말씀하시고 이들을 하나하나 설명하는 형식으로 전개가 된다. 「삼명 경」(It3:50)은 나는 법에 의해서 삼명을 갖춘 바라문을 선언한다고 말씀하시고 숙명통·천안통·짧은 누진통의 정형구로 삼명을 설명하신다.

③ 서로 상반되는 형태로 설하신 경들

「갈망 경」1(It3:19) 등은 "갈망을 버리지 못하고 성냄을 버리지 못하고 어리석음을 버리지 못하면" 이를 일러 '마라에게 묶였다.' 등으로 말한다고 하시고, 반대로 "갈망을 버리고 성냄을 버리고 어리석음을 버리면" 이를 일러 '마라에게 묶이지 않았다.'라고 한다고 이런 식으로 서로 상반되는 형태로 설한 경들이 많다. 「갈망 경」2(It3:20)도 위와 같지만 보기가 다르다.

「망가짐 경」(It3:30)은 한 개의 경 안에 유학을 망가지게 하는 법 세 가지와 망가지지 않게 하는 법 세 가지를 드러내는 형식으로 전개된다. 「어둠을 만듦 경」(It3:38)은 세 가지 해로운 생각은 어둠을 만들고 세 가지 유익

한 생각은 어둡지 않음을 만든다고 하고 있으며, 「가사 끄트머리 경」(It3:43)도 이런 방식으로 말씀하시는데 내용을 유념해야 한다.

「그릇된 견해 경」(It3:21)과 「바른 견해 경」(It3:22)의 두 경은 몸과 말과 마음으로 못된 짓을 하여 몸이 무너져 죽은 뒤 처참한 곳[苦界], 불행한 곳[惡處], 파멸처, 지옥에 태어나고 반대로 좋은 일을 하여 몸이 무너져 죽은 뒤 좋은 곳[善處], 천상세계에 태어난다는 서로 상반되는 가르침의 형식으로 전개된다.

④ 점진적인 형태로 설명하는 경들

예를 들면, 「더 고요함 경」(It3:24)은 더 고요함을 정의하는 경이 아니고 "비구들이여, 물질들보다 비물질들이 더 고요하고 비물질들보다 소멸이 더 고요하다."(§1)라고 설명을 하는 경이다. 「부서지기 마련임 경」(It3:28)도 "이 몸은 부서지기 마련이고, 알음알이는 빛바래기 마련인 법이고, 모든 재생의 근거는 무상하고 괴롭고 변하기 마련인 법이다."(§1)라고 같은 형태로 전개된다.

그 외 「존경 경」(It3:32) 등은 A · B · A&B의 형식으로 세 가지를 열거하고 설명한다. 즉 존경에 압도됨, 존경받지 못함에 압도됨, 존경과 존경받지 못함 둘 다에 압도됨이다.

◎ 「셋의 모음」에서 관심을 끄는 경들

먼저 「가사 끄트머리 경」(It3:43)을 들고 싶다. 이 경은 불자들이 그 내용을 유념해야 한다. 비구가 나의 가사 끄트머리를 잡고 바로 뒤에 바싹 붙어 오더라도 탐욕과 악의와 마음챙김을 놓아버리는 등으로 수행을 게을리한다면 그는 나로부터 멀리에 있고 나도 그로부터 멀리에 있다. 그 비구는 법을 보지 않기 때문이다. 법을 보지 않으면 나를 보지 못한다고 설명한다. 그리고 반대로 바른 경우를 말씀하시는 이 경은 불자들이 유념해야 한다.

「다섯 가지 전조 경」(It3:34)도 주목할 만하다. 신들이 5가지 전조를 가지면 천상세계에서 떨어지지만 인간으로 태어나고 여래의 법과 율을 만나고 거기에 확고한 믿음을 가지는 것이 선처로 가는 것 등이라고 강조하고 계신다. 「많은 사람의 이익 경」(It3:35)은 여래와 아라한과 유학의 태어남은 많은 사람에게 이익이 됨을 강조하신다.

본서에는 수행에 관한 경들도 있다. 예를 들면 「부정함의 관찰 경」(It3:36)을 예로 들 수 있다. 이 경은 몸의 부정함을 관찰함, 들숨날숨에 대한 마음챙김, 모든 형성된 것들에 대해서 무상을 관찰함의 셋을 들고 있다.

(4) 「넷의 모음」(It4)

「넷의 모음」에는 13개의 경들이 품의 구분이 없이 포함되어 있다. 그런데 경들에 포함된 주제가 네 가지라는 점 외에 이 경들의 공통점을 찾기는 어려워 보인다. 몇 개의 경을 살펴보는 것으로 「넷의 모음」을 개관해 보고자 한다.

「번뇌의 멸진 경」(It4:3)은 사성제를 알고 보는 자의 번뇌가 멸진한다고 설하고 있으며 「사문 · 바라문 경」(It4:4)에서는 사성제를 있는 그대로 꿰뚫어 알지 못하는 사문 · 바라문은 사문 · 바라문으로 인정되지 않으며, 반대로 사성제를 있는 그대로 꿰뚫어 아는 사문 · 바라문은 사문 · 바라문으로 인정된다고 설하시어 사성제를 중심에 두고 있다.

한편 「계의 구족 경」(It4:5)에는 계 · 정 · 혜 · 해탈 · 해탈지견의 다섯 가지가 나타나지만 「넷의 모음」에 들어있다. 주석서도 별다른 설명이 없다. 「걷고 있음 경」(It4:11)은 「넷의 모음」에 들어있는 수행과 관계된 경이라 할 수 있다. 감각적 쾌락에 대한 생각이나 악의에 대한 생각이나 해코지에 대한 생각이라는 바르지 못한 사유가 행 · 주 · 좌 · 와의 네 가지 자세[威儀] 가운데서 일어났을 때 이를 버리고 제거하게 되면 그를 일러 열심히 정진하고 스스로를 독려한다고 강조하시며 이렇게 정진할 것을 독려하신다.

「계를 잘 지킴 경」(It4:12)은 행 · 주 · 좌 · 와의 자세에서 계를 잘 지키는 정형구를 통해서 다섯 가지 장애를 극복하고 정진 · 마음챙김 · 경안 · 삼매에 든다면 그를 일러 한결같이 열심히 정진하고 스스로를 독려한다고 강조하고 계신다. 마지막으로 「세상 경」(It4:13)은 여래를 네 가지로 정의하며 본서를 마무리한다.

쿳줏따라 청신녀는 이처럼 본서를 부처님의 여섯 가지 보증을 강조하는 것으로 시작하여(It1:1~6) 성자가 된다는 이러한 최고의 보증을 서주신 여래를 정의하고 여래의 덕을 흠모하면서(It4:13) 대단원의 막을 내리는 것으로 편찬하였다. 이를 통해 쿳줏따라의 관심과 신심과 고결한 마음을 이해할 수 있다 하겠다.

(5) 삼장에 나타나는 본서의 경들과 동일한 경들

본서에는 쿳줏따라 청신녀가 부처님으로부터 직접 들은 112개의 경들이 들어있다. 그러므로 이 가르침들은 아난다 존자가 들어서 전승한 4부 니까야를 비롯한 빠알리 삼장과 같은 내용을 담은 경들이 있을 수밖에 없다. 역

<도표3: 『이띠웃따까』의 경들과 같은 경들의 목록>

	경 이름	경 번호	같은 경	경 번호	비고	게송
1	타락한 마음 경	It1:20	바르게 … 품	A1:5:3		무
2	깨끗한 마음 경	It1:21	바르게 … 품	A1:5:4		무
3	뼈 무더기 경	It1:24	인간 경	S15:10		유
4	계략을 … 경1	It2:8	청정범행 경	A4:25	조건	유
5	명지 경	It2:13	명지 경	A10:105	조건	무
6	밝은 법 경	It2:15	부인 경	A2:1:9		무
7	나쁜 견해 경	It2:22	청정도론 18장	Vis.XVIII.30	인용	무
8	느낌 경1	It3:3	삼매 경	S36:1		유
9	느낌 경2	It3:4	보아야 함 경	S36:5		유

10	추구 경1	It3:5	추구 경	S45:161 §3		무
11	번뇌 경1	It3:7	번뇌 경	S47:50 §3		무
12	기능 경	It3:13	구경의 … 경	S48:23		무
13	시간 경	It3:14	합송경	D33 §1.10 (24)		무
14	나쁜 행위 경	It3:15	합송경	D33 §1.10 (3)		무
15	좋은 행위 경	It3:16	합송경	D33 §1.10 (4)		무
16	깨끗함 경	It3:17	합송경	D33 §1.10 (52)		무
17	성자에게 … 경	It3:18	합송경	D33 §1.10 (53)		무
18	벗어남 경	It3:23	십상경	D34 §1.4 (7)	부분	무
19	요소에 … 경	It3:29	저열한 의향 경	S14:14		무
20	생각 경	It3:31	위방가 17장	(1)-73, 72, 71		무
21	존경 경	It3:32	게송이 있는 경	S17:10		유
22	으뜸가는 … 경	It3:41	청정한 믿음 경	A4:34	일부	유
23	삶을 영위함 경	It3:42	걸식 경	S22:80 §§7~8		무
24	점검 경	It3:45	요약의 분석 경	M138 §3		무
25	보시 경	It3:49	보시 경 등	A2:13:1, 7, 9		무
26	쉽게 얻음 경	It4:2	지족 경	A4:27		유
27	번뇌의 멸진 경	It4:3	번뇌의 멸진 경	S56:25 §3		무
28	사문·바라문 경	It4:4	꼬띠가마 경2	S56:22		유
29	갈애의 … 경	It4:6	갈애 경	A4:9		유
30	범천과 함께 경	It4:7	범천 경	A4:63		유
31	속임 경	It4:9	속임 경	A4:26		유
32	걷고 있음 경	It4:11	걷고 있음 경	A4:11		유
33	세상 경	It4:13	세상 경	A4:23; D29 §29		유

자가 조사해 본 바로는 본서의 112개 경들 가운데 4분의 1이 넘는 대략 33개의 경들이 빠알리 삼장 가운데 특히 4부 니까야에 포함된 경들과 일치하며 『청정도론』에 인용되는 경우도 있다. 이들 가운데 13개 정도의 경들은 게송까지 포함하여 삼장의 다른 경들과 완전히 일치하고 나머지는 게송을 제외한 산문 부분만 같은 경우에 해당한다. 이들에 대해서는 〈도표3: 『이띠웃따까』의 경들과 같은 경들의 목록〉을 참조하기 바란다.

8. 맺는말 - 『이띠웃따까』의 특징

이상으로 역자는 본서에 대한 이해를 돕기 위해서 미진하지만 『이띠웃따까』 해제를 적어보았다. 이제 이들을 정리하여 본서가 가지는 특징을 나열하면서 맺는말에 대신하고자 한다.

(1) 재가 여신도가 들어서 모은 부처님 말씀이다

역자는 이것을 본서가 가지는 가장 큰 특징으로 여긴다. 경장은 모두 일차합송에서 마하깟사빠 존자가 질문을 하고 아난다 존자가 읊어서 채택한 것이다. 그러나 본서는 아니다. 본서는 쿳줏따라라는 재가자, 그것도 하녀, 몸까지 구부정한 여인이 듣고 외워서 사마와띠 왕비와 500명의 시녀들에게 전해주면서 함께 합송하여 사부대중에게 퍼져나갔고 그래서 일차합송에서 아난다 존자의 제안으로 정전(正典)으로 채택된 것이다.(ItA.i.29)

(2) 「하나의 모음」(It1)부터 「넷의 모음」(It4)까지로 구성되어 있다

본서에 포함된 112개의 경은 각 경에서 설해지고 있는 주제의 개수에 따라 「하나의 모음」부터 「넷의 모음」까지로 나누어서 편성되었다. 「하나의 모음」에는 27개의 경들이, 「둘의 모음」에는 22개의 경들이, 「셋의 모음」에는 50개의 경들이, 「넷의 모음」에는 13개의 경들이 포함되어 있다.

(3) 산문과 게송으로 되어 있다

본서에 포함된 112개의 경들은 모두 부처님이 읊으신 게송들을 담고 있고 이 게송들이 각 경의 중심이 된다. 본서에는 한 개의 게송을 가진 경 29

개, 두 개의 게송을 가진 경 45개, 세 개의 게송을 가진 경 23개, 네 개의 게송을 가진 경 7개, 다섯 개의 게송을 가진 경 2개, 일곱 개의 게송을 가진 경 5개, 아홉 개의 게송을 가진 경 한 개가 포함되어 본서에는 모두 270개의 게송이 실려 있다.

(4) 모든 경들은 같은 형식으로 구성되어 있다

본서에 포함된 112개의 경들은 모두 ① iti - vutta 구문으로 시작하고 ② etaṁ - avoca로 산문이 종결되고 ③ iti - vuccati 구문으로 게송이 도입되고 ④ 게송을 드러내고 ⑤ iti - vutta 구문으로 마무리되는 다섯 가지 원칙이 정확히 적용된다. 이와 같이 본서에 포함된 112개의 경들은 모두 똑같은 형식으로 구성되어 있어서 재가자들이 개인적으로나 함께 독송하기에 좋은 형식으로 구성되어 있다. 그래서 본서의 명칭도 itivuttaka이며 이것은 구분교(九分敎)에도 포함되어 여섯 번째인 여시어(如是語, itivuttaka)로 정리되었다.

(5) iti me sutaṁ(이처럼 저는 들었습니다.)으로 되어 있다

본서의 112개 경에는 산문으로 된 니까야의 경들에 나타나는 evaṁ me sutaṁ(이와 같이 나는 들었다.)이 나타나지 않는다. 아난다 존자가 직접 들어서 송출한 것이 아니기 때문이다. 쿳줏따라가 채택한 방법은 iti me sutaṁ(이처럼 저는 들었습니다.)이다. 물론 여기서 me(저)는 당연히 쿳줏따라 청신녀이다. 이 구문은 본서에 들어있는 112개 경들의 첫머리에 나타나는 ① vuttañhetaṁ bhagavatā, vuttamarahatāti me sutaṁ에도 들어있고 모든 경들의 마지막에 언급되는 ② ayampi attho vutto bhagavatā, iti me sutanti라는 문장에도 들어있다.

(6) 경들을 설하신 기원(nidāna)이 나타나지 않는다

다른 경장의 경들은 그 경의 가르침을 설하신 장소와 시간과 청법자 등이 언급되지만 본서에 포함된 112개의 경들에는 이것이 나타나지 않는다. 명백하였기 때문이다.(ItA.i.32) 이 112개의 경들은 부처님께서 꼬삼비 한 곳에서 설하신 것이며 사마와띠 왕비의 간청으로 쿳줏따라가 이 경들을 꼬삼비에서 듣고 사마와띠 왕비와 500명의 시녀들에게 전해준 것이다.(ItA.i. 29 이하) 대부분 꼬삼비의 고시따 원림(Ghositārāma)에서 설하셨을 것이다.

(7) 33개 정도의 경은 삼장의 다른 경들과 일치한다

본서의 112개 경들 가운데 4분의 1이 넘는 대략 33개의 경들이 빠알리 삼장 가운데 특히 4부 니까야에 포함된 경들과 일치하며 『청정도론』에 인용되는 경우도 있다. 이들 가운데 13개 정도의 경들은 게송까지 포함하여 삼장의 다른 경들과 완전히 일치한다.

(8) 온・처・계・근・제・연과 37보리분법은 나타나지 않는다

본서에 포함된 112개의 경들의 주제는 하나인 것부터 네 개인 것까지만 나타나고 그것도 간단하고 명료한 가르침만 전승이 되어오기 때문에 초기불교의 교학과 수행에 관계된 가르침, 즉 온・처・계・근・제・연과 37보리분법 등을 주제로 한 경은 나타나지 않는다. 그렇지만 "비구들이여, 탐욕이라는 한 가지 법을 버려라. 나는 그대들에게 다시는 돌아오지 않는 경지를 보증하노라."(It1:1 §1)와 "사악한 것을 사악한 것으로 본 뒤 염오하라, 탐욕을 빛바래게 하라[離慾], 해탈하라."(It2:12 §1)와 같은 간단명료한 부처님의 메시지와 명령(sāsana)을 명확하게 드러낸다.

(9) 궁극적 행복에 관한 경들이 주류를 이룬다

불교의 목적은 괴로움을 여의고 행복을 실현하는 것이다. 이것을 북방불교에서는 이고득락(離苦得樂)으로 정리하고 있다. 초기불전에서 부처님께서는 금생의 행복과 내생의 행복과 궁극적 행복을 말씀하셨다. 금생의 행복과 내생의 행복은 주로 재가자들에게 말씀하셨고 깨달음의 체득과 열반의 실현이라는 궁극적 행복은 주로 출가자들에게 설하셨다. 재가자인 큿줏따라가 들어서 전승한 본서에 포함된 112개의 경들은 금생의 행복이나 내생의 행복보다는 궁극적 행복에 관한 경들이 대부분이고 큿줏따라로부터 부처님의 말씀을 전해들은 사마와띠 왕비와 500명의 시녀들은 예류과와 일래과와 불환과를 얻었다.

⑽ 이 시대의 재가 불자들에게 수준 높은 삶의 지표가 된다

재가불자인 쿳줏따라가 부처님으로부터 직접 들어서 전해준 본서에 담긴 112개의 경들은 인간 평등, 성평등, 생명체 평등에다 출재가 평등을 담고 있다. 그러므로 본서는 민주주의 시대와 과학과 기술의 시대를 살아가는 불자들, 특히 수준 높은 재가 불자들에게 삶의 지표가 되기에 충분하다고 생각한다. 2,600년 전에 굽정이 청신녀가 전해준 부처님 말씀은 불교의 본질을 꿰뚫는 참으로 수준 높고 격조 높은 가르침을 담고 있기 때문이다.

⑾ 추모의 마음이 담겨있을 것이다

역자는 쿳줏따라 청신녀가 자기가 모시던 사마와띠 왕비와 500명의 시녀들이 참화로 먼저 간 것을 기리며 추모의 마음으로 『이띠웃따까』에 담긴 112개의 경들을 모았고, 그래서 경의 처음 여섯 가지는 부처님의 보증으로 시작하여 마지막은 여래의 덕을 흠모하는 「세상 경」(It4:13)으로 마무리하였다고 받아들인다. 사마와띠 왕비와 500명의 시녀들의 이 비극적인 이야기는 『우다나』의 「우데나 경」(Ud7:10)으로 전해오는데 거기서 세존께서는 "비구들이여, 그 청신녀들 가운데는 예류자가 있고 일래자가 있고 불환자가 있다. 비구들이여, 그 청신녀들은 모두 결실이 없이 죽은 것은 아니다."(Ud7:10 §2)라고 말씀하신다.

이런 이유로 쿳줏따라는 부처님께서 불환자를 보증하시는 경 여섯 개(It1:1~6)와 그 보증을 구체적으로 실현하는 방법인 최상의 지혜로 앎 - 철저하게 앎 - 탐욕의 빛바램 - 제거(abhijāna - parijāna - virājaya - pajaha)를 강조하고 있는 It1:7부터 It1:13까지의 7개 경들을 책의 모두(冒頭)에 담았다고 역자는 파악한다.

불자(佛子)는 부처님의 아들딸들(Buddha-puttā ca Buddha-dhītāro ca)이다. 우리 부처님의 아들딸들은 부처님 가르침대로 수행하면 깨달은 성자가 된다고 부처님께서 본서의 여러 경들에서 보증을 서주셨다. 그리고 이러한 불교의 보증인은 2,600년 동안 전승되어 오면서 더욱 늘어났다. 이 세상에 존재하셨던 예류 · 일래 · 불환 · 아라한의 모든 성자들이 보증인이 되어주셨고 대승불교에서는 보살님들까지 등장하셔서 연대보증을 해주셨기 때문이다. 그러므로 우리도 저 깔리고다의 아들 밧디야 존자처럼 "아, 행복하다! 아, 행복하다!"(Ud2:10)라고 외치고 다녀야 할 것이다. 이처럼 본서는 사마와띠와 500명의 시녀들에 대한 추모의 마음을 궁극적 행복(parama-sukha)의 실현으로 승화시키고 있다고 역자는 파악한다.

본서를 읽는 분들이 모두 금생에도 행복하고 내생에도 행복하고 궁극적 행복인 열반을 실현하시기를 기원하며 역자 서문을 접는다.

이 세상에 부처님의 정법이 오래오래 머물기를!

이띠웃따까

하나의 모음

Eka-nipāta

namo tassa bhagavato arahato sammāsambuddhassa
그분 부처님, 공양받아 마땅한 분, 바르게 깨달으신 분께 귀의합니다

이띠웃따까

하나의 모음

Eka-nipāta

보증 품50)

Pāṭibhoga-vagga(It1:1~10)

탐욕 경(It1:1)

Lobha-sutta

1. 이것은 [1] 참으로 세존께서 말씀하신 것이니 아라한께서 말씀하신 것을 이처럼 저는 들었습니다.51)

---

50) 여기서 '보증 품'은 PTS본에서 'Pāṭibhoga-vagga'를 취하여 옮겼다. 담마빨라 스님도 『이띠웃따까 주석서』에서 본서 「하나의 모음」의 첫 번째 품인 본 품을 보증 품(Pāṭibhoga-vagga)이라 부르고 있다.(ItA.i.2) VRI본은 단순히 첫 번째 품(Pathama-vagga)으로 표기하고 있고 PTS본은 '보증 품인 첫 번째 품(Pāṭibhogavaggo paṭhamo)'으로 적고 있다.

본 품, 나아가서 본서의 백미는 본서 맨 처음의 여섯 개 경들(It1:1~1:6)에서 부처님께서 힘주어 말씀하시는 "비구들이여, 한 가지 법을 버려라. 나는 그대들에게 다시는 돌아오지 않는 경지를 보증하노라."(It1:1 §1)일 것이라고 역자는 파악한다. 이런 의미에서 예로부터 합송자들과 주석가들은 본 품을 '보증 품'이라고 불렀음이 틀림없다.

"비구들이여, 한 가지 법을 버려라. 나는 그대들에게 다시는 돌아오지 않는 경지[52]를 보증하노라.[53] 무엇이 한 가지 법인가?

---

51) '이것은 참으로 세존께서 말씀하신 것이니 아라한께서 말씀하신 것을 이처럼 저는 들었습니다.'는 vuttañhetaṁ bhagavatā, vuttamarahatāti me sutaṁ를 직역하여 옮긴 것이다. 이 문장은 본서에 포함되어 있는 112개의 경들의 맨 처음에 모두 나타나고 있다. 주석서는 이렇게 설명하고 있다.

"여기에 대해서 말하였다(etthāha). — 다른 경들에서는 '이와 같이 나는 들었다. 한때 세존께서는(evaṁ me sutaṁ, ekaṁ samayaṁ bhagavā) …' 이라는 등으로 시간과 장소를 언급하여(kāladese apadisitvā) [경이 설해진] 기원(nidāna)을 밝혔다. 그런데 왜 여기서는 그렇게 밝히지 않는가? 다른 사람들이 여기에 대해서 말하였다.(apare tāva āhu) — [이 경들은 아난다] 장로가 드러내어 밝힌 것이 아니기 때문이다(na pana therena bhāsitattā).
참으로 [여기서 언급되는 이 경이 설해진] 기원은 아난다 존자가 맨 처음 전한 것이 아니다(idañhi nidānaṁ na Āyasmatā Ānandena paṭhamaṁ bhāsitaṁ). 이것은 쿳줏따라(Khujjuttarā)라는 여자 신도가 [세존께서 설하신 것을 다시] 사마와띠를 상수로 하는(Sāmāvatippamukhā) 500명의 여인들(itthi)에게 맨 처음 드러내어 밝힌 것이다(paṭhama bhāsita). [쿳줏따라]는 세존께서 여자 신도들(upāsikā) 가운데서 많이 배운 존재(bahussuta-bhāva)로 으뜸에 놓으셨으며(etadagge ṭhapitā, A1:14:7-3) 유학의 무애해체지를 증득한 성스러운 여제자(sekkhappaṭisambhidāppattā ariyasāvikā)이었다."(ItA.i.29)

주석서는 이렇게 설명한 뒤 본서가 어떤 배경에서 모아져서 전승되어 왔는지를 자세하게 드러내고 있다. 이것은 본서의 해제를 참조하기 바란다. 해제에서 밝혔다시피 본서는 굽정이 웃따라, 혹은 꼽추 웃따라, 즉 쿳줏따라가 들어서 전해준 부처님 말씀이다. 못생기고 볼품없고 등이 구부정하여서(khujja) 쿳줏따라(Khujjuttara)라 불리던 굽정이 웃따라는 우데나 왕의 왕비였던 사마와띠 청신녀의 하녀였다. 굽정이 웃따라는 우연히 부처님 말씀을 듣고 예류자가 되어 그 내용을 사마와띠 왕비와 500명의 시녀들에게 들려주자 기뻐한 왕비가 매일 가서 부처님 말씀을 듣고 와서 자기들에게 들려달라고 요청을 하였고 굽정이 웃따라는 그렇게 하였다. 이렇게 해서 모아진 것이 바로 본서인 『이띠웃따까』 — 굽정이 여인이 들어서 전해준 부처님 말씀이다. 역자는 Khujjuttara라는 이름을 쿳줏따라(Khujjuttara)로 음역하거나 필요에 따라서 굽정이 웃따라로 풀어서 적고 있다.

52) "'다시는 돌아오지 않는 경지(anāgāmitā)'란 불환자(不還者)의 상태(anā-

gāmibhāvattha)이다. 재생연결을 취함(paṭisandhiggahaṇa)을 통해서 욕계 존재로 돌아오지 않기 때문에(kāmabhavassa anāgamanato) 불환자(anāgāmī)이다."(ItA.i.29)
"'다시는 돌아오지 않는 경지(anāgāmitā)'란 불환자의 상태이다."(MA.i.302)

불환자(不還者)로 옮기는 아나가미(anāgāmi)는 an(부정접두어)+ā(향하여)+√gam(*to go*)에서 파생된 명사인데 여기서처럼 접미어 '-i(-in)'을 붙이면 '~하는 사람'의 뜻이 되어 다시 돌아오지 않는 자라는 의미가 된다. 현장 스님은 불환자(不還者)로 한역하였고 구마라집 스님은 아나함(阿那含)으로 음역하였다. 성자의 경지 가운데 세 번째에 해당한다. 이 세 번째 도를 얻은 자는 욕계 세상에는 다시 태어나지 않는다. 그래서 불환자라 부른다. 만일 이런 성자가 그 생에서 아라한과를 얻지 못하면 색계 세상에 태어나며 거기서 완전한 열반을 성취한다.
불환자는 중생을 욕계에 묶어 두는 감각적 쾌락과 악의의 족쇄(네 번째와 다섯 번째 족쇄)를 완전히 버렸다. 그는 네 가지 번뇌(āsava) 가운데 감각적 쾌락을 제거했고 해로운 마음부수인 증오와 근심과 감각적인 대상을 가지는 모든 탐욕을 제거했다. 여러 부류의 성자와 10가지 족쇄(saṁyojana)에 대해서는 본서 「강의 흐름 경」(It4:10) §2의 주해를 참조할 것.

53) 여기서 '보증'으로 옮긴 pāṭibhoga는 prati+√bhuj2(*to enjoy, to eat*)에서 파생된 남성명사로 보증이나 보증인을 뜻한다. 『이띠웃따까 주석서』는 이렇게 설명한다.

"여기서 '빠띠보가(pāṭibhoga)'는 보증(paṭibhū)을 뜻한다. 채무자를 반연하여 채권자에게(dhāraṇakaṁ paṭicca dhanikassa), 채권자를 반연하여 채무자에게(dhanikaṁ paṭicca dhāraṇakassa) 담보가 되어(paṭinidhibhūta) 채권자에게 예속된 위탁물 등이라 불리는(dhanikasantakassa tato haraṇādisaṅkhāta) 재산(bhoga)이라고 해서 보증이라 한다."(ItA.i.40)

그리고 이 단어는 『청정도론』 XVII.173~174에서 "세간에서 [빌린] 돈 등을 갚기 위해 보증[인]이 있다(yathā hi loke yo kassaci atthassa niyyātanatthaṁ pāṭibhogo hoti)."로 나타난다. NMD에는 *proxy*(대리인, 보증인)로도 나타난다. 위에서 인용한 『이띠웃따까 주석서』(ItA)에서 이것과 동의어로 들고 있는 paṭibhū는 다른 사전들에는 표제어로 나타나지 않는다. 놀랍게도 1875년에 R.C. Childers가 출간한 최초의 빠알리-영어 사전인 CHD에만 이 단어가 표제어로 나타나며 *surety*(보증)로 설명되어 있다. 그리고 주석서는 paṭibhoga와 pāṭibhoga는 같다고 덧붙이고 있는데(paṭibhogo eva pāṭibhogo, ItA.i.40) 삼장에서는 pāṭibhoga로만 나타난다.

재가자요 하녀요 불구자인 쿳줏따라에게는 스승께서 보증을 서주시고 보증 비구들이여, 탐욕이라는 한 가지 법을 버려라. 나는 그대들에게 다시는 돌아오지 않는 경지를 보증하노라."

이러한 뜻을 세존께서는 말씀하셨습니다.

인이 되어주시겠다고 말씀하시는 이 '보증(pāṭibhoga)'이라는 용어가 큰 감격(veda)과 큰 영감(paṭibhāna)을 주었을 것이라 생각된다. 그래서 부처님께서 탐욕·성냄·어리석음·분노·모욕·자만을 버린 자에게 다시는 돌아오지 않는 경지(불환자)를 보증하신 이 여섯 가지 가르침을 쿳줏따라는 본서의 맨 처음에 놓아서 전승하였다고 역자는 생각해 본다. 이처럼 부처님께서 행복과 깨달음의 보증인이 되어주시겠다는 이 말씀을 담은 세존의 가르침을 쿳줏따라는 여기 『이띠웃따까』의 맨 처음 여섯 개 경(It1:1~6)으로 담고 있다.

pāṭibhoga(보증, 보증인)라는 용어는 본서를 제외하면 빠알리 삼장 전체에서 『앙굿따라 니까야』 제2권 「보증 경」(A4:182)과 『우다나』의 「숩빠와사 경」(Ud2:8) §10과 「난다 경」(Ud3:2) §6, §10과 『자따까』(J.ii. 93) 서너 곳 정도에만 나타나고 있다. 「보증 경」(A4:182)에서 세존께서는 늙음, 병듦, 죽음, 악업의 과보에 대해서는 이 세상의 어느 누구도 보증을 하지 못한다(natthi koci pāṭibhogo)고 비구들에게 강조하고 계신다. 특히 「난다 경」(Ud3:2)에서 세존께서는 어여쁜 아내를 잊지 못해 환속할까 망설이는 젊디젊은 이복동생 난다 존자를 삼십삼천으로 데려가셔서 인드라를 시봉하는 500명의 천상의 요정들을 보여주시고 참선 수행을 열심히 하면 이들과 행복하게 지낼 수 있다고 보증을 해주시고 기꺼이 보증인이 되어주신다.(Ud3:2 §6) 그런데 난다 존자의 도반들이 이 소식을 듣고 소문을 퍼뜨리자 여기에 큰 혐오의 마음이 생긴 난다 존자는 열심히 수행하여 아라한이 되어 부처님께 다가가서 부처님을 보증인의 위치에서 풀어드렸다.(Ud3:2 §10)

불자(佛子, Buddha-putta, Buddha-dhītā)는 부처님의 아들딸들이다. 우리 부처님의 아들딸들이 부처님 가르침대로 수행했는데도 행복을 실현하지 못한다면 부처님께서 보증을 서주셨으니 부처님께 빚을 받으러 가야 할까! 그러나 걱정하지 않아도 된다. 불교는 2600년 동안 전승되어 오면서 보증인이 늘어났기 때문이다. 이 세상에 존재하셨던 예류·일래·불환·아라한의 모든 성자들이 보증인이 되어주셨고 대승불교에서는 보살님들까지 등장하셔서 연대보증을 해주셨기 때문이다. 그러므로 우리도 저 깔리고다의 아들 밧디야 존자처럼 "아, 행복하다! 아, 행복하다!"(Ud2:10)라고 외치고 다녀야 할 것이다.

2. 여기서 이것을 이렇게 말씀하셨습니다.[54)]

"탐욕으로 탐내는 중생들은
불행한 곳[惡處][55)]으로 가나니

---

54) "'여기서 이것을 이렇게 말씀하셨습니다(tatthetaṁ iti vuccati).'라고 했다. 이제 '여기서(tatthā)'라는 것은 이 경에서(tasmiṁ sutte) 게송으로 말씀하신 것이다. '이것을(etaṁ)'이라는 것은 이런 특징을 가진 의미를(etaṁ atthajātaṁ)이라는 뜻이다. 여기 [본서]에서는 게송과 함께 의미를 묶어서(gāthābandhavasena) 말씀하시는 것(vuccamāna)이 [특징이다]. '이렇게 말씀하셨습니다(iti vuccati).'라고 했다. 누가 말씀하신 것인가? 바로 세존이시다(bhagavatā va). 다른 그러한 경우들에는(aññesu hi tādisesu ṭhānesu) [예를 들면 It1:20 §2의 |1|번 게송처럼] 합송을 한 분들이 엮은 게송들(saṅgītikārehi upanibandhagāthā)도 있지만 여기서는 세존께서 게송을 좋아하는 사람(gāthārucikā puggalā)들의 의향(ajjhāsaya)을 고려하여 [이미] 설하신 의미를 간추려서(saṅgahetvā) 게송으로 말씀하신 것(gāthā bhāsitā)이다."(ItA.i.44)

여기뿐만 아니라 본서 전체에 나타나는 게송들은, 합송자들이 엮은 게송이라고 주석서에서 밝히는 한두 곳을 제외하고 모두 세존께서 직접 말씀하신 것이라고 여겨야 한다. 역자는 주석서의 이러한 입장을 존중하여 본서의 게송은 합송자가 읊은 한두 곳을 제외하면 모두 부처님께서 읊으신 것으로 옮겼음을 밝힌다.

55) '불행한 곳[惡處, 악처]'은 duggati를 옮긴 것이고 아래 It1:21 §2 등의 '좋은 곳[善處, 선처]'은 sugati를 옮긴 것이다. 주석서는 "좋은 곳[善處]은 26가지 천상세계이고 불행한 곳[惡處]은 네 가지이다(chabbīsatideva-loka-bhedaṁ saggañca catubbidhaṁ apāyañca dibbacakkhunā passati, — DhpA.iv.233)."라고 설명하고 있다. 우리에게 악처는 삼악도라 하여 지옥, 축생, 아귀의 셋으로 알려져 있지만 주석서에서 보듯이 상좌부에서는 아수라를 악도 혹은 악처에 넣어서 4악도로 나타난다. 26가지 천상세계와 4악도에 대한 설명은 『아비담마 길라잡이』 제5장 §§3~8을 참조할 것.

그런데 담마빨라 스님은 본경에 해당하는 『이띠웃따까 주석서』에서 불행한 곳[惡處]으로 다음과 같이 아수라를 제외한 세 가지, 즉 삼악도를 들고 있다. "재생연결을 취하여 '불행한 곳[惡處]'이라는 명칭을 얻은(saṅkhaṁ gataṁ) 지옥, 축생, 아귀계를(nirayaṁ tiracchānayoniṁ pettivisayañ-ca) 얻게 되나니 태어나게 된다(upapajjanti)는 뜻이다."(ItA.i.45)

통찰력 가진 자들은 이러한 탐욕을
바른 구경의 지혜56)로 버리노라.57)
버리고 나서는 이 세상으로
결코 다시 되돌아오지 않느니라." {1}

이러한 뜻 또한 세존께서 말씀하셨으니 이처럼 저는 들었습니다.58)

---

56) "'바른 구경의 지혜(sammadaññā)'라고 하셨다. 이것은 sammā aññā로 [분석된다.] 이것으로 무엇을 말씀하시는가? 무더기들[蘊]의 무더기라는 뜻, 감각장소들[處]의 장소라는 뜻, 요소들[界]의 요소라는 뜻, 괴로움[苦]의 압박(pīḷana)이라는 뜻, 일어남[集]의 발생(pabhava)이라는 뜻, 소멸[滅]의 고요해짐(santa)이라는 뜻, 도[道]의 본다(dassana)는 뜻과 그리고 모든 형성된 것은 무상하다[諸行無常]는 등의 구분(bheda)을 바르게(sammā) 있는 그대로(yathābhūtaṁ) 구경의 지혜로(aññāya) 알고 조사하고 검증하고 분명히 알고 확실하게 한다는 것(jānitvā tīrayitvā tulayitvā vibhāvetvā vibhūtaṁ katvā)을 말씀하셨다."(ItA.i.166; MA.i.43)

57) '통찰력 가진 자들은 이러한 탐욕을 / 바른 구경의 지혜로 버리노라.'는 taṁ lobhaṁ sammadaññāya, pajahanti vipassino를 옮긴 것이다. 주석서는 이렇게 설명하고 있다.

"이렇게 말씀하신 '탐욕(lobha)을', 고유성질(sabhāva)과 일어남(samuda-ya)과 사라짐(atthaṅgama)과 달콤함(assāda)과 재난(ādīnava)과 벗어남(nissaraṇa)이라는 이러한 형태를 통해서 '바르게(sammā)', 즉 전도됨이 없이(aviparīta) 원인과 더불어 옳은 방법으로(hetunā ñāyena) '구경의 지혜로 알고(aññāya)', 즉 안 것의 [통달지]와 조사의 통달지(ñāta-tīraṇa-pariññā)라 불리는 통찰지로 안 뒤에, 물질 등인 취착의 [대상이 되는] 다섯 가지 무더기들(오취온)을 무상 등의 여러 가지 형태로 보기 때문에 '통찰력 가진 자들은(vipassino)' 위빳사나의 통찰지가 우선한 도의 통찰지를 통해서(vipassanāpaññāpubbaṅgamāya maggapaññāya) 남아있는 오염원들을 근절에 의한 제거함으로(samuccheda-ppahānavasena) 제거하여서 자신의 흐름에서(attano santāne) 다시 생겨나게 하지 않는다(na up-pajjituṁ denti)는 [뜻이다.]"(ItA.i.45)

58) "본경에는 일어남의 진리(집성제, samudayasacca)가 [탐욕, 즉 갈애라는] 자기 모습 그대로(sarūpeneva) 드러나 있고(āgata) '버림'이라는 진술로는(pahānāpadesena) 도의 진리(도성제, maggasacca)가 [드러나 있다]. 그리고 나머지 두 가지 진리(고성제와 멸성제)는 원인이 되는 [앞의] 두 가지(tadubhayahetutā)를 통해서 분명하게 알아져야 한다(niddhāretabba).

성냄 경(It1:2)

Dosa-sutta

1. 이것은 참으로 세존께서 말씀하신 것이니 아라한께서 말씀하신 것을 이처럼 저는 들었습니다.

"비구들이여, 한 가지 법을 버려라. 나는 그대들에게 다시는 돌아오지 않는 경지를 보증하노라. 무엇이 한 가지 법인가?

비구들이여, 성냄이라는 한 가지 법을 버려라. 나는 그대들에게 [2] 다시는 돌아오지 않는 경지를 보증하노라."

이러한 뜻을 세존께서는 말씀하셨습니다.

2. 여기서 이것을 이렇게 말씀하셨습니다.

"성냄으로 화를 내는 중생들은
불행한 곳[惡處]으로 가나니
통찰력 가진 자들은 이러한 성냄을
바른 구경의 지혜로 버리노라.
버리고 나서는 이 세상으로
결코 다시 되돌아오지 않느니라." {2}

이러한 뜻 또한 세존께서 말씀하셨으니 이처럼 저는 들었습니다.

그러나 게송에서는 괴로움과 [괴로움의] 일어남과 도의 진리들(dukkha-samudayamaggasaccāni)이 말 그대로를 통해서(yathārutavaseneva) 드러난다(ñāyanti). 그 나머지(즉 멸성제)는 [이 경우에도] 분명하다."(ItA. i.45)

어리석음 경(It1:3)

Moha-sutta

1. 이것은 참으로 세존께서 말씀하신 것이니 아라한께서 말씀하신 것을 이처럼 저는 들었습니다.

"비구들이여, 한 가지 법을 버려라. 나는 그대들에게 다시는 돌아오지 않는 경지를 보증하노라. 무엇이 한 가지 법인가?
비구들이여, 어리석음이라는 한 가지 법을 버려라. 나는 그대들에게 다시는 돌아오지 않는 경지를 보증하노라."

이러한 뜻을 세존께서는 말씀하셨습니다.

2. 여기서 이것을 이렇게 말씀하셨습니다.

"어리석음으로 미혹한 중생들은
불행한 곳[惡處]으로 가나니
통찰력 가진 자들은 이러한 어리석음을
바른 구경의 지혜로 버리노라.
버리고 나서는 이 세상으로
결코 다시 되돌아오지 않느니라." {3}

이러한 뜻 또한 세존께서 말씀하셨으니 이처럼 저는 들었습니다.

분노 경(It1:4)

Kodha-sutta

1. 이것은 참으로 세존께서 말씀하신 것이니 아라한께서 말씀하신 것을 이처럼 저는 들었습니다.

"비구들이여, 한 가지 법을 버려라. 나는 그대들에게 다시는 돌아오지 않는 경지를 보증하노라. 무엇이 한 가지 법인가?

비구들이여, 분노라는 한 가지 법을 버려라. 나는 그대들에게 다시는 돌아오지 않는 경지를 보증하노라."

이러한 뜻을 세존께서는 말씀하셨습니다.

2. 여기서 이것을 이렇게 말씀하셨습니다.

"분노로 분노하는 중생들은
불행한 곳[惡處]으로 가나니
통찰력 가진 자들은 이러한 분노를
바른 구경의 지혜로 버리노라.
버리고 나서는 이 세상으로
결코 다시 되돌아오지 않느니라." {4}

이러한 뜻 또한 세존께서 말씀하셨으니 이처럼 저는 들었습니다.

모욕 경(It1:5)

Makkha-sutta

1. 이것은 [3] 참으로 세존께서 말씀하신 것이니 아라한께서 말씀하신 것을 이처럼 저는 들었습니다.

"비구들이여, 한 가지 법을 버려라. 나는 그대들에게 다시는 돌아오지 않는 경지를 보증하노라. 무엇이 한 가지 법인가?

비구들이여, 모욕이라는 한 가지 법을 버려라. 나는 그대들에게 다시는 돌아오지 않는 경지를 보증하노라."

이러한 뜻을 세존께서는 말씀하셨습니다.

2. 여기서 이것을 이렇게 말씀하셨습니다.

"모욕으로 모욕하는 중생들은
불행한 곳[惡處]으로 가나니
통찰력 가진 자들은 이러한 모욕을
바른 구경의 지혜로 버리노라.
버리고 나서는 이 세상으로
결코 다시 되돌아오지 않느니라." {5}

이러한 뜻 또한 세존께서 말씀하셨으니 이처럼 저는 들었습니다.

자만 경(It1:6)

Māna-sutta

1. 이것은 참으로 세존께서 말씀하신 것이니 아라한께서 말씀하신 것을 이처럼 저는 들었습니다.

"비구들이여, 한 가지 법을 버려라. 나는 그대들에게 다시는 돌아오지 않는 경지를 보증하노라. 무엇이 한 가지 법인가?

비구들이여, 자만이라는 한 가지 법을 버려라. 나는 그대들에게 다시는 돌아오지 않는 경지를 보증하노라."

이러한 뜻을 세존께서는 말씀하셨습니다.

2. 여기서 이것을 이렇게 말씀하셨습니다.

"자만으로 자만하는 중생들은
불행한 곳[惡處]으로 가나니
통찰력 가진 자들은 이러한 자만을
바른 구경의 지혜로 버리노라.
버리고 나서는 이 세상으로
결코 다시 되돌아오지 않느니라." {6}

이러한 뜻 또한 세존께서 말씀하셨으니 이처럼 저는 들었습니다.

일체를 철저하게 앎59) 경(It1:7)

Sabbapariññā-sutta

1. 이것은 참으로 세존께서 말씀하신 것이니 아라한께서 말씀하신 것을 이처럼 저는 들었습니다.

"비구들이여, 일체60)를 최상의 지혜로 알지 못하고 철저하게 알지

---

59) 여기서 '철저하게 앎'으로 옮긴 용어는 '통달지[知遍知]'로도 옮기고 있는 pariññā이다. 본서에서 역자는 이 pariññā를 문맥에 따라 '철저하게 앎'으로도 옮기고 '통달지'로도 옮기고 있다. '통달지'에 대해서는 본경 §1의 해당 주해를 참조하기 바란다.

60) "여기서 '일체(sabba)'란 남김 없음(anavasesa)이다."(ItA.i.52)
계속해서 『이띠웃따까 주석서』는 일체의 의미를 네 가지로 설명하고 있는데 (ItA.i.52~53) 이것은 『상윳따 니까야』 제4권 「일체 경」(S35:23) §3의 주해와 같은 내용이라서 여기에 옮겨 적는다.

"'일체(sabba)'에는 4가지가 있다. 일체로서의 일체(sabba-sabba), 감각장소[處]로서의 일체(āyatana-sabba), 자기 존재[有身]로서의 일체(sakkāya-sabba), 부분으로서의 일체(padesa-sabba)이다.
① 일체로서의 일체는 알 수 있는 모든 것인데, [부처님의] 일체지의 지혜[一切知智, sabbaññuta-ñāṇa]의 영역에 들어온 모든 것이다. ② 감각장소[處]로서의 일체는 네 가지 세계에 속하는 모든 법들(catubhūmaka-dhammā)이다. ③ 자기 존재[有身]로서의 일체는 삼계에 속하는 모든 법들

못하고 여기에 대해서 마음이 탐욕으로부터 빛바래지 못하고61) [오염원을] 제거하지 못하면62) 괴로움을 멸진할 수 없다. 비구들이여, 그러나 일체를 최상의 지혜로 알고63) 철저하게 알고 [4] 여기에 대해

(tebhūmaka-dhammā, 즉 모든 유위법)이다. ④ 부분으로서의 일체는 물질로 된 다섯 가지 감각대상들만(pañc-ārammaṇa-matta)이다. [①부터 ④까지] 뒤로 올수록 그 범위가 앞의 것보다 더 좁아진다."(SA.ii.357)

네 가지 세계[四界]는 삼계(욕계, 색계, 무색계)에다 [9가지] 출세간(4가지 도와 4가지 과와 열반)을 포함한 것이다.
한편 본경에 해당하는 『이띠웃따까 주석서』는 이 가운데 첫 번째인 일체로서의 일체(sabba-sabba)는 포괄적인 영역을 가진 것(nippadesa-visaya)이고 나머지 셋은 부분적인 영역을 가진 것(sappadesavisaya)이라고 설명하고 있다. 그리고 본경에서 일체는 ③ 자기 존재[有身]로서의 일체(sakkāya-sabba)를 뜻한다고 덧붙이고 있다.(ItA.i.52)

61) 본서에서 '탐욕으로부터 빛바래고'는 virājayaṁ을, '탐욕으로부터 빛바래지 못하고'는 avirājayaṁ을 옮긴 것이다. 주석서는 virājaya를 "탐욕이 없는 것(tattha rāgo na hoti)"(It.i.54)으로 설명한다. 그리고 이 단어는 vi+√rañj(*to color*)에서 파생되었다. 이런 것을 감안하여 '탐욕이 빛바래고'로 옮겼다. 이것의 명사로 virāga가 있는데 초기불전연구원에서는 '탐욕의 빛바램'으로 통일해서 옮기고 있다. 중국에서는 離欲(이욕), 厭離(염리) 등으로 옮겼다.

62) '[오염원을] 제거하지 못하면'은 appajahaṁ을 주석서를 참조하여 옮긴 것이다. 『이띠웃따까 주석서』는 이렇게 설명한다.
"'제거하지 못하면(appajahaṁ)'이라는 것은 위빳사나의 통찰지와 함께 하는 도의 통찰지를 통해서(vipassanāpaññāsahitāya maggapaññāya) 거기서 제거하는 것이 적절한(pahātabbayuttaka) 오염원의 회전(kilesavaṭṭa)을 남김없이 제거하지 못한 것(anavasesato na pajahanto)을 말한다."(ItA.i.54)

한편 『청정도론』 XVII.298과 『아비담마 길라잡이』 제8장 §8에 의하면 존재들이 윤회를 거듭하면서 돌고 도는 방식으로 오염원과 업과 과보의 세 가지 회전을 다음과 같이 들고 있다.
"무명과 갈애와 취착은 오염원의 회전(kilesa-vaṭṭa)에 속하고, 업으로서의 존재[業有]라 불리는 존재의 한 부분과 [업]형성들[行]은 업의 회전(kamma-vaṭṭa)에 속하고, 재생으로서의 존재[生有]라 불리는 존재의 한 부분과 나머지는 과보의 회전(vipāka-vaṭṭa)에 속한다."(『아비담마 길라잡이』 제8장 §8)

서 마음이 탐욕으로부터 빛바래고64) [오염원을] 제거하면65) 괴로움

63) '최상의 지혜로 알고'라고 옮긴 원어는 abhiññā이다. 주석서에서는 abhiññā를 abhivisiṭṭhena ñāṇena(특별한 지혜로)라고 설명하기도 하고(DA.i.99) adhikena ñāṇena ñatvā(뛰어난 지혜로 안 뒤에)라고도 설명한다.(DA.i.175) 그래서 초기불전연구원에서는 이 문맥에 나타나는 abhiññā를 동명사 abhiññāya의 축약된 형태로 간주하여 '최상의 지혜로 알고'라고 전체적으로 통일해서 옮기고 있다.

한편 본경에 해당하는 주석서는 유익함과 해로움(kusalā, akusalā), 비난받아 마땅한 것(sāvajja)과 비난받지 않는 것(anāvajja), 5온, 12처, 18계, 4성제 등으로 정리되는 최상의 지혜로 알아야 하는 모든 법들에 대해서(sabbe abhiññeyye dhamme) 고유성질의 전도됨이 없이(aviparītasabhāvato), 최상의 지혜로 알면서(abhijānanto) 아주 특별한 지혜(abhivisiṭṭha ñāṇa)로 아는 것이라고 설명한다.(ItA.i.53) 본서 「계략을 부리지 않음 경」 2(It2:9) §1의 해당 주해도 참조할 것.

64) '여기에 대해서 마음이 탐욕으로부터 빛바래고'는 tattha cittaṁ virājayaṁ을 옮긴 것이다. 역자는 여기서 두 가지를 주목해서 봐야 한다고 강조하고 싶다.

첫째, 주석서는 이 마음을 "자신의 마음의 흐름(attano cittasantāna)"(ItA.i.54)으로 설명하고 있다는 점이다. 우리가 일반적으로 마음이라고 생각하는 것은 실제로는 마음들의 흐름[心相續, citta-santati], 즉 마음들이 찰나적으로 생멸하며 상속(相續)하는 것이다. 이들이 너무나 빠르게 상속하기 때문에 따로따로 분리된 여러 유형으로 우리가 간파하지 못할 뿐이다. 그래서 부처님께서는 "비구들이여, 이것과 다른 어떤 단 하나의 법도 이렇듯 빨리 변하는 것을 나는 보지 못하나니, 그것은 바로 마음(citta)이다. 비구들이여, 마음이 얼마나 빨리 변하는지 그 비유를 드는 것도 쉽지 않다."(『앙굿따라 니까야』 「하나의 모음」(A1:5:8))라고 강조하셨다.

그러므로 우리가 세간적인 차원에서 마음이라고 생각하는 것은 실제적으로는 마음의 흐름, 즉 마음들이 찰나적으로 생멸하며 흘러가는 것일 뿐이다. 아비담마의 마음은 한 찰나에 일어났다가 멸하는 것이다. 마음은 한 찰나에 일어나서 대상을 아는 기능을 수행하고 멸한다. 그러면 그다음 마음이 조건에 따라 일어난다. 이렇게 마음은 흘러간다. 이들은 너무나 빠르게 상속하기 때문에 보통의 눈으로는 각각을 분간하기가 어려울 뿐이다.

둘째, 이 가르침은 『상윳따 니까야』 제3권 「최상의 지혜로 앎 경」(S22:24)과 제4권 「철저하게 앎 경」 1/2(S35:26~27)와 「철저하게 앎 경」 1/2(S35:111~112) 등에도 나타나고 있다. 그런데 본경에서는 '마음이 탐욕으로부터 빛바래고(tattha cittaṁ virājayaṁ)'로 나타나는데 이 경들에서는 마음(cittaṁ)이라는 단어가 없이 '탐욕이 빛바래고(virājayaṁ)'로만 나타나는

것이 다르다. 이처럼 쿳줏따라 청신녀가 전승한 본서에서는 마음(citta) 혹은 마음의 흐름(cittasantāna — ItA.i.53)을 강조하여 마음의 찰나성을 통찰해서 마음이 탐욕으로부터 빛바래야 함을 강조하고 있다고 역자는 파악한다.

65) '최상의 지혜로 알고'와 '철저하게 알고'와 '탐욕이 빛바래고'와 '제거하는'은 각각 abhijānaṁ, parijānaṁ, virājayaṁ, pajahaṁ을 옮긴 것이다. 주석서는 이 넷을 다음과 같이 설명한다.
"'최상의 지혜로 알고(abhijānaṁ)'를 통해서는 안 것의 통달지[知遍知, ñātapariññā]를 말씀하셨다. 두 번째인 '철저하게 알고(parijānaṁ)'를 통해서는 조사의 통달지[審察遍知, tīraṇapariññā]를, 세 번째와 네 번째인 '탐욕의 빛바램(virājayaṁ)'과 '제거함(pajahaṁ)'을 통해서는 버림의 통달지[斷遍知, pahānapariññā]를 설하셨다. 이처럼 본경에서는 세 가지 통달지를 설하셨다."(SA.ii.264, *cf.* ItA.i.53)

한편 주석서와 『청정도론』은 세 가지 통달지를 다음과 같이 설명하고 있다.
"세 가지 통달지가 있다. 그것은 ① 안 것의 통달지(ñātapariññā, 知遍知) ② 조사의 통달지(tīraṇapariññā, 審察遍知) ③ 버림의 통달지(pahānapariññā, 斷遍知)이다. 이러한 세 가지 통달지로 철저하게 안 뒤에 라는 뜻이다.
무엇이 안 것의 통달지인가? 오온에 대해서 철저하게 아는 것이다. 무엇이 조사의 통달지인가? 이렇게 안 뒤에 오온에 대해서 무상하고 괴로움이고 병이라는 등의 42가지 방법으로 조사하는 것을 말한다. 무엇이 버림의 통달지인가? 이렇게 조사한 뒤에 으뜸가는 도(agga-magga)에 의해서 욕탐(chanda-rāga)을 제거하는 것을 말한다."(SA.i.44~45, *cf.* ItA.i.53)

"이 가운데 ① 물질은 변하는 특징을 가지고, 느낌은 느껴진 특징을 가진다고 이와 같이 그 법들의 개별적인 특징을 조사함으로써 생기는 통찰지가 안 것의 통달지이다. ② 물질은 무상하고 느낌은 무상하다는 방법으로 그 법들에게서 보편적인 특징을 제기한 뒤 생기는 보편적인 특징을 대상으로 가지는 위빳사나의 통찰지가 조사의 통달지이다. ③ 이런 법들에서 영원하다는 인식 등을 버림으로써 생긴 특징을 대상으로 가진 위빳사나의 통찰지가 버림의 통달지이다."(『청정도론』 XX.3)

"[『청정도론』 제18장] 견해의 청정[見淸淨, diṭṭhi-visuddhi]과 [제19장] 의심을 극복함에 의한 청정[渡疑淸淨, kaṅkhāvitaraṇa-visuddhi]이 ① 안 것의 통달지(ñāta-pariññā)이다. [제20장] 도와 도 아님에 대한 지와 견에 의한 청정[道非道知見淸淨, maggāmagga-visuddhi]과 [제21장] 도 닦음에 대한 지와 견에 의한 청정[行道知見淸淨, paṭipadāñāṇadassana-visuddhi], 즉 [제20장과 제21장의] 깔라빠에 대한 명상의 [지혜]로부터 시

을 멸진할 수 있다."[66]

이러한 뜻을 세존께서는 말씀하셨습니다.

2. 여기서 이것을 이렇게 말씀하셨습니다.

"일체를 일체라고 안 뒤에
모든 것들에 집착하지 않는[67] 자는

작해서 수순하는 [지혜]로 종결되는(kalāpasammasanādi-anuloma-pari-yosānā) [10가지 위빳사나의 지혜]가 ② 조사의 통달지(tīraṇa-pariññā)이다. [제22장] 성스러운 도(ariyamagga)에 의해서 버리는 것(pajahana)이 ③ 버림의 통달지(pahāna-pariññā)이다. 그러므로 일체를 철저하게 안다는 것은(yo sabbaṁ parijānāti) 이들 세 가지 통달지를 통해서 철저하게 아는 것이다.

그러나 여기 [본경에서 철저하게 아는 것은] 탐욕의 빛바램에 의한 버림들(virāgappahānā), 즉 [③ 버림의 통달지를] 배제(paṭikkhepa)하여 각각 취한 것이기 때문에 ① 안 것의 통달지와 ② 조사의 통달지를 통해서 철저하게 아는 것(parijānanā)이라고 알아야 한다. 그러므로 여기서 이와 같이 [① 안 것의 통달지와 ② 조사의 통달지를 통해서] 철저하게 알지 못하는 것을 두고 '철저하게 알지 못하고(aparijānaṁ)'라고 말씀하신 것이다."(ItA.i.53)

세 가지 통달지에 대한 더 자세한 설명은 『청정도론』 XX.3~4와 18~19를 참조하기 바란다. 초기불전연구원에서는 parijānāti를 '철저하게 알다'로 통일해서 옮기고 있으며, 이것의 명사인 pariññā는 '통달지' 혹은 '통달한 지혜'로 옮기고 있다.

66) "최상의 지혜로 알지 못하고 철저하게 알지 못하고 여기에 대해서 마음이 탐욕으로부터 빛바래지 못하고 [오염원을] 제거하지 못하면 괴로움을 멸진할 수 없다. … 최상의 지혜로 알고 철저하게 알고 여기에 대해서 마음이 탐욕으로부터 빛바래고 [오염원을] 제거하면 괴로움을 멸진할 수 있다."로 나타나는 구문은 anabhijānaṁ aparijānaṁ tattha cittaṁ avirājayaṁ appajahaṁ abhabbo dukkhakkhayāya. … abhijānaṁ parijānaṁ tattha cittaṁ virājayaṁ pajahaṁ bhabbo dukkhakkhayāya를 옮긴 것이다. 이 구문은 본경을 비롯한 본서 It1:7~13의 7개 경들에 나타나고 있다.

67) "'모든 것들에 집착하지 않는(sabbatthesu na rajjati)'이라고 하셨다. 과거

일체를 철저하게 알았기 때문에
모든 괴로움을 넘어섰도다."68) {7}

이러한 뜻 또한 세존께서 말씀하셨으니 이처럼 저는 들었습니다.

자만을 철저하게 앎 경(It1:8)

Mānapariññā-sutta

1. 이것은 참으로 세존께서 말씀하신 것이니 아라한께서 말씀하신 것을 이처럼 저는 들었습니다.

"비구들이여, 자만을 최상의 지혜로 알지 못하고 철저하게 알지 못하고 여기에 대해서 마음이 탐욕으로부터 빛바래지 못하고 [오염원을] 제거하지 못하면 괴로움을 멸진할 수 없다. 비구들이여, 그러나 자만을 최상의 지혜로 알고 철저하게 알고 여기에 대해서 마음이 탐욕으로부터 빛바래고 [오염원을] 제거하면 괴로움을 멸진할 수 있다."

이러한 뜻을 세존께서는 말씀하셨습니다.

등에 의해서 여러 가지로 구분되고 나누어지는 자기 자신이 존재한다는[有身] 모든 법들에 대해서(sabbesu … sakkāyadhammesu) 집착하지 않고 성스러운 도를 증득함(ariyamaggādhigama)에 의해서 갈망을 생기게 하지 않는다. 이렇게 하여 갈애를 거머쥐는 자가(taṇhāgāha: taṇhāva mamanti gaṇhāti etenāti taṇhāgāho — MAṬ.i.254) 존재하지 않음을 본다(abhāvaṁ dassento). 이러한 표상을 가지기 때문에(nimittattā) 사견과 자만으로 거머쥐는(diṭṭhamānaggāhāna) '이것은 내 것이다, 이것이 나다. 이것이 나의 자아다.'라는 이러한 그릇된 거머쥠(micchāgāhatta)이 존재하지 않음을 본다는 뜻이다."(ItA.i.55)

68) 본경의 이런 가르침은 "비구들이여, 모든 법들[諸法]의 뿌리에 대한 법문을 설하리니 그것을 들어라."로 시작하는 『맛지마 니까야』의 첫 번째 경인 「뿌리에 대한 법문 경」(Mūlapariyāya Sutta, M1)과도 비교가 된다.

2. 여기서 이것을 이렇게 말씀하셨습니다.

“자만에 빠진 이 사람들은
자만의 매듭에 걸려 존재에 집착한다.
자만을 철저하게 알지 못하여
그들은 다시 태어남[再有]으로 온다. |1|

그러나 [5] 자만을 버리고
자만을 멸진하여 해탈하였고
자만의 매듭을 지배한 그들은
모든 괴로움을 넘어섰도다.” |2| {8}

이러한 뜻 또한 세존께서 말씀하셨으니 이처럼 저는 들었습니다.

탐욕을 철저하게 앎 경(It1:9)
Lobhapariññā-sutta

1. 이것은 참으로 세존께서 말씀하신 것이니 아라한께서 말씀하신 것을 이처럼 저는 들었습니다.

“비구들이여, 탐욕을 최상의 지혜로 알지 못하고 철저하게 알지 못하고 여기에 대해서 마음이 탐욕으로부터 빛바래지 못하고 [오염원을] 제거하지 못하면 괴로움을 멸진할 수 없다. 비구들이여, 그러나 탐욕을 최상의 지혜로 알고 철저하게 알고 여기에 대해서 마음이 탐욕으로부터 빛바래고 [오염원을] 제거하면 괴로움을 멸진할 수 있다.”

이러한 뜻을 세존께서는 말씀하셨습니다.

2. 여기서 이것을 이렇게 말씀하셨습니다.

"탐욕으로 탐내는 중생들은
불행한 곳[惡處]으로 가나니
통찰력 가진 자들은 이러한 탐욕을
바른 구경의 지혜로 버리노라.
버리고 나서는 이 세상으로
결코 다시 되돌아오지 않느니라." {9} = {1}

이러한 뜻 또한 세존께서 말씀하셨으니 이처럼 저는 들었습니다.

성냄을 철저하게 앎 경(It1:10)

Dosapariññā-sutta

1. 이것은 참으로 세존께서 말씀하신 것이니 아라한께서 말씀하신 것을 이처럼 저는 들었습니다.

"비구들이여, 성냄을 최상의 지혜로 알지 못하고 철저하게 알지 못하고 여기에 대해서 마음이 탐욕으로부터 빛바래지 못하고 [오염원을] 제거하지 못하면 괴로움을 멸진할 수 없다. 비구들이여, 그러나 성냄을 최상의 지혜로 알고 철저하게 알고 여기에 대해서 마음이 탐욕으로부터 빛바래고 [오염원을] 제거하면 괴로움을 멸진할 수 있다."

이러한 뜻을 세존께서는 말씀하셨습니다.

2. 여기서 이것을 이렇게 말씀하셨습니다.

“성냄으로 [6] 화를 내는 중생들은
불행한 곳[惡處]으로 가나니
통찰력 가진 자들은 이러한 성냄을
바른 구경의 지혜로 버리노라.
버리고 나서는 이 세상으로
결코 다시 되돌아오지 않느니라.” {10} = {2}

이러한 뜻 또한 세존께서 말씀하셨으니 이처럼 저는 들었습니다.

첫 번째 품이 끝났다.

첫 번째 품에 포함된 경들의 목록은 다음과 같다.
① 탐욕 ② 성냄 ③ 어리석음
④ 분노 ⑤ 모욕 ⑥ 자만 ⑦ 일체
⑧ 자만, 다시 ⑨ 탐욕 ⑩ 성냄 두 가지 –
이렇게 설하신 것을 첫 번째 품이라 부른다.

두 번째 품

Dutiya-vagga(It1:11~20)

어리석음을 철저하게 앎 경(It1:11)

Mohapariññā-sutta

1. 이것은 참으로 세존께서 말씀하신 것이니 아라한께서 말씀하신 것을 이처럼 저는 들었습니다.

"비구들이여, 어리석음을 최상의 지혜로 알지 못하고 철저하게 알지 못하고 여기에 대해서 마음이 탐욕으로부터 빛바래지 못하고 [오염원을] 제거하지 못하면 괴로움을 멸진할 수 없다. 비구들이여, 그러나 어리석음을 최상의 지혜로 알고 철저하게 알고 여기에 대해서 마음이 탐욕으로부터 빛바래고 [오염원을] 제거하면 괴로움을 멸진할 수 있다."

이러한 뜻을 세존께서는 말씀하셨습니다.

2. 여기서 이것을 이렇게 말씀하셨습니다.

"어리석음으로 미혹한 중생들은
불행한 곳[惡處]으로 가나니
통찰력 가진 자들은 이러한 어리석음을
바른 구경의 지혜로 버리노라.

버리고 나서는 [7] 이 세상으로
결코 다시 되돌아오지 않느니라." {11} = {3}

이러한 뜻 또한 세존께서 말씀하셨으니 이처럼 저는 들었습니다.

분노를 철저하게 앎 경(It1:12)

Kodhapariññā-sutta

1. 이것은 참으로 세존께서 말씀하신 것이니 아라한께서 말씀하신 것을 이처럼 저는 들었습니다.

"비구들이여, 분노를 최상의 지혜로 알지 못하고 철저하게 알지 못하고 여기에 대해서 마음이 탐욕으로부터 빛바래지 못하고 [오염원을] 제거하지 못하면 괴로움을 멸진할 수 없다. 비구들이여, 그러나 분노를 최상의 지혜로 알고 철저하게 알고 여기에 대해서 마음이 탐욕으로부터 빛바래고 [오염원을] 제거하면 괴로움을 멸진할 수 있다."

이러한 뜻을 세존께서는 말씀하셨습니다.

2. 여기서 이것을 이렇게 말씀하셨습니다.

"분노로 분노하는 중생들은
불행한 곳[惡處]으로 가나니
통찰력 가진 자들은 이러한 분노를
바른 구경의 지혜로 버리노라.
버리고 나서는 이 세상으로
결코 다시 되돌아오지 않느니라." {12} = {4}

이러한 뜻 또한 세존께서 말씀하셨으니 이처럼 저는 들었습니다.

모욕을 철저하게 앎 경(It1:13)

Makkhapariññā-sutta

1. 이것은 참으로 세존께서 말씀하신 것이니 아라한께서 말씀하신 것을 이처럼 저는 들었습니다.

"비구들이여, 모욕을 최상의 지혜로 알지 못하고 철저하게 알지 못하고 여기에 대해서 마음이 탐욕으로부터 빛바래지 못하고 [오염원을] 제거하지 못하면 괴로움을 멸진할 수 없다. 비구들이여, 그러나 모욕을 최상의 지혜로 알고 철저하게 알고 여기에 대해서 마음이 탐욕으로부터 빛바래고 [오염원을] 제거하면 괴로움을 멸진할 수 있다."

이러한 뜻을 세존께서는 말씀하셨습니다.

2. 여기서 이것을 이렇게 말씀하셨습니다.

"모욕으로 모욕하는 중생들은
불행한 곳[惡處]으로 가나니
통찰력 가진 자들은 이러한 모욕을
바른 구경의 지혜로 버리노라.
버리고 나서는 이 세상으로
결코 다시 되돌아오지 않느니라." {13} = {5}

이러한 뜻 또한 세존께서 말씀하셨으니 이처럼 저는 들었습니다.

무명의 장애 경(It1:14)

Avijjānīvaraṇa-sutta

1. 이것은 참으로 세존께서 말씀하신 것이니 아라한께서 [8] 말씀하신 것을 이처럼 저는 들었습니다.

"비구들이여, 이것과 다른 어떤 단 하나의 장애도 나는 보지 못하나니 이 장애에 덮여서 사람들은 오랜 세월 치달리고 윤회한다.69)

---

69) '윤회하는'은 saṁsaranti를 옮긴 것이다. 이 동사는 saṁ+√sṛ(*to move, to flow*)의 현재 3인칭 복수형이다. 이 어근에서 나온 단어가 '윤회'로 옮기는 saṁsāra이다. 요즘 초기불전에서 부처님께서는 윤회를 말씀하시지 않았다고 하는 불자들을 가끔 본다. 초기불전의 도처에서 부처님께서는 수백 번이 넘게 윤회를 말씀하셨고 본서에도 당연히 이렇게 나타나고 있다. 그들이 부처님께서 윤회를 말씀하시지 않았다고 주장하는 근거는 아마도 '무아인데 누가 윤회하는가?' 하는 문제에서 비롯된 것이라 여겨진다. 역자는 이미 여러 곳에서 윤회를 부정하는 주장들을 비판하였고 『초기불교 이해』 나 『초기불교 입문』 등에서 이 문제를 언급하였다. 여기서 다시 정리해 보면 다음과 같다.

첫째, 힌두교의 재육화와 불교의 재생은 구분이 되어야 한다. 힌두교에서는 윤회가 재육화로 설명이 되고 불교에서는 재생으로 설명이 된다. 불변하는 아뜨만(자아)이 있어서 금생에서 내생으로 '재육화(再肉化, *reincarnation*)' 하는 것이 힌두교 윤회이다. 그래서 이것은 '자아의 윤회'라고 할 수 있다. 불교에서는 금생의 흐름[相續, santati]이 내생으로 연결되어 다시 태어나는 것, 즉 '재생(再生, *rebirth*)'을 윤회라고 부른다. '다시 태어남'은 punabbhava(puna = 다시, bhava = 존재함)라는 단어로 초기경의 도처에서 나타나고 있다. 물론 아라한은 이러한 다시 태어남, 즉 재생과 윤회가 없다. 그리고 다시 태어남의 원인을 갈애(taṇhā)로 들고 있으며 그래서 초기불전에서는 갈애를 '재생을 하게 하는 것(ponobhāvikā)'이라고 정의하고 있다. 그러므로 불교의 윤회는 재생이요 이것은 오온의 흐름이요 그래서 '무아의 윤회'이다.

둘째, 그러면 불교의 윤회는 어떻게 설명이 되는가? 주석서의 도처에서는 "5온 · 12처 · 18계(蘊 · 處 · 界)가 연속하고 끊임없이 전개되는 것을 윤회라 한다."(DA.ii.496; SA.ii.97), 혹은 "윤회란 무더기 등이 끊임없이 전개되어 가는 연속이다."(SA.ii.156) 등으로 윤회를 정의하고 있다. 한마디로 윤회는

비구들이여, 그것은 바로 이 무명의 장애[70]이다. 비구들이여, 참으로

오온의 찰나생·찰나멸의 흐름(santati, santana)인 것이다. 이처럼 불교에서는 윤회의 주체가 없는(무아) 5온-12처-18계의 연기적 흐름을 윤회라고 멋지게 정의하고 있다. 그러므로 불교의 윤회는 무아의 윤회라 불러야 한다.

윤회의 원어는 삼사라(saṁsāra, saṁ+√sṛ, *to move, to flow*)인데 문자적으로는 '함께(saṁ) 흘러가는 것(sāra), 함께 움직이는 것'이라는 뜻이다. 이것은 자아의 재육화보다는 오히려 연기·무아적인 흐름에 가까운 의미를 가지고 있다. 그러므로 무아(연기)와 윤회는 아무 모순이 없다.

70) 여기서 '무명의 장애'는 avijjānīvaraṇa를 옮긴 것이다. '장애'로 옮긴 니와라나(nīvaraṇa)는 nis(밖으로)+√vṛ(*to cover*)에서 파생된 중성명사로 '덮어버림'이라는 문자적인 뜻에서 장애로 옮기며 문자적인 뜻을 살려 개(蓋)로 한역되었다. 주석서에서는 이들이 천상의 길과 열반의 길을 방해하기 때문에 장애라 한다고 덧붙인다. 주석가들은 장애를 '아직 일어나지 않은 유익한 법들을 일어나지 못하게 막고 이미 일어난 유익한 법들을 지속하지 못하게 막는 정신적인 요인'이라고 설명한다.(PdṬ.338)

니까야에서 장애는 대부분 '다섯 가지 장애[五蓋, pañca-nīvaraṇa]'로 정형화되어 있다.(D2 §§68~74; D22 §13; M10 §36; S46:2 §§3~9 등)
아비담마에서는 여기에다 무명의 장애를 더하여 여섯 가지 장애로 정형화하고 있다.(Dhs §1158 등) 『담마상가니』는 이렇게 정리한다.
"무엇이 '장애인 법들'(ma2-44-a)인가?
여섯 가지 장애가 있으니 감각적 쾌락에 대한 욕구의 장애, 악의의 장애, 해태와 혼침의 장애, 들뜸과 후회의 장애, 의심의 장애, 무명의 장애이다(cha nīvaraṇā — kāmacchandanīvaraṇaṁ, byāpādanīvaraṇaṁ, thinamiddhanīvaraṇaṁ, uddhaccakukkuccanīvaraṇaṁ, vicikicchānīvaraṇaṁ, avijjānīvaraṇaṁ)."(Dhs §1158)

여기서 첫 번째인 kāmacchanda(욕탐, 감각적 쾌락) 대신에 abhijjhā(간탐, D2 §68)이 나타나기도 한다. 이 두 단어는 동의어이다. 이 가운데 처음 다섯은 禪을 증득하지 못하게 하는 주 장애 요소들이고 무명은 통찰지가 일어나는 것을 방해하는 장애이다.
여섯 가지 장애에는 모두 여덟 가지 마음부수가 포함되어 있다. 『위바위니띠까』는 해태와 혼침 그리고 들뜸과 후회가 쌍으로 합해져서 나타나는 이유를 그들 각각의 기능과 조건과 대처하는 방법이 유사하기 때문이라고 설명한다.(VṬ.220) 즉 해태와 혼침은 둘 다 정신적인 해이함을 생기게 하는 기능을 하고, 게으름과 나른함을 조건으로 가지며, 정진(viriya)을 일으켜서 대처해야 한다. 들뜸과 후회는 동요를 생기게 하는 기능을 하고, 혼란스러운 생각을 조건으로 하며, 사마타를 닦아서 대처해야 한다고 설명한다.(VṬ. 220)

무명의 장애에 덮여서 사람들은 오랜 세월 치달리고 윤회한다."71)

한편 『청정도론』 XVII.43은 이 무명을 다음의 7가지로 설명하는데 이것은 『이띠웃따까 주석서』에도 동일하게 나타나고 있다.

"무명 등의 단어에 대한 뜻에 따라 [판별을 알아야 한다.] 예를 들면, ① 채우기에 적당하지 않다는 뜻에서 몸으로 짓는 나쁜 행위 등을 찾아서는 안 된다(avindiya). 즉 얻어서는 안 된다는 뜻이다. 찾지 말아야 할 것(avindiya)을 찾는다(vindati)라고 해서 무명(avijjā)이라 한다.

② 반대로 몸으로 짓는 좋은 행위 등을 찾아야 한다(vindiya). 찾아야 할 것(vindiya)을 찾지 않는다(na vindati)라고 해서 무명(avijjā)이라 한다.

③ 무더기(蘊)들의 더미의 뜻, 장소(處)들의 장소의 뜻, 요소(界)들의 비었음(空)의 뜻, 기능(根)들의 다스린다는 뜻, 진리(諦)들의 진실의 뜻을 알지 못하도록(avidita) 하기 때문에 무명(avijjā)이라 한다.

④ 괴로움 등을 압박 등으로 설한 네 가지 뜻(XVI. §15)을 알지 못하도록 하기 때문에(avidita) 무명(avijjā)이라 한다.

⑤ 끝이 없는(anta-virahite) 윤회에서 중생을 모든 모태로, 태어날 곳으로, 존재로, 알음알이의 거주로, 중생의 거처로 내몬다(javāpeti)라고 해서 무명(avijjā)이라 한다.

⑥ 궁극적인 뜻에서 존재하지 않는 여자, 남자 등으로 달려가며, 존재하는 무더기 등으로 달려가지 않는다(na javati)라고 해서 무명(avijjā)이라 한다.

⑦ 나아가서 눈의 알음알이 등의 토대와 대상과, 연기(조건)와 조건 따라 생긴 법(緣而生)을 숨기기 때문에(chādanato pi) 무명이라 한다."(Vis.XVII.43; ItA.i.57)

71) '무명의 장애(avijjā-nīvaraṇa)'도 초기경의 여러 곳에서 단독으로 나타나고 있다.(M43 §16; S12:19 등) 대표적인 것이 여기서 인용하는 『앙굿따라 니까야』 제1권 「존재 경」(A3:76)이다.

"아난다여, 이처럼 업은 들판이고 알음알이는 씨앗이고 갈애는 수분이다. 중생들은 무명의 장애로 덮이고 갈애의 족쇄에 묶여서 저열한 [욕]계에(§1) … 중간의 [색]계에(§2) … 수승한 [무색]계에(§3) … 알음알이를 확립한다. 이와 같이 내생에 다시 존재[再有]하게 된다. 아난다여, 이런 것이 존재이다."(A3:76)

주석서는 여기서 들판과 씨앗과 수분을 이렇게 설명한다.

"선업과 불선업이 자라는 장소(ṭhāna)라는 뜻에서 업은 '들판(khetta)'이다. [업과] 함께 생긴, 업을 형성하는 알음알이는 자란다는 뜻에서 '씨앗(bīja)'이다. [씨앗을] 돌보고 자라게 하기 때문에 갈애는 '수분(sneha)'과 같다."(AA.ii.335)

이러한 뜻을 세존께서는 말씀하셨습니다.

2. 여기서 이것을 이렇게 말씀하셨습니다.

"사람들이 이렇게 덮여서
낮과 밤을 윤회하나니
그것은 어리석음에 덮인 것
그 이외에 어떤 법도 없노라. |1|

어리석음을 버리고
어둠의 무더기를 흩어버렸던
그들은 다시 윤회하지 않나니
그들에게 원인이 존재하지 않기 때문이다." |2| {14}

이러한 뜻 또한 세존께서 말씀하셨으니 이처럼 저는 들었습니다.

갈애의 족쇄 경(It1:15)

Taṇhāsaṁyojana-sutta

1. 이것은 참으로 세존께서 말씀하신 것이니 아라한께서 말씀하신 것을 이처럼 저는 들었습니다.

"비구들이여, 이것과 다른 어떤 단 하나의 족쇄도 나는 보지 못하나니 이 족쇄에 묶여서 사람들은 오랜 세월 치달리고 윤회한다. 비구들이여, 그것은 바로 이 갈애의 족쇄[72]이다. 비구들이여, 참으로 갈

72) 『이띠웃따까 주석서』에서도 밝히고 있듯이(ItA.i.58~59) 무명(avijjā)은 다섯 가지 장애에, 갈애(taṇhā)는 10가지 족쇄에 포함되지 않지만 이 둘은 12연기에서 두 가지의 뿌리가 되는 원인(mūlakāraṇa)으로 나타난다. 무명의 들판은 과거의 길이고(avijjākhettaṁ atīto addhā) 갈애의 들판은 미래

애의 족쇄에 묶여서 사람들은 오랜 세월 치달리고 윤회한다."

이러한 뜻을 세존께서는 말씀하셨습니다.

2. 여기서 이것을 이렇게 말씀하셨습니다.

"갈애와 짝하는 [9] 사람은
오랜 세월 윤회하여
이 존재와 또 다른 존재가 [연속하여 전개되는]73)

의 길이다(taṇhākhettaṁ anāgato addhā). 그리고 이미 4부 니까야의 여러 곳에서 무명의 장애(avijjā-nīvaraṇa)와 갈애의 족쇄(taṇhā-saṁyojana)라는 언급이 나타나고 있다. 바로 앞의 주해에서 인용한 『앙굿따라 니까야』 제1권 「존재 경」(A3:76)이 좋은 보기이다.
특히 『상윳따 니까야』 제2권 「시작을 알지 못함 상윳따」(Anamatagga-saṁyutta, S15)에 포함된 여러 경들에서는 "비구들이여, 그 시작을 알 수 없는 것이 바로 윤회다. 무명의 장애에 덮이고 갈애의 족쇄에 묶여서 치달리고 윤회하는 중생들에게 [윤회의] 처음 시작점은 결코 드러나지 않는다."(S15:1 §3 등)로 정형화되어 나타나고 있다. 그래서 쿳줏따라 청신녀가 사마와띠 왕비와 500명의 시녀들에게 들려준 본서에서도 이렇게 포함되는 것이 당연하다 하겠다.

물론 무명은 위의 주해에서 보았듯이 아비담마에서는 6번째 장애로 포함되어 나타난다. 갈애는 10가지 족쇄 가운데 맨 처음에 나타나는 감각적 쾌락에 대한 갈망(kāmarāga)의 족쇄와 동의어이다. 그리고 10가지 족쇄(saṁyojana)에 대해서는 본서 「강의 흐름 경」(It4:10) §2의 해당 주해를 참조하기 바란다.

73) "'이 존재와 또 다른 존재가 [연속하여 전개되는](itthabhāvaññathābhāvaṁ)'이라고 하셨다. 여기서 이 존재와 그리고 다른 존재라고 해서(itthabhāvo ca aññathābhāvo ca) '이 존재와 또 다른 존재'이다.
여기서 ① 이 존재는 인간(manussatta)이고 또 다른 존재는 이 이외의 나머지 중생의 거처들(avasiṭṭhasattāvāsā)이다. ② 혹은 이 존재는 이런저런 중생들의 현재의 자기 존재(paccuppanna attabhāva)이고 또 다른 존재는 미래(anāgata)의 자기 존재이다. ③ 혹은 이러한 모습을 가진 다른 이의 자기 존재도 이 존재이다. 이러한 모습을 가진 자는 또 다른 존재가 아니다.(na evarūpo aññathābhāvo)
이 존재와 또 다른 존재인 윤회 즉, 무더기・요소・감각장소[蘊・處・界]

윤회를 넘어서지 못한다. |1|

비구는 그 위험을 알고[74]
갈애가 괴로움의 원인임을 알아
갈애를 건너 거머쥐지 않으며
마음챙겨 유행하노라." |2|[75] {15}

이러한 뜻 또한 세존께서 말씀하셨으니 이처럼 저는 들었습니다.

의 연속(khandha-dhātu-āyatana-paṭipāṭi)인 그러한 '윤회를 넘어서지 못한다(saṁsāraṁ nātivattati).'는 말씀이다."(ItA.i.60)

itthabhāvaññathābhāvaṁ saṁsāraṁ은 '이 존재와 다른 존재를 가진 윤회를'로 직역을 해야 하지만 문장을 매끄럽게 하기 위해서 주석서를 참조해서 '이 존재와 또 다른 존재가 [연속하여 전개되는] 윤회를'로 풀어서 옮겼다. 여기서 담마빨라 스님도 윤회(saṁsāra)를 무더기·요소·감각장소[蘊·處·界]의 연속(khandha-dhātu-āyatana-paṭipāṭi)으로 정의하는데, 붓다고사 스님이 지은 주석서들과 담마빨라 스님이 지은 주석서들도 "5온·12처·18계[蘊·處·界]가 연속하고(khandhānañca paṭipāṭi, dhātuāyata-nāñca) 끊임없이 전개되는 것을 윤회라 한다(abbhocchinnaṁ vattamānā aṁsāroti pavuccati)."(DA.ii.496; SA.ii.97; AA.iii.206; UdA.58; SnA.ii.426 등)라고 윤회를 정의한다.

74) "'그 위험을 알고서(etamādīnavaṁ ñatvā)'라고 하셨다. 이 전체 윤회의 괴로움(sakalavaṭṭadukkha)의 근원(sambhava)이요 일어남(samudaya)인 갈애가 위험인 것을 위험이라고 알고서라는 뜻이다. 혹은 앞에서 설명한 대로 윤회의 치달려감(saṁsārana-ativattana)이 위험(ādiinava)이고 결점임(dosa)을 알고서라는 뜻이다."(ItA.i.60)

본서 「갈애의 일어남 경」(It4:6) §2의 같은 게송에 대해서 주석서는 이렇게 설명한다.
"과거·미래·현재의 무더기(온)들에 대해서 이 존재와 또 다른 존재로 인식되는 '그 위험을 알고서(etamādīnavaṁ ñatvā)'라는 뜻이다."(ItA.ii.157)

75) 이 |1|번과 |2|번 게송은 본서 「갈애의 일어남 경」(It4:6) §2의 게송들과 같다.

유학 경1(It1:16)

Sekha-sutta

1. 이것은 참으로 세존께서 말씀하신 것이니 아라한께서 말씀하신 것을 이처럼 저는 들었습니다.

"비구들이여, 아라한과를 얻지 못했지만[76] 위없는 유가안은[77]을

---

76) '아라한과를 얻지 못했지만'으로 옮긴 원어는 appatta-mānaso인데 '마음을 얻지 못한'으로 직역할 수 있다. mānasa를 아라한과로 옮긴 것은 주석서를 참조했기 때문이다. 『이띠웃따까 주석서』는 이것을 아라한과를 얻지 못한(appatta-arahatta)으로 설명하고 있다.(ItA.i.61)

다른 주석서들도 이렇게 설명한다.
"mānasa는 욕망(rāga)의 뜻으로도, 마음(citta)이라는 뜻으로도, 아라한과(arahatta)의 뜻으로도 사용된다. "허공을 가르는 욕망"(Vin.i.21)이라는 곳에서 mānasa는 욕망을 나타내고, "심·의·식(心·意·識, cittaṁ mano mānasaṁ)"(Dhs.10)이라는 곳에서는 마음을, "잘 알려진 자가 아라한과를 얻지 못하고 유학으로 죽음을 맞이하게 된다면"(S.i.121)이라는 곳에서는 아라한과를 나타낸다. 그러나 여기서는 오직 '아라한과'를 뜻한다."(MA.i.40~41)
"여기서 '아직 마음을 얻지 못한(appattamānasaṁ)'이란 아라한됨을 성취하지 못한 자(anadhigata-arahatta)를 말한다."(SA.ii.208)

77) '유가안은(瑜伽安隱)'은 yogakkhema(요가케마)의 한역이다. 여기서 유가(瑜伽)는 yoga의 음역이고 안은(安隱)은 khema의 의역이다. 이 단어는 『리그베다』에서부터 나타나는데 그곳에서 요가(yoga)는 '획득'을 케마(khema)는 '보존, 저축'을 뜻했다. 그러나 빠알리 주석서들에서는 예외 없이 yoga를 속박으로 해석해서 "네 가지 속박들로부터 안전하고 괴롭힘이 없기 때문에 유가안은이다(catūhi yogehi khemaṁ anupaddutaṁ iti yoga-kkhemaṁ). 이것은 아라한과를 뜻한다."(MA.i.41)라고 설명한다. 네 가지 속박은 감각적 쾌락, 존재, 사견, 무명의 속박을 말한다. 여기에 대해서는 『앙굿따라 니까야』 제2권 「속박 경」(A4:10)과 『아비담마 길라잡이』 제7장 §5의 [해설]을 참조할 것.

한편 유가안은(Sk. yoga-kṣema)의 개념은 까우띨랴(Kautilya)의 정치학 논서인 『아르타샤스뜨라』(Arthaśāstra, 富論)에서 왕도정치의 이념으로 표방되었으며, 초기부터 불교에서 받아들여 anuttara(無上)란 수식어를 붙

원하면서 머무는 유학[78]인 비구가 있다.[79] 그에게 내적인 구성요소[80]에 관한 한 이것 외에 이와 같이 큰 도움이 되는 다른 어떤 단 하나의 구성요소도 나는 보지 못하나니, 그것은 바로 이 지혜롭게 마음에 잡도리함[如理作意][81]이다.[82] 비구들이여, 지혜롭게 마음에 잡

여 여기서처럼 '위없는 유가안은(anuttara yogakkhema)'이라는 표현으로 많이 나타나고 있다.

78) "'유학(有學, sekha/sekkha)'이라 했다. 무슨 의미에서 유학이라 하는가? ① 배워야 할 법이 남아있기(sekkha-dhamma-ppaṭilābha) 때문에 유학이라 한다. 이런 말씀이 있기 때문이다. "세존이시여, '유학, 유학'이라고들 합니다. 어떻게 해서 비구는 유학이 됩니까? 비구여, 여기 비구는 유학의 바른 견해[正見]를 구족하고, … 유학의 바른 삼매[正定]를 구족한다. 비구여, 비구는 이렇게 해서 유학이 된다."(「유학 경」(S45:13) §3)
② 그리고 배운다(공부짓는다, sikkhati)고 해서 유학이라 한다. 이런 말씀이 있기 때문이다. "비구여, 배운다고 해서 유학이라 부른다. 그러면 무엇을 배우는가? 높은 계를 배우고, 높은 마음을 배우고, 높은 통찰지를 배운다. 비구여, 배운다고 해서 유학이라 한다."(「유학 경」(A3:84) §1)

유학에 대해서는 세존의 권유로 아난다 존자가 설하는 『맛지마 니까야』 제2권 「유학 경」(M53)을 참조할 것. 유학에는 예류도, 예류과, 일래도, 일래과, 불환도, 불환과, 아라한도의 일곱 부류가 있다. 아라한과는 무학(無學, asekha)이라 부른다.
한편 초기불교에서는 깨달음을 실현한 예류자, 일래자, 불환자, 아라한의 성자(ariya)들을 10가지 족쇄(saṁyojana)를 얼마나 많이 풀어내었는가와 연결 지어서 설명한다. 여러 부류의 성자와 10가지 족쇄에 대해서는 본서 「강의 흐름 경」(It4:10) §2의 해당 주해를 참조할 것.

79) 이 문장은 니까야의 여러 곳에 나타난다. 특히 「뿌리에 대한 법문 경」(M1) §27의 해당 주해를 참조할 것.

80) 여기서 구성요소는 aṅga를 옮긴 것이다. 『이띠웃따까 주석서』는 이 구성요소(aṅga)를 이유(kāraṇa)를 뜻한다고 설명하고(ItA.i.62) 『앙굿따라 니까야 주석서』도 이렇게 설명하고 있다.(AA.i.84)

81) '지혜롭게 마음에 잡도리함'은 중국에서 여리작의(如理作意)로 옮긴 yoniso-manasikāra를 옮긴 것이고 '지혜 없이 마음에 잡도리함'은 중국에서 불여리작의(不如理作意) 등으로 옮긴 ayoniso-manasikāra를 옮긴 것이다. 주석서는 다음과 같이 설명한다.

"'마음에 잡도리하다(manasikaroti)'는 주의를 기울이다(āvajjati), 주의를

도리하는 비구는 해로움을 제거하고 유익함을 닦게 된다."83)

돌리다(몰두하다, samannāharati)라는 뜻이고, '마음에 잡도리하지 않다(anamasikaroti)'는 그 반대의 뜻이다."(MA.i.67)

"'지혜롭게 마음에 잡도리함[如理作意, yoniso manasikāra]'이란 [바른] 방법에 의해서 마음에 잡도리함(upāya-manasikāra)이고 길에 따라 마음(patha-manasikāra)에 잡도리함이고 [일어남에 대해서 마음에 잡도리함(uppādaka-manasikāra) — SA.iii.165]이다. 이것은 무상한 [것]에 대해서 무상이라고, 괴로운 [것]에 대해서 괴로움이라고, 무아인 [것]에 대해서 무아라고, 더러운 것[不淨]에 대해서 부정이라는 이러한 방법으로 진리에 순응하여(saccānulomika) 마음이 굴러가고(āvaṭṭanā) 함께 전개되고(anvā-vaṭṭanā) 관심을 가지고(ābhoga) 마음에 두고(samannāhāra) 마음에 잡도리하는 것을 지혜롭게 마음에 잡도리함이라 한다."(MA.i.64, *cf.* ItA.i.62)

지혜롭게 마음에 잡도리함은 초기불전의 여러 곳에서 강조되고 있는 덕목이다. 그래서 『맛지마 니까야』 제1권 「모든 번뇌 경」(Sabbāsava Sutta, M2)에서는 "지혜롭게 마음에 잡도리하기 때문에 아직 생겨나지 않은 번뇌들은 생겨나지 않고 이미 생겨난 번뇌들은 버려진다."(M2 §3)라고도 설하셨고, 바른 견해[正見]는 지혜롭게 마음에 잡도리함을 반연하여 생겨남을 강조하기도 하였다.(M43 §13) 그리고 『상윳따 니까야』 제2권 「위빳시 경」 등(S12:4~10)에서는 위빳시 부처님 등 칠불이 지혜롭게 마음에 잡도리함을 통해서 12연기를 통찰지로 관통하여(paññāya abhisamaya) 일어남과 사라짐에 대한 눈[眼], 지혜[智], 통찰지[慧], 명지[明], 광명[光]이 생겼다고 나타나고 있다. 『이띠웃따까 주석서』는 본경을 주석하면서 사성제에 대해서 지혜롭게 마음에 잡도리함을 일으키는 것을 강조하고 있다.(ItA.i.62)

한편 초기불전연구원에서는 이 용어를 문맥에 따라 '근원적으로 마음에 잡도리함'이나 '지혜로운 주의' 등으로도 옮겼다. 그리고 manasi-kāra가 단독으로 나타날 때는 주로 '마음에 잡도리함'으로 옮겼으며, 동사 manasikaroti는 대부분 '마음에 잘 새기다.'로 옮겼다. 그리고 지혜롭게 마음에 잡도리함과 반대되는 ayoniso manasikāra는 '지혜 없이 마음에 잡도리함'으로 옮기고 있으며 '지혜롭지 못한 주의[非如理作意]'나 '근원을 벗어나서 마음에 잡도리함' 등으로도 옮겼다.

82) 『상윳따 니까야』 제5권 「내적인 구성요소 경」(S46:49) §3에 비슷한 문장이 나타난다. 그리고 『앙굿따라 니까야』 제1권 「하나의 모음」(A1) 제10장 비법(非法) 등의 품(Adhammādi-vagga, A1:10:1~42)의 42개의 경들도 같은 구조로 되어 있다. 이 경들에는 '이렇듯 큰 도움이 되는(yaṁ evaṁ bahūpakāraṁ)'은 나타나지 않는다.

83) '지혜롭게 마음에 잡도리하는 비구는 해로움을 제거하고 유익함을 닦게 된

이러한 뜻을 세존께서는 말씀하셨습니다.

2. 여기서 이것을 이렇게 말씀하셨습니다.

"지혜롭게 [10] 마음에 잡도리함은
유학인 비구의 법이니
궁극적 이치에 도달하기 위해
이보다 많은 도움이 되는 것은 없다.
지혜롭게 노력하는 비구는
괴로움의 멸진을 얻게 될 것이다." {16}

이러한 뜻 또한 세존께서 말씀하셨으니 이처럼 저는 들었습니다.

다(yoniso bhikkhu manasi karonto akusalaṁ pajahati kusalaṁ bhāveti).'고 하셨다. 그러면 무엇을 마음에 잡도리해야 해로움을 제거하고 유익함을 닦게 될까? 주석서는 법(dhamma)으로 정해진 것은 없다고 말한다. 『맛지마 니까야 주석서』의 설명을 살펴보자.

"'마음에 잡도리해야 할 법들(manasikaraṇīyā dhammā)'과 '마음에 잡도리하지 말아야 할 법들(amanasikaraṇīyā dhammā)'이라고 했다. 이 법들은 마음에 잡도리해야 할 것이고, 이 법들은 마음에 잡도리하지 말아야 할 것이라고 한 것은 사실상 법으로서는 정해진 것(niyama)이 없고, 방식(ākāra)으로서는 있다. 즉 마음에 잡도리할 때 해로운 법들이 일어날 가까운 원인(akusaluppatti-padaṭṭhāna)이 되는 그런 방식으로 마음에 잡도리하지 말아야 한다. 마음에 잡도리할 때 유익한 법들이 일어날 가까운 원인(kusal-uppatti-padaṭṭhāna)이 되는 그런 방식으로 마음에 잡도리해야 한다."(MA.i.67)

복주서는 그 이유를 이렇게 설명하고 있다.
"왜냐하면 유익한 법들에 대해서도 아름다움, 행복, 영원함 등으로 마음에 잡도리할 때 달콤함(assādana) 등의 원인이 되기 때문에 비난받아 마땅하고(sāvajja) 손해와 괴로움을 가져오며(ahita-dukkh-āvaha), 해로운 법들에 대해서도 무상함 등으로 마음에 잡도리할 때 염오(nibbidā) 등의 원인이 되기 때문에 비난받을 일이 없고 이익과 행복을 가져온다(hita-sukh-āvaha). 그렇기 때문에 법으로서는 정해진 것이 없고, 방식으로서는 있는 것이다."(MAṬ.i.69)

유학 경2(It1:17)

Dutiyasekha-sutta

1. 이것은 참으로 세존께서 말씀하신 것이니 아라한께서 말씀하신 것을 이처럼 저는 들었습니다.

"비구들이여, 아라한과를 얻지 못했지만 위없는 유가안은을 원하면서 머무는 유학인 비구가 있다. 그에게 외적인 구성요소에 관한 한 이것 외에 이와 같이 큰 도움이 되는 다른 어떤 단 하나의 구성요소도 나는 보지 못하나니, 그것은 바로 이 좋은 친구[善友]를 사귐[84]이다. 비구들이여, 좋은 친구를 가진 비구는[85] 해로움을 제거하고 유

---

84) 『앙굿따라 니까야』 제5권 「구족 경」 2(A8:76)에서 세존께서는 '좋은 친구[善友]를 사귐(kalyāṇamittatā)'을 다음과 같이 설명하신다.
"비구들이여, 그러면 어떤 것이 좋은 친구를 사귐인가? 비구들이여, 여기 선남자가 어떤 마을이나 성읍에 산다. 그곳에는 믿음을 구족하고 계를 구족하고 베풂을 구족하고 통찰지를 구족한, 장자나 장자의 아들이나 계행이 원숙한 젊은이나 혹은 계행이 원숙한 노인들이 있다. 그는 이러한 사람들과 함께 지내고 대화하고 토론한다. 그런 믿음을 구족한 사람들로부터 믿음의 구족을 따라서 배우고, 그런 계를 구족한 사람들로부터 계의 구족을 따라서 배우고, 그런 베풂을 구족한 사람들로부터 베풂의 구족을 따라서 배우고, 그런 통찰지를 구족한 사람들로부터 통찰지의 구족을 따라서 배운다. 비구들이여, 이를 일러 좋은 친구를 사귐이라 한다."(A8:76 §5)

그리고 '좋은 친구[善友]를 사귐(kalyāṇamittatā)'은 『담마상가니』에 정리되어 나타나는 경장의 두 개 조 마띠까(suttantika-duka-mātikā)에 '부드럽게 말함과 좋은 친구[善友]를 사귐(sovacassatā ca kalyāṇamittatā ca)'(ma2-118)으로도 나타난다. 그리고 『담마상가니』 제3편 간결한 설명 편의 §1335는 다음과 같이 정의한다.

"1335. 여기서 무엇이 '좋은 친구[善友]를 사귐'(ma2-118-b)인가?
믿음이 있고 계행을 가졌고 많이 배웠고 베풀고 통찰지가 있는 그런 사람들을 의지하고 크게 의지하고 깊이 의지하고 가까이하고 아주 가까이하고 헌신하고 아주 헌신하고 그들과 사귀는 것 — 이를 일러 좋은 친구[善友]를 사귐이라 한다."(Dhs §1335)

익함을 닦게 된다.”

이러한 뜻을 세존께서는 말씀하셨습니다.

2. 여기서 이것을 이렇게 말씀하셨습니다.

“좋은 친구를 가진 비구는 순응하고 존중하나니
친구들의 조언대로 행하고 알아차리고 마음챙기며
점차적으로 모든 족쇄의 멸진을 얻는다.” {17}

이러한 뜻 또한 세존께서 말씀하셨으니 이처럼 저는 들었습니다.

승가의 분열 경(It1:18)

Saṅghabheda-sutta

1. 이것은 참으로 세존께서 말씀하신 것이니 아라한께서 말씀하신 것을 이처럼 저는 들었습니다.

---

85) ‘좋은 친구를 가진 비구’는 kalyāṇamitta bhikkhu를 옮긴 것이다. 여기서 kalyāṇamitta는 좋은(kalyāṇa)+친구(mitta)로 된 합성어이지만 주석서들이 바후워르히 합성어[有財釋, 유재석, Bahuvrīhi]로 해석하고 있어서 kalyāṇamitto bhikkhu를 ‘좋은 친구인 비구’가 아니라 ‘좋은 친구를 가진 비구’로 옮겼다. 주석서들은 이렇게 설명한다.

“그의 친구들이 착하고 믿음을 가진 사람들인 자가 좋은 친구를 가진 자이다(kalyāṇā saddhādayo puggalā etassa mittāti kalyāṇamitto).”(DAṬ.iii.225; AAṬ.ii.45)

“그의 친구들이 계행 등의 공덕을 구족하여 좋은 자들인 자가 좋은 친구를 가진 자이다(sīlādiguṇasampannā kalyāṇā assa mittāti kalyāṇamitto).”(DA.iii.1046)

“좋은 친구를 가진 자란 그의 친구가 좋고 경사스럽고 착한 자이다(kalyāṇa-mittoti kalyāṇo bhaddo sundaro mitto etassāti kalyāṇamitto).”(UdA.221)

"비구들이여, 한 가지 법이 세상에서 일어나면 [11] 많은 사람에게 이익이 되지 못하고 많은 사람에게 행복이 되지 못하고, 많은 신과 사람들에게 손실과 손해와 괴로움을 가져온다. 무엇이 한 가지 법인가?

승가의 분열이다.86) 비구들이여, 승가가 분열되면 서로서로 논쟁이 있고 서로서로 비난이 있고 서로서로 담을 쌓고 서로서로 버리게 된다. 거기에서 청정한 믿음이 없는 자들은 믿음을 잃게 되고 청정한 믿음이 있는 자들 가운데 일부는 믿음이 변해버린다."87)

이러한 뜻을 세존께서는 말씀하셨습니다.

2. 여기서 이것을 이렇게 말씀하셨습니다.

"승가를 분열시키는 자는
악처에 떨어지고 지옥에 떨어지고

---

86) '승가의 분열'은 saṅghabheda를 옮긴 것이다. 『앙굿따라 니까야』 제6권 「분열 경」(A10:35)에서 세존께서는 이렇게 말씀하신다.

"세존이시여, '승가의 분열, 승가의 분열'이라고 합니다. 어떤 것이 승가의 분열입니까?"

"우빨리여, 여기 비구들이 법이 아닌 것[非法]을 법이라고 말하고, 법을 법이 아니라고 말하고, 율이 아닌 것을 율이라고 말하고, 율을 율이 아니라고 말하고, 여래가 설하지 않았고 선언하지 않은 것을 여래가 설했고 선언했다고 말하고, 여래가 설했고 선언한 것을 여래가 설하지 않았고 선언하지 않았다고 말하고, 여래가 실천하지 않은 것을 여래가 실천했다고 말하고, 여래가 실천한 것을 여래가 실천하지 않았다고 말하고, 여래가 제정하지 않은 것을 여래가 제정했다고 말하고, 여래가 제정한 것을 여래가 제정하지 않았다고 말한다. 우빨리여, 그들은 이러한 열 가지 경우로 [회중을] 분열시키고, 불화하게 하고, 분리시키는 업을 짓고, 독단적인 다른 빠띠목카를 제정한다. 우빨리여, 이런 것이 승가의 분열이다."(A10:35)

87) "'일부는 믿음이 변해버린다(ekaccānaṁ aññathattaṁ).'라는 것은 믿음이 증장하지 못한(avirūḷhasaddhā) 범부들(puthujjanā)의 청정한 믿음이 바뀌어버리는 것(pasādaññathatta)을 말한다."(ItA.i.69)

겁이 다하도록 [지옥에] 머문다.[88]
불화를 좋아하고 비법(非法)에 굳게 서며
유가안은으로부터 떨어져
화합하는 승가를 분열시키고서는
일 겁 동안 지옥에서 고통받는다."[89] {18}

이러한 뜻 또한 세존께서 말씀하셨으니 이처럼 저는 들었습니다.

승가의 화합 경(It1:19)

Saṅghasāmaggī-sutta

1. 이것은 참으로 세존께서 말씀하신 것이니 아라한께서 말씀하신 것을 이처럼 저는 들었습니다.

"비구들이여, 한 가지 법이 세상에서 일어나면 많은 사람에게 이익이 되고 많은 사람에게 행복이 되고, 많은 신과 사람들에게 이로움과 이익과 행복을 가져온다. 무엇이 한 가지 법인가? [12]

승가의 화합이다. 비구들이여, 승가가 화합하면 서로서로 논쟁이 없고 서로서로 비난이 없고 서로서로 담을 쌓지 않고 서로서로 버리지 않게 된다. 거기에서 청정한 믿음이 없는 자들은 믿음을 가지게 되고 청정한 믿음이 있는 자들은 믿음이 더욱 증장하게 된다."

이러한 뜻을 세존께서는 말씀하셨습니다.

---

88) 4부 니까야에서 이 구절은 데와닷따의 승가 분열에 대한 획책의 문맥에서 나타난다. 여기에 대해서는 『앙굿따라 니까야』 제4권 「인간의 기능에 대한 지혜 경」(A6:62)과 제5권 「데와닷따 경」(A8:7)과 『맛지마 니까야』 제2권 「아바야 왕자 경」(M58) §3 등을 참조할 것.

89) 본 게송은 『앙굿따라 니까야』 제6권 「아난다 경」 2(A10:38) §5의 게송과 같다.

2. 여기서 이것을 이렇게 말씀하셨습니다.

"승가의 화합은 행복이로다.
화합하는 자들을 돕는 자는
화합을 기뻐하고 법에 확고하고
유가안은으로부터 멀어지지 않는다.
승가의 화합을 도모하고는
일 겁 동안 천상에서 즐거워한다."[90] {19}

이러한 뜻 또한 세존께서 말씀하셨으니 이처럼 저는 들었습니다.

타락한 마음 경(It1:20)[91]

Paduṭṭhacitta-sutta

1. 이것은 참으로 세존께서 말씀하신 것이니 아라한께서 말씀하신 것을 이처럼 저는 들었습니다.

"비구들이여, 여기서 나는 마음으로 마음을 온전히 파악하여[92] 타락한 마음을 가진[93] 어떤 사람에 대해서 이렇게 꿰뚫어 안다.[94]

---

90) 본 게송은 『앙굿따라 니까야』 제6권 「아난다 경」 4(A10:40) §5의 게송과 같다.

91) 게송을 제외한 본경은 『앙굿따라 니까야』 「하나의 모음」(A1)의 제5장 바르게 놓이지 않음 품(Paṇihita-acchanna-vagga, A1:5:1~10)의 세 번째 경(A1:5:3)과 같다.

92) 여기서 '온전히 파악하여'는 paricca를 옮긴 것인데 주석서에서 paricchinditvā로 설명하고 있어서(ItA.i.72; MA.ii.224, UdA.282 등) 이렇게 풀어서 옮겼다.

93) '타락한 마음을 가진'은 paduṭṭhacitta를 옮긴 것인데 주석서는 이렇게 설명한다.

'만약 이 사람이 바로 이 시간에 죽는다면 마치 누가 그를 데려가서 놓는 것처럼 [반드시] 지옥에 떨어진다.'라고.[95]

그것은 무슨 이유 때문인가? 비구들이여, 그의 마음이 타락하였기 때문이다. 비구들이여, 마음이 타락했기 때문에 이와 같이 여기 어떤 중생들은 몸이 무너져 죽은 뒤 처참한 곳[苦界],[96] 불행한 곳[惡處],

---

"'타락한 마음을 가진'이란 아주 성을 내는 적대감(āghāta)이라는 타락한 마음을 가진 것(duṭṭhacitta)을 말한다. 혹은 '타락한 마음을 가진'이란 성냄이라는 갈망 등으로 망가진 마음을 가진 것(dosena rāgādinā padūsita-cittaṁ)을 말한다."(ItA.i.72)

본경의 가르침은 『앙굿따라 니까야』 「하나의 모음」(A1)에도 나타나는데 (A1:5:3) 이 경에 해당하는 『앙굿따라 니까야 주석서』도 성냄을 "타락한 마음(dosena paduṭṭhacitta)"(AA.i.56)으로 설명한다.

94) 여기서 '마음으로 마음을 온전히 파악하여 꿰뚫어 안다.'는 cetasā ceto paricca pajānāmi를 옮긴 것이다. 이 문장은 니까야의 여러 곳에서 타심통(他心通, cetopariya-ñāṇa), 즉 남의 마음을 아는 지혜의 정형구에서 "다른 중생들과 다른 인간들의 마음을 온전히 파악하여 꿰뚫어 안다(parasattā-naṁ parapuggalānaṁ cetasā ceto paricca pajānāti)."(D2 §91, M12 §8 등등)로 나타난다. 그래서 본경에 해당하는 『이띠웃따까 주석서』도 "여기서 '마음으로(cetasā)'는 자신의 마음으로(attano cittena), 즉 타심통으로(cetopariyañāṇena)라는 뜻이다."(ItA.i.72)라고 설명하고 있다.

95) "'마치 누가 그를 데려가서 놓는 것처럼 [반드시] 지옥에 떨어진다(yathā-bhataṁ nikkhitto evaṁ niraye).'라고 하셨다. 이것은 누가 그를 데려가서 놓는 것처럼(kiñci āharitvā ṭhapitaṁ) 그와 같이 자신의 업에 의해서(attano kammunā) 떨어져서(nikkhitto) 지옥에 놓이는 것(niraye ṭhapito)이라는 뜻이다."(ItA.i.72)

"'마치 누가 그를 데려가서 놓는 것처럼 [반드시] 지옥에 떨어진다.'는 것은 마치 지옥지기들(nirayapālā)이 [죄지은 자를] 인도해 와서(āharitvā, ānetvā) 지옥에 가두는 것처럼 반드시 지옥에 떨어진다는 의미라고 알아야 한다."(MA.ii.32. *cf.* AA.i.56; ii.163.)

96) "'처참한 곳(apāya)' 등은 모두 지옥(niraya)의 동의어이다. 지옥은 기쁨(aya)이라 불리는 행복에서 벗어났기 때문에(apetattā) '처참한 곳(apāya)'이라 하고, 고통(dukkhassa)이 의지하는 곳(paṭisaraṇa)이기 때문에 '불행한 곳[惡處, duggati]'이라 하고, 나쁜 행위를 저지른 자들이 따로 분리되어(vivasā) 이곳에 떨어지기(nipatanti) 때문에 '파멸처(vi-nipāta)'라 한다.

파멸처, 지옥에 태어난다."

이러한 뜻을 세존께서는 말씀하셨습니다.

2. 여기서 이것을 이렇게 말씀하셨습니다.

"여기 타락한 마음을 가진 [13]
어떤 사람을 알고서
부처님께서 비구들의 곁에서
그 의미를 설명하셨다.97) |1|

이 사람이 바로 이 시간에
죽는다면
지옥에 떨어져버릴 것이니
그의 마음이 타락했기 때문이다. |2|

마치 누가 그를 데려가서 놓는 것처럼
그와 같이 되리니
마음이 타락한 까닭에 중생들은
불행한 곳[惡處]으로 가기 때문이다." |3| {20}

이러한 뜻 또한 세존께서 말씀하셨으니 이처럼 저는 들었습니다.

두 번째 품이 끝났다.

달콤함이 없다(nirassāda)는 뜻에서 '지옥(niraya)'이다."(AA.i.57) 더 자세한 설명은 『청정도론』 XIII.92를 참조할 것.

97) "게송들 가운데 [이] 첫 번째 게송은 합송 때(saṅgītikāle) 법을 합송한 장로들(dhammasaṅgāhakattherā)이 확정한 것(ṭhapitā)이다."(ItA.i.73)

두 번째 품에 포함된 경들의 목록은 다음과 같다.

① 어리석음 ② 분노 그리고 ③ 모욕

④ 무명 ⑤ 갈애 ⑥~⑦ 유학 두 가지

⑧ 분열 ⑨ 화합 ⑩ 인간(타락) —

이렇게 설하신 것을 두 번째 품이라 부른다.

세 번째 품

Tatiya-vagga(It1:21~27)

깨끗한 마음[淸淨心] 경(It1:21)[98]

Pasannacitta-sutta

1. 이것은 참으로 세존께서 말씀하신 것이니 아라한께서 말씀하신 것을 이처럼 저는 들었습니다.

"비구들이여, 여기서 나는 마음으로 마음을 온전히 파악하고서 깨끗한 마음을 가진[淸淨心][99] 어떤 사람에 대해서 이렇게 꿰뚫어 안다.

'만약 [14] 이 사람이 바로 이 시간에 죽는다면 마치 누가 그를 데려가서 놓는 것처럼 [반드시] 천상에 태어난다.'라고.

그것은 무슨 이유 때문인가? 비구들이여, 그의 마음이 깨끗하기 때문이다. 비구들이여, 참으로 마음이 깨끗하기 때문에 이와 같이 여기 어떤 중생들은 몸이 무너져 죽은 뒤 좋은 곳[善處],[100] 천상세계에

---

98) 게송을 제외한 본경은 『앙굿따라 니까야』 제1권 「하나의 모음」(A1)의 제5장 바르게 놓이지 않음 품(Paṇihita-acchanna-vagga, A1:5) 가운데 네 번째 경(A1:5:4)과 같다.

99) "'깨끗한 마음을 가진(pasannacitta)'이라고 하셨다. 삼보에 대한 믿음(ratanattayasaddhā)과 업과 과보에 대한 믿음(kammaphalasaddhā)으로 깨끗한 마음을 가진 것(pasannamānasa)이다."(ItA.i.73)

100) "'좋은 곳[善處, sugati]'이란 아름다운 태어날 곳(sundara gati)이라는 말이다. 혹은 행복한 자가(sukhassa) 태어날 곳(gati)이기 때문에 '좋은 곳'이다. 형색 등인 대상들의 성취(rūpādisampatti) 가운데서 가장(suṭṭhu) 으

태어난다."

이러한 뜻을 세존께서는 말씀하셨습니다.

2. 여기서 이것을 이렇게 말씀하셨습니다.

"여기 깨끗한 마음을 가진
어떤 사람을 알고서
부처님께서 비구들의 곁에서
그 의미를 설명하셨다. |1|

이 사람이 바로 이 시간에
죽는다면
선처에 태어날 것이니
그의 마음이 깨끗하기 때문이다. |2|

마치 누가 그를 데려가서 놓는 것처럼
그와 같이 되리니
마음이 깨끗한 까닭에 중생들은
좋은 곳[善處]으로 가기 때문이다." |3| {21}

이러한 뜻 또한 세존께서 말씀하셨으니 이처럼 저는 들었습니다.

뜸(agga)이라고 해서 '천상(sagga)'이다. 여기서 '세계(세상, loka)'라는 것은 공덕과 사악함의 결실들(puññapāpaphalāni)을 뜻하고 혹은 무너진다는 뜻에서(lujjanaṭṭhena) '세계'라 한다. 여기서 '좋은 곳'을 언급하여 인간의 태어날 곳도(manussagatipi) 포함하고 '천상'을 언급하여 오직 천상의 태어날 곳(devagati)을 말씀하셨다."(ItA.i.73)
비슷한 설명이 『청정도론』 XIII.94에 나타난다.

자애 경(It1:22)

Metta-sutta

1. 이것은 참으로 세존께서 말씀하신 것이니 아라한께서 말씀하신 것을 이처럼 저는 들었습니다.

"비구들이여, 공덕들101)을 두려워하지 마라. [15] 비구들이여, 공덕들이라는 이것은 행복과 같은 말인데 원하고 좋아하고 사랑스럽고

---

101) '공덕'은 puñña를 옮긴 것이다. 『이띠웃따까 주석서』는 경에서 나타나는 공덕의 용처를 아래의 네 가지로 정리한 뒤 본경에서는 삼계의 유익한 법(tebhūmakakusaladhamma)의 의미로 사용되었다고 설명한다. 주석서의 설명을 살펴보자.

"'공덕'이라는 용어(puñña-sadda)는 ① "유익한 법들[善法, kusalā dhammā]을 수지하기 때문에(samādānahetu) 공덕은 증장한다(puññaṁ pavaḍḍhati)."(『디가 니까야』 제3권 「전륜성왕 사자후경」(D26) §1)라는 등에서는 공덕의 결실[이라는 뜻]으로 나타난다(puññaphale āgato).
② "비구들이여, 무명에 빠진 사람이 만일 공덕이 되는 의도적 행위를 지으면(puññañce saṅkhāraṁ abhisaṅkharoti) 공덕이 되는 알음알이가 있게 되고, 만일 공덕이 되지 않는 의도적 행위를 지으면 공덕이 되지 않는 알음알이가 있게 되고, 만일 흔들림 없는 의도적 행위(āneñja saṅkhāra)를 지으면 흔들림 없는 알음알이가 있게 된다."(「철저한 검증 경」(S12:51) §8)라는 등에서는 욕계와 색계의 선행(kāmarūpāvacarasucarita)으로 [나타난다.]
③ [바로 앞의 인용문에서] "공덕이 되는 알음알이가 있게 되고(puññūpagaṁ bhavati viññāṇaṁ)"(S12:51 §8)라는 등에서는 선처(善處)라는 특별한 곳에 존재하는(sugativisesabhūta) 재생으로서의 존재[生有, upapatti-bhava]로 [나타난다.]
④ "비구들이여, 세 가지 공덕행의 토대(puññakiriya-vatthu)가 있으니 보시로 이루어진(dānamaya) 공덕행의 토대, 계로 이루어진(sīlamaya) 공덕행의 토대, 수행으로 이루어진(bhāvanāmaya) 공덕행의 토대이다."(「행위 경」(A8:36) §§1~2)라는 등에서는 유익한 의도(kusalacetanā)로 [나타난다.]
그러나 여기 [본경]에서는 삼계의 유익한 법(tebhūmakakusaladhamma)으로 알아야 한다."(ItA.i.74)

마음에 드는 것이다. 비구들이여, 나는 오랜 세월을 지어온 공덕들[102]로 인해 오랜 세월 동안[103] 원하고 좋아하고 사랑스럽고 마음에 드는 과보를 누렸음을 잘 안다.[104] 나는 7년을 자애의 마음을 닦은 뒤 일곱 번의 수축하고 팽창하는 겁[105] 동안 이 세상에 다시 돌아오지 않았다. 비구들이여, 세상이 수축하고 있는 겁 동안 나는 광음천[106]에 가있었으며 세상이 팽창하고 있는 겁 동안 텅 빈 범천의 궁

---

102) "여기서 '공덕들(puññānaṁ)'이란 보시 등의 유익한 법들(dānādi-kusala-dhammānaṁ)이다."(ItA.i.75)

103) VRI본에는 dīgharattaṁ katānaṁ puññānaṁ iṭṭhaṁ kantaṁ piyaṁ manāpaṁ vipākaṁ paccanubhūtaṁ으로 dīgharattaṁ(오랜 세월)이 한 번만 나타나지만 PTS본에는 dīgharattaṁ katānaṁ puññānaṁ dīgha-rattaṁ iṭṭhaṁ kantaṁ piyaṁ manāpaṁ vipākaṁ paccanubhūtaṁ으로 두 번 나타난다. 역자는 PTS본을 따라 옮겼다.

104) "'잘 안다(abhijānāmi)'는 것은 특별한 지혜(abhivisiṭṭha ñāṇa)로 안다, 직접 경험하여 깨달아졌다(paccakkhato bujjhāmi)는 뜻이다."(ItA.i.75)

105) '일곱 번의 수축하고 팽창하는 겁'은 satta saṁvaṭṭa-vivaṭṭa-kappa를 옮긴 것이다. 『이띠웃따까 주석서』는 여기서 일곱 번의 수축하고 팽창하는 겁은 일곱 대겁(satta mahākappā)을 뜻한다고 설명한다.(ItA.i.76)
겁에는 세 단위가 있다. ① 중간겁(antara-kappa)과 ② 아승기겁(阿僧祇劫, asaṅkheyya-kappa)과 ③ 대겁(大劫, mahā-kappa)이다. 여기에다 수명겁(āyu-kappa)을 더하면 네 가지 겁이 된다. 겁에 대한 설명은 『아비담마 길라잡이』 제5장 §14의 해설을 참조하기 바란다.
한편 『청정도론』은 "멸하는(parihāyamāna) 겁을 수축하는 겁[壞劫, saṁ-vaṭṭa-kappa]이라 하고, 늘어나는(vaḍḍhamāna) 겁을 팽창하는 겁[成劫, vivaṭṭa-kappa]이라 한다고 알아야 한다."(Vis.XIII.28)라고 정의하고 있다. 그리고 『청정도론』 XIII.29 이하에서 세계의 수축과 팽창에 대해 상세하게 기술하고 있다. 관심이 있는 분들의 일독을 권한다.

106) '광음천(Ābhassarā)'은 색계 2선천(二禪天)의 세 번째 천상이다. 제2선을 닦아서 태어나는 2선천에는 소광천(Parittābhā)과 무량광천(Appamāṇ-ābhā)과 광음천(Ābhassarā)이 있는데, 이 가운데 광음천이 제일 높다. 여기서 원어를 통해서 볼 수 있듯이 2선천의 키워드는 광명(ābha)이다. 제2禪의 키워드가 희열과 행복이듯이 여기서 광명은 희열(pīti)과 자애(mettā)의 빛을 말한다.

전[107]에 태어났다. 비구들이여, 거기서 나는 범천이었으니[108] 대범천이었고 지배자였고 지배되지 않는 자였고 전지자[109]였고 자재자[110]였다."

2. "비구들이여, 다시 나는 서른여섯 번을 신들의 왕인 삭까였다.[111] 그리고 나는 수백 번[112]을 전륜성왕이었으니, 정의롭고 법다

---

107) "'텅 빈 범천의 궁전에 태어났다(suññaṁ brahmavimānaṁ upapajjāmi).'는 것은 어떤 중생도 아직 거기에 태어나지 않았기 때문에 텅 비었으며 초선을 [닦아서 태어나는] 경지(bhūmi)라 불리는 범천의 궁전(brahmavimāna)에 제일 먼저 태어났다는 말인데, 그곳에 재생연결(paṭisandhi)을 취하여 태어났다는 뜻이다."(ItA.i.76; AAṬ.iii.169~170)

108) "① 욕계 중생들보다(kāmāvacarasattehi) 수승하다는 뜻에서(seṭṭhaṭṭhena), ② 그리고 그처럼 일컬어지는 공덕을 가져서(guṇatā) 거룩하게 머물기 때문에(brahmavihārato) 그곳에 태어났다는 뜻에서 '범천(brahmā)'이라 한다.
범중천과 범보천(brahmapārisajja-brahmapurohitā)보다 더 큰 범천이라고 해서 '대범천(mahābrahmā)'이다. 거기서 그들을 지배하며 머물기 때문에(abhibhavitvā ṭhitattā) '지배자(abhibhū)'이다. 그들의 어떤 공덕(guṇa)으로도 지배되지 않기 때문에 '지배되지 않는 자(anabhibhūto)'이다."(ItA.i.76)
주석서의 이런 설명으로 볼 때 여기서 말하는 범천(brahmā)은 범중천, 범보천, 대범천의 초선천을 그 내용으로 하는 범신천(梵身天, Brahmakāyikā)을 의미한다.

109) 여기서 '전지자'로 옮긴 원문은 aññadatthu-dasa이다. "aññadatthu는 '절대적인(ekaṁsa)'의 뜻으로 사용된 불변화사(ekaṁsavacane nipāto)이다."(ItA.i.76) dasa는 √dṛś(passati, *to see*)에서 파생된 명사로 보는 자를 뜻한다. 주석서는 이렇게 설명한다.
"'보는 자(dasa)'라는 것은 보는 습성을 가진 자(dassanasiila)이다. 그는 과거와 현재와 미래를 보는 것이 가능하여(dassanasamattha) '나는 신통지(abhiññāṇa)에 의해서 볼 수 있는 것을 본다(passitabbaṁ passāmi).'는 뜻이다."(Ibid)
그래서 aññadatthu-dasa '절대적인 것을 보는 자'로 풀어 옮길 수 있다.

110) "'자재자(vasavatti)'라고 하셨다. 성취수단[如意足]을 닦은 힘으로(iddhipādabhāvanābalena) '나는 자신의 마음을 나의 제어 하에 있게 한다(mama vase vattemi)'고 해서 자재자이다."(ItA.i.76)

운 왕이었으며 사방을 정복한 승리자여서 나라를 안정되게 하고 일곱 가지 보배[113]를 두루 갖추었다. 비구들이여, 그런 나에게는 일곱 가지 보배들이 있었다.[114] 그러니 지역의 왕권에 대해서는 무슨 말이 필요하겠는가?"

3. "비구들이여, 그런 나에게 이런 생각이 들었다. '나는 무슨 업의 결실과 무슨 업의 과보로 지금 이런 크나큰 번영과 크나큰 위세를 가지게 되었을까?' 비구들이여, 그러자 나에게 이런 생각이 들었다. '나는 세 가지 업의 결실과 세 가지 업의 과보로 지금 이런 크나큰 번영과 크나큰 위세를 가지게 되었으니 그것은 보시와 길들임과 제어[115]이다."[116]

---

111) 일반적으로 신들의 왕인 삭까(Sakko devānam indo)는 삼십삼천의 왕인 인드라(Indra)를 말한다. 그러나 여기서 보듯이 삭까(Sakka)는 인드라의 다른 이름이 아니라 신들의 왕의 직위를 말하는 듯하다. 그래서 세존께서도 예전에 신들의 왕인 삭까가 되었다고 말씀하시는 것이다.
신들의 왕 삭까(Sakko devānam indo)에 대해서는 『우다나』 「삭까의 감흥어 경」(Ud3:7) §3의 해당 주해나 『앙굿따라 니까야』 제1권 「사대천왕 경」 2(A3:37) §1의 주해를 참조할 것.

112) 여기서 '수백 번'은 aneka-satakkhattuṁ을 옮긴 것이다. PTS본에도 이렇게 나타난다. 그런데 본경과 같은 내용을 담고 있는 『앙굿따라 니까야』 제4권 「자애 경」(A7:58-2) §1의 PTS본에는 aneka-sattakkhattuṁ으로 나타난다. 그래서 그곳에서는 '여러 일곱 번'으로 옮겼다. 이 경의 VRI본에는 aneka-satakkhattuṁ으로 나타나고 있다.

113) 이 '일곱 가지 보배[七寶, satta ratanāni]'는 윤보(輪寶, cakka-ratana), 상보(象寶, hatthi-ratana), 마보(馬寶, assa-ratana), 보배보(寶貝寶, maṇi-ratana), 여인보(女人寶, itthi-ratana), 장자보(長者寶, gahapati-ratana), 주장신보(主藏臣寶, pariṇāyaka-ratana)이다. 이들은 『디가 니까야』 제2권 「마하수닷사나 경」(D17) §§1.7~1.17에서 상세하게 묘사되어 나타나므로 참조하기 바란다.

114) 본경 §2부터 여기까지는 『앙굿따라 니까야』 제4권 「자애 경」(A7:58-2) §1과 §2의 전반부와 같은 내용을 담고 있다.

115) '보시'와 '길들임'과 '제어'로 옮긴 원어는 각각 dāna와 dama와 saṁyama

이러한 뜻을 세존께서는 말씀하셨습니다.

4. 여기서 이것을 이렇게 말씀하셨습니다.

"공덕을 공부지어야 하나니
앞날의 행복을 증장시키노라.
보시와 [16] 올바른 행실과
자애의 마음을 닦아야 하노라. |1|

행복을 가져오는117)
이러한 세 가지 법을 닦아서
악의 없는 행복한 세상에
현자는 태어나도다." |2|118) {22}

이다. 주석서는 이렇게 설명한다.
"'보시(dāna)'란 음식 등의 보시물을 철저하게 베푸는 것(annādi-deyya-dhammapariccāga)이다. '길들임(dama)'이란 눈 등의 감각기능을 길들이는 것(cakkhādīndriya-damana)과 [마음을] 모으는 것을 통해서(samādhānavasena) 갈망 등의 오염원을 길들이는 것(rāgādikilesadamana)이다. '제어(saṁyama)'란 몸과 말을 제어하는 것(kāyavacīsaṁyama)이다. 여기서 [마음을] 모으는 것을 통해서 오염원을 길들이는 것은 수행으로 이루어진 공덕(bhāvanāmaya puñña)이고, 또한 자애의 거룩한 마음가짐으로 머무는 것(mettābrahmavihārabhūta)이 여기서 뜻하는 것(idha-adhippeta)이다. 이것도 근접삼매와 본삼매의 구분으로(upacārappanā-bhedena) 두 가지인데 이 본삼매를 얻어서(appanāppatta) 앞에서 설한 [광음천과 범천이라는] 두 가지 禪의 경지에 태어나신 것(jhānabhūmīsu upapatti)이다."(ItA.i.78)

116) 본경의 §3은 『디가 니까야』 제2권 「마하수닷사나 경」(D17) §2.1과 같은 내용을 담고 있다.

117) '행복을 가져오는'은 sukhasamuddaye를 옮긴 것이다. PED는 여기서 samuddaya는 samudaya(일어남)와 같은 것인데 운율을 맞추기 위한 것이라고 적고 있다.(PED s,v, samuddaya) 주석서는 이 sukha-samuddaye를 sukhānisaṁse, 즉 행복의 이익으로 설명한다.(ItA.i.79)

이러한 뜻 또한 세존께서 말씀하셨으니 이처럼 저는 들었습니다.

양쪽 경(It1:23)

Ubhayattha-sutta

1. 이것은 참으로 세존께서 말씀하신 것이니 아라한께서 말씀하신 것을 이처럼 저는 들었습니다.

"비구들이여, 한 가지 법을 닦고 많이 공부지으면 금생의119) 이익과 내생의120) 이익, 이 두 가지 이익을 성취하여 머문다.121) 무엇이

---

118) 이 두 개의 게송은 본서 「공덕을 짓는 토대 경」(It3:11) §2의 게송들과 같다.

119) 여기서 '금생의'는 diṭṭhadhammikaṁ을 옮긴 것으로 '금생에 속하는'으로 직역할 수 있다. 주석서는 이렇게 설명한다.
"'금생의(diṭṭhadhammikaṁ)'라고 하셨다. 여기서 금생으로 옮긴 diṭṭhadhamma는 눈앞에 보이는 자기 존재(paccakkhabhūto attabhāvo)이다. 금생에 있는 존재(diṭṭhadhamme bhavaṁ)가 '금생의(금생에 있는)'이니 여기 이 세상에 포함된(idhaloka-pariyāpannaṁ)이란 뜻이다."(ItA.i.79)

계속해서 주석서는 금생의 이익은 이 세상에서의 행복(idhalokasukha)이라고 말하면서 재가자들(gahaṭṭhā)에게는 재산을 증식(vittūpakaraṇa)하고 건강하게 지내는 것(ārogyasaṁvidhāna) 등을 들고 있고 출가자들(pabbajitā)에게는 네 종류의 필수품을 부족함이 없이 얻는 것(akicchalābha) 등을 들고 있다.(ItA.i.79)

120) "'내생의(내생에 있는, samparāyika)'라고 하셨다. 법을 통해서 이 다음에 와야 하는 것(samparetabba)이라고 해서 내생(samparāya)이니 다른 세상(paraloka)을 말한다. 내생에 있는 존재가 '내생에 있는 [것]'이며 다른 세상에 포함된 것(paraloka-pariyāpanna)이라고 말씀하신 것이다."(ItA.i.79)

한편 『앙굿따라 니까야 주석서』는 허물(vajja)을 설명하면서 '금생의(금생에 속하는, diṭṭhadhammika)'와 '내생의(내생에 속하는, samparāyika)'를 다음과 같이 간단명료하게 설명한다.

"'금생의 [허물]'이라는 것은 지금 · 여기의 이 자기 존재에서(diṭṭheva dha-mme imasmiṁyeva attabhāve) 결실이 생기는 것(uppannaphala)이고

한 가지 법인가?

유익한 법들에 대해서 방일하지 않음[不放逸]122)이다. 비구들이여,

'내생의 [허물]'이라는 것은 내생 즉 미래의 자기 존재에서(samparāye anāgate attabhāve) 결실이 생기는 것이다."(AA.ii.88)

121) '성취하여 머문다.'는 samadhigayha tiṭṭhati를 옮긴 것이다. 여기서 samadhigayha는 samadhigaṇhati(sam+adhi+√grah, *to catch*)의 동명사이다. PED는 samadhigaṇhati를 ① 얻다(*to reach, to get, to obtain*)와 ② 능가하다(*to exceed, to surpass, to overcome*)의 두 가지 의미로 설명하고 있는데 역자는 주석서와 본경 §2의 게송을 참조하여 전자로 이해하여 옮겼다.

『이띠웃따까 주석서』는 이것을 "바르게 파지(把持)하여 버리지 않고 있다(sammā pariggahetvā avijahitvā vattati)."로 설명하고 『맛지마 니까야 주석서』는 그곳의 문맥에 따라 "천상의 즐거움을 얻은 뒤 그보다 더 수승한 상태로 머무른다(dibbasukhaṁ gaṇhitvā tato visiṭṭhatarā hutvā tiṭṭhati)."(MA.iii.216)로 설명하고 있다.

122) '방일하지 않음[不放逸]'은 appamāda를 옮긴 것이다. 본경에 해당하는 『이띠웃따까 주석서』는 이 방일하지 않음을 설명하면서 먼저 『위방가』에서 정의하고 있는 방일(pamāda)의 정형구를 다음과 같이 인용한다.(ItA.i.80)

"846. 여기서 무엇이 '방일(pamāda)'인가? 몸으로 나쁜 행위를 저지르거나 말로 나쁜 행위를 저지르거나 마음으로 나쁜 행위를 저지르거나 다섯 가닥의 감각적 쾌락에 대해서 마음이 풀린 상태이거나 계속해서 풀리는 것, 유익한 법들을 닦는 데 있어서 정성을 다하여 행하지 못함, 끈기 있게 행하지 못함, 쉼 없이 행하지 못함, 굴복함, 열의를 버려버림, 이런 형태의 방일, 방일함, 방일하는 상태 — 이를 일러 방일이라 한다."(Vbh §846)

계속해서 주석서는 이렇게 덧붙이고 있다.

"그러므로 위에서 설명한 것과 반대되는 것이 방일하지 않음이라고 알아야 한다. 뜻으로 이것은 마음챙김을 놓아버리지 않음(satiyā avippavāsa)이기 때문에 항상 확립된 마음챙김(upaṭṭhitassati)에 의해서 이것이 설명된다. 그런데 다른 곳에서는(apare pana) '마음챙김과 알아차림과 결합되어(sati-sampajaññayogena) 일어나는 네 가지 비물질의 무더기(cattāro arūpino khandhā, 즉 느낌, 인식, 심리현상들, 알음알이)가 방일하지 않음이라고 말한다."(ItA.i.80)

여기서 avippavāsa는 a+vi+pra+√vas(*to stay*)에서 파생된 남성명사이다. vippavāsa가 부재(不在, *absence*)를 뜻하므로 이것의 문자적인 뜻은 부재중이 아님을 뜻한다. 그래서 satiyā avippavāsa를 마음챙김을 놓아버

이 한 가지 법을 닦고 많이 공부지으면 금생의 이익과 내생의 이익, 이 두 가지 이익을 성취하여 머문다."123)

이러한 뜻을 세존께서는 말씀하셨습니다.

2. 여기서 이것을 이렇게 말씀하셨습니다.

"현자들은 공덕을 지으면서 불방일을 찬탄하네.
방일하지 않는 현자는 두 가지 이익 성취하노라. {1}

금생의 이익과 [17] 내생의 이익이라.
슬기로운 자는 이런 이익을 향하기 때문에124)

리지 않음으로 옮겼다.
그리고 이 불방일(不放逸)의 가르침은 부처님의 최후의 유훈으로 모든 불자들 가슴에 남아 있는 말씀이기도 하다. 부처님의 마지막 발자취를 담고 있는 『디가 니까야』 제2권 「대반열반경」(D16)에서 우리의 스승 석가모니 부처님께서는 마지막 유훈으로 이렇게 말씀하신다.
"비구들이여, 참으로 이제 그대들에게 당부하노니, 형성된 것들은 소멸하기 마련인 법이다. 방일하지 말고 [해야 할 바를] 성취하라!"(D16 §6.7)

『디가 니까야 복주서』는 "그런데 이것은 뜻으로는 지혜를 수반한(ñāṇ-ūpasaṁhitā) 마음챙김이다. 여기서 마음챙김의 작용(vyāpāra)은 굉장한 것(sātisaya)이기 때문에 그래서 마음챙김을 놓아버리지 않음(sati-avippa-vāsa)이라고 설명하였다. 전체 부처님의 말씀을 다 포괄하고 있기 때문에 '불방일(appamāda)'이라는 단어에 담아서 주셨다."(DAṬ.ii.239)고 설명하고 있다.

한편 아비담마에서는 불방일을 구경법으로 간주하지 않는다. 여기서 보듯이 불방일은 마음챙김(sati)의 동의어로 간주하기 때문이다. 아비담마에서는 마음챙김을 유익한 마음부수법으로 분류하고 있는데, 이처럼 비구들이 성취해야 할 열반을 성취하게 하는 가장 중요한 심리현상이기 때문이다.(『아비담마 길라잡이』 2장 <도표 2.1>과 §5의 해설 2를 참조할 것.)

123) 같은 내용의 가르침이 『상윳따 니까야』 제1권 「불방일 경」 1(S3:17)에도 나타난다. 이것은 빠세나디 꼬살라 왕에게 설하신 가르침이다.

124) '이런 이익을 향하기 때문에'는 atthābhisamayā를 옮긴 것이다. 일반적으

그래서 그는 현자라 불리노라."[125] |2| {23}

이러한 뜻 또한 세존께서 말씀하셨으니 이처럼 저는 들었습니다.

뼈 무더기 경(It1:24)[126]

Aṭṭhipuñja-sutta

1. 이것은 참으로 세존께서 말씀하신 것이니 아라한께서 말씀하신 것을 이처럼 저는 들었습니다.

"비구들이여, 한 사람이 일 겁 동안 치달리고 윤회하면서[127] 남긴 해골 더미와 해골 무더기와 해골 덩어리를 한군데에 모아서 잘 보존하여 사라지지 않게 한다면 그것은 웨뿔라 산[128]의 높이와 같을

로 abhisamaya는 [진리의] 관통을 뜻한다.(본서 It3:4 §1과 「사까무니 고따마 경」(S12:10) §4의 주해 참조) 『우다나 주석서』는 여기서는 단순히 samaya(경우, 때)가 abhisamaya라고 설명한 뒤(samayo eva abhisama-yo) "향하는 상태(abhimukhabhāva)에 의해서 samaya(경우, 때)가 abhisamaya라고 알아야 한다."(ItA.i.81)고 주석을 달고 있다.

『상윳따 니까야 주석서』는 "'이익을 향하기 때문에(attha-abhisama-yā)'란 이익을 얻기 때문에(attha-paṭilābhā)라는 뜻이다."(SA.i.156)로 설명하고 있다.

125) 본경의 이 게송은 『상윳따 니까야』 제1권 「불방일 경」 1(S3:17) §5의 게송과 『앙굿따라 니까야』 제3권 「원함 경」(A5:43) §8의 게송과 대동소이하다.

126) 게송을 포함한 본경은 『상윳따 니까야』 제2권 「인간 경」(S15:10)과 같은 내용을 담고 있다.

127) '윤회(saṁsāra)'에 대해서는 본서 「무명의 장애 경」(It1:14) §1의 주해를 참조할 것.

128) '웨뿔라 산(Vepulla vepullo pabbata)'은 마가다의 수도인 라자가하(Rāja-gāha, 왕사성)를 에워싸고 있는 다섯 개 산 가운데 하나이다. 『숫따니빠따 주석서』에 의하면 라자가하는 웨바라(Vebhāra), 빤다와(Paṇḍava), 웨뿔라(Vepulla), 깃자꾸따(Gijjhakūṭa, 독수리봉), 이시길리(Isigili)라는 이 다섯 개의 산으로 둘러싸여 있다. 그래서 라자가하는 기립바자(Giribbaja)

것이다."129)

이러한 뜻을 세존께서는 말씀하셨습니다.

2\. 여기서 이것을 이렇게 말씀하셨습니다.

"한 사람이 일 겁 동안
남기고 남긴 뼈 무더기
모두 모아 차곡차곡 쌓아 올린다면
산과도 같을 것이라고
대선인은 말씀하셨네.130) |1|

그것은 마가다의 산들 가운데
독수리봉 산의 북쪽에 있는
크나큰 웨뿔라 산과 같을 것이다. |2|

라 불렸다고 한다.(SnA.ii.382) 문자적으로 기립바자(Giribbaja)는 산(giri)의 요새(vaja, 축사), 즉 산으로 에워싸인 요새라는 뜻이다.

129) 「인간 경」(S15:10) §4에는 다음 구절이 더 나타나고 있다.
"그것은 무슨 이유 때문인가? 비구들이여, 그 시작을 알 수 없는 것이 바로 윤회기 때문이다. 무명에 덮이고 갈애에 묶여서 치달리고 윤회하는 중생들에게 [윤회의] 처음 시작점은 결코 드러나지 않는다.
비구들이여, 이와 같이 오랜 세월 그대들은 괴로움을 겪었고 혹독함을 겪었고 재앙을 겪었고 무덤을 증가시켰다. 비구들이여, 그러므로 형성된 것들[行]은 모두 염오해야 마땅하며 그것에 대한 탐욕이 빛바래도록 해야 마땅하며 해탈해야 마땅하다."(S15:10 §4)

130) "'대선인은(mahesina)'이라고 하셨다. 위대한 계의 무더기 등을(mahante sīlakkhandhādayo) 구하고 찾는다(esati gavesati)고 해서 대선인이니 정등각자(sammāsambuddha)이시다. 그리고 세존께서 [자신을 지칭하여] '대선인은 말씀하셨네(iti vuttaṁ mahesina).'라고 하신 것은 '비구들이여, 열 가지 힘[十力]을 구족하여 여래는'(S12:21 §3)이라는 등에서처럼 [세존] 자신을 다른 사람처럼 여겨서(attānaṁ aññaṁ viya katvā) 보여주신 것이다."(ItA.i.84)

그러나 괴로움과 괴로움의 일어남
괴로움의 소멸 그리고
괴로움의 사라짐으로 인도하는
여덟 가지로 된 성스러운 도 [18] —
이 [네 가지] 성스러운 진리를
바른 통찰지로 보는 사람은 |3|

최대로 일곱 번만 더
치달리고 [윤회한] 뒤에
모든 족쇄를 풀어서
괴로움을 끝낼 것이다." |4| {24}

이러한 뜻 또한 세존께서 말씀하셨으니 이처럼 저는 들었습니다.

거짓말 경(It1:25)

Musāvāda-sutta

1. 이것은 참으로 세존께서 말씀하신 것이니 아라한께서 말씀하신 것을 이처럼 저는 들었습니다.

"비구들이여, 한 가지 법을 범해버린 사람이 저지르지 못할 사악한 업은 없다고 나는 말한다. 무엇이 한 가지 법인가?
비구들이여, 고의로 거짓말하는 것131)이다."

---

131) '고의로 거짓말하는 것'은 sampajānamusāvāda를 옮긴 것이다. 이 고의로 거짓말하는 것을 물그릇에 4가지로 비유하여 갓 출가한 7살 라훌라 존자를 엄중하게 교계하시는 가르침이 바로 「암발랏티까에서 라훌라를 교계한 경」(M61)이다. 그중 하나의 교계를 여기에 인용한다.

이러한 뜻을 세존께서는 말씀하셨습니다.

2. 여기서 이것을 이렇게 말씀하셨습니다.

"[고의로] 거짓말을 하는
이 한 가지 법을 범하여
저 세상을 포기해버린 사람에게
저지르지 못할 사악함이란 없도다." {25}

이러한 뜻 또한 세존께서 말씀하셨으니 이처럼 저는 들었습니다.

보시 경(It1:26)

Dāna-sutta

1. 이것은 참으로 세존께서 말씀하신 것이니 아라한께서 말씀하신 것을 이처럼 저는 들었습니다.

"비구들이여, 만일 중생들132)이 보시와 함께 나눔133)의 과보를

"그러자 세존께서는 그 물그릇을 뒤집어엎으시고 라훌라 존자에게 물으셨다.
"라훌라야, 너는 이 물그릇이 엎어진 것을 보느냐?"
"그렇습니다, 세존이시여."
"라훌라야, 고의로 거짓말하는 것을 전혀 부끄러워하지 않는 자들의 출가수행이란 것도 이와 같이 엎어진 것에 지나지 않는다."" (M61 §5)

132) 본서의 주석서는 여기서 중생을 "형색 등에 집착하고 달라붙는 자들(sattā.ti rūpādīsu sattā visattā)"(ItA.i.87)로 해석하여 √as(*to be*)에서 파생된 중생(satta)을 집착을 뜻하는 satta(Sk. sakta, √sañj, *to hang, to adhere*)로 설명하고 있다.

133) "'보시와 함께 나눔(dāna-saṁvibhāga)'이라고 하셨다. 여기서 의도(cetanā)를 가지고 음식 등 베풀 것(annādideyyadhamma)을 모아서(saṁharitvā) 연민이나 공경 가운데(anukampāpūjāsu) 어떤 한 가지(aññatara)를 통해서 남들에게 베푸는 것(paresaṁ dīyati)이 '보시(dāna)'이다. 그러나

내가 아는 대로 안다면 보시하지 않고는 즐기지 않을 것이고, 인색함의 때가 그들의 마음을 사로잡아 머물지 않을 것이다. 그리고 만일 그들의 도움을 필요로 하는 자가 있으면 남아있는 마지막 한 덩이의 음식조차도 나누지 않고는 먹지 않을 것이다. 비구들이여, 그러나 중생들은 [19] 이와 같이 보시와 나눔의 과보를 내가 아는 대로 알지 못하기 때문에 보시하지 않은 채 즐기고, 인색함의 때가 그들의 마음을 사로잡아 머무는 것이다."

이러한 뜻을 세존께서는 말씀하셨습니다.

2. 여기서 이것을 이렇게 말씀하셨습니다.

"함께 나누는 자의 과보는
마치 큰 열매와 같다고 하셨으니
대선인이 설하신 대로
만일 중생들이 이와 같이 안다면 |1|

아주 깨끗한 마음으로 인색함의 때를 몰아내고
적당한 시간에 성자들에게 보시해야 하리.
거기에 한 보시는 큰 결실이 있도다. |2|

보시받아 마땅한 분들에게
음식을 많이 보시한 뒤에
그 보시자는 여기 인간 세상에서 죽어서
천상으로 가노라. |3|

자신이 사용하도록 되어 있어서(paribhuñjitabbabhāvena) 자신이 가지고 있는 것 가운데 한 부분(gahitavatthussa ekadesa)을 남들과 나누어 가지는 것(saṁvibhajitvā dīyati)이 '함께 나눔(saṁvibhāga)'이다."(ItA.i.87)

그들은 그곳 천상에 가서
감각적 쾌락을 누리면서 즐기나니
인색하지 않은 자들은
함께 나눔의 과보를 향유하노라." |4| {26}

이러한 뜻 또한 세존께서 말씀하셨으니 이처럼 저는 들었습니다.

자애 수행 경(It1:27)

Mettabhāvanā-sutta

1. 이것은 참으로 세존께서 말씀하신 것이니 아라한께서 말씀하신 것을 이처럼 저는 들었습니다.

"비구들이여, 재생을 가져오는 공덕을 짓는 토대들134)은 그것이 무엇이든 자애를 통한 마음의 해탈135)의 16분의 1에도 미치지 못한

---

134) "'재생을 가져오는 공덕을 짓는 토대들(opadhikāni puññakiriyavatthūni)'이라고 하셨다. 여기서 재생의 근거(upadhi)란 무더기들(khandhā, 오온)을 말한다. 재생의 근거의 이유가 되는 그런 행위(upadhissa karaṇaṁ sīlaṁ etesaṁ), 혹은 재생의 근거를 목적으로 가지는 것(upadhippayojanāni)이 '재생을 가져오는 것(opadhikāni)'이다. 공덕을 지음과 이런저런 결실이라는 이익(phalānisaṁsā)이 되는 토대들이라고 해서 '공덕을 짓는 토대들(puññakiriyavatthūni)'이다. 이들은 요약하면 보시로 이루어진 것(dāna-maya), 계행으로 이루어진 것(sīlamaya), 수행으로 이루어진 것(bhāvanā-maya)의 세 가지이다."(ItA.i.89)
본서 「공덕을 짓는 토대 경」(It3:11)과 주해들도 참조할 것.

135) 『디가 니까야』 「삼명경」(D13) 등 초기불전의 여러 경들에는 다음과 같이 네 가지 거룩한 마음가짐[四梵住, 四無量心, brahama-vihāra]이 정형화되어 나타난다.

"그는 자애[慈]가 함께한 마음으로 … 연민[悲]이 함께한 마음으로 … 함께 기뻐함[喜]이 함께한 마음으로 … 평온[捨]이 함께한 마음으로 한 방향을 가득 채우면서 머문다. 그처럼 두 번째 방향을, 그처럼 세 번째 방향을, 그처

럼 네 번째 방향을, 이와 같이 위로, 아래로, 주위로, 모든 곳에서 모두를 자신처럼 여기고, 모든 세상을 풍만하고, 광대하고, 무량하고, 원한 없고, 고통 없는 평온이 함께한 마음으로 가득 채우고 머문다."(D13 §76, §78 등)

이 네 가지 거룩한 마음가짐의 정형구에 나타나는 자애[慈, mettā]와 연민[悲, karuṇā]과 함께 기뻐함[喜, muditā]과 평온[捨, upekkhā]이 함께한 마음으로 온 방향을 가득 채우고 머무는 이 네 가지는 각각 자애를 통한 마음의 해탈[慈心解脫, mettā cetovimutti], 연민을 통한 마음의 해탈[悲心解脫], 함께 기뻐함을 통한 마음의 해탈[喜心解脫], 평온을 통한 마음의 해탈[捨心解脫]로 불리고 있다.(D13 §77, §79; M52 §§8~11 등)
『앙굿따라 니까야』 제1권 「하나의 모음」(A1)에는 "비구들이여, 만약 비구가 손가락을 튀기는 순간만큼이라도 자애를 통한 마음의 해탈[慈心解脫]을 닦는다면 그를 비구라 부른다. …"(A1:20 §6)라고 나타난다.

주석서는 이렇게 설명한다.
"'자애를 통한 마음의 해탈(mettā cetovimutti)'이라는 것은 자애 수행을 통해서(mettābhāvanāvasena) 얻은 [4종선 가운데] 제3선까지와 [5종선 가운데] 제4선까지의 증득(paṭiladdha-tikacatukkajjhāna-samāpatti)이다."(ItA.i.89)

4종선과 5종선의 분류에 대해서는 『아비담마 길라잡이』 제1장 §18의 해설과 『청정도론』 IV.86을 참조하고 5종선에 대한 문자적인 설명을 비롯한 해설은 『청정도론』 IV.198~202에 잘 나타나 있으므로 참조하기 바란다. 계속해서 주석서와 복주서들은 이렇게 설명한다.

"'자애를 통한 마음의 해탈(mettā cetovimutti)'이라고 말했는데 만일 '자애(mettā)'라고만 말할 때에는 근접삼매(upacāra)와 본삼매(appanā) 둘 다를 의미하겠지만, '마음의 해탈(cetovimutti)'이라는 단어를 취했기 때문에 오로지 본삼매인 禪만을(appanājhānameva) 뜻한다."(ItA.i.89; MA.iii.450)

"'자애를 통한 마음의 해탈'에서, 일체 중생들에게 이익을 펼치는 것(hita-pharaṇakā)이 자애이다. 이러한 자애와 함께하는 마음은 다섯 가지 장애 등의 반대되는 법들로부터 해탈한다. 그래서 그것을 일러 마음의 해탈이라 한다. 혹은 특별히 일체 악의에 얽매이는 것(vyāpāda-pariyuṭṭhāna)에서 해탈하였기 때문에 마음의 해탈이라고 알아야 한다. 여기서 자애는 앞의 부분에도 역시 있다."(AA.i.47)

"자애는 본삼매에도 있고 근접삼매에도 있다. 그래서 공통된다고 해서 '앞의 부분에도 역시 있다.'고 하였다. '역시'라는 말은 본삼매에도 적용된다는 뜻이다."(AAṬ.i.84)

다. 자애를 통한 마음의 해탈은 그것들을 능가하고 빛나고 찬란하고 광채를 발한다."

2. "비구들이여, 예를 들면 어떤 종류의 별빛이라 하더라도 그 모두는 [20] 달빛의 16분의 1에도 미치지 못하나니,136) 달빛은 그것들을 능가하고 빛나고 찬란하고 광채를 발한다. 비구들이여, 그와 같이 재생을 가져오는 공덕을 짓는 토대들은 그것이 무엇이든 자애를 통한 마음의 해탈의 16분의 1에도 미치지 못한다. 자애를 통한 마음의 해탈은 그것들을 능가하고 빛나고 찬란하고 광채를 발한다."

3. "비구들이여, 예를 들면 우기철의 마지막 달인 가을에 하늘이 청명하여 구름 한 점 없을 때 태양이 창공에 떠올라 허공의 모든 암흑을 흩어버린 뒤 빛나고 찬란하고 광채를 발한다.137) 비구들이여, 그와 같이 재생을 가져오는 공덕을 짓는 토대들은 그것이 무엇이든 자애를 통한 마음의 해탈의 16분의 1에도 미치지 못한다. 자애를 통한 마음의 해탈은 그것들을 능가하고 빛나고 찬란하고 광채를 발한다."

4. "비구들이여, 예를 들면 새벽녘에 샛별이 빛나고 찬란하고 광채를 발한다. 비구들이여, 그와 같이 재생을 가져오는 공덕을 짓는 토대들은 그것이 무엇이든 자애를 통한 마음의 해탈의 16분의 1에도 미치지 못한다. [21] 자애를 통한 마음의 해탈은 그것들을 능가하고

자애를 비롯한 네 가지 거룩한 마음가짐[四梵住, 四無量]을 닦는 자세한 방법은 『청정도론』 제9장 전체에서 상세하게 설명되어 있으므로 참조하기 바란다.

136) '달빛의 16분의 1에도 미치지 못하나니'는 candiyā pabhāya kalaṁ nāgghanti soḷasiṁ를 옮긴 것인데 같은 문장이 S22:102 §12, S45:146 §3, A6:53 §3, A10:15 §2 등에도 나타나고 있다.

137) 같은 비유가 M46 §22, A3:92 §4, A10:15 §2 등에도 나타나고 있다.

빛나고 찬란하고 광채를 발한다."

이러한 뜻을 세존께서는 말씀하셨습니다.

5. 여기서 이것을 이렇게 말씀하셨습니다.

"무량한 자애를 닦는 마음챙기는 자는
족쇄들이 엷어지고 재생의 근거가 파괴됨을 보노라.138) |1|

단 하나의 생명일지라도 성 안 내는 마음으로139)
자애를 보내면 유익함이 있나니
모든 생명들에게 광대한 연민의 마음을 가진
성자는 공덕을 짓노라. |2|

---

138) "'재생의 근거가 파괴됨을 보노라(passato upadhikkhayaṁ).'라고 하셨다. 여기서 '재생의 근거가 파괴됨'은 열반을 말한다. 그리고 이것은 [열반의] 실현을 관통함을 통한(sacchikiriyābhisamayavasena) 도의 지혜(magga-ñāṇa)로 본다(passati). … 그 오염원의 재생의 근거들을 멸진함이라 부르는(kilesūpadhiinaṁ khayasaṅkhātaṁ) 자애를(mettaṁ) 증득함을 통해서(adhigamavasena) 본다라는 뜻을 알아야 한다."(ItA.i.92)

"자애를 가까운 원인(mettā-padaṭṭhāna)으로 하여 위빳사나를 순서대로 닦아, 재생의 근거를 파괴함(upadhikkhaya)이라 불리게 되는 아라한과를 얻은 자에게 열 가지 족쇄는 제거된다는 뜻이다."(AA.iv.68)
재생의 근거(upadhi)에 대해서는 『우다나』 「존경 경」(Ud2:4) §3의 해당 주해나 『앙굿따라 니까야』 제1권 「노력 경」(A2:1:2)과 「재생의 근거 경」(A2:7:3)의 주해를 참조하고, 열 가지 족쇄(saṁyojana)에 대해서는 본서 「강의 흐름 경」(It4:10) §2의 주해를 참조할 것.

139) "여기서 '성 안 내는 마음으로(aduṭṭhacitto)'라는 것은 자애의 힘(mettā-bala)으로 악의가 잘 억압되었기 때문에(vikkhambhita-byāpādatāya) 악의로 망가지지 않은 마음(adūsita-citta)을 뜻한다."(ItA.i.93)

이것과 똑같은 설명이 같은 담마빨라 스님이 쓴 『앙굿따라 니까야 복주서』에도 나타난다.(AAṬ.iii.190)
그리고 이 duṭṭha(√duṣ, *to spoil*의 과거분사)에 접두어 pa-(pra-)가 들어간 paduṭṭhacitto가 본서 「타락한 마음 경」(It1:20)에 나타나고 있다.

중생의 숲으로 된 땅을 정복한
왕이라는 선인(仙人)은 제사를 지내려고 하나니
말을 바치는 제사와 인간을 바치는 제사
말뚝을 던지는 제사와 소마 즙을 바치는 제사
[대문을 열고] 크게 공개적으로[無遮] 지내는 제사로다.140) |3|

그러나 이것은 자애로운 마음을 잘 닦는 자에게
16분의 1에도 미치지 못하나니
마치 모든 별들의 무리가 [22]
달빛의 [16분의 1에도 미치지 못하는] 것과 같으리.141) |4|

죽이지도 않고 [남을 시켜] 죽이지도 않고
정복하지도 않고 [남을 시켜] 정복하게 하지도 않으며
모든 존재들에게 자애의 마음을 가진 자142)

---

140) '말을 바치는 제사'는 assamedha를, '인간을 바치는 제사'는 purisamedha를, '말뚝을 던지는 제사'는 sammāpāsa를, '소마 즙을 바치는 제사'는 vājapeyya를, '[대문을 열고] 크게 공개적으로[無遮] 지내는 제사'는 niraggaḷa를 옮긴 것이다. PTS본에는 이 부분이 ( ) 안에 표기되어 있다.

이 가운데 '인간을 바치는 제사'와 '말뚝을 던지는 제사'와 '소마 즙을 바치는 제사'와 '[대문을 열고] 크게 공개적으로[無遮] 지내는 제사'에 대해서는 『상윳따 니까야』 제1권 「제사 경」(S3:9) §4의 주해를 참조하기 바란다.
그리고 인도의 제사(yañña, Sk. yajña)와 진정한 제사에 대한 부처님의 입장에 대해서는 『디가 니까야』 제1권 「꾸따단따 경」(D5) §1과 §18의 주해를 참조하기 바란다. 한편 인도의 제사는 얀뜨라(yantra, 기계, 제사공정)와 만뜨라(mantra, 주문)라는 두 단어로 압축되는데 여기에 대해서는 「소나단다 경」(D4) §13의 주해를 참조하기 바란다.

141) '마치 모든 별들의 무리가 / 달빛의 [16분의 1에도 미치지 못하는] 것과 같으리.'는 candappabhā tāragaṇāva sabbe를 옮긴 것인데 PTS본에는 이 부분도 ( ) 안에 표기되어 나타난다.

142) '자애의 마음을 가진 자'는 mettaṁsa를 옮긴 것인데 주석서는 "자애로운

그에게는 어떠한 증오도 없노라."[143] |5| {27}

이러한 뜻 또한 세존께서 말씀하셨으니 이처럼 저는 들었습니다.

세 번째 품이 끝났다.

세 번째 품에 포함된 경들의 목록은 다음과 같다.

① 마음 ② 자애 ③ 양쪽 ④ 무더기의 산
⑤ 고의로 거짓말 함 ⑥ 보시 ⑦ 자애 수행
여기에 7개 경들이 있고 앞의 20개가 있어
한 가지 법들에는 27개 경들의 조합이 있다.

하나의 모음이 끝났다.

마음의 항목을 가진(mettāyamāna-citta-koṭṭhāsa)"(AA.iv.71)이라 풀이하고 있다.

143) 본 게송들은 『앙굿따라 니까야』 제5권 「자애 경」(A8:1) §4에 나타나는 게송들과 일치한다.

이띠웃따까

둘의 모음

Duka-nipāta

둘의 모음

Duka-nipāta

첫 번째 품

Paṭhama-vagga(It2:1～10)

괴롭게 머묾 경(It2:1)

Dukkhavihāra-sutta

1. 이것은[144] 참으로 세존께서 말씀하신 것이니 아라한께서 말씀하신 것을 이처럼 저는 들었습니다.

"비구들이여, 두 가지 법을 갖춘 비구는 지금·여기에서 괴로운 삶을 살고 속상함에 시달리고 절망에 시달리고 [23] 열병에 시달리며[145] 몸이 무너져 죽은 뒤 불행한 곳[惡處]이 예상된다. 무엇이 둘

---

144) VRI본에는 이 본문 앞에 'dve dhamme anukkaṭi'가 나타난다. 그러나 PTS본에는 나타나지 않는다. 문맥상으로도 있어야 할 필요가 없다. 그리고 anukkaṭi라는 단어는 PED 등의 어떤 사전에도 언급되지 않고 VRI본 여기에만 나타나는 것으로 조사되어서 옮기지 않고 생략하였음을 밝힌다.

145) 여기서 '속상함에 시달리고 절망에 시달리고 열병에 시달리며'는 savighātaṁ saupāyāsaṁ sapariḷāhaṁ를 풀어서 옮긴 것이다. 이것은 '속상함과 함께하고 절망과 함께하고 열병과 함께하며'로 직역할 수 있다. 주석서는 다음과 같이 풀이하고 있다.

인가?

감각기능들의 문을 잘 보호하지 못함과 음식에서 적당함을 알지 못함이다.[146] 비구들이여, 이러한 두 가지 법을 갖춘 비구는 지금·

"'괴로운 삶을 살고(dukkhaṁ viharati)'라는 것은 오염원의 괴로움(kilesa-dukkha)과 육체적이고 정신적인 괴로움으로 괴로운 삶을 산다는 뜻이다. '속상함에 시달리고(savighāta)'란 정신적인 붕괴(cittūpaghāta)와 육체적인 붕괴로 속상함과 함께하는 것이다. '절망에 시달리고(upāyāsa)'란 오염원에 의한 절망(kilesūpāyāsa)과 몸의 피곤함(sarīrakheda)과 강한 실망(balava-āyāsa)을 통해서 절망과 함께하는 것이다. '열병에 시달리며(pari-ḷāha)'란 오염원의 열병과 몸의 열병으로 시달리는 것이다."(ItA.i.96)

146) 이 두 가지는 『담마상가니』에 정리되어 나타나는 경장의 두 개 조 마띠까(suttantika-duka-mātikā)에 '감각기능들의 문을 잘 보호하지 못함과 음식에서 적당함을 알지 못함(indriyesu aguttadvāratā ca bhojane amatta-ññutā ca)'(ma2-127)으로 나타난다. 그리고 이 둘은 각각 『담마상가니』 §1352와 §1353에서 설명이 되어 있으며 『위방가』 제17장 §905에서 똑같이 정리되어 나타난다. 『담마상가니』의 해당 부분을 인용한다.

"1352. 여기서 무엇이 '감각기능들의 문을 잘 보호하지 못함(indriye su aguttadvāratā)'인가?
여기 어떤 자는 눈으로 형색을 봄에 그 표상[全體相]을 취하고, 또 그 세세한 부분상[細相]을 취한다. 만약 그가 눈의 감각기능이 제어되지 않은 채 머무르면, 간탐과 싫어하는 마음이라는 나쁘고 해로운 법[不善法]들이 그를 침입해올 것이다. 그러나 그는 눈의 감각기능을 잘 단속하기 위해 수행하지 않으며, 눈의 감각기능을 잘 방호하지 않고, 눈의 감각기능을 잘 단속하지 않는다.
귀로 소리를 들음에 … 코로 냄새를 맡음에 … 혀로 맛을 봄에 … 몸으로 감촉을 느낌에 … 마노로 법을 지각함에 그 표상을 취하고, 또 그 세세한 부분상을 취한다. 만약 그가 마노의 감각기능이 제어되지 않은 채 머무르면, 간탐과 싫어하는 마음이라는 나쁘고 해로운 법[不善法]들이 그를 침입해올 것이다. 그러나 그는 마노의 감각기능을 잘 단속하기 위해 수행하지 않으며, 마노의 감각기능을 잘 방호하지 않고 마노의 감각기능을 잘 단속하지 않는다. 이러한 여섯 가지 감각기능들을 보호하지 않고 돌보지 않고 방호하지 않고 단속하지 않는 것, 이를 일러 감각기능들의 문을 잘 보호하지 못함이라 한다.

1353. 여기서 무엇이 '음식에서 적당함을 알지 못함(bhojane amattaññu-tā)'인가?

여기에서 괴로운 삶을 살고 속상함에 시달리고 절망에 시달리고 열병에 시달리며 몸이 무너져 죽은 뒤 불행한 곳[惡處]이 예상된다."

이러한 뜻을 세존께서는 말씀하셨습니다.

2. 여기서 이것을 이렇게 말씀하셨습니다.

"눈과 귀와 코와 혀와 몸과 그리고 마음,
이들 감각장소들을 보호하지 못하는 비구는 |1|

음식에서 적당함을 모르고
감각기능들이 잘 제어되지 못하여
몸의 괴로움과 마음의 괴로움,
이런 괴로움을 겪는다. |2|

몸으로 고통받고 마음으로 고통받아
낮이나 밤이나 이러한 자는 괴로운 삶을 산다." |3| {28}

이러한 뜻 또한 세존께서 말씀하셨으니 이처럼 저는 들었습니다.

행복하게 머묾 경(It2:2)

Sukhavihāra-sutta

1. 이것은 참으로 세존께서 말씀하신 것이니 아라한께서 말씀하신 것을 이처럼 저는 들었습니다.

여기 어떤 사람은 숙고하지도 못하고 지혜롭지도 못하여 단지 즐기기 위해서 취하기 위해서 겉치레를 위해서 외양을 위해서 음식을 수용한다. 여기서 음식에서 만족하지 못하고 적당함을 알지 못하고 숙고하지 못하는 것 — 이를 일러 음식에서 적당함을 알지 못함이라 한다."(Dhs §1352, §1353)

"비구들이여, 두 가지 법을 갖춘 비구는 지금・여기에서 행복한 삶을 살고 속상함에 시달리지 않고 절망에 시달리지 않고 열병에 시달리지 않으며 몸이 무너져 죽은 뒤 좋은 곳[善處]이 [24] 예상된다. 무엇이 둘인가?

감각기능들의 문을 잘 보호함과 음식에서 적당함을 앎이다.147) 비구들이여, 이러한 두 가지 법을 갖춘 비구는 지금・여기에서 행복한 삶을 살고 속상함에 시달리지 않고 절망에 시달리지 않고 열병에 시달리지 않으며 몸이 무너져 죽은 뒤 좋은 곳[善處]이 예상된다."

이러한 뜻을 세존께서는 말씀하셨습니다.

2. 여기서 이것을 이렇게 말씀하셨습니다.

"눈과 귀와 코와 혀와 몸과 그리고 마음,
이들 감각장소들을 잘 보호하는 비구는 |1|

음식에서 적당함을 알고 감각기능들이 잘 제어되어
몸의 즐거움과 마음의 즐거움, 이런 행복을 겪는다. |2|

몸으로 고통받지 않고 마음으로 고통받지 않아
낮이나 밤이나 이러한 자는 행복한 삶을 산다." |3| {29}

이러한 뜻 또한 세존께서 말씀하셨으니 이처럼 저는 들었습니다.

---

147) 이 두 가지는 『담마상가니』에 정리되어 나타나는 경장의 두 개 조 마띠까(suttantika-duka-mātikā)에 '감각기능들의 문을 잘 보호함과 음식에서 적당함을 앎(indriyesu guttadvāratā ca bhojane mattaññutā ca)'(ma2-128)으로 나타난다. 그리고 이 둘은 각각 『담마상가니』 §1354와 §1355에서 설명되어 있다.

후회 경(It2:3)

Tapanīya-sutta

1. 이것은 참으로 세존께서 말씀하신 것이니 아라한께서 말씀하신 것을 이처럼 저는 들었습니다.

"비구들이여, 두 가지 후회하는148) 법이 있다. 무엇이 [25] 둘인가? 비구들이여, 여기 어떤 자는 선행을 하지 않았고 유익한 행을 하지 않았고 두려움에서 피난처를 만들지 않았으며 악한 행을 했고 잔인한 행을 했고 포악한 행을 했다. 그는 '나는 선행을 하지 않았다.'라고 후회하고 '나는 악행을 했다.'라고 후회한다. 비구들이여, 이러한 두 가지 후회하는 법이 있다."149)

---

148) 여기서 '후회하는'은 tapanīya를 옮긴 것이다. 이 단어는 √tap(*to burn*)의 동명사 형태이다. 그래서 문자적으로 동사 tapati와 명사 tapana는 태운다는 의미이다. 이것이 고통을 줌, 억누름, 성가시게 함(vibādheti viheṭheti)의 의미로 쓰인다. 그리고 이것은 나중에 고통스러워함(pacchānutāpa)과 후회(vippaṭisāra)의 뜻으로도 쓰인다. 본경에 해당하는 주석서도 이 두 가지 의미를 다 소개하고 있다.(ItA.i.101~102) 역자는 본경의 문맥으로 볼 때 후회로 이해하는 것이 더 어울린다고 생각하여 후회로 옮겼다. Ireland도 *remorse*로 옮기고 있다.

149) 한편 『담마상가니』 경장의 두 개 조 마띠까(suttantika-duka-mātikā)에는 '고통을 주는 법들, 고통을 주지 않는 법들(tapanīyā dhammā. atapanī-yā dhammā — ma2-105)이라는 경장의 마띠까가 있다. 그리고 『담마상가니 주석서』는 "여기 [금생]에서와 내생에서 고통을 준다(tapenti)고 해서 '고통을 주는 법들(tapanīyā)'이다. 고통을 주지 않는다고 해서 '고통을 주지 않는 법들(atapanīyā)'이다."(DhsA.51)라고 설명하고 있다.
니까야에서는 『앙굿따라 니까야』 제1권 「태움 경」(A2:1:3)과 제6권 「후회 경」(A10:141)을 들 수 있다. 이처럼 tapanīya는 문맥에 따라 각각 '고통을 주는'과 '태움'과 '후회'로 옮겼다.

그리고 이 고통을 주는 법들(tapanīyā dhammā)은 『담마상가니』 §1311에서 이렇게 설명이 된다.
"무엇이 '고통을 주는 법들'(ma2-105-a)인가?

이러한 뜻을 세존께서는 말씀하셨습니다.

2. 여기서 이것을 이렇게 말씀하셨습니다.

"몸으로 나쁜 행위를 저지르고
말로도 나쁜 행위를 저지르고
마음으로도 나쁜 행위를 저지르고
성냄과 함께한 다른 것도 저지르도다.150) |1|

유익한 업을 짓지 않고
해로운 업을 많이 지어서
몸이 무너져 죽은 뒤 지혜가 없는 자
지옥에 떨어지도다." |2| {30}

이러한 뜻 또한 세존께서 말씀하셨으니 이처럼 저는 들었습니다.

몸으로 짓는 나쁜 행위, 말로 짓는 나쁜 행위, 마노로 짓는 나쁜 행위 — 이것이 고통을 주는 법들이다. 모든 해로운 것들도 고통을 주는 법들이다." (Dhs §1311)

150) "여기서 '몸으로 나쁜 행위를 저지르는 것' 등은(kāyaduccaritādīni) [살생, 도둑질, 삿된 음행, 거짓말, 잡담, 이간질, 욕설, 탐욕, 성냄, 삿된 견해인 10가지] 업의 길을 얻은 것을 뜻한다(kammapathappattāni adhippetāni). 그러나 업의 길을 얻지 못한 여러 해로운 것(akusalajāta)이 있으니 그런 것을 두고 '성냄과 함께한 다른 것(yañcaññaṁ dosasañhitaṁ)'이라고 하셨다. 그 뜻은 이러하다. — 다른 것은 업의 길의 상태(kammapathabhāva)를 얻지 못하였기 때문에 비대기설(非對機說, 비방편설, nippariyāya)에 의해서 몸의 업 등의 명칭(kāyakammādisaṅkha)을 얻지 못한다. 갈망 등의 오염원들과 결합되어 있기 때문에(rāgādikilesa-saṁsaṭṭhattā) 성냄과 함께한 해로운 그런 [업]도 짓는다는 뜻이다."(ItA.i.102)

후회 않음 경(It2:4)

Atapanīta-sutta

1. 이것은 참으로 세존께서 말씀하신 것이니 아라한께서 말씀하신 것을 이처럼 저는 들었습니다.

"비구들이여, 두 가지 후회하지 않는 법이 있다. 무엇이 둘인가?

비구들이여, 여기 어떤 자는 선행을 하였고 유익한 행을 하였고 두려움에서 피난처를 만들었으며 악한 행을 하지 않았고 잔인한 행을 하지 않았고 포악한 행을 하지 않았다. 그는 '나는 선행을 했다.'라고 후회하지 않고 '나는 악행을 하지 않았다.'라고 후회하지 않는다. 비구들이여, 이러한 두 가지 [26] 후회하지 않는 법이 있다."

이러한 뜻을 세존께서는 말씀하셨습니다.

2. 여기서 이것을 이렇게 말씀하셨습니다.

"몸으로 나쁜 행위를 버리고
말로도 나쁜 행위를 버리고
마음으로 나쁜 행위를 버리고
성냄과 함께한 다른 것도 버리도다. |1|

해로운 업을 짓지 않고
유익한 업을 많이 지어서
몸이 무너져 죽은 뒤 지혜로운 자
천상에 태어나도다." |2| {31}

이러한 뜻 또한 세존께서 말씀하셨으니 이처럼 저는 들었습니다.

계행 경1(It2:5)
Sīla-sutta

1. 이것은 참으로 세존께서 말씀하신 것이니 아라한께서 말씀하신 것을 이처럼 저는 들었습니다.

"비구들이여, 두 가지 법을 갖춘 사람은 마치 누가 그를 데려가서 놓는 것처럼 [반드시] 지옥에 떨어진다. 무엇이 둘인가?

사악한 계행과 사악한 견해이다. 비구들이여, 이러한 두 가지 법을 갖춘 사람은 마치 누가 그를 데려가서 놓는 것처럼 [반드시] 지옥에 떨어진다."151)

이러한 뜻을 세존께서는 말씀하셨습니다.

2. 여기서 이것을 이렇게 말씀하셨습니다.

"사악한 계행과 사악한 견해
이러한 두 가지 법을 갖춘 사람
지혜가 없는 그는 몸이 무너져 죽은 뒤
지옥에 떨어진다." {32}

---

151) 여기서 '사악한 계행'과 '사악한 견해'는 각각 pāpaka sīla와 pāpikā diṭṭhi를 옮긴 것이다. 본경(It2:5)과 다음 경(It2:6)은 『앙굿따라 니까야』 제1권 「견해 경」(A2:3:8)과 배대가 되는데 여기 인용하면 다음과 같다.

"비구들이여, 삿된 견해[邪見]를 가진 자(micchā-diṭṭhika)에게는 두 가지 운명, 즉 지옥이나 축생 중 하나가 예상된다. 비구들이여, 바른 견해[正見]를 가진 자(sammā-diṭṭhika)에게는 두 가지 운명, 즉 천상이나 인간이 예상된다.
비구들이여, 계를 파한 자(dussīla)에게는 두 가지 운명, 즉 지옥이나 축생 중 하나가 예상된다. 비구들이여, 계를 잘 지키는 자(sīlavā)에게는 두 가지 운명, 즉 천상이나 인간이 예상된다."

이러한 뜻 또한 세존께서 말씀하셨으니 이처럼 저는 들었습니다.

계행 경2(It2:6)

1. 이것은 참으로 세존께서 말씀하신 것이니 아라한께서 말씀하신 것을 이처럼 저는 들었습니다.

"비구들이여, 두 가지 법을 갖춘 사람은 마치 누가 그를 데려가서 놓는 것처럼 [반드시] 천상에 태어난다. 무엇이 둘인가? [27]

훌륭한 계행과 훌륭한 견해이다.152) 비구들이여, 이러한 두 가지 법을 갖춘 사람은 마치 누가 그를 데려가서 놓는 것처럼 [반드시] 천상에 태어난다."

이러한 뜻을 세존께서는 말씀하셨습니다.

2. 여기서 이것을 이렇게 말씀하셨습니다.

---

152) '훌륭한 계행'과 '훌륭한 견해'는 각각 bhaddaka sīla와 bhaddikā diṭṭhi를 옮긴 것이다. 주석서는 이렇게 설명한다.
"'훌륭한 계행(bhaddaka sīla)'이라고 하셨다. 이것은 몸으로 짓는 좋은 행위 등의 네 가지 청정한 계이다.(kāyasucaritādi-catupārisuddhisīla, Vis. I.42 이하 참조) 이것은 훼손되지 않은 것 등의 계의 상태(akhaṇḍādi-sīla-bhāva, Vis..VII.101 이하 참조)에 의해서 스스로 선하고(kalyāṇa) 사마타와 위빳사나 등의 선한 공덕을 가져온다(samathavipassanādi-kalyāṇa-guṇāvaha)고 해서 훌륭하다고 말한다.
'훌륭한 견해(bhaddikā diṭṭhi)'는 업이 자신의 주인임을 아는 지혜(kamma-ssakatā-ñāṇa)와 [10가지] 업의 길에 대한 바른 견해(kammapatha-sammādiṭṭhi)이다.
여기서는 훌륭한 계행으로는 [바른] 노력을 구족한 것(payogasampanna = sammāpayoga — VbhA.441)을 말씀하셨고 훌륭한 견해로는 터전을 구족한 것(āsayasampanna)을 말씀하셨다."(ItA.i.104)

"훌륭한 계행과 훌륭한 견해
이러한 두 가지 법을 갖춘 사람
지혜로운 그는 몸이 무너져 죽은 뒤
천상에 태어난다." {33}

이러한 뜻 또한 세존께서 말씀하셨으니 이처럼 저는 들었습니다.

근면함 경(It2:7)

Ātāpī-sutta

1. 이것은 참으로 세존께서 말씀하신 것이니 아라한께서 말씀하신 것을 이처럼 저는 들었습니다.

"비구들이여, 근면하지 않고 수치심이 없는[153] 비구는 바른 깨달음을 [증득할] 수 없고 열반을 [실현할] 수 없고 위없는 유가안은[154]

153) "'근면하지 않고(anātāpi)'란 오염원을 태워버리는(kilese ātapati) 정진(vīriya)이 없는 것을 말한다. '수치심이 없는(anottappi)'이란 오염원이 생긴 것(kiles-uppatti)과 유익한 [법]이 생기지 않은 것(kusala-anuppatti)에 대해서 두려움이 없는 것(bhaya-rahita)을 말한다."(SA.ii.164; *cf.* ItA.i.105)

154) "'바른 깨달음(sambodha)'이란 성스러운 도(ariyamagga)이다. '열반(nibbāna)'이란 오염원들이 완전히 가라앉은(accantavūpasama) 죽음 없음[不死]인 대열반(amata-mahā-nibbāna)을 뜻한다.
'위없는 유가안은(anuttara yogakkhema)'이란 아라한과(arahattaphala)를 말한다. 이것은 더 높은 것이 없기 때문에(uttaritarassa abhāvato) 위가 없는 것(anuttara)이다. 네 가지 속박(yoga)으로부터 괴롭혀지지 않기 때문에(anupaddutattā) 안은하고(khema) 두려움이 없다(nibbhaya)고 해서 유가안은이라 부른다."(ItA.i.105)

"'위없는 유가안은(anuttara yogakkhema)'이란 아라한됨(arahatta)을 말하며, 이것은 위가 없고(anuttara) 네 가지 속박(yoga)으로부터 안은하기(khema) 때문에 이렇게 부르는 것이다."(SA.ii.164)

을 얻을 수 없다. 그러나 비구들이여, 근면하고 수치심이 있는 비구는 바른 깨달음을 [증득할] 수 있고 열반을 [실현할] 수 있고 위없는 유가안은을 얻을 수 있다."

이러한 뜻을 세존께서는 말씀하셨습니다.

2. 여기서 이것을 이렇게 말씀하셨습니다.

"근면하지 않고 수치심이 없고
게으르고 정진이 부족하고
해태 · 혼침이 많고 양심이 없으며 경시하는
그런 비구는 위없는 바른 깨달음에 닿을 수 없도다. |1|

그러나 [28] 마음챙기고 지혜롭고 참선을 하고
근면하고 수치심 있고 불방일한 [비구는]
태어남과 늙음의 족쇄를 잘라서
여기서 위없는 바른 깨달음에 닿을 것이로다." |2| {34}

이러한 뜻 또한 세존께서 말씀하셨으니 이처럼 저는 들었습니다.

계략을 부리지 않음 경1(It2:8)

Nakuhana-sutta155)

『앙굿따라 니까야』 「속박 경」(A4:10)에 의하면 네 가지 속박(yoga)은 감각적 쾌락(kāma)의 속박, 존재(bhava)의 속박, 견해(diṭṭhi)의 속박, 무명(avijjā)의 속박인데 이것은 네 가지 폭류(ogha)와 같다.(네 가지 폭류에 대해서는 『상윳따 니까야』 제1권 「폭류 경」(S1:1) §3의 주해를 참조할 것.) 유가안은(瑜伽安隱, yoga-kkhema)에 대해서는 본서 「유학 경」 1(It1:16) §1의 해당 주해를 참조할 것.

155) 게송을 포함한 본경은 『앙굿따라 니까야』 제2권 「청정범행 경」(A4:25)과

1. 이것은 참으로 세존께서 말씀하신 것이니 아라한께서 말씀하신 것을 이처럼 저는 들었습니다.

"비구들이여, 이 청정범행을 닦는 것은 사람에게 계략을 부리기 위함이 아니고 사람에게 쓸데없는 말을 하기 위함이 아니고 이득과 존경과 명성156)이라는 이익을 위함이 아니고 '사람들이 나를 이처럼 알아주기를.' 하면서 하는 것도 아니다. 비구들이여, 이 청정범행을 닦는 것은 단속157)을 위함이고 버림158)을 위함이다."

같은 내용을 담고 있다. 「청정범행 경」(A4:25)에서는 본경 §1의 뒷부분에 해당하는 곳에 "비구들이여, 그러나 단속하고 버리고 탐욕을 빛바래게 하고 소멸하기 위해서 청정범행을 실천하는 것이다."(A4:25 §1)로 나타난다. §2의 게송은 본경 §2의 게송과 동일하다.

156) "'이득(lābha)'은 네 가지 필수품(paccaya)을 두고 한 말이다. '존경(sakkāra)'은 아름다운 것(sundarākāra)이다. 더 수승하고 더 좋은 필수품들을 생각하는 것을 말한다. 또한 다른 사람이 자신을 존중하는 것이나 혹은 꽃다발 등으로 존중되는 것을 뜻한다. '명성(siloka)'은 칭송을 얻는 것(vaṇṇa-bhaṇana)을 말한다."(MA.i.116)

157) "여기서 다섯 가지 단속(pañcavidha saṁvara)이 있다. 계목을 통한 단속(pātimokkhasaṁvara), 마음챙김을 통한 단속(satisaṁvara), 지혜를 통한 단속(ñāṇasaṁvara), 인욕을 통한 단속(khantisaṁvara), 정진을 통한 단속(vīriyasaṁvara)이다."(ItA.i.110)
주석서는 이렇게 단속을 다섯 가지 단속으로 정리한 뒤 이들을 하나하나 경을 인용하면서 설명하는데 이것은 『청정도론』 I.18과 같은 방법이므로 참조하기 바란다.

158) "'버림(pahāna)'도 다섯 가지가 있다. 반대되는 것으로 대체함에 의한 버림(tadaṅgappahāna), 억압에 의한 버림(vikkhambhanappahāna), 근절에 의한 버림(samucchedappahāna), 편안함에 의한 버림(paṭippassaddhippahāna), 벗어남에 의한 버림(nissaraṇappahāna)이다."(ItA.i.111)

이 가운데 앞의 세 가지는 『청정도론』 XXII.110 이하에서 설명되고 있지만 뒤의 두 가지 버림은 언급되지 않는다. 그런데 『맛지마 니까야』 제1권 「모든 번뇌 경」(M2) §21에서 떨쳐버림(viveka)을 설명하면서 주석서는 떨쳐버림을 다섯 가지로 설명하는데 이 다섯 가지 버림과 같다. 여기에 인용해본다.

"'떨쳐버림(viveka)'에는 다섯 종류가 있다. 유익한 법으로 대체함(tad-

이러한 뜻을 세존께서는 말씀하셨습니다.

2. 여기서 이것을 이렇게 말씀하셨습니다.

"열반에 깊이 들게 인도하고 재앙을 없애는[159]
청정범행을 그분 세존께서는 설하셨으니
단속하기 위함이고 버리기 위함이라. |1|

위대한 대선인들은 이 도를 따랐고 [29]
그들은 부처님 가르침에 따라 도를 닦았다.
[그러므로] 스승의 교법을 행하는 자들은

---

aṅga)에 의한 떨쳐버림, 억압(vikkhambhana)에 의한 떨쳐버림, 근절(samuccheda)에 의한 떨쳐버림, 편안함(paṭippassaddhi)에 의한 떨쳐버림, 벗어남(nissaraṇa)에 의한 떨쳐버림이다.
여기서는 이 중에서 유익한 법으로 대체함에 의한 떨쳐버림과 근절에 의한 떨쳐버림과 벗어남에 의한 떨쳐버림을 의지한 마음챙김의 깨달음의 구성요소[念覺支]를 닦는다고 알아야 한다. 깨달음의 구성요소를 닦는 데 몰두하는 수행자가 위빳사나의 순간에는 역할로는 유익한 법으로 대체함에 의한 떨쳐버림을, [열반을 실현하리라는] 원(願)으로는 벗어남에 의한 떨쳐버림을, 그러나 도의 순간에는 역할로는 근절에 의한 떨쳐버림을, 대상으로는 벗어남에 의한 떨쳐버림을 의지한 마음챙김의 깨달음의 구성요소를 닦는 것을 말한다."(MA.i.85)

논장(論藏, Abhidhamma Pitaka) 칠론의 마띠까에 대한 주석서인 『모하윗체다니』(Mohavicchedanī)는 다섯 가지 떨쳐버림을 각각 위빳사나(vipassanā), 초선부터 비상비비상처까지의 여덟 가지 증득(aṭṭha samāpatti), 도(magga), 과(phala), 열반(nibbāna)에 배대하고 있다.(Moh.229~230)

159) '재앙을 없애는'으로 옮긴 원어는 anītihaṁ인데 anu+iti+√hā(*to abandon*)의 합성어이다. 『앙굿따라 니까야 복주서』는 iti를 upaddavā(재앙)로 설명하는데 금생과 내생의 재앙을 계속해서 없앤다는 뜻으로(ītiyo hantīti ītihaṁ) 교법을 통한 청정범행(sāsana-brahmacariya)과 도를 통한 청정범행(magga-brahmacariya)의 동의어라고 풀이하고 있다. 혹은 ītiha는 갈애 등의 오염원(taṇhādiupakkilesā)을 말하는데 이 청정범행에는 그것이 전혀 없다는 뜻이라고 설명한다.(AAṬ.ii.237)

괴로움을 끝낼 것이다." |2| {35}

이러한 뜻 또한 세존께서 말씀하셨으니 이처럼 저는 들었습니다.

계략을 부리지 않음 경2(It2:9)

1. 이것은 참으로 세존께서 말씀하신 것이니 아라한께서 말씀하신 것을 이처럼 저는 들었습니다.

"비구들이여, 이 청정범행을 닦는 것은 사람에게 계략을 부리기 위함이 아니고 사람에게 쓸데없는 말을 하기 위함이 아니고 이득과 존경과 명성이라는 이익을 위함이 아니고 '사람들이 나를 이처럼 알아주기를.' 하면서 하는 것도 아니다. 비구들이여, 이 청정범행을 닦는 것은 최상의 지혜를 위함이고 통달지를 위함이다."160)

---

160) "'최상의 지혜를 위함(abhiññattha)'이라는 것은 유익함[善] 등의 분석(kusalādivibhāga)과 무더기[蘊] 등의 분석(khandhādivibhāga)에 의해서 모든 법들(sabbadhammā)을 아주 특별한 지혜(abhivisiṭṭha ñāṇa)로 전도됨이 없이 알기 위함(aviparītato jānanattha)이라는 뜻이다.
'통달지를 위함(pariññattha)'이라는 것은 삼계에 속하는 법들(tebhūmaka-dhammā)에 대해서 '이것은 괴로움이다.'라는 등으로 철저하게 알기 위함(parijānanattha)이고 극복하기 위함(samatikkamanattha)이라는 뜻이다.(극복하기 위함이란 것은 슬픔과 탄식을 버리기 위함(sokassa ca pari-devassa ca pahānatthāya)이란 뜻이다. — AAṬ.ii.165)
여기서 최상의 지혜로 알아야 하는 것을 최상의 지혜로 아는 것들(abhiññeyyābhijānanā)은 네 가지 진리[四諦]를 그 영역으로 가진다(catusaccavisayā). 그러나 통달해서 알아야 하는 것을 통달하여 아는 것(pariññeyyaparijānanā)이 괴로움의 진리[苦聖諦]를 그 영역으로 가진다면(dukkhasaccavisayā) 버림(집성제)과 실현함(멸성제)과 닦음(도성제)의 관통(pahāna-sacchikiriyā-bhāvana-abhisamayā)이 없이는 일어나지 않기 때문에 버림(집성제) 등도 역시 여기서 취해야 한다고 알아야 한다."(ItA.i.113)

최상의 지혜(abhiññā)에 대해서는 본서 「일체를 철저하게 앎 경」(It1:7) §1의 해당 주해도 참조할 것.

이러한 뜻을 세존께서는 말씀하셨습니다.

2. 여기서 이것을 이렇게 말씀하셨습니다.

"열반에 깊이 들게 인도하고 재앙을 없애는
청정범행을 그분 세존께서는 설하셨으니
최상의 지혜를 위함이고 통달지를 위함이라. |1|

위대한 대선인들은 이 도를 따랐고
그들은 부처님 가르침에 따라 도를 닦았다.
[그러므로] 스승의 교법을 행하는 자들은
괴로움을 끝낼 것이다." |2| {36}

이러한 뜻 또한 세존께서 말씀하셨으니 이처럼 저는 들었습니다.

기쁨 경(It2:10)

Somanassa-sutta

1. 이것은 참으로 세존께서 말씀하신 것이니 아라한께서 말씀하신 것을 이처럼 저는 들었습니다.

"비구들이여, 두 가지 법을 갖춘 비구는 [30] 지금 · 여기에서 많은 행복과 기쁨을 누리면서 머물고 번뇌들을 멸진하기 위한 원인을 충족하였다.161) 무엇이 둘인가?

절박함을 일으키는 토대들에 대한 절박함과 절박함을 가진 자의

161) '원인을 충족하였다.'는 yoni c'assa āraddhā hoti를 옮긴 것인데 주석서들에서 "원인을 구족하였다(kāraṇañ c'assa paripuṇṇaṁ hoti)."(SA.iii.22, *cf.* AA.iii.105)라고 설명하고 있어서 이렇게 옮겼다. yoni는 '모태'를 뜻하지만 문맥에 따라서 다르게 옮겼다. 여기에 대해서는 『상윳따 니까야』 제3권 「자신을 섬으로 삼음 경」(S22:43) §3의 해당 주해를 참조할 것.

지혜로운 노력이다.162) 비구들이여, 이러한 두 가지 법을 갖춘 비구는 지금・여기에서 많은 행복과 기쁨을 누리면서 머물고 번뇌들을 멸진하기 위한 원인을 충족하였다."

이러한 뜻을 세존께서는 말씀하셨습니다.

2. 여기서 이것을 이렇게 말씀하셨습니다.

"절박함을 일으키는 토대들에 대해서
현자는 절박해야 하고

162) 여기서 '절박함을 일으키는 토대들에 대한 절박함과 절박함을 가진 자의 지혜로운 노력'은 saṁvejanīyesu ṭhānesu saṁvejanena, saṁviggassa ca yoniso padhānena를 옮긴 것인데 이것은 『담마상가니』 경장의 두 개 조 마띠까 가운데 ma2-139번 마띠까와 정확하게 일치한다.
『담마상가니』 에서는 이 saṁvejanīya ṭhāna를 '절박함을 일으키는 원인'으로 옮겼는데 주석서에서 "절박함을 만드는(saṁvega-janaka) 원인(kāraṇa)"(AA.ii.38)이라고 해석하고 있어서 그렇게 옮겼다. 그런데 『이띠웃따까 주석서』 는 본경을 설명하면서 이것을 "절박함을 생기게 하는 태어남 등의 절박함의 토대들에서(saṁvegajanakesu jātiādīsu saṁvegavatthūsu)"(ItA.i.116)로 ṭhāna(장소, 경우)를 vatthu(토대)로 설명하고 있어서 본서에서는 '절박함을 일으키는 토대들'로 옮겼음을 밝힌다.

『담마상가니』 제3편 간결한 설명 편(nikkhepa-kaṇḍa)은 "1376. '절박함(saṁvega)'이란 태어남에 대한 두려움, 늙음에 대한 두려움, 병에 대한 두려움, 죽음에 대한 두려움이다. '절박함을 일으키는 토대(saṁvejanīya ṭhāna)'(ma2-139-a)란 태어남, 늙음, 병, 죽음이다."로 절박함과 절박함을 일으키는 토대들을 설명하고 있다.
그리고 『디가 니까야 주석서』 도 생・노・병・사에 대한 두려움(bhaya)이 절박함(saṁvega)이라고 설명하고 있다(DA.iii.984).

한편 본경에 해당하는 『이띠웃따까 주석서』 는 "태어남, 늙음, 병듦, 죽음, 악처의 괴로움(apāyadukkha), 과거의 윤회에 뿌리박은 괴로움(anāgate vaṭṭamūlaka dukkha), 미래의 윤회에 뿌리박은 괴로움, 현재의 음식을 구함에 뿌리박은 괴로움(paccuppanne āhārapariyeṭṭhimūlaka dukkha)이라는 이 [여덟 가지] 절박함의 토대들(saṁvegavatthūni)이 '절박함을 일으키는 토대들(saṁvejanīyaṭṭhānāni)'이 된다."(ItA.i.115~116)라고 설명하고 있다.

근면하고 슬기로운 비구는
통찰지로 깊이 살펴야 한다. |1|

이와 같이 머무는 근면한 자는
고요하고 들뜨지 않고[163]
마음의 사마타[止]에 몰두하여
괴로움의 멸진을 얻게 될 것이다." |2| {37}

이러한 뜻 또한 세존께서 말씀하셨으니 이처럼 저는 들었습니다.

첫 번째 품이 끝났다.[164]

첫 번째 품에 포함된 경들의 목록은 [31] 다음과 같다.
①~② 비구 두 가지 ③ 후회
④ 후회하지 않음 ⑤~⑥ 내생의 이익에 관한 것
⑦ 근면함 ⑧~⑨ 계략을 부리지 않음 두 가지
그리고 ⑩ 기쁨 ― 이들이 10가지이다.

---

163) '이와 같이 머무는 근면한 자는 / 고요하고 들뜨지 않고'는 evaṁ vihārī ātāpī, santavutti anuddhato를 옮긴 것인데 본서 「계를 잘 지킴 경」(It4:12) §3의 게송에는 evaṁ vihārim ātāpiṁ, santavuttim anuddhataṁ으로 목적격으로 나타난다.

164) 이 문장은 PTS본과 VRI본에는 나타나지 않지만 본서의 전체적인 통일을 위해서 넣었다.

두 번째 품

Dutiya-vagga(It2:11～22)

일으킨 생각 경(It2:11)

Vitakka-sutta

1. 이것은 참으로 세존께서 말씀하신 것이니 아라한께서 말씀하신 것을 이처럼 저는 들었습니다.

"비구들이여, 여래 · 아라한 · 정등각자에게는 두 가지 일으킨 생각이 많이 일어나나니 ① [중생의] 안은함에 대한 생각과 ② 한거165)에 대한 생각이다.166)

---

165) '한거'는 paviveka의 역어이다. 『맛지마 니까야 주석서』는 이렇게 설명한다.

"세 종류의 한거(ti pavivekā)가 있다. 몸의 한거(kāya-paviveka), 마음의 한거(citta-paviveka), 재생의 근거의 한거(upadhi-paviveka)이다. 이 중에서 "혼자 가고, 혼자 서고, 혼자 눕고, 혼자 자고, 혼자 마을로 탁발을 가고, 혼자 나오고, 혼자 경행대에서 경행하고, 혼자 움직이고, 혼자 머문다."(Nd. i.26)라는 이것을 몸의 한거라 한다. 여덟 가지 증득[等至, 等持, samāpatti, 초선부터 비상비비상처까지]을 마음의 한거라 한다. 열반을 재생의 근거의 한거라 한다."(MA.ii.143)

166) "이 가운데 '[중생의] 안은함에 대한 생각(khemavitakka)'은 세존의 경우에는 특별히 연민[悲]과 연결되어 있고(karuṇāsampayutta) 자애[慈]와 함께 기쁘함[喜]과도 연결되어(mettāmuditāsampayutta) 있기도 하다. 그러므로 그분은 큰 연민의 증득(mahākaruṇāsamāpatti)과 자애 등의 증득을 우선하여(pubbaṅgama) 연결되어 있다고 알아야 한다.
그러나 '한거에 대한 생각(pavivekavitakka)'은 과의 증득(phalasamāpatti)을 우선하여 연결되어 있고 신성한 머묾(dibbavihārādi) 등을 통해서도 얻

비구들이여, ① 여래는 악의 없음[167]을 기뻐하고 악의 없음을 좋아한다. 비구들이여, 이처럼 악의 없음을 기뻐하고 악의 없음을 좋아하는 여래에게는 '나는 이러한 행동으로 떠는 자든 굳건한 자든[168] 어떤 자도 해치지 않는다.'[169]라는 이러한 생각이 많이 일어난다."

으신다.
이처럼 이들에게는 일으킨 생각이 그 영역이다(vitakko visayo). … 여기서 [중생의] 안은함에 대한 생각은 세존의 경우 연민에 들어감 등(karuṇ-okkamanādi)으로 해석되어야 하고(vibhāvetabbo), 한거에 대한 생각은 등지(等至, samāpatti, 즉 본삼매)들을 통해서 [해석되어야 한다]."(ItA.i.143)
즉 이 둘은 각각 네 가지 거룩한 마음가짐과 삼매 수행을 통해서 실천되어야 하는 것이다.

167) '악의 없음(abyāpajjha)'은 자애(mettā)와 동의어이다.(ItA.i.148; MA.ii.395)

168) '떠는 자든 굳건한 자든'은 tasaṁ vā thāvaraṁ vā를 옮긴 것이다. 여기서 tasa(Sk. trasa)는 √tras(*to tremble*)에서 파생된 남성명사로 떨림이나 두려움을 뜻하고 thāvara는 √sthā(*to stand*)에서 파생된 형용사나 남성명사로 움직이지 않는, 굳센, 늙은이 등을 뜻한다. 산스끄리뜨 일반에서 sthāvara는 움직임이 없는 나무와 같은 식물들을 뜻하고 후대에는 특히 부동산을 의미하기도 한다. 산스끄리뜨 일반에서 trasa는 살아 움직이는 모든 생물을 뜻한다. 이것이 초기불전에 들어와서 이 둘이 함께 쓰이는 문맥에서는 갈애를 가진 자와 갈애가 없는 자, 즉 아라한을 뜻하는 용어로 쓰이고 있다. 본경에 해당하는 주석서는 이렇게 설명한다.

"저열한 중생 등 가운데서 갈애와 두려움으로 인해(taṇhātasādiyogato) 떠는 자가 있고(tasaṁ), 혹은 그것이 없어서 모든 오염원의 요동을 제거한(pahīna-sabbakilesavipphanditattā) 굳건한 자(thāvaraṁ vā)가 있다. 그 누구도 나는 해치지 않고 괴롭게 하지 않는다(na bādhemi na dukkhā-pemi)."(ItA.i.147)

다른 주석서들도 다음과 같이 설명을 하고 있다.
"'떠는 자들(tasā)'이란 갈애를 가진 자들(sataṇhā)이고 '굳건한 자들(thāvarā)'이란 갈애가 없는 자들(nittaṇhā)이다."(MA.iii.341)
"여기서 떤다(tasanti)고 해서 '떠는 자들'인데 갈애를 가진 자들(sataṇhā)과 두려움을 가진 자들(sabhayāna)과 이것은 동의어(adhivacana)이다. 서있다(tiṭṭhanti)고 해서 '굳건한 자들'인데 갈애를 제거하여 두려움이 없는(pahīnataṇhābhayā) 아라한들(arahanto)과 이것은 동의어이다."(SnA.i.207)

2. "비구들이여, ② 여래는 한거를 기뻐하고 한거를 좋아한다. 비구들이여, 이처럼 한거를 기뻐하고 한거를 좋아하는 여래에게는 '해로운 것은 제거되었다.'라는 이러한 생각이 많이 일어난다."

3. "비구들이여, 그러므로 그대들도 여기서 ① 악의 없음을 기뻐하고 악의 없음을 좋아하며 [32] 머물러라. 비구들이여, 악의 없음을 기뻐하고 악의 없음을 좋아하며 머무는 그러한 그대들에게는 '우리는 이러한 행동으로 떠는 자든 굳건한 자든 어떤 자도 해치지 않는다.'라는 이러한 생각이 많이 일어날 것이다."

4. "비구들이여, ② 한거를 기뻐하고 한거를 좋아하며 머물러라. 비구들이여, 한거를 기뻐하고 한거를 좋아하며 머무는 그러한 그대들에게는 '무엇이 해로운 것인가? 무엇이 제거되지 않았는가? 무엇을 제거했는가?'라는 생각이 많이 일어날 것이다."170)

이러한 뜻을 세존께서는 말씀하셨습니다.

5. 여기서 이것을 이렇게 말씀하셨습니다.171)

---

169) '어떤 자도 해치지 않는다.'는 na kañci byābādhemi를 옮긴 것이다. 주석서는 "이것으로 해코지 않음의 생각(avihiṁsāvitakka)과 악의 없음의 생각(abyāpādavitakka)을 보여주셨다."라고 설명하고 있다.(ItA.i.147)

170) 본경은 특히 바른 사유와 연결이 된다. 수행자가 가져야 할 바른 생각으로 먼저 자애 혹은 안은함 혹은 악의 없음에 대한 사유가 강조되고 두 번째로 한거에 대한 생각을 설하신다. 그런 의미에서 본경은 바른 사유를 강조하는 『맛지마 니까야』 제1권 「두 가지 사유 경」(Dvedhāvitakka Sutta, M19)과 「사유를 가라앉힘 경」(Vitakkasaṇṭhāna Sutta, M20)과 비교해서 관찰해볼 필요가 있을 것이다.

171) 본경의 이 게송들을 부처님께서 직접 설하신 것으로 보기보다는 쿳줏따라든 합송자든 부처님 제자가 부처님을 찬탄하는 것으로 보는 것이 더 좋을 듯하다. 특히 이 게송의 {3}은 S6:1 §5, D14 §§3.7, M26 §20에서 사함빠띠 범천

"여래, 깨달은 분, 견디지 못할 것을 견디는 분
그분에게 두 가지 생각이 일어나나니
안은함에 대한 생각이 첫 번째로 설해졌고
그다음 한거에 대한 생각이 두 번째로 밝혀졌도다. |1|

어둠을 몰아내고 저 언덕[彼岸]에 도달한[172] 대선인,
얻을 것을 얻었고[173] 자유자재하고 번뇌가 없으며
오염원을 건넜고[174] 갈애를 멸진하여 해탈하였으니
그분은 성자요 마지막 몸을 가진 분이니[175]

이 부처님께 법을 설해주시기를 권청하며 읊은 것으로 나타나고 있기 때문이다. 그러나 본경에 해당하는 주석서는 이 게송도 부처님께서 직접 읊으신 것으로 다음과 같이 설명을 더하고 있다.

"이와 같이 본경과 게송들에서(etasmiṁ sutte gāthāsu ca) 세존께서는 자신을 남인 것처럼 여기시어(attānaṁ paraṁ viya katvā) 보여주셨다." (ItA.i.151)

172) "저 언덕(pāra)인 열반에 도달했다(nibbānaṁ gata)고 해서 '저 언덕에 도달한(pāragata)'이다."(ItA.i.149)

173) "'얻을 것을 얻었고(pattipattaṁ)'라고 하셨다. 부처님은 계행 등(sīlādi)과 열 가지 힘[十力]의 지혜 등(dasabalañāṇādi) 정등각자들이 얻으셔야 하는 모든 것을 얻으셨다는 뜻이다.
'자유자재하고(vasimaṁ)'라는 것은 禪 등에서 원하는 대로 즉시에 응하는(ākaṅkhā-paṭibaddha) 으뜸가는 전향 등의 자유자재(āvajjanādi-vasi-bhāva)와 성스러운 성취수단이라 불리는(ariyiddhisaṅkhāta) 남들과 공통되지 않는(anaññasādhāraṇa) 마음의 자유자재(cittavasibhāva)가 그분에게 있다고 해서 자유자재하신 분(vasimā)이다."(ItA.i.149～150)

174) "'오염원을 건넜고(visantaraṁ)'라고 하셨다. 몸의 바르지 못함 등(kāya-visamādika)이라고 하는 바르지 못함(visama)을 토해내었기 때문에(vantattā) 혹은 visa라 불리는 모든 오염원의 때(kilesamala)를 건너서(taritvā) visa라는 전체 윤회의 괴로움(sakalavaṭṭadukkha)을 스스로 넘어서고 건넜기 때문에(tāraṇato) 오염원을 건넘(visantar)이라 한다."(ItA.i.150)

175) "'마지막 몸을 가진 분(antimadehadhārī)'이라고 하셨다. 미래에 다시 존재

마라를 물리친[176] [33] 그분에 대해
늙음의 저 언덕[彼岸]에 도달한 분[177]이라고 나는 부른다. |2|

마치[178] 바위산 꼭대기에 서면[179]
주변의 사람들을 두루 볼 수 있듯이
현자이고,[180] 모든 것을 볼 수 있는 눈을 가졌고

하거나 존재하지 않음으로부터 끝이요(āyatiṁ punabbhavābhāvato antimaṁ) 마지막인(pacchimaṁ) 육신, 즉 몸을(dehaṁ kāyaṁ) 가지셨다(dhāreti)고 해서 '마지막 몸을 가진 분'이시다."(ItA.i.150)

176) "오염원으로서의 마라 등(kilesamārādi)을 바르게 버리셨기 때문에(sammadeva pariccattattā) '마라를 물리친(mārañjahaṁ)'이라 하셨다."(ItA.i.150)
마라(Māra)에 대해서는 본서 「공부지음의 이익 경」(It2:19) §2의 해당 주해를 참조할 것.

177) "늙음의 원인을 근절하였기 때문에(jarāhetusamucchedato) 무여열반을 증득함(anupādisesanibbānappatti)을 통해서 자연적인 늙음 등의 모든 늙음(pākaṭajarādi-sabbajarā)의 '저 언덕에 도달한 분(pāragu)'이다. 여기서는 늙음을 머리[上首]로 하여(jarāsīsena) 태어남과 죽음과 슬픔 등의 저 언덕에 도달함(jātimaraṇasokādīnaṁ pāragamana)을 말씀하신 것이라고 보아야 한다."(ItA.i.150)

178) 게송 가운데 '마치 바위산 꼭대기에 서면'부터 마지막까지는 『상윳따 니까야』 제1권 「권청(勸請) 경」(S6:1) §5와 율장(Vin.i.4~7)과 『디가 니까야』 제2권 「대전기경」(D14) §§3.7과 『맛지마 니까야』 제1권 「성스러운 구함 경」(M26) §20 등에도 나타난다.

179) "이처럼 세존께서는 첫 번째 게송(paṭhamagāthā)으로 두 가지 생각(vitakkadvaya)을 요약하신 뒤에(uddisitvā) 두 번째 게송으로 한거에 대한 생각(pavivekavitakka)을 보여주셨다. 이제 여기서는 안은함에 대한 생각(khemavitakka)을 보여주시기 위해서 '마치 바위산 꼭대기에 서면(sele yathā …)'이라고 세 번째 게송을 말씀하셨다."(ItA.i.150)
이처럼 주석서는 이 게송들도 모두 부처님께서 직접 읊으신 것으로 설명하고 있다.

180) '현자이고'는 주격으로 쓰인 sumedho를 옮긴 것이다. 그리고 '모든 것을 볼 수 있는 눈을 가졌고'로 옮긴 samantacakkhu도 주격으로 해석하였다. 같은 게송이 나타나는 『상윳따 니까야』 제1권 「권청(勸請) 경」(S6:1) §5 등

[스스로] 슬픔을 제거한 그분은
그와 같이 법으로 충만한 궁전에 올라
슬픔에 빠져있고 태어남과 늙음에 압도된
자들을 두루 살펴본다네." |3| {38}

이러한 뜻 또한 세존께서 말씀하셨으니 이처럼 저는 들었습니다.

설법 경(It2:12)

Desanā-sutta

1. 이것은 참으로 세존께서 말씀하신 것이니 아라한께서 말씀하신 것을 이처럼 저는 들었습니다.

"비구들이여, 여래・아라한・정등각자에게는 방편에 따라[181] 두

에는 sumedha로 호격으로 나타난다. 그래서 「권청 경」(S6:1) §5 등에서는 이들을 호격으로 해석하여 '현자시여, 모든 것을 볼 수 있는 눈을 가지신 분이시여'로 옮겼다.

181) "'방편에 따라(pariyāyena)'라고 하셨다. 여기서 '방편'이라는 단어는 "아난다여, 그렇다면 여기서 이 법문을 꿀 덩어리 법문(madhupiṇḍika-pariyāya)이라고 호지하라."(M18 §22) 등에서는 ① 가르침(desanā)이라는 [의미로] 나타난다. "바라문이여, 한 가지 이유(pariyāya)가 있으니, 그 때문에 나에 대해 바르게 말하는 어떤 사람이 '고따마 존자는 업지음 없음을 말하는 분입니다.'라고 말할지도 모른다."(A8:11 §2)에서는 ② 이유(kāraṇa)라는 [의미로], "아난다여, 오늘은 누가 비구니들에게 훈도할 차례(pariyāya)인가?"(M146 §3)에서는 ③ 차례(vāra)라는 [의미로] 나타난다. 그런데 여기 [본경]에서는 차례(vāra)라는 의미로도 이유(kāraṇa)라는 의미로도 나타난다. 그러므로 여기서는 '비구들이여, 여래에게는 이유에 따라 차례에 따라 두 가지 설법이 있다.'라는 이것이 그 뜻이다."(ItA.i.151~152)

경장(經藏, Sutta Pitaka)에서 전승되어오는 부처님 말씀의 가장 큰 특징이 무엇일까? 논장의 주석서들은 주저하지 않고 경장에 전승되어 오는 부처님의 말씀은 대기설(對機說, 방편설, pariyāya-desanā)이라고 적고 있다. 이 대기설에 해당하는 빠알리어 pariyāya-desanā 가운데 pariyāya는 pari(둘레에, 원만히)+√i(*to go*)에서 파생된 명사로, 기본 의미는 '일이 경

가지 설법이 있다. 무엇이 둘인가?

'사악한 것을 사악한 것으로 보라.'182)는 이것이 첫 번째 설법이다. '사악한 것을 사악한 것으로 본 뒤 염오하라, 탐욕을 빛바래게 하라[離慾], 해탈하라.'183)는 이것이 두 번째 설법이다. 비구들이여, 여

우에 맞게 원만히 잘 되어 가는 것'을 뜻하며, 그런 뜻에서 '방편, 방법, 차례, 이유, 습관' 등의 의미로 쓰인다.

4부 니까야의 여러 경들에서 보듯이 부처님께서는 처음부터 법을 잘 이해할 수 없는 사람들(주로 재가자들)에게는 보시와 지계와 천상에 나는 것[施·戒·生天]을 설하셨고, 법을 알아들을 수 있는 사람들에게도 그 사람의 성향이나 처한 환경이나 근기에 맞추어 다양하게 법을 설하셨다. 같은 내용도 상황에 따라서 사성제로 설하시기도 하고 팔정도로 설하시기도 하고 연기로 설하시기도 하셨다. 연기도 12연기뿐만 아니라 11지, 10지 … 2지 연기를 설하시기도 하였다. 수행에 관계된 말씀도 어떤 때는 오근·오력으로 설하시기도 하고 어떤 때는 칠각지를 강조해서 설하시기도 하고 사념처를 강조하시기도 하고 성스러운 팔정도를 말씀하시기도 하고 37보리분법 전체를 설하시기도 한다. 이처럼 부처님께서는 듣는 사람의 처한 상황이나 문제의식이나 이해 정도나 수행 정도나 기질이나 성향에 따라서 다양한 방법을 사용해서 설법을 하셨다. 이런 것을 우리는 대기설법(對機說法)이라 한다.

182) "'사악한 것을 사악한 것으로 보라(pāpaṁ pāpakato passatha).'는 것은 모든 사악한 법은 지금·여기에서나 미래에서나 해로움과 괴로움을 실어오는 것(ahitadukkhāvaha)으로 저열한 것(lāmaka)으로 보라는 말씀이다." (ItA.i.152)

183) 여기서 '① 염오하라, ② 탐욕을 빛바래게 하라[離欲], ③ 해탈하라'는 ① nibbindatha ② virajjatha ③ vimuccatha를 옮긴 것이다. 이 세 가지는 각각 ① nis(부정접두어)+√vid(*to know, to find*) ② vi(분리접두어)+√rañj(*to dye*) ③ vi+√muc(*to release*)의 동사 명령형 2인칭 복수이다. 이 세 동사에서 파생된 명사 ① nibbidā(염오) ② virāga(이욕) ③ vimutti(해탈)는 초기불교의 가장 중요한 용어들에 속한다. 이들에 대해서 살펴보자.

첫째, nibbidā는 '염오'로 옮기고 있다. 이 용어는 nis(부정접두어)+√vid(*to know, to find*)에서 파생된 명사이다. 산스끄리뜨로는 nirvid 혹은 nirvidā인데 중국에서는 염(厭)이나 염리(厭離)로 옮겼다. 그래서 초기불전연구원에서는 염오(厭惡)로 정착시키고 있다. 역겨워함, 넌더리침 등으로도 옮길 수 있다. 이것의 동사 nibbindati도 적지 않게 나타나는데, 이것은 모두 염오하다로 옮겼다. 온·처·계 등에 대해서 염오하는 것은 초기불교 수행에서 가장 중요한 단계이다. 그래서 주석서는 이 염오를 강한 위빳사나라

고 설명하고 있다. 염오가 일어나지 않으면 도와 과의 증득은 있을 수 없다. 그러므로 정형구에는 항상 염오-이욕-소멸 혹은 염오-이욕-해탈-구경해탈지 등으로 나타나는 것이다.

주석서는 "'염오'란 염오의 지혜를 말하는데 이것으로 강한 위빳사나(balava-vipassanā)를 드러내고 있다. 여기서 강한 위빳사나란 [10가지 위빳사나의 지혜 가운데] ④ 공포의 지혜(bhayatūpaṭṭhāne ñāṇa) ⑤ 위험을 관찰하는 지혜(ādīnava-anupassane ñāṇa) ⑦ 해탈하기를 원하는 지혜(muñ-citukamyatā-ñāṇa) ⑨ 형성된 것들[行]에 대한 평온의 지혜(saṅkhār-upekkhā-ñāṇa)의 네 가지 지혜와 동의어이다."(SA.ii.53, 『상윳따 니까야』 제2권 「의지처 경」(S12:23) §4에 대한 주석)라고 설명하고 있다.

그러면 염오는 무엇을 기반으로 하여 생겨나는가? 초기불전을 정리해 보면 무상-고-무아에 대한 통찰이 있어야 한다. 무상-고-무아로 통찰해 보기 위해서는 모든 개념적 존재를 법으로 해체해서 보아야 한다. 해체 혹은 해체해서 보기에 대해서는 졸저 『초기불교 이해』 26쪽 이하 등을 참조하기 바란다.

둘째, virāga는 '이욕(離欲)' 혹은 '탐욕의 빛바램'으로 옮겼다. 이 용어는 vi(분리접두어)+rāga로 구성되었다. rāga는 물들인다는 동사 rañjati(√rañj, *to dye*)에서 파생되었다. 그러므로 rāga는 기본적으로 색깔이나 색조나 빛깔이나 물들임의 뜻이 있다. 그래서 마음이 물든 상태, 즉 애정, 애착, 애욕, 갈망, 집착, 탐욕, 욕망 등의 뜻으로 쓰인다. 『청정도론』에서는 이성(異性)을 대상으로 자애를 닦으면 애욕이나 애정이 일어난다는 문맥에서도 나타나고 있다.(Vis.IX.6) 중국에서는 이구・이염・이욕・이탐(離垢・離染・離欲・離貪)으로 옮겼고 초기불전연구원에서는 '탐욕의 빛바램[離欲]'으로 옮기고 있다. 아비담마와 주석서에서는 이 탐욕의 빛바램의 단계를 도(예류도부터 아라한도까지)가 드러나는 단계라고 설명한다.

셋째, vimutti(위뭇띠)는 '해탈'로 옮기고 있다. 이 위뭇띠는 초기불전에서 대략 9가지 문맥에서 나타난다. 여기에 대해서는 『초기불교 이해』 '제27장 해탈이란 무엇인가'의 (2)를 참조하기 바란다. 주석서는 "'탐욕이 빛바랜다(virāga).'는 것은 도(magga)를 말하고, 탐욕의 빛바램인 도를 통해서 '해탈한다(vimuccati)'는 것은 과(phala)를 말한 것이다. '해탈할 때 해탈했다는 지혜가 생긴다(vimuttasmiṁ vimuttamiti ñāṇaṁ hoti).'는 것은 반조(paccavekkhaṇā)를 말한 것이다."(MA.ii.115, SA.ii.53 등)라고 설명하고 있는데 이처럼 염오와 이욕의 문맥에서 나타나는 해탈은 예외 없이 과의 경지를 나타낸다. 또 다른 주석서를 인용하자면 다음과 같다.

"'염오'는 강한 위빳사나이고 '탐욕의 빛바램'은 도이다. '해탈과 [해탈]지견(vimutti-ñāṇadassana)'은 과의 해탈과 반조의 지혜(paccavekkhaṇa-ñāṇa)를 뜻한다."(AA.iii.228)

래 · 아라한 · 정등각자에게는 방편에 따라 이러한 두 가지 설법이 있다."

이러한 뜻을 세존께서는 말씀하셨습니다.

2. 여기서 이것을 이렇게 말씀하셨습니다.

"모든 존재를 연민하시는
여래이신 부처님의
방편적인 말씀을 보라.
그분은 두 가지 법을 천명하셨다. |1|

이러한 사악함을 [34] 보라,
그리고 거기서 탐욕을 빛바래게 하라.
거기서 마음이 탐욕으로부터 빛바래면
그대들은 괴로움을 끝낼 것이다." |2| {39}

그래서 본경에 해당하는 『이띠웃따까 주석서』도 이렇게 설명한다.
"염오하기 때문에(nibbindantā) 위빳사나를 증장시킨 뒤(vaḍḍhetvā) 성스러운 도를 증득함(ariyamagga-adhigama)에 의해서 사악함으로부터 '탐욕을 빛바래게 하라(virajjatha)', [그리고] '해탈하라(vimuccatha)'는 말씀이다. 혹은 도(magga)로 뿌리째 뽑힘(근절)인 이욕(samuccheda-virāga)을 통해서 '탐욕을 빛바래게 하라', 그런 뒤에 과(phala)로 편안함의 해탈(paṭippassaddhi-vimutti)을 통해서 해탈하라는 말씀이다."(ItA.i.152)

다시 정리하면, 해탈은 가장 넓게는 네 가지 과(즉 예류과 · 일래과 · 불환과 · 아라한과)의 증득을 뜻하기도 하고 아라한과의 증득을 뜻하기도 하고 열반의 실현을 뜻하기도 한다. 이러한 성자의 경지를 체득하지 못하고서는 결코 그것을 해탈(vimutti, 여기서 해탈은 8해탈(vimokkha)과는 구분해야 함)이라고 부르지 않는다. 그런데 네 가지 과는 한 찰나라도 열반에 들었다 나와야 한다. 혹은 다르게 표현하면 한 찰나라도 열반의 체험이 있어야 한다. 이러한 열반의 체험이 없으면 그 사람을 결코 예류자부터 아라한까지의 성자라고 부르지 않는다. 그러므로 열반의 체험이야말로 해탈(vimutti)인 것이다. 이처럼 염오-이욕-해탈은 각각 강한 위빳사나-도-과의 체득과 동의어가 된다.

이러한 뜻 또한 세존께서 말씀하셨으니 이처럼 저는 들었습니다.

명지 경(It2:13)184)

Vijjā-sutta

1. 이것은 참으로 세존께서 말씀하신 것이니 아라한께서 말씀하신 것을 이처럼 저는 들었습니다.

"비구들이여, 무명이 선구자가 되어185) 해로운 법[不善法]들이 일

---

184) 게송을 제외한 본경은 『상윳따 니까야』 제5권 「무명 경」(S45:1)과 『앙굿따라 니까야』 「명지 경」(A10:105)과 같은 방법의 가르침을 담고 있다. 다만 이 두 경에는 각각 팔정도, 10정도와 이와 반대되는 8가지 그릇된 도와 10가지 그릇된 도가 더 나타나는 것이 다르다.
그리고 『이띠웃따까 주석서』에는 본경의 산문에 대한 주석이 많지 않아서 본경에 달고 있는 주해는 대부분 「무명 경」(S45:1)의 주해를 전재한 것이다.

185) "'선구자가 되어(pubbaṅgamā)'라는 것은 함께 생김(sahajāta)과 강하게 의지함(upanissaya)인 두 가지 측면에서 선구자가 되고 앞서 가는 것(purassarā)을 말하며 근본적인 이유(padhānakāraṇa)를 뜻한다. 무명이 없이는 해로움의 일어남(akusaluppatti)이란 없기 때문이다."(ItA.i.153, *cf* SA.iii.116)
즉 무명과 불선법은 서로가 함께 생긴 조건[俱生緣, sahajāta-paccaya]과 강하게 의지하는 조건[親依支緣, upanissaya-paccaya]으로 조건이 되어 생기는 것이라는 말이다. 함께 생긴 조건과 강하게 의지하는 조건에 대해서는 『아비담마 길라잡이』 제8장 §11과 §17과 §20의 해설을 참조할 것.

『상윳따 니까야 복주서』는 다음과 같은 설명을 덧붙이고 있다.
"'선구자가 되어(pubbaṅgamā)'라는 것은 앞에서 가는 것(pubbe-carā)을 말한다. 무명은 알지 못하는 특징을 가졌고(aññāṇa-lakkhaṇā) 미혹하게 만듦(sammuyhan-ākāra)을 통해서 대상에 대해서 생긴다. 그러므로 함께 결합되어 있는 법(sampayutta-dhamma)들에 대해서 그러한 형태로 수순하기 때문에(tad-ākāra-anuvidhānatā) 조건이 된다. 그렇게 해서 사람들은 무상이요 부정이요 괴로움이요 무아의 고유성질(sabhāva)을 가진 법들을 항상한 것 등으로 거머쥔다. 이것이 함께 생긴 조건(sahajāta)으로 선구자가 되는 것이다.
사람이 미혹에 압도되어 사악한 행위(pāpa-kiriya)에 있는 위험함(ādīnava)

어남으로써 양심 없음과 수치심 없음[186]이 이것을 따르게 된다.[187] 비구들이여, 명지(明知)가 선구자가 되어[188] 유익한 법[善法]들이 일어남으로써 양심과 수치심[189]이 이것을 따르게 된다."

을 보지 못하고 살생 등을 저지르고 남에게 여러 가지 나쁜 행위를 저지르는 것은 함께 생긴 조건(sahajāta)과 강하게 의지하는 조건(upanissaya)으로 선구자가 되는 것이다."(SAṬ.iii.103)

초기불전연구원에서는 pāmokkha를 '선도자'(Vbh §511)로 옮기고 pubbaṅ-gama를 문맥에 따라 여기서처럼 '선구자'나 '앞세우는'(It1:1 §2의 해당 주해와 It2:11 §1의 해당 주해 참조) 등으로 옮기고 있다.

186) "'양심 없음(ahirika)'이란 부끄러워하지 않음에 확고한 것(alajjanākāra-saṇṭhita)을 말하고 '수치심 없음(anottappa)'이란 [악행을] 두려워하지 않음에 확고한 것(abhāyan-ākāra-saṇṭhita)을 말한다."(SA.iii.116)

187) '따르게 된다.'는 anvadeva를 옮긴 것인데 주석서에서 "그것과 함께, 하나가 되어, 그것이 없이는 일어나지 않는다(sah'eva ekato'va, na vinā tena uppajjati)."(SA.iii.116)라고 설명하고 있어서 이렇게 옮겼다.

188) "밝은 측면(sukka-pakkha)에서 보자면, '명지(vijjā)'란 업이 자신의 주인임을 아는 지혜(kammassakata-ñāṇa)이다. 여기서도 함께 생김(saha-jāta)과 강하게 의지함(upanissaya)인 두 가지 측면에서 선구자가 된다고 알아야 한다."(SA.iii.117)

189) "'양심(hirī)'이란 부끄러워함에 확고한 것(lajjanākāra-saṇṭhita)을 말하고 '수치심(ottappa)'이란 [악행을] 두려워함에 확고한 것(bhāyanākāra-saṇṭhita)을 말한다. 이것은 여기서 간략하게 설명한 것이고 상세한 것은 『청정도론』(XIV.142)에서 설명되었다."(SA.iii.117)

『청정도론』은 이 둘을 이렇게 설명한다.
"몸으로 짓는 나쁜 행위 등에 대해 부끄러워한다고 해서 '양심(hirī)'이라 한다. 이것은 부끄러움(lajjā)의 동의어이다. 몸으로 짓는 나쁜 행위 등에 대해 두려워한다고 해서 '수치심(ottappa)'이라 한다. 이것은 악행에 대한 불안의 동의어이다.
양심은 부끄러워함 때문에 악행을 짓지 않는 역할을 하고, 수치심은 두려워함 때문에 악행을 짓지 않는 역할을 한다. 양심은 자기를 중히 여기고, 수치심은 타인을 중히 여긴다. 자신을 중히 여겨 양심상 악행을 버린다. 마치 좋은 가문의 규수처럼. 타인을 중히 여겨 수치심으로 악행을 버린다. 마치 궁녀처럼. 이 두 가지 법은 세상의 보호자라고 알아야 한다."(『청정도론』 XIV.142)

이러한 뜻을 세존께서는 말씀하셨습니다.

2. 여기서 이것을 이렇게 말씀하셨습니다.

"이 세상에서든 다른 세상에서든
어떤 불행한 곳[惡處]에서든
모든 것은 무명을 뿌리로 하고
바람[願]과 탐욕을 몸통으로 한다. |1|

그릇된 바람과 양심 없음과
경시함이 있어서
거기로부터 그릇됨이 흘러나와서
그것 때문에 처참한 곳으로 간다. |2|

그러므로 비구는 욕구와 탐욕과
무명을 빛바래게 하고
명지를 일으켜서
모든 불행한 곳을 버려야 한다." |3| {40}

이러한 [35] 뜻 또한 세존께서 말씀하셨으니 이처럼 저는 들었습니다.190)

---

190) PTS본에 의하면 본경의 마지막인 이 구절 다음에 'Paṭhamabhāṇavāraṁ'이라는 문구가 나타나는데 여기서 첫 번째 바나와라가 끝났다는 뜻이다. 즉 이 「명지 경」(It2:13)의 마지막까지가 첫 번째 바나와라이고 다음 경부터 두 번째 바나와라가 시작이 된다는 말이다. VRI본에는 바나와라에 대한 이런 언급이 나타나지 않는다. 그러나 VRI본 『이띠웃따까 주석서』에는 본경을 주석한 뒤에 'paṭhamabhāṇavāravaṇṇanā niṭṭhitā'로, 즉 '첫 번째 바나와라에 대한 설명이 끝났다.'로 나타나고 있다.

'바나와라(bhāṇavārā)'란 '쉬지 않고 계속해서 외울 수 있는 만큼의 분량'을 말한다. 바나와라는 문자 그대로 '암송(bhānā)의 전환점(vāra)'이라는 말인

통찰지를 버림 경(It2:14)

Paññāparihīna-sutta

1. 이것은 참으로 세존께서 말씀하신 것이니 아라한께서 말씀하신 것을 이처럼 저는 들었습니다.

"비구들이여, 성스러운 통찰지를 버려버린191) 중생들은 완전하게 버려진 자들이다. 그들은 지금 · 여기에서 괴로운 삶을 살고 속상함에 시달리고 절망에 시달리고 열병에 시달리며 몸이 무너져 죽은 뒤 불행한 곳[惡處]이 예상된다.

비구들이여, 성스러운 통찰지를 버리지 않은 중생들은 버려지지 않은 자들이다. 그들은 지금 · 여기에서 행복한 삶을 살고 속상함에

데 경전을 외워 내려가다가 한 바나와라가 끝나면 쉬었다가 다시 외우는 것이 반복되고 그 다음 바나와라가 끝나면 또 다시 쉬었다가 시작한다. 한 바나와라는 8음절로 된 사구게(四句偈)로 250게송의 분량이라 한다. 그래서 총 4×8×250=8,000음절이 된다. 한편 삼장은 모두 2,547개에 해당되는 바나와라를 가진다고 한다.(『청정도론』 3권 427쪽 주해에서 재인용)

그런데 PTS본에는 두 번째 바나와라에 대한 언급은 나타나지 않고 {96}번째 경인 「감각적 쾌락의 속박 경」(It3:47)의 말미에 'Tatiyabhāṇavāraṁ'이라는 문구가 나타나는데 여기서 세 번째 바나와라가 끝났다는 뜻이다. 주석서는 별다른 언급이 없다.

191) "'성스러운 통찰지를 버려버린(ye ariyāya paññāya suparihīnā)'이라고 하셨다. 다섯 가지 무더기들(오온)의 일어나고 사라짐을 꿰뚫음(udayabbaya-paṭivijjhana)과 네 가지 진리를 꿰뚫음(catusaccapaṭivijjhana)과 오염원들을 멀리 여의고(kilesehi ārakā) 성스럽고 청정한 위빳사나의 통찰지와 도의 통찰지에 확고함(ṭhitattā)을 버려버린(parihīnā) 중생들(sattā)이 있다. 그들은 세간적이거나 출세간적인 성취(lokiyalokuttara sampatti)를 통째로 버려버린(ativiya parihīnā) 크게 잃은 자들(mahājānikā)이다. 그러면 누가 그들인가? 업의 장애(kammāvaraṇa)에 빠져있는 자들이다. 그들은 전적으로 그릇된 것에 빠져있어서(micchattaniyatabhāvato) [성취를] 완전히 버려버렸고(ekantena parihīnā) 완성하지 못하였으며(aparipuṇṇā) 크게 잃은 자들(mahājānikā)이다."(ItA.i.154~155)

시달리지 않고 절망에 시달리지 않고 열병에 시달리지 않으며 몸이 무너져 죽은 뒤 좋은 곳[善處]이 예상된다."

이러한 뜻을 세존께서는 말씀하셨습니다.

2. 여기서 이것을 이렇게 말씀하셨습니다.

"신들을 포함한 세상을 보라.
그들은 통찰지를 버려버리고
정신과 물질에 고착되어
이것을 진리라 여긴다.192) |1|

꿰뚫음으로 인도하는 통찰지는
참으로 세상에서 으뜸이니
이것으로 태어남과 존재의
완전한 멸진을 바르게 꿰뚫어 안다. |2|

마음챙김을 갖춘 바르게 깨달은 분들
미소 짓는 통찰지를 가졌고
마지막 몸을 가진 분들 [36]
신들과 인간들은 이분들을 부러워한다." |3| {41}

이러한 뜻 또한 세존께서 말씀하셨으니 이처럼 저는 들었습니다.

---

192) '정신과 물질에 고착되어(niviṭṭhaṁ nāmarūpasmiṁ)'라고 하셨다. 정신·물질인 취착의 [대상인] 무더기 다섯 가지(upādānakkhandhapañcaka)에 대해서 '이것은 나의 것이다.'라는 등으로 갈애와 사견을 통해서 천착하고(abhiniviṭṭha) 집착하는 것(ajjhosita)을 말한다. 그런 다음에는 '이것을 진리라 여긴다(idaṁ saccanti maññati).' 즉 이것만이 진리이고 다른 것은 헛되다(idameva saccaṁ, moghamaññaṁ)고 여긴다."(ItA.i.155)

밝은 법 경(It2:15)[193]

Sukkadhamma-sutta

1. 이것은 참으로 세존께서 말씀하신 것이니 아라한께서 말씀하신 것을 이처럼 저는 들었습니다.

"비구들이여, 두 가지 밝은 법이 세상을 보호한다. 무엇이 둘인가?

양심과 수치심[194]이다. 비구들이여, 만일 이 두 가지 밝은 법이 세상을 보호하지 않으면 어머니라고 혹은 이모, 외숙모, 스승의 부인, 존경하는 분의 부인이라고 천명하지 못한다. 세상은 뒤범벅이 되어 염소들과 닭들과 돼지들과 개들과 자칼들처럼 되어버릴 것이다. 비구들이여, 이러한 두 가지 밝은 법이 세상을 보호하기 때문에 어머니라고 혹은 이모, 외숙모, 스승의 부인, 존경하는 분의 부인이라고 천명하는 것이다."

이러한 뜻을 세존께서는 말씀하셨습니다.

2. 여기서 이것을 이렇게 말씀하셨습니다.

"양심과 수치심이
늘 있지 않는 자들은
밝은 뿌리로부터 벗어나서
태어남과 죽음으로 간다. |1|

양심과 수치심이
늘 바르게 확립된 자들은

---

193) 게송을 제외한 본경은 『앙굿따라 니까야』 제1권 「부인 경」(A2:1:9)과 같다.

194) '양심(hirī)'과 '수치심(ottappa)'에 대해서는 본서 「명지 경」(It2:13) §1의 해당 주해를 참조할 것.

청정범행을 증장시켜 [37] 고요하며
다시 태어남이 다해버렸다." |2| {42}

이러한 뜻 또한 세존께서 말씀하셨으니 이처럼 저는 들었습니다.

태어나지 않음 경(It2:16)

Ajāta-sutta

1. 이것은 참으로 세존께서 말씀하신 것이니 아라한께서 말씀하신 것을 이처럼 저는 들었습니다.

"비구들이여, 태어나지 않았고 존재하지 않았고 만들어지지 않았고 형성되지 않은 것이 있다. 비구들이여, 만일 이러한 태어나지 않았고 존재하지 않았고 만들어지지 않았고 형성되지 않은 것이 없다면 태어났고 존재했고 만들어졌고 형성된 것의 벗어남을 천명하지 못할 것이다. 비구들이여, 그러나 태어나지 않았고 존재하지 않았고 만들어지지 않았고 형성되지 않은 것이 있기 때문에 태어났고 존재했고 만들어졌고 형성된 것의 벗어남을 천명하게 된다."195)

이러한 뜻을 세존께서는 말씀하셨습니다.

---

195) 본경의 이 부분은 『우다나』 「열반과 관련됨 경」 3(Ud8:3)의 §2에 나타나는 우러나온 말씀(감흥어)과 같다. 역자가 옮긴 『우다나』의 「열반과 관련됨 경」 3(Ud8:3)에는 『우다나 주석서』를 바탕으로 자세한 주해가 실려 있다. 그러므로 본경에서 언급되는 용어들에 대한 설명은 「열반과 관련됨 경」 3(Ud8:3) §2의 해당 주해들을 참조하기 바란다. 그리고 열반에 대한 논의는 『청정도론』 제16장 열반에 대한 논의(nibbānakathā, Vis.XVI.67~74)도 참조하기 바란다.

대부분의 우러나온 말씀은 운문으로 되어 있는데 이처럼 『우다나』에는 4개의 산문으로 된 우러나온 말씀이 있고(Ud6:8 §3; Ud8:1 §2; Ud8:3 §2; Ud8:4 §2) 운문과 산문이 섞여 있는 것도 한 개가 있다(Ud3:10 §§5~7).

2\. 여기서 이것을 이렇게 말씀하셨습니다.

"태어났고 존재했고 일어났고
만들어졌고 형성되었고 견고하지 않고
늙음과 죽음에 걸려들었고
질병의 은신처요 부서지기 마련이고 |1|

음식과 [갈애라는] 사슬을 그 근원으로 하나니196)
그러한 [오취온]을 기뻐하기에 충분하지 않다.197)
[그러나] 이런 것으로부터 벗어남은
고요하고198) 생각과 고찰이 없고 견고하며 |2|

---

196) "네 가지 음식(catubbidho āhāro)과 갈애라 불리는 사슬(taṇhāsaṅkhātā netti)이 이것의 근원(pabhava), 즉 생기는 요인(samuṭṭhāna)이라고 해서 '음식과 [갈애라는] 사슬을 근원으로 가지는 것(āhāranettippabhava)'이다. 혹은 모든 조건(paccaya)도 음식이라 한다. 그러나 여기서는 갈애의 사슬을 취하여서 갈애를 비난하신 것(taṇhāvajjā)이라고 알아야 한다. 그러므로 음식과 사슬이 이것의 근원이라고 해서(āhāro ca netti ca pabhavo etassāti) '음식과 [갈애라는] 사슬을 근원으로 하는 것'이다. 혹은 음식이 오직 안내자라는 뜻(nayanaṭṭha)과 생겨남이라는 뜻(pavattanaṭṭha)에서 인도자(netti)라 한다고도 [이해할 수 있다]"(ItA.i.164)

197) '그러한 [오취온]을 기뻐하기에 충분하지 않다.'는 nālaṁ tadabhinandituṁ(그것을 기뻐하기에 충분하지 않다)을 주석서를 참조하여 옮긴 것이다. 주석서는 이렇게 설명한다.

"'그것을 기뻐하기에 충분하지 않다(nālaṁ tadabhinandituṁ).'라고 하셨다. 이 취착의 [대상이 되는] 무더기 다섯 가지[五取蘊, upādānakkhandha-pañcaka]는 이와 같은 조건에 속하는 것이고(paccayādhīnavuttika) 그래서 오직 무상하고 괴로운 것이다. 갈애와 사견(taṇhādiṭṭhi)에 의해서 기뻐하고(abhinandituṁ) 맛들이기에(assādetuṁ) 적절하지 않다(na yutta)." (ItA.i.164)

198) "'고요하고(santaṁ)'라고 하셨다. 고요하지 않음을 고유성질로 가진(anupasanta-sabhāva) 갈망 등의 오염원(rāgādikilesa)과 모든 형성된 것(sabba-saṅkhāra)이 존재하지 않고(abhāva) 그것이 가라앉은 상태(tad-

태어나지 않았고 일어나지 않았으며
슬픔 없고 탐욕이 빛바랜 경지이며
괴로운 법들의 소멸이고 [38]
형성된 것들의 가라앉음이요 행복이로다."199) |3| {43}

이러한 뜻 또한 세존께서 말씀하셨으니 이처럼 저는 들었습니다.

열반의 요소 경(It2:17)

Nibbānadhātu-sutta

1. 이것은 참으로 세존께서 말씀하신 것이니 아라한께서 말씀하신 것을 이처럼 저는 들었습니다.

"비구들이여, 두 가지 열반의 요소가 있다. 무엇이 둘인가?

유여열반의 요소[有餘涅槃界]와 무여열반의 요소[無餘涅槃界]이다."200)

---

upasamabhāva)인 뛰어난 상태(pasatthabhāva)이기 때문에 고요함(santa)이라 한다."(ItA.i.164)

199) "여기서 모든 단어들(sabbapadā)은 오직 불사인 대열반(amatamahā-nibbāna)을 칭송하는 것이다(thometi). 이와 같이 세존께서는 첫 번째 게송으로는 부정의 논법을 통해서(byatirekavasena), 두 번째 게송으로는 추론의 논법을 통해서(anvayavasena) 열반을 분석하셨다."(ItA.i.164)

한편 PTS본에는 본 경의 게송들이 세 개가 아니라 두 개로 편집되어 나타난다. 즉 '태어났고'부터 '기뻐하기에 충분하지 않다.'까지가 첫 번째 게송이고 '[그러나] 이런 것으로부터'부터 마지막인 '행복이로다.'까지가 두 번째 게송으로 편집되어 있는데 의미 전달의 입장에서 볼 때 이것이 더 타당한 편집이라 생각된다.

200) 여기서 '유여열반의 요소[有餘涅槃界]'는 saupādisesa-nibbāna-dhātu를 옮긴 것이고 '무여열반의 요소[無餘涅槃界]는 anupādisesa-nibbāna-dhātu이다. 여기서 '유여'로 옮긴 원어는 sa-upādisesa이고 '무여'로 옮긴 것은 an-upādisesa이다. 이것은 각각 sa(함께)+upādi(취)+sesa(남음)와 an(부정접두어)+upādi(취)+sesa(남음)으로 분석된다. 그래서 중국에서는

각각을 유여(有餘)와 무여(無餘)로 옮겼다.

불교의 궁극적 행복인 열반은 출세간이며, 형성된 것들(saṅkhatā)을 완전히 벗어난 형성되지 않은 것이고(asaṅkhata), 고요함(santi)을 특징으로 하는 하나의 고유성질(sabhāva)을 가졌다. 그러나 구분하는 방편에 따라 유여열반의 요소와 무여열반의 요소의 2가지이다. 고요함이라는 측면에서 보면 하나이지만 우빠디(upādi)가 남아 있느냐 없느냐 하는 측면에서 보면 두 가지인 것이다.

이처럼 여기서 중심이 되는 용어는 upādi인데 이것은 upa(위로)+ā(이쪽으로)+√dā(*to give*)에서 파생된 남성명사로서 거머쥐고 있음, 남아 있음을 뜻한다. 이것은 12연기와 오취온에 나타나는 upādāna(취착)와 같은 어원이기도 하다. 그래서 본경 §4의 게송에서는 '취착의 자취'로 옮겼다. sesa는 √śiṣ(*to leave*)에서 파생된 형용사로 문자적인 뜻 그대로 '남아 있는'을 뜻한다. 그래서 upādisesa를 중국에서 여(餘)로 옮겼다.

주석서들은 우빠디(upādi)를 "갈애 등에 의해서 결과의 상태(phalabhāva)로 취착되어 있다고 해서 취착의 자취(upādi)라 하는데 이것은 다섯 가지 무더기들[五蘊, khandha-pañcaka]을 말한다."(ItA.i.165)라거나, "취착(upādāna)들에 의해서 취착되어 있다고 해서 취착의 자취라 하는데 이것은 오취온(upādāna-kkhandha-pañcaka)을 말한다."(Pm.568)라는 등으로 설명하여 모두 오온 혹은 오취온을 뜻한다고 주석하고 있다.

유여열반으로 옮긴 sa-upādisesa-nibbāna는 '취착의 자취가 남아있는 열반'이라는 뜻이다. 아라한들의 경우 번뇌는 완전히 멸진되었지만 그의 수명이 남아있는 한 과거의 취착의 산물인 오온은 아직 잔류해 있기 때문에 유여열반(有餘涅槃)이라 한다. 무여열반(無餘涅槃)으로 옮긴 anupādisesa-nibbāna는 이런 오온까지도 완전히 멸한 열반, 즉 취착의 자취인 오온까지도 남아있지 않은 열반을 말한다. 그래서 이런 열반을 빠리닙바나(pari-nibbāna)라고 하며 중국에서 반열반(槃涅槃)으로 옮겼다.

주석서들은 유여열반과 무여열반을 각각 '오염원이 완전히 소멸된 열반(kilesa-parinibbāna)'과 '오온이 완전히 소멸된 열반(khandha-pari-nibbāna)'이라고 설명하고 있다.(SA.ii.402 등)

무여열반과 유여열반에 대해서는 『디가 니까야』 제2권 「대반열반경」(D16) §3.20의 주해를 참조하고, 특히 『맛지마 니까야』 제3권 「수낙캇따 경」(M105) §19의 주해와 『아비담마 길라잡이』 제6장 §31을 참조할 것.

그리고 '열반의 요소'는 nibbāna-dhātu의 역어이다. 열반을 열반의 요소[涅槃界]라고 표현하는 것은 니까야의 몇 군데에 나타난다. 중요한 것은 이 열반의 요소라는 표현은 거의 대부분 여기서처럼 무여열반이나 완전한 열반(반열반)의 문맥에서 나타나고 있다는 점이다. 그러면 왜 무여열반이나 반열반의 문맥에서는 열반의 요소라는 표현을 사용할까? 주석서들에서는 열반의

2\. "비구들이여, 그러면 무엇이 유여열반의 요소인가?

비구들이여, 여기 비구는 아라한이어서 번뇌가 다했고 삶을 완성했으며 할 바를 다 했고 짐을 내려놓았으며 참된 이상을 실현했고 삶의 족쇄를 부수었으며 바른 구경의 지혜로 해탈했다. 그러나 그의 다섯 가지 감각기능은 여전히 머물러 있다. 소진되지 않았기 때문에201) 마음에 들거나 마음에 들지 않는 것을 만나서 즐거움이나 괴로움을 경험한다. 비구들이여, 그의 갈망의 멸진, 성냄의 멸진, 어리석음의 멸진 — 이를 일러 유여열반의 요소라 한다."

3\. "비구들이여, 그러면 무엇이 무여열반의 요소인가?

비구들이여, 여기 비구는 아라한이어서 번뇌가 다했고 삶을 완성했으며 할 바를 다 했고 짐을 내려놓았으며 참된 이상을 실현했고 삶의 족쇄를 부수었으며 바른 구경의 지혜로 해탈했다. 비구들이여, 바

요소에 대한 설명은 나타나지 않고 당연한 것으로 받아들인다.

요소(dhātu, 界)라는 용어를 써서 열반을 표현하는 것은 열반도 구경법(paramattha)의 하나라는 점을 강조하기 위해서일 것이다. 잘 알려진 대로 초기불교와 아비담마에서는 일체법(一切法, sabba-dhamma, 諸法, 구경법)을 [81가지] 유위법과 [한 가지] 무위법으로 분류한다. 이러한 일체법의 법(dhamma)은 √dhṛ(*to hold*)에서 파생된 용어이며 이 dhātu(계, 요소)도 같은 어근에서 생긴 용어이다. 자세한 것은 『아비담마 길라잡이』 7장 §37의 해설을 참조할 것. 그리고 일체법[諸法]은 18계(요소)로 분류하기도 하는데 상좌부 불교에서는 『아비담마 길라잡이』 7장의 <도표 7.4>에서 보듯이 열반도 법의 요소[法界]에 포함시키고 있다. 이것은 본경에서처럼 무위법인 열반도 요소라는 용어를 사용하여 표현하고 있기 때문이다.

201) '소진되지 않았기 때문에'는 avighātattā를 주석서를 참조해서 옮긴 것이다. 주석서는 이것을 "일어남이 없는 소멸을 통해서(anuppādanirodhavasena) 소멸되지 않았기 때문(aniruddhattā)이다."(ItA.i.166)라고 설명하고 있다. vighāta는 일반적으로 곤혹스러움이나 성가심으로 옮겨지고 NMD는 *annoyance*로 옮기지만 여기서는 vi+√han(*to smite, to kill*)의 어원대로 파괴나 소진을 뜻한다고 여겨진다. PED는 전자는 *distress*로 후자는 *destruction*으로 옮겼다.

로 여기서 즐길 것이라고는 [하나도] 없는 이 모든 느껴진 것들도 바로 여기서 싸늘하게 식고 말 것이다.202) 비구들이여, 이를 일러 무여열반의 요소라 한다.

비구들이여, 이러한 두 가지 열반의 요소가 있다."

이러한 뜻을 세존께서는 말씀하셨습니다.

4. 여기서 이것을 이렇게 말씀하셨습니다.

"의지하지 않고203) 여여(如如)하시며,204)

---

202) "'여기서(idheva)'란 바로 이 자기 존재에서(imasmiṁyeva attabhāve)라는 말이다.

'모든 느껴진 것들(sabbavedayitāni)'은 즐거움 등으로 [분류되는] 모든 결정할 수 없는[無記] 느낌들(abyākatavedanā)이다. 유익하거나 해로운 느낌들(kusalākusalavedanā)은 이전에 이미 제거되었기 때문(pahīnā)이다. '즐길 것이라고는 [하나도] 없는(anabhinanditāni)'이란 갈애 등을 통해서(taṇhādīhi) 즐길 것이라고는 [하나도] 없다(na abhinanditāni)는 말이다. '싸늘하게 식고 말 것이다(sītibhavissanti).'라는 것은 지극히 고요하여서(accantavūpasamena) 형성된 것들의 불안이 편안하게 가라앉았기 때문에(saṅkhāra-daratha-paṭippassaddhiyā) 서늘하게 될 것이고(sītalī bhavissanti) 재생연결이 없는 소멸에 의해서(appaṭisandhikanirodhena) 소멸할 것이라는(nirujjhissanti) 뜻이다. 단지 느껴진 것들뿐만 아니라 번뇌 다한 흐름(khīṇāsavasantāna)에 있는 모든 오온도 소멸할 것이지만 느낌을 머리[上首]로 하여(vedayitasīsena) 가르치신 것이다."(ItA.i.167)

203) "'의지하지 않고(anissitena)'란 갈애와 사견에 의지하는 것(taṇhā-diṭṭhi-nissaya)을 통해서 어떤 법도 의지하지 않는 것(kañci dhammaṁ anissita)을 뜻하거나 갈망의 속박 등에 의해서(rāgabandhanādīhi) 속박되지 않은 것(abandhena)을 뜻한다."(ItA.i.167)

204) "'여여하시며(tādinā)'라고 하셨다. 이것은 [눈 등의 여섯 문이라는] 여섯 가지 구성요소를 가진 평온을 통해서(chaḷaṅgupekkhāvasena) 모든 곳에서(sabbattha) 원하거나 [원하지 않는 것] 등에 대해서(iṭṭhādīsu) 동일한 고유성질을 가짐이라 불리는(ekasabhāvatā-saṅkhāta) 여여함의 특징을 가진(tādilakkhaṇa) 여여하신 분(tādi)을 말한다."(ItA.i.167)

[눈 등의 여섯 문이라는] 여섯 가지 구성요소를 가진 평온(chaḷaṅgupekkhā)

눈을 가지신 분에 의해서
이러한 두 가지 열반의 요소가 밝혀졌나니
하나의 요소는 바로 지금・여기에 속하는 것[現法]으로
취착의 자취가 남아있고[有餘]
존재의 사슬이 멸진한 것이다.205)
그러나 취착의 자취가 남아있지 않는 것[無餘]은 [39]
내생에 관계된 것으로
거기에서 존재들은 완전히 소멸된다. |1|

이러한 형성되지 않은 경지를 구경의 지혜로 알고
해탈한 마음을 가졌고 존재의 사슬이 멸진하였으며
법의 심재를 증득하였고 멸진을 즐거워하는
여여하신 분들은 모든 존재를 버리었도다." |2| {44}

이러한 뜻 또한 세존께서 말씀하셨으니 이처럼 저는 들었습니다.

에 대해서는 본서 It3:14 §2 |3|의 주해를 참조할 것.

여기서 보듯이 '여여(如如)한 분'은 tādi를 옮긴 것이다. 이 tādi(Sk. tādṛś)는 tad(*that*)+√dṛś(*to see*)에서 파생된 형용사로 '그렇게 보이는'이라는 문자적인 뜻을 가진다. 불교 산스끄리뜨에서는 tāyi로도 나타나며 자이나 아르다마가디에서는 tāi로 나타난다. 초기불전연구원에서는 tādi가 명사로 쓰여 부처님이나 아라한을 뜻하면 '여여(如如)한 분'으로 옮기고 주로 주석서 문헌에서 tādi-bhāva로 쓰여서 특정한 상태(bhāva)를 나타내면 '평정함' 등으로 옮겼다. 『우다나』에서는 이것을 '여여함'으로 통일해서 옮겼다. tādi-bhāva에 대해서는 『우다나』「마하깟사빠 경」(Ud1:6) §3의 해당 주해도 참조하기 바란다.

205) "'존재의 사슬이 멸진한 것이다(bhavanetti-saṅkhayā).'라는 것은 갈애가 멸진한 것(taṇhāya parikkhayā)을 말씀하신 것이다."(ItA.i.167)
"'존재의 사슬(bhava-netti)'이란 존재의 밧줄(bhava-rajju), 즉 갈애를 두고 한 말이다."(MA.iii.342)

홀로 앉음 경(It2:18)

Paṭisallāna-sutta

1. 이것은 참으로 세존께서 말씀하신 것이니 아라한께서 말씀하신 것을 이처럼 저는 들었습니다.

"비구들이여, 홀로 앉음[206]을 즐기고 홀로 앉음을 기뻐하여 안으로 마음의 사마타[止]에 몰두하고[207] 禪을 경원시하지 않으며 위빳

---

206) '홀로 앉음'은 paṭisallāna의 역어이다. paṭisallāna는 prati(*against*)+saṁ(*together*)+√lī(*to cling, to adhere*)에서 파생된 명사이다. 경에서는 주로 부처님이나 비구들이 공양을 마치고 낮 동안 나무 아래나 승원에서 홀로 앉아 지내는 것을 나타낸다.
주석서는 대부분 "홀로 앉음(paṭisallāna)이란 혼자 있는 상태(ekībhāva)이다."(DA.iii.1040)로 설명하고 있다. 비슷한 단어로 paviveka가 있는데 대중에서 살지 않고 한적한 곳에 홀로 지내는 일종의 토굴 생활을 뜻한다. 이 경우는 모두 '한거(閑居)'나 '멀리 여읨'으로 옮겼다.

한편 경에는 '홀로 앉음(paṭisallāna)'이라는 표현(M8 §2 등)과 '낮 동안의 머묾(divā-vihāra)'이라는 표현(M24 §6 등)이 자주 나타난다.

주석서는 "'낮 동안의 머무심을 위해서(divā-vihārāya)'란 낮 동안의 홀로 앉음을 위해서(divā paṭisallānatthāya)라는 말이다."(MA.ii.73)라고 하여 이 둘을 동의어로 설명하고 있다. 초기불전연구원에서는 이 둘을 '홀로 앉음'과 '낮 동안의 머묾'으로 직역하고 있다.

207) "'안으로 마음의 사마타[止]에 몰두하고(ajjhattaṁ cetosamatham anuyuttā)'라는 것은 자신의 마음의 사마타에 몰두하는 것(attano cittasamathe yuttā)을 말한다. 여기서 '안으로(ajjhattaṁ)'라는 것은 '자신의(attano)'와 같은 뜻인데 단어(byañjana)만 다르다. 그리고 이것은 cetosamathaṁ으로 목적격으로 나타나는 뒤따르는 단어에 맞추어서(anusadda-yogena) 목적격(upayogavacana)으로 쓰였지만 처소격(bhumma)을 뜻한다."(ItA.i.168; *cf.* MA.i.157)

한편 『앙굿따라 니까야 주석서』에서는 "'안으로 마음의 사마타(ajjhattaṁ cetosamatha)를 얻은 자'란 자기 안에서 본삼매인 마음의 삼매(appanā-citta-samādhi)를 [얻은 자를] 말한다."(AA.iii.116)라고 마음의 사마타를 설명하고 있다.
사마타와 위빳사나는 『아비담마 길라잡이』 제9장에 자세하게 정리되어 있으니 참조할 것.

사나[觀]를 구족하여[208] 빈집에 머무는 것을 많이 하면서 머물러라. 비구들이여, 비구가 홀로 앉음을 즐기고 홀로 앉음을 기뻐하여 안으로 마음의 사마타[止]에 몰두하고 禪을 경원시하지 않으며 위빳사나[觀]를 구족하여 빈집에 머무는 것을 많이 하면서 머물면 두 가지 결실 가운데 어떤 결실이 기대된다. 즉 지금·여기에서 구경의 지혜[209]를 얻거나, 취착의 자취가 남아 있으면 다시는 돌아오지 않는 경지[不還]를 기대할 수 있다."

이러한 뜻을 세존께서는 말씀하셨습니다.

2. 여기서 이것을 이렇게 말씀하셨습니다.

"마음이 고요하고 슬기롭고
마음챙기고 참선을 하는 분들은

---

208) "'위빳사나를 구족한다(vipassanāya samannāgato).'는 것은 일곱 가지 관찰[隨觀, anupassanā]을 말한다. 그것은 무상의 관찰(anicca-anupassanā), 괴로움의 관찰(dukkha-anupassanā), 무아의 관찰(anatta-anupassanā), 염오의 관찰(nibbidā-anupassanā), 탐욕의 빛바램의 관찰(virāga-anupassanā), 소멸의 관찰(nirodha-anupassanā), 놓아버림의 관찰(paṭinissagga-anupassanā)이다. 자세한 것은 『청정도론』에 설명되어 있다(Visuddhimagge vitthāritāva)."(ItA.i.168; MA.i.157)

관찰[隨觀, anupassanā]에 대한 설명은 『아비담마 길라잡이』 제9장 §24의 [해설]을 참조할 것. 한편 이 일곱 가지 관찰은 『무애해도』(Ps.i.98; ii.172)에 위빳사나의 힘(vipassanā-bala)으로 나타나고 있으며, 이것은 다시 『청정도론』 XXIII.22~23에서 설명되어 나타난다. 『청정도론』 XXI.14 이하도 참조할 것.

209) "'구경의 지혜(aññā)'란 아라한과(arahatta)이다. 낮은 도의 지혜로(heṭṭhima-magga-ñāṇehi) 안, [즉 깨달은] 영역(ñātamariyāda)을 침범하지 않고 알기 때문에, 그리고 앎을 완성하여서(paripuṇṇajānanattā) 이보다 높은 앎의 역할이 존재하지 않기 때문에(jānanakiccābhāvato) '구경의 지혜(aññā)'라 한다."(ItA.i.169)

'구경의 지혜(aññā)'에 대해서는 『맛지마 니까야』 제1권 「뿌리에 대한 법문 경」(M1) §51과 제3권 「수낙캇따 경」(M105) §2의 주해도 참조할 것.

바르게 [40] 법을 통찰하나니
감각적 쾌락에 연연하지 않도다. |1|

불방일을 기뻐하고 고요하고
방일에서 두려움을 보는 분들은
쇠퇴할 수가 없으며
열반의 가까이에 있도다." |2| {45}

이러한 뜻 또한 세존께서 말씀하셨으니 이처럼 저는 들었습니다.

공부지음의 이익 경(It2:19)

Sikkhānisaṁsa-sutta

1. 이것은 참으로 세존께서 말씀하신 것이니 아라한께서 말씀하신 것을 이처럼 저는 들었습니다.

"비구들이여, 공부지음의 이익210)과 더 높은 통찰지211)와 해탈의 정수212)와 마음챙김의 지배를 가지고213) 머물러라.214) 비구들이여,

---

210) "'공부지음의 이익(sikkhānisaṁsā)'에서 세 가지 공부지음(tisso sikkhā)이 있으니, 높은 계를 공부지음[增上戒學, adhisīlasikkhā], 높은 마음을 공부지음[增上心學, adhicittasikkhā], 높은 통찰지를 공부지음[增上慧學, adhipaññā-sikkhā]이다.(D33 §1.10 (47)) 이러한 세 가지 공부지음 그 자체가 이익이지 이득과 존경과 명성(lābhasakkārasilokā)이라는 이익(본서 It2:8 §1 참조)이 공부지음의 이익이 아니다."(ItA.i.170)

211) "'더 높은 통찰지(paññuttarā)'란 세 가지 공부지음 가운데 높은 통찰지를 공부지음[增上慧學]이라 부르는 통찰지를 말한다. 그것이 높고 중요하고 특별하다(uttarā padhānā visiṭṭhā)고 해서 더 높은 통찰지이다."(ItA.i.170)

212) "'해탈의 정수(vimuttisārā)'라고 하셨다. 아라한과라 부르는(arahattaphala-saṅkhātā) 해탈(vimutti)이 정수(sāra)가 된다고 해서 해탈의 정수이다. 이 해탈을 정수로 가지고 머문다는 뜻이다. 공부지음의 이익(sikkhānisaṁsā)과 더 높은 통찰지(paññuttarā)를 가진 자들은 [범천의 세상에 태어나는(brahmaloke uppajjissāma) 등의 — AAṬ.ii.12] 특별한 존재(bhava-

공부지음의 이익과 더 높은 통찰지와 해탈의 정수와 마음챙김의 지배를 가지고 머물면 두 가지 결실 가운데 어떤 결실이 기대된다. 즉 지금·여기에서 구경의 지혜를 얻거나, 취착의 자취가 남아 있으면 다시는 돌아오지 않는 경지[不還]를 기대할 수 있다."

이러한 뜻을 세존께서는 말씀하셨습니다.

2. 여기서 이것을 이렇게 말씀하셨습니다.

---

visesa)가 [되는 것을] 바라지 않는다(na patthenti). 더군다나 [이런 특별한 존재로] 존재하지 않음(vibhava)을 원하기 때문에(ākaṅkhantā) 해탈을 정수로 여긴다(vimuttiṁyeva sārato paccenti)."(ItA.i.170)

213) "'마음챙김의 지배를 가지고(satādhipateyyā)'라 하셨다. 우두머리라는 뜻(jeṭṭhakakaraṇaṭṭha)에서 마음챙김이 바로 지배를 가진 것이다(sati adhi-pateyyaṁ etesaṁ). 그래서 '마음챙김의 지배를 가진 것'이다. 마음챙김이 바로 지배를 가진 것이기 때문에(satādhipateyyā) 지배(adhipati)가 바로 지배를 가진 것(adhipateyya)이라고 여겨서 마음이 네 가지 마음챙김의 확립에 잘 확립되어(suppatiṭṭhitacittā) 몸에 대한 관찰 등을 기본으로 하여(kāyānupassanādimukhena) 사마타와 위빳사나 수행에 몰두하는 것(samathavipassanā-bhāvanānuyuttā)을 뜻한다."(ItA.i.170)

여기서 보듯이 '지배를 가진'은 ādhipateyya를 옮긴 것인데 중성명사로도 쓰이고 형용사로도 쓰인다. 담마빨라 스님은 『상윳따 니까야 복주서』에서 "adhipati는 우두머리(jeṭṭhaka), 지배자(issara)라는 뜻이다. 이러한 지배자로부터 유래한 것이 '지배를 가짐'이다(adhipatito āgataṁ ādhipat-eyyaṁ)."(DAṬ.iii.281)라고 설명하고 있다.

초기불전연구원에서는 문맥에 따라 '지배력'(A3:18 §2)으로도 옮기기도 하였고 '우선한 것'(D33 §1.10 (56))으로 풀어서 옮기기도 하였다.

214) 한편 『이띠웃따까 주석서』는 또 다른 설명을 제시한다. 여기서 '더 높은 통찰지'는 출세간의 통찰지(lokuttarapaññā)이고 '해탈의 정수'는 열반이라는 정수(nibbānasārā), 구경의 지혜인 정수(anaññasārā)라고 설명한다. '마음챙김의 지배를 가짐'은 모든 곳에서 마음챙김으로 보호된 마음으로 머무는 것(satārakkhena cetasā viharathā)을 뜻한다고 한다.(ItA.i.171)

'공부지음의 이익(sikkhānisaṁsā)'과 '더 높은 통찰지(paññuttarā)'와 '해탈의 정수(vimuttisārā)'와 '마음챙김의 지배를 가짐(satādhipateyyā)'의 이 네 가지는 『앙굿따라 니까야』 제2권 「공부지음의 이익 경」(A4:243)에서 부처님께서 설명하고 계시므로 참조하기 바란다.

"공부지음을 성취하고 퇴보하지 않고215)
높은 통찰지를 가졌고 태어남의 멸진을 본
그는 성자요 마지막 몸을 가진 자이니
마라를 물리친 그에 대해
늙음의 저 언덕[彼岸]에 도달한 자라고 나는 부른다. {1}

그러므로 항상 참선을 좋아하고 삼매에 들고
근면하고 [41] 태어남의 멸진을 보아
비구들이여, 마라와 그의 군대를 함께216) 지배하고서

---

215) 여기서 '퇴보하지 않고'는 apahānadhammaṁ을 옮긴 것이다. 주석서는 여기서 pahāna를 hāna(퇴보)에 접두어 pa-(Sk. pra-, 앞으로)가 붙은 것으로 해석해서 pahānadhamma를 hānadhamma로 이해하여 퇴보에 빠진 법으로 설명하고 이것을 kuppadhamma(동요하는 법)으로 해석한다. 그러므로 apahānadhamma는 퇴보에 빠지지 않은 법, 즉 동요하지 않은 법이 된다고 한다(na pahānadhammoti apahānadhammo, akuppadhammo — ItA.i.171).

216) '마라와 그의 군대를 함께'는 māraṁ sasenaṁ를 옮긴 것이다. 마라(Māra)는 초기불전의 아주 다양한 문맥에서 아주 많이 나타나며, 『상윳따 니까야』에 마라를 주제로 하는 25개의 경들을 모아서 「마라 상윳따」(Māra-saṁyutta, S4)로 결집을 하여 전승해 오고 있기도 하다.
전통적으로 빠알리 주석서는 이런 다양한 마라의 언급을 다섯 가지로 정리한다. 그것은 ① 오염원(kilesa)으로서의 마라(ItA.i.197; ThagA.ii.70 등) ② 무더기(蘊, khandha)로서의 마라(S.iii.195 등) ③ 업형성력(abhisaṅ-khāra)으로서의 마라 ④ 신(devaputta)으로서의 마라 ⑤ 죽음(maccu)으로서의 마라이다.(ThagA.ii.46; 46; Vism.VII.59 등)

『청정도론』에서는 부처님은 이러한 다섯 가지 마라를 부순 분(bhaggavā)이기에 세존(bhagavā)이라 한다고 설명하고 있다.(VII.59) 그러므로 열반이나 출세간이 아닌 모든 경지는 마라의 영역에 속한다고 할 수 있다. 특히 신으로서의 마라는 자재천(Vasavatti)에 있는 다마리까 천신(Dāmarika-devaputta)이라고도 불리는데, 마라는 욕계의 최고 천상인 타화자재천(Paranimmitavasavatti)에 거주하면서 수행자들이 욕계를 벗어나 색계나 무색계나 출세간의 경지로 향상하는 것을 방해하는 자이기 때문이다.(SnA.i.44; MA.i.28) 그리고 그는 신들의 왕인 삭까(인드라)처럼 군대를 가지고

태어남과 죽음의 저 언덕에 도달한 자 되어라."217) |2| {46}

이러한 뜻 또한 세존께서 말씀하셨으니 이처럼 저는 들었습니다.

깨어있음 경(It2:20)

Jāgariya-sutta

1. 이것은 참으로 세존께서 말씀하신 것이니 아라한께서 말씀

있으며 이를 마군(魔軍, Mārasena)이라고 한다. 그래서 여기서도 '마라와 그의 군대를 함께(māraṁ sasenaṁ)'라고 말씀하고 계신다. 이처럼 그는 아주 유력한 신이다.

주석서들에서는 Māra의 어원을 한결같이 √mṛ(*to kill, to die*)로 본다. 물론 산스끄리뜨 문헌들에서도 죽음을 뜻하는 √mṛ(*to die*)로 보기도 하지만 역자는 기억을 뜻하는 √smṛ(*to remember*)로 보는 입장이다. 왜냐하면 Māra는 산스끄리뜨어로 쓰여진 인도 최고의 희곡인 『샤꾼딸라』 등에서 Smāra로 나타나기 때문이다. 스마라는 바로 기억을 뜻하는 √smṛ에서 파생된 명사이다. 힌두 신화에서 마라는 사랑의 신을 뜻하는 까마데와(Kāma-deva)이며 이 신의 많은 별명 가운데 하나가 스마라이다. 까마데와는 로마 신화의 사랑의 신인 큐피드(*Cupid*)와 대비가 된다. 사랑의 신 까마데와도 큐피드처럼 사랑의 화살을 가지고 다니면서 화살을 쏜다. 이 화살에 맞으면 사랑의 열병에 걸린다.
산스끄리뜨 문학 작품에 의하면 마라는 수련화(Aravinda), 아쇼까 꽃(Aśoka), 망고 꽃(Cūta), 재스민(Navamālikā), 청련화(Nīlotpala)의 다섯 가지 꽃 화살을 가지고 있다고 하며, 이러한 까마데와의 꽃 화살에 맞게 되면 사랑에 빠지게 된다고 한다. 불교 주석서들에서도 이러한 다섯 가지 마라의 꽃 화살은 언급되고 있다. 이처럼 마라는 유혹자이다. 이성을 서로 꼬드기게 한다. 이런 의미에서 마라는 *Tempter*(유혹자, 사탄)이다. 그래서 마라를 *Tempter*라고 옮기는 서양학자도 있다.
그리고 이 √smṛ에서 파생된 것이 빠알리의 sati(Sk. smṛti), 즉 마음챙김[念]이다. 마음챙김과 마라는 이렇게 대비가 된다. 이렇게 마라의 어원을 √smṛ(*to remember*)로 이해하면 마음챙김의 중요성을 새삼 절감케 하는 아주 의미심장한 해석이 된다.

217) "'태어남과 죽음의 저 언덕에 도달한 자 되어라(bhavatha jātimaraṇassa pāragā).'라고 하셨다. 태어남과 죽음의 저 언덕에 도달한 자, 즉 열반에 도달한 자(nibbānagāmi)가 되라는 말씀이다."(ItA.i.174)

하신 것을 이처럼 저는 들었습니다.

"비구들이여, 비구는 깨어있으면서[218] 마음챙기고 알아차리며[219]

---

218) "'깨어있으면서(jāgaro)'라는 것은 깨어있음, 잠이 없음(vigatanidda), 깨어있음에 전념함(jāgariyaṁ anuyutta), 밤낮으로 명상주제를 마음에 잡도리함에(kammaṭṭhānamanasikāre) 몰두하고 몰입한다는 뜻이다."(ItA.i.172)

219) "'알아차리며'는 알아차림[正知]으로 옮기는 sampajāna(sam+pra+√jñā, *to know*)를 문맥에 맞게 옮긴 것이다. 여기서처럼 대부분의 문맥에서 이 '알아차림[正知, sampajāna]'은 마음챙김[念, sati]과 함께 나타난다. 이미 세존께서는 『상윳따 니까야』 제5권 「마음챙김 경」(S47:35) §5에서 알아차림을 다음과 같이 정의하고 계신다.

"5. 비구들이여, 그러면 비구는 어떻게 알아차리는가?
비구들이여, 여기 비구에게 느낌들은 분명하게 지각되면서 일어나고 분명하게 지각되면서 머물고 분명하게 지각되면서 꺼진다. 생각들은 분명하게 지각되면서 일어나고 분명하게 지각되면서 머물고 분명하게 지각되면서 꺼진다. 인식들은 분명하게 지각되면서 일어나고 분명하게 지각되면서 머물고 분명하게 지각되면서 꺼진다.
비구들이여, 비구는 이와 같이 알아차린다."(S47:35 §5)

여기서 '분명하게 지각되면서'로 옮긴 원어는 viditā(알아진)인데 주석서는 분명하게 되어서(pākaṭā hutvā)라고 설명하고 있어서 이렇게 옮겼다.(AA.iii.85)
"여기 비구는 토대(vatthu, 알음알이가 일어나는 토대)를 철저하게 파악하고(pariggaṇhāti) 대상(ārammaṇa)을 철저하게 파악한다. 그가 이처럼 토대와 대상을 철저하게 파악하면 '이와 같이 일어나서 이와 같이 머물다가 이와 같이 멸한다.'라고 분명하게 지각되는 느낌들이 일어나고, 분명하게 지각되는 느낌들이 머물며, 분명하게 지각되는 느낌들이 꺼진다. 이것은 '생각(vitakka)'과 '인식(saññā)'에도 그대로 적용된다."(AA.iii.85; SA.iii.229)

그리고 이 정형구는 『맛지마 니까야』 제4권 「경이롭고 놀라운 일 경」(M123) §§22~23에서는 부처님의 경이로운 특질로도 나타나고, 『앙굿따라 니까야』 제2권 「삼매 경」(A4:41)과 『디가 니까야』 제3권 「합송경」(D33) §1.11에서는 삼매의 개발로, 『앙굿따라 니까야』 제4권 「무애해 경」1(A7: 37)에서는 네 가지 무애해체지로 인도하는 요소로, 제5권 「난다 경」(A8:9)에서는 마음챙기고 알아차리는 수행으로, 『무애해도』(Ps.i.178~180)에서는 들숨날숨에 대한 마음챙김과 관계된 수행으로도 나타난다.

한편 『디가 니까야 주석서』는 초기불교의 마음챙김 수행을 집대성한 「대념처경」(D22)을 설명하면서 몸에 대한 마음챙김 가운데 세 번째 주제인 알아차

삼매에 들고 환희하고 깨끗한 믿음을 가져220) 머물러야 하고 거기서 유익한 법들에 대해서 시의적절하게 통찰을 하는 자가 되어221) 머물

림[正知, sampajāna]을 ① 이익이 있음에 대한 분명한 알아차림(sātthaka-sampajañña) ② 적당함에 대한 분명한 알아차림(sappāya-sampajañña) ③ 영역에 대한 분명한 알아차림(gocara-sampajañña) ④ 미혹하지 않음의 분명한 알아차림(asammoha-sampajañña)의 네 가지로 설명하고 있다.(MA.i.253) 여기에 대해서는 『네 가지 마음챙기는 공부』 136~169쪽을 참조하기 바란다.

220) '깨끗한 믿음을 가져'는 vippasanna를 주석서를 참조하여 옮긴 것이다. 주석서는 "이렇게 실천하는 세 가지 배움[삼학, ti sikkhā]과 수행의 가르침(paṭipattidesaka)에서 스승께 믿음이 아주 많았기 때문에(satthari saddhā-bahulatāya) 아주 청정한 믿음을 가졌다(suṭṭhu pasanna)는 뜻이다." (ItA.ii.173)

221) '시의적절하게 통찰을 하는 자'는 kālavipassi를 옮긴 것이다. 이 합성어는 빠알리 삼장 전체에서 본서에만 나타나는 것으로 조사되었다. 주석서의 설명을 살펴보자.

"'거기서 유익한 법들에 대해서 시의적절하게 통찰을 하는 자가 되어(tattha kālavipassī ca kusalesu dhammesu)'라고 하셨다. 그 시간에 통찰을 하거나(vipassako) 혹은 거기서 명상주제에 몰입되어 있을 때에(kammaṭṭhāna-anuyoge) 시의적절하게 통찰을 하는 자이니(kālavipassī) 그는 시기에 어울리게 통찰을 하는 자이다(kālānurūpaṁ vipassako).
이것은 무엇을 말하는 것인가? 위빳사나를 시작한 뒤 깔라빠의 명상 등을 통해서(kalāpasammasanādivasena) 명상을 하면서 숙소(āvāsa) 등에서 7가지 적당하지 않은 것을 피하고 적당한 것을 수용하면서(Vis.IV.35~41) 안으로 목적(vosāna)에 도달하지 못하였으면 스스로를 독려하면서 마음이 삼매에 든 상태를 잘 식별한다(samāhitākāraṁ sallakkhento). 그리고 직접 끊임없이 무상을 관찰하는 등을 시작한다. 위빳사나의 마음이 게을러지면(līna) 그때는 법을 간택함·정진·희열의 [깨달음의 구성요소의 법]들을 닦고, 그러나 마음이 들뜨면(uddhata) 그때는 편안함, 삼매, 평온이라 불리는 유익하고 비난받지 않는 깨달음의 구성요소의 법들을 닦는다. 이와 같이 각각의 시간에 혹은 명상주제에 몰두할 때(tasmiṁ tasmiṁ kāle, tasmiṁ vā kammaṭṭhānānuyoge) 시의적절하게 그는 위빳사나를 닦는다.(kālānurūpaṁ vipassako assa)
그러나 마음챙김의 깨달음의 구성요소는 모든 곳에서 필요하다. 그래서 말씀하셨다. "마음챙김은 모든 곳에서 유익하다고 나는 말한다."(S46:53 §10) 이와 같이 사람에 토대한 가르침(puggalādhiṭṭhānāya desanāya)으로 깨

러야 한다. 비구들이여, 비구가 깨어있으면서 마음챙기고 알아차리
며 삼매에 들고 환희하고 깨끗한 믿음을 가져 머물고 거기서 유익한
법들에 대해서 시의적절하게 통찰을 하면서 머물면 두 가지 결실 가
운데 어떤 결실이 기대된다. 즉, 지금·여기에서 구경의 지혜를 얻거
나, 취착의 자취가 남아 있으면 다시는 돌아오지 않는 경지[不還]를
기대할 수 있다."

    이러한 뜻을 세존께서는 말씀하셨습니다.

2.   여기서 이것을 이렇게 말씀하셨습니다.

> "깨어있는 자는 이것을 들어라.
> 잠든 자들은 깨어나라.
> 깨어있음이 잠든 것보다 더 뛰어나나니
> 깨어있는 자에게 두려움이란 없노라. |1|
>
> 깨어있고 [42] 마음챙기고 알아차리고
> 삼매에 들고 환희하고 깨끗한 믿음을 가져
> 시의적절하게 바르고 철저하게 법을 검증하는 자는

어있음을 보여주신 뒤 이런 법들로 깨어있음에 전념하여야 한다고(jāgariya
-anuyoga) 밝히셨다."(ItA.i.172)

즉 시의적절하게 통찰을 하는 자란 자신이 게으름에 빠져있는지 들뜸에 빠
져있는지를 잘 파악해서 게으름에 빠져있으면 분발하는 구성요소인 택법·
정진·희열의 깨달음의 구성요소를 강하게 하고 들뜸에 빠져있으면 절제하
는 구성요소인 편안함·삼매·평온의 깨달음의 구성요소를 강하게 해야 한
다는 말이다. 이렇게 하는 수행자가 그 시기에 알맞은 방법으로 위빳사나를
하는 자이고 그를 일러 시의적절하게 통찰을 하는 자라 부른다고 주석서는
칠각지를 보기로 들고 있다. 여기에 대해서는 『청정도론』 IV.51~66를 참조
할 것. 『청정도론』은 믿음·정진·마음챙김·삼매·통찰지[信·精進·
念·定·慧]의 다섯 가지 기능을 조화롭게 닦는 것도 강조하고 있다.
(Vis.IV.45 ~49 참조)

하나에 몰입되어 어둠을 물리치노라. |2|

그러므로 깨어있음에 헌신하라.
근면하고 슬기로운 비구는 선정을 얻어
태어남과 늙음의 족쇄를 자른 뒤
바로 여기에서 위없는 정등각을 얻게 되리라."222) |3| {47}

이러한 뜻 또한 세존께서 말씀하셨으니 이처럼 저는 들었습니다.

악처에 떨어지는 자 경(It2:21)
Āpāyika-sutta

1. 이것은 참으로 세존께서 말씀하신 것이니 아라한께서 말씀하신 것을 이처럼 저는 들었습니다.

"비구들이여, 두 가지가 있어서 이것을 철회하지 않으면 악처에 떨어지고 지옥에 떨어지게 된다. 무엇이 둘인가?

청정범행을 닦지 않는 자가 청정범행을 닦는 서원을 가진223) 척하는 것과 완벽하고 청정한 청정범행을 닦는 자를 근거 없이 청정범행을 닦지 않는다고 비방하는 것이다. 비구들이여, 이러한 두 가지는 이것을 철회하지 않으면 악처에 떨어지고 지옥에 떨어지게 된다."

이러한 뜻을 세존께서는 말씀하셨습니다.

2. 여기서 이것을 이렇게 말씀하셨습니다.

---

222) 여기서 '얻게 되리라.'는 phuse(√spṛś, *to touch*, Opt. 3. sg.)를 옮긴 것인데 주석서에서 'pāpuṇeyya(얻게 될 것이다)'(ItA.i.175)로 설명하고 있어서 이렇게 옮겼다.

223) 여기서 '청정범행을 닦는 서원을 가진'은 brahmacāripaṭiñño를 바후워리히(Bahuvrīhi, 有財釋) 합성어로 옮긴 것이다. paṭiññā(Sk. pratijñā)는 誓, 誓願, 願, 弘誓, 所立, 宗, 立宗, 立義 등으로 다양하게 옮겼다.

"사실이 아닌 것을 [사실이라] 말하는 자는 지옥에 떨어진다.
짓고도 짓지 않았다고 말하는 자도 그러하다.
이 둘도 [43] 죽은 후에는 동등하게 되나니
저열한 업을 짓는 인간은 저 세상에서 그러하다. |1|

노란 가사를 목에 두른 많은 사람들이 있어
그들은 사악한 법을 가졌고 제어되지 않았네.
그런 사악한 자들은 사악한 업에 의해서
지옥에 떨어진다. |2|

계행이 나쁘고 제어되지 않은 자가
지역 사람들이 주는 공양을 받아먹는다면
차라리 불에 타오르는 뜨거운 철환을
삼키는 것이 더 나으리." |3| {48}

이러한 뜻 또한 세존께서 말씀하셨으니 이처럼 저는 들었습니다.

나쁜 견해 경(It2:22)224)

Diṭṭhigata-sutta

1. 이것은 참으로 세존께서 말씀하신 것이니 아라한께서 말씀하신 것을 이처럼 저는 들었습니다.

"비구들이여, 신과 인간이 두 가지 견해225)에 압도당할 때 어떤

224) 게송을 제외한 본경의 전문은 『청정도론』 제18장에서(Vis.XVIII.30) 견청정(見淸淨, diṭṭhivisuddhi)의 비유로 인용되고 있다.

225) 여기서 두 가지 견해는 '영원하다는 견해[常見, sassata-diṭṭhi]와 단멸한다는 견해[斷見, uccheda-diṭṭhi]'(Dhs. ma2-112), 즉 상견과 단견이다. 그래서 『청정도론』은 제18장에서 본경을 인용하면서 다음과 같이 강조한다.

자는 물러가버리고 어떤 자는 넘어서버린다. 눈[226]을 가진 자들만이 [이것을] 본다. 비구들이여, 그러면 어떻게 어떤 자는 물러가버리는가? 비구들이여, 신과 인간은 존재[有][227]를 좋아하고 존재를 즐기고 존재에 탐닉한다. 그들에게 존재의 소멸에 대해 설법하면 그들은 마음이 [그 법에] 들어가지 못하고, 믿지 못하고, 안주하지 못하고, 확신하지 못한다. 비구들이여, 이와 같이 어떤 자는 물러가버린다."

2. "비구들이여, 어떻게 어떤 자는 넘어서버리는가? 어떤 자는 그런 존재를 싫어하고 부끄러워하고 넌더리내고 존재하지 않음을 기뻐한다. [44] '여보게들, 이 자아는 이 몸이 무너져 죽은 뒤 끊어지고 파멸하여, 죽은 뒤에는 아무것도 없다네. 이것이야말로 고요하고 이것이야말로 수승하고 이것이야말로 진실이라네.'라고. 비구들이여, 이와 같이 어떤 자는 넘어서버린다."

3. "비구들이여, 어떻게 눈을 가진 자들만이 보는가? 비구들이여, 여기 비구가 있어 존재하는 것[228]을 존재하는 것으로 본다. 존재

"29. 있는 그대로 봄을 버리고 중생이 있다고 거머쥐는 자는 이것이 멸절한다(vināsa)고 추정하거나 멸절하지 않는다고 [추정한다]. 멸절하지 않는다고 추정하면서 상견에 떨어지고(sassate patati), 멸절한다고 추정하면서 단견에 떨어진다(ucchede patati). 왜 그런가? 우유에 부합하는 커드와 같이 [중생]에 부합하는 다른 그 어떤 것도 있지 않기 때문이다. 중생이 영원하다고 거머쥐면서 물러가버리고(olīyati), 단멸한다고 거머쥐면서 넘어서버린다(atidhāvati)."(Vis.XVIII.30)

226) 여기서 '눈(cakkhu)'은 통찰지의 눈(paññācakkhu)이다.(ItA.i.178)

227) "여기서 '존재[有, bhava]'는 욕계 존재와 색계 존재와 무색계 존재(kāmabhava, rūpabhava, arūpabhava)이다. 또 다른 세 가지 존재가 있는데 인식을 가진 존재와 인식을 갖지 않은 존재와 인식을 가진 것도 아니고 인식을 갖지 않은 것도 아닌 존재(saññībhava, asaññībhava, nevasaññīnāsaññī-bhava)이다. 또 다른 세 가지 존재가 있는데 한 가지 무더기를 가진 존재와 네 가지 무더기를 가진 존재와 다섯 가지 무더기를 가진 존재(ekavokārabhava, catuvokārabhava, pañcavokārabhava)이다."(ItA.i.178)

하는 것을 존재하는 것으로 보고 존재하는 것에 대해 염오하기 위해서, 탐욕이 빛바래게 하기 위해서, 소멸을 위해서 도닦는다.229) 비구들이여, 이와 같이 눈을 가진 자들만이 본다."

이러한 뜻을 세존께서는 말씀하셨습니다.

4. 여기서 이것을 이렇게 말씀하셨습니다.

"존재하는 것을 존재하는 것으로 보고
존재하는 것을 극복하는230) [도로써]

---

228) "'존재하는 것(bhūta)'이란 다섯 가지 무더기들(五蘊, khandhapañcaka)을 뜻한다. 그것은 각자의 조건을 따라 생겼고, 또 궁극적으로 존재하는 것이기 때문에 존재라 부른다. '존재하는 것으로(bhūtato)'란 전도되지 않은 고유성질(aviparīta-sabhāva)에 따라, 개별적인 특징[自相, salakkhaṇa]에 따라, 보편적인 특징[共相, sāmaññalakkhaṇa]에 따라 본다는 뜻이다. 이 다섯 가지 무더기는 정신과 물질[名色]일 뿐(nāmarūpamatta)이기 때문이다."(ItA.i.179; Pm.674)

역자는 본경에서 bhava(√bhū(*to become*)에서 파생된 명사)는 '존재[有]'로, bhūta(√bhū의 과거분사)는 '존재하는 것'으로 구분하여 옮기고 있다. Ireland는 전자를 *becoming*으로 후자를 *having come to be*로 구분하여 옮겼다.

229) 여기에 대해서는 본서 「설법 경」(It2:12) §1과 해당 주해도 참조할 것.

230) "'존재하는 것을 존재하는 것으로 보고(ye bhūtaṁ bhūtato disvā)'는 철저하게 앎의 관통(pariññābhisamaya)을 보이셨고, '존재하는 것을 극복한(bhūtassa ca atikkamaṁ)'이라는 것은 닦음의 관통(bhāvanābhisamaya)을 보이신 것이다. 성스러운 도(ariya-magga)는 존재하는 것을 극복하기 때문이다.(bhūtaṁ atikkamati) '존재에 대한 갈애를 완전히 멸진하여(bhavataṇhā parikkhayā)'라는 것은 일어남의 버림(samudayappahāna)을 보이신 것이다."(ItA.i.180)

'관통'은 abhisamaya를 옮긴 것이다. 『디가 니까야』 「대전기경」(D14 §2.18 등)에서는 이 단어를 '분명하게 꿰뚫어 보았다.'로 풀어서 옮겼다. 주석서에서 abisamaya는 paṭivedha(꿰뚫음)와 동의어로 나타나고 있기 때문이다.(DA.i.20) 『청정도론』 XXII.92와 『아비담마 길라잡이』 2장 §8의 해설이 좋은 보기이다. 중국에서는 現觀(현관)으로 옮겼다. 경들에서 abhi-

존재에 대한 갈애[有愛]를 완전히 멸진하여
있는 그대로에서231) 해탈한다. |1|

존재하는 것에 대한 통달지를 가졌고
이런저런 존재에서 갈애가 사라진232) 비구는
존재하는 것이 존재하지 않게 되어
다시 태어남으로 가지 않는다."233) |2| {49}

이러한 뜻 또한 세존께서 말씀하셨으니 이처럼 저는 들었습니다.

---

samaya는 법을 관통하여 법의 눈[法眼, dhamma-cakkhu]을 얻는 문맥 등에 나타나며(「손톱 끝 경」(S13:1) §4 등) 주석서에서는 사성제의 관통(sacca-abhisamaya)이라는 문맥에서 주로 나타난다.(D2 §97; A3:58 등과 주해 참조) 여기 이 게송에서도 사성제의 관통을 보여주고 계신다.

231) "'있는 그대로에서(yathābhūte)'라는 것은 전도되지 않은 진리라는 고유성질을 가진 열반에서(aviparītasaccasabhāve nibbāne)라는 뜻이다. '해탈한다(vimuccanti)'는 것은 확신한다(adhimuccanti)는 뜻으로 이것에 의해서 [열반의] 실현을 관통함(sacchikiriyābhisamaya)을 보여주신 것이다." (ItA.i.180)

232) "'이런저런 존재에서(bhavābhave)'라는 것은 사소한 것과 큰 것에서(khuddake ceva mahante ca) 혹은 단견 등에 대해서(ucchedādidassane vā)라는 말이다. '갈애가 사라진(vītataṇho)'이라는 것은 오염원의 부서짐(bhinnakileso)이다."(ItA.i.180)

233) '존재하는 것이 존재하지 않게 되어'는 bhūtassa vibhavā를 옮긴 것이고 '다시 태어남으로 가지 않는다.'는 nāgacchati punabbhavaṁ을 옮긴 것이다. 주석서의 설명을 살펴보자.

"'존재하는 것의(bhūtassa)'라는 것은 취착의 [대상인] 무더기(오취온)라 불리는(upādānakkhandhasaṅkhātassa) 자기 존재의(attabhāvassa)라는 뜻이다. 미래에 생기지 않기 때문에(āyatiṁ anuppādā) '다시 태어남으로 가지 않는다(punabbhavaṁ nāgacchati).' 개념적 존재를 초월한 상태로만 간다(apaññattikabhāvameva gacchat)고 해서 남김 없는 열반의 요소[무여열반계, anupādisesā nibbānadhātu]에 대한 가르침을 완결하였다(niṭṭhāpesi)."(ItA.i.180)

두 번째 품이 끝났다.

[둘의 모음에] 포함된 경들의 목록은 다음과 같다.

①~② 두 가지 감각기능, ③~④ 두 가지 후회,
⑤~⑥ 계행에 의해서 또 다른 두 가지,
⑦ 수치심 없음, ⑧~⑨ 분노 두 가지, ⑩ 절박함을 일으킴 [45] –
이들이 [첫 번째 품의] 열 가지이다.[234]

① 일으킨 생각, ② 설법,③ 명지, ④ 통찰지, ⑤ 법이 다섯 번째,
⑥ 태어나지 않음, ⑦ 요소, ⑧ 홀로 앉음, ⑨ 공부지음
⑩ 깨어있음, ⑪ 악처, ⑫ 나쁜 견해 –
[둘의 모음은] 모두 22가지를 천명하였다.

둘의 모음이 끝났다.

234) 이 첫 번째 품에 대한 경들의 목록은 이미 첫 번째 품의 말미에 나타났는데 PTS본과 VRI본 둘 다 여기에 다시 조금 다른 표제어들로 언급하고 있다.

이띠웃따까

셋의 모음

Tika-nipāta

셋의 모음

Tika-nipāta

첫 번째 품

Paṭhama-vagga(It3:1～10)

뿌리 경(It3:1)

Mūla-sutta

1. 이것은 참으로 세존께서 말씀하신 것이니 아라한께서 말씀하신 것을 이처럼 저는 들었습니다.

"비구들이여, 세 가지 해로움의 뿌리가 있다. 무엇이 셋인가?

탐욕이라는 해로움의 뿌리, 성냄이라는 해로움의 뿌리, 어리석음이라는 해로움의 뿌리이다. 비구들이여, 이러한 세 가지 해로움의 뿌리가 있다."

이러한 뜻을 세존께서는 말씀하셨습니다.

2. 여기서 이것을 이렇게 말씀하셨습니다.

"자신에게 생긴 탐욕·성냄·어리석음이
악한 마음을 가진 자신을 파멸시켜 버리나니
껍질이 딱딱한 [대나무]에서 생긴 열매가

자기 자신을 파멸시키듯이."[235] {50}[236]

이러한 뜻 또한 세존께서 말씀하셨으니 이처럼 저는 들었습니다.

요소 경(It3:2)

Dhātu-sutta

1. 이것은 참으로 세존께서 말씀하신 것이니 아라한께서 말씀하신 것을 이처럼 저는 들었습니다.

"비구들이여, 세 가지 요소[三界]가 있다. 무엇이 셋인가?

색계(色界), 무색계(無色界), 멸계(滅界)[237]이다. 비구들이여, 이러한 세 가지 요소가 있다."[238]

---

235) '껍질이 딱딱한 [대나무]에서 생긴 열매가 자기 자신을 파멸시키듯이'는 hiṁsanti tacasāraṁva samphalaṁ를 옮긴 것이다. 『이띠웃따까 주석서』는 이렇게 설명하고 있다.

"'껍질이 딱딱한 식물(tacasāra)'이란 마디를 가진 것(gaṇṭhita)으로 대나무를 뜻한다(veḷunti attho). [이 비유는] 이것을 말씀하시는 것이다. — 카디라와 심사빠(시사빠) 나무 등처럼(khadirasīsapādayo viya) 속재목[心材]이 없고(antosāro ahutvā) 겉재목만 있기 때문에(bahisāratāya) 껍질이 딱딱한 식물이라는 이름을 얻은 대나무 등(veḷuādi)이 자신에게서 생긴 열매가(attasambhūtameva phalaṁ) [자기 자신을] 손상시키고 파멸시키는(hiṁsati vināseti) 것과 같다. 그와 같이 안으로 계행 등의 속재목이 없고(sīlādisārarahitaṁ) 저열한 마음을 가진 사람을(lāmakacittaṁ puggalaṁ) 자신에게서 생긴 탐욕 등이(attasambhūtāyeva lobhādayo) 파멸시킨다(vināsenti)."(ItA.ii.2, *cf.* SA.i.137)

한편 '열매'로 옮긴 원어는 samphala인데 여기에 쓰인 접두어 'sam'은 재귀대명사적 형용사로 '자기 자신의(attano)'라는 뜻으로(samphalanti attano phalaṁ) 주석서는 해석하고 있다.(ItA.ii.2)

236) 본 게송은 『상윳따 니까야』 제1권 「인간 경」(S3:2) {383}과 「세상 경」(S3:23) {433}과 같고 「데와닷따 경」(S6:12) {597}과 비슷하다.

237) 여기서 '색계(色界), 무색계(無色界), 멸계(滅界)'는 각각 rūpadhātu, arūpa-dhātu, nirodhadhātu를 옮긴 것이다. 그리고 "멸계(滅界, 소멸의 요소, nirodhadhātu)란 열반을 두고 한 말이다."(ItA.ii.3 = DA.iii.985)

이러한 뜻을 세존께서는 말씀하셨습니다.

2. 여기서 이것을 이렇게 말씀하셨습니다.

"색계를 철저하게 알고
무색[계]에 들러붙지 않으며
소멸에서 [46] 해탈한 사람들은
죽음을 따돌려버렸도다. |1|

몸으로 재생의 근거가 없는
불사의 요소에 닿아서
재생의 근거를 놓아버림을 실현하여
번뇌 없는 정등각자는
슬픔 없고 탐욕이 빛바랜 경지를 설하도다." |2| {51}[239)]

---

238) 이 셋은 『디가 니까야』 제3권 「합송경」(D33) §1.10 (14)로 나타난다. 『이띠웃따까 주석서』도 여기서 rūpadhātu와 arūpadhātu를 색계와 무색계로 설명하면서 그 보기로 『담마상가니』의 색계(rūpāvacara)와 무색계(arūpāvacara)에 대한 정의에 해당하는 아래 문장을 인용하여 설명하고 있다.(ItA.ii.3)

"무엇이 '색계에 속하는 법들(rūpāvacarā dhammā)'(*cf.* ma2-94-a)인가? 아래로는 범천의 세상을 경계로 하고 위로는 색구경천의 신들을 끝으로 하여 이 안에 있고 여기에 속하고 여기에 포함되어 있으며, [이런 경지를] 증득하였거나 [이곳에] 태어났거나 지금・여기에서 행복하게 머무는 자의 마음과 마음부수의 법들 — 이것이 색계에 속하는 법들이다."(Dhs §1289)
"무엇이 '무색계에 속하는 법들(arūpāvacarā dhammā)'(*cf.* ma2-95-a)인가? 아래로는 공무변처에 도달한 신들을 경계로 하고 위로는 비상비비상처에 도달한 신들을 끝으로 하여 이 안에 있고 여기에 속하고 여기에 포함되어 있으며, [이런 경지를] 증득하였거나 [이곳에] 태어났거나 지금・여기에서 행복하게 머무는 자의 마음과 마음부수의 법들 — 이것이 무색계에 속하는 법들이다."(Dhs §1291)

239) 본 게송은 본서 「더 고요함 경」(It3:24) §2의 |2|와 같다.

이러한 뜻 또한 세존께서 말씀하셨으니 이처럼 저는 들었습니다.

느낌 경1(It3:3)[240]

Vedanā-sutta

1. 이것은 참으로 세존께서 말씀하신 것이니 아라한께서 말씀하신 것을 이처럼 저는 들었습니다.

"비구들이여, 세 가지 느낌이 있다. 무엇이 셋인가?

즐거운 느낌, 괴로운 느낌, 괴롭지도 즐겁지도 않은 느낌이다.

비구들이여, 이러한 세 가지 느낌이 있다."

이러한 뜻을 세존께서는 말씀하셨습니다.

2. 여기서 이것을 이렇게 말씀하셨습니다.

"삼매에 들고[241] 알아차리며[242]

마음챙기는[243] 부처님의 제자는

---

240) 게송을 포함한 본경은 『상윳따 니까야』 제4권 「느낌 상윳따」(S36)의 첫 번째 경인 「삼매 경」(S36:1)과 같다.

241) "'삼매에 들고(samāhita)'라는 것은 근접삼매(upacāra)나 본삼매(appanā)로 삼매에 드는 것을 말한다. 이것으로 사마타 수행에 몰두함(samatha-bhāvanānuyoga)을 보여주셨다."(ItA.ii.13)

242) "'알아차리며(sampajāna)'라는 것은 이익됨을 알아차림(sātthaka-sampa-jañña) 등의 네 가지 알아차림(catubbidha sampajañña)으로 알아차리는 것이다. 이것으로 위빳사나에 몰두함(vipassanānuyoga)을 보여주셨다."(ItA.ii.13)
네 가지 알아차림에 대해서는 『네 가지 마음챙기는 공부』 136쪽 이하를 참조할 것.

243) "'마음챙기는(sata)'이란 마음챙김을 닦는 자(satokāri)라는 뜻이다. 이런 사마타와 위빳사나의 방법으로(samathavipassanānayena) 법들을 닦아서 성취함에 도달하게 된다(bhāvanāpāripūriṁ gacchanti). 이것으로 구족함(samannāgatatta)을 보여주셨다."(ItA.ii.13)

느낌들도 알고
느낌들의 일어남도 [아노라.] |1|

어디서 이들이 소멸하는지도 [알고]
또한 이들의 멸진으로 인도하는 길도 [아느니라.][244]
느낌의 멸진에 도달했을 때 비구는
갈증이 풀려 완전한 평화를 얻도다."[245] |2| {52}

이러한 뜻 또한 세존께서 말씀하셨으니 이처럼 저는 들었습니다.

느낌 경2(It3:4)[246]

1. 이것은 [47] 참으로 세존께서 말씀하신 것이니 아라한께서

---

244) 본 게송은 이처럼 괴로움 대신에 느낌을 언급하면서 사성제를 언급하고 있다. "느껴진 것은 무엇이든지 괴로움에 속한다(yaṁ kiñci vedayitaṁ taṁ dukkhasmiṁ)."(「한적한 곳에 감 경」(S36:11) §3)라고 하셨기 때문에 느낌은 고성제에 포함되고 느낌은 오온의 하나이기 때문이기도 하다. 본경에 해당하는 주석서도 "이렇게 하여 네 가지 진리를 꿰뚫는 것(evaṁ cattāri saccāni paṭivijjhantena)"(ItA.ii.14)이라고 설명하고 있다.

245) "'갈증이 풀려 완전한 평화를 얻도다(nicchāto parinibbuto).'라는 것은 갈애가 없어진 것(nittaṇha)과 갈애를 제거한 것(pahīnataṇha)을 뜻하는데 오염원으로부터의 완전한 열반(kilesa-parinibbāna)과 무더기로부터의 완전한 열반(khandha-parinibbāna)으로 완전한 평화를 얻은 것을 말한다."(ItA.ii.14)

『상윳따 니까야』 제4권 「삼매 경」(S36:1)에 해당하는 『상윳따 니까야 주석서』는 이렇게 설명한다.
"'갈증이 풀려(nicchāta)'라는 것은 갈애가 없어진 것(nittaṇha)을, '완전한 평화를 얻는다(parinibbuta).'는 것은 오염원으로부터의 완전한 열반(kilesa-parinibbāna)을 뜻한다. 본 게송은 모든 것을 포함하는 네 가지 경지(삼계와 열반)에 속하는 법들을 다 구분하여(catubhūmaka-dhamma-pariccheda) 설하셨다."(SA.iii.74)

246) 게송의 일부를 제외한 본경은 『상윳따 니까야』 제4권 「보아야 함 경」(S36:5)과 같다.

말씀하신 것을 이처럼 저는 들었습니다.

"비구들이여, 세 가지 느낌이 있다. 무엇이 셋인가?

즐거운 느낌, 괴로운 느낌, 괴롭지도 즐겁지도 않은 느낌이다."

2. "비구들이여, 즐거운 느낌들을 괴로움으로 보아야 하며,[247] 괴로운 느낌들을 쇠살로 보아야 하며,[248] 괴롭지도 즐겁지도 않은 느낌들을 무상한 것으로[249] 보아야 한다.[250]

---

247) "'괴로운 느낌으로 보아야 하며(dukkhato daṭṭhabbā)'라고 하셨다. 즐거운 느낌들(sukha-vedanā)은 변화에 기인한 괴로움[壞苦, vipariṇāma-dukkha]을 통해서 괴로움이라고 지혜의 눈(ñāṇacakkhu)으로 보아야 한다는 뜻이다."(ItA.ii.14)

"'즐거운 느낌들(sukhā)'은 변하기(vipariṇāmana) 때문에 괴로움[壞苦]이라고 봐야 한다는 말이다."(SA.iii.76)

248) "'쇠살로 보아야 하며(sallato daṭṭhabbā).'라고 하셨다. 괴로운 느낌들은(dukkha-vedanā) 빼내기 어렵다는 뜻과(dunnīharaṇaṭṭha) 끝으로 꿰찌른다는 뜻(anto-tudanaṭṭha)과 압박한다는 뜻(pīḷanaṭṭha)을 가진 고통스러운 괴로움의 상태[苦苦性, dukkhadukkhabhāva]를 통해서 쇠살로 보아야 한다는 말씀이다."(ItA.ii.14)

249) "'무상한 것으로(aniccato)'라고 하셨다. 괴롭지도 즐겁지도 않은 느낌들은(adukkhamasukhā vedanā) 있었다가 없어지기 때문에(hutvā abhāvato), 일어났다가 사라지기 때문에(udayabbayavantato), 잠깐 동안 존재하기 때문에(tāvakālikato), 항상 반대로 되기 때문에(niccapaṭipakkhato) 무상한 것으로 보아야 한다는 말씀이다.
그런데 당연히 여기서 모든 느낌들도 무상하다고 보아야 한다(aniccato passitabbā). 무상하다고 볼 때 아주 분명하게 탐욕의 빛바램의 표상인 괴로움을 보기 때문에(sātisayaṁ virāganimittaṁ dukkhadassananti) 이러한 뜻을 보여주시면서 스승께서는 '비구들이여, 즐거운 느낌들을 괴로움으로 보아야 하며, 괴로운 느낌들을 쇠살로 보아야 하며, 괴롭지도 즐겁지도 않은 느낌들을 무상한 것으로 보아야 한다.'라고 말씀하셨다."(ItA.ii.14)

즉 괴로운 느낌[苦受]과 즐거운 느낌[樂受]과 괴롭지도 즐겁지도 않은 느낌[不苦不樂受]으로 분류되는 모든 느낌들은 무상한 것이지만 이 가운데 특히 괴롭지도 즐겁지도 않은 느낌을 무상하다고 볼 때 이 무상은 바로 괴로움으로 귀결이 되고 이것은 탐욕의 빛바램인 출세간의 경지를 체득하는 것으로 귀결된다. 이러한 사실을 보여주시기 위해서 특히 이 괴롭지도 즐겁지도 비구들이여, 비구가 즐거운 느낌들을 괴로움으로 보고 괴로운 느낌들을 쇠살로 보고 괴롭지도 즐겁지도 않은 느낌들을 무상한 것으로 볼 때 그를 일러 '비구는 성자요,[251] 바르게 보는 사람이라 한다.[252] 그는 갈애를 잘라버렸고 족쇄를 풀어버렸고 바르게[253] 자만을 관통하여 마침내 괴로움을 끝내어버렸다.'고 한다."

이러한 뜻을 세존께서는 말씀하셨습니다.

3. 여기서 이것을 이렇게 말씀하셨습니다.

"행복에서 괴로움을 읽어내고
괴로움을 쇠살처럼 여기며

않은 느낌을 무상한 것으로 봐야 한다고 강조해서 말씀하신 것이라고 주석서는 설명하고 있다.

250) "'즐거운 느낌들을 괴로움으로 보아야 하며(sukhā vedanā dukkhato daṭṭhabbā)'라는 것으로 갈망(rāga)을 근절하는 바른 방법(samugghātan-ūpāya)을 보이셨다. 즐거운 느낌에는 갈망의 잠재성향(rāgānusaya)이 잠재해있기 때문이다.
'괴로운 느낌들을 쇠살로 보아야 하며'(dukkhā vedanā sallato daṭṭhabbā)라는 것으로는 성냄(dosa)을 근절하는 바른 방법을 보이셨다. 괴로운 느낌에는 적의의 잠재성향(paṭighānusaya)이 잠재해있기 때문이다.
'괴롭지도 즐겁지도 않은 느낌들을 무상한 것으로 보아야 한다(adukkham-asukhā vedanā aniccato daṭṭhabbā).'라는 것으로는 어리석음(moha)을 근절하는 바른 방법을 보이셨다. 괴롭지도 즐겁지도 않은 느낌에는 무명의 잠재성향(avijjānusaya)이 잠재해있기 때문이다."(ItA.ii.14)

251) '성자'는 ariya를 옮긴 것이다. 이 단어는 「보아야 함 경」(S36:5)에는 나타나지 않는다. 주석서는 "오염원들을 멀리 여의었기 때문에(kilesehi ārakā) 확고하고 청정한 자(ṭhito parisuddho)이다."(ItA.ii.15)라고 설명한다. 이것은 "오염원들을 멀리 여의었기(āraka-kilesa) 때문에 '아라한(arahā)'이라 한다."(MA.i.42)라는 설명과 궤를 같이한다.

252) "'바르게 보는 사람(sammaddasa)'이란 모든 느낌들이나 네 가지 진리(cattari saccāni)를 전도됨 없이 보는 자(aviparītadassāvī)이다."(ItA.ii.15)

253) "'바르게(sammā)'란 원인에 의해서(hetunā), 이유에 의해서(kāraṇena)이다."(ItA.ii.15)

괴롭지도 즐겁지도 않은 저 고요한 [느낌]
그것을 무상으로 인식하는 |1|

그 비구야말로 바르게 보는 자이니
거기서 잘 해탈하기 때문이로다.[254)]
최상의 지혜로 알아 목적을 이루었고[255)] 고요한
그가 바로 속박을 뛰어넘은 성자로다." |2| {53}

이러한 뜻 또한 세존께서 말씀하셨으니 이처럼 저는 들었습니다.

추구 경1(It3:5)[256)]

Esanā-sutta

1. 이것은 [48] 참으로 세존께서 말씀하신 것이니 아라한께서

---

254) '거기서 잘 해탈하기 때문이다.'는 yato tattha vimuccati를 옮긴 것이다. 주석서는 두 가지로 yato를 설명하고 있다. 첫째는 yato를 관계대명사 yasmā(~ 때문에)로 해석하여 '거기서 잘 해탈하기 때문이다.'로 해석하는 것이고 둘째는 yato를 √yam(*to sustain*)의 과거분사나 √yat(*to stretch*)의 과거분사로 해석하는 것이다. 이 경우에 주석서는 "여기서 yato는 몸과 말과 마음으로 제어되었고 억제되었거나(saṁyato yatatto — √yam의 과거분사) 뻗치다, 노력한다고 해서(yatati padahatīti vā — √yat의 현재 단수) '애쓰는'이니 촉진시킨다는 뜻이다(āyatatīti attho)."(ItA.ii. 16)로 풀이하고 있다. 이처럼 두 번째로 해석하면 '[자신을] 제어하여 잘 해탈한다.'로 옮길 수 있을 것이다. 역자는 첫 번째로 이해하여 옮겼다.
그리고 본 게송의 |2|, 즉 '그 비구야말로'부터 '성자로다.'까지는 본서 「벗어남 경」(It3:23) §2의 |2|와 「부정함의 관찰 경」(It3:36) §2의 |2|로도 나타난다.

255) "여기서 '최상의 지혜로 알아 목적을 이루었고(abhiññā vosito)'란 느낌을 통해서(vedanāmukhena) 네 가지 진리의 명상주제(catusacca-kammaṭṭhāna)를 수행하여(bhāvetvā) 육신통(chaṭṭhābhiññā)으로 귀결되는(pari-yosita) 역할을 행한 자(katakicca)를 말한다."(ItA.ii.16)

256) 게송을 제외한 본경은 『상윳따 니까야』 제5권 「추구 경」(S45:161) §3과 같다.

말씀하신 것을 이처럼 저는 들었습니다.

"비구들이여, 세 가지 추구가 있다. 무엇이 셋인가?

감각적 쾌락의 추구, 존재의 추구, 청정범행의 추구이다.257)

비구들이여, 이러한 세 가지 추구가 있다."

이러한 뜻을 세존께서는 말씀하셨습니다.

2. 여기서 이것을 이렇게 말씀하셨습니다.

---

257) 본경과 다음 경에 나타나고 있는 이 세 가지 추구는 『위방가』 제17장에서 다음과 같이 정의되고 있고 이것은 본경에 해당되는 『이띠웃따까 주석서』(ItA.17)에도 인용되어 나타나고 있다.

"919. 여기서 무엇이 '세 가지 추구(tisso esanā)'인가? 감각적 쾌락의 추구, 존재의 추구, 청정범행의 추구이다.
여기서 무엇이 '감각적 쾌락의 추구(kāmesanā)'인가? 감각적 쾌락들에 대해서 [일어나는] 감각적 쾌락에 대한 욕구 … (§914) … 감각적 쾌락에 달라붙음 — 이를 일러 감각적 쾌락의 추구라 한다.
여기서 무엇이 '존재의 추구(bhavesanā)'인가? 존재들에 대해서 [일어나는] 존재에 대한 욕구 … (§895) … 존재에 달라붙음 — 이를 일러 존재의 추구라 한다.
여기서 무엇이 '청정범행의 추구(brahmacariyesanā)'인가? '세상은 영원하다.'라거나 '세상은 영원하지 않다.'라거나 … (§815) … '여래는 사후에 존재하는 것도 아니고 존재하지 않는 것도 아니다.'라는[十事無記] 이런 형태의 [그릇된] 견해, 사견에 빠짐 … (§249) … 거꾸로 거머쥠 — 이를 일러 청정범행의 추구라 한다. … 이것이 세 가지 추구이다."(Vbh §919)

이 가운데 '청정범행의 추구'는 brahmacariyesanā를 옮긴 것인데 주석서들은 다음과 같이 설명하고 있다.
"'세상은 영원하다.'라는 등의 방법으로 설하는 사견에 빠진 자들이 인정하는(diṭṭhigatika-sammata) 청정범행을 추구하는 견해(brahmacariyassa gavesanā diṭṭhi)가 '청정범행의 추구'라고 알아야 한다."(VbhA.495, *cf* ItA.ii.17)
"'청정범행의 추구(brahmacariyesanā)'란 삿된 견해라 불리는(micchā-diṭṭhi-saṅkhāta) 청정범행을 추구하는 것이다."(SA.iii.136)
"여기서 삿된 견해는 삿된 견해에 빠진 자가 궁리해낸(diṭṭhigatika-parikappita) 청정범행의 표상이 되기(nimitta-bhāva) 때문이다."(SAṬ.iii.121)
이처럼 삿된 견해에 빠진 것을 여기서는 청정범행의 추구라고 부르고 있다.

"삼매에 들고 알아차리며
마음챙기는 부처님의 제자는
추구들도 알고
추구들의 일어남도 [아노라.] |1|

어디서 이들이 소멸하는지도 [알고]
또한 이들의 멸진으로 인도하는 길도 [아느니라.]
추구의 멸진에 도달했을 때 비구는
갈증이 풀려 완전한 평화를 얻도다." |2| {54}

이러한 뜻 또한 세존께서 말씀하셨으니 이처럼 저는 들었습니다.

추구 경2(It3:6)

1. 이것은 참으로 세존께서 말씀하신 것이니 아라한께서 말씀하신 것을 이처럼 저는 들었습니다.

"비구들이여, 세 가지 추구가 있다. 무엇이 셋인가?

감각적 쾌락의 추구, 존재의 추구, 청정범행의 추구이다. 비구들이여, 이러한 세 가지 추구가 있다."

이러한 뜻을 세존께서는 말씀하셨습니다.

2. 여기서 이것을 이렇게 말씀하셨습니다.

"감각적 쾌락의 추구와 존재의 추구와
청정범행의 추구와 함께
이것만이 진리라는 고집과
삿된 견해에 확고함이 산더미를 이룬다.258) |1|

모든 갈망이 빛바래고
갈애가 멸진하여 해탈한 그는
추구를 [49] 놓아버렸고 삿된 견해를 뿌리 뽑아버렸다.
추구를 모두 멸진하였기 때문에
비구는 바람[願]이 없고 의혹이 없도다."259) |2| {55}

---

258) "청정범행의 추구와 더불어 감각적 쾌락의 추구와 존재의 추구를 세 가지 추구(tisso esanā)라 한다. 이 가운데 청정범행의 추구를 자신의 특성을 통해(sarūpato) 보여주시기 위해서 '이것만이 진리라는 고집과 삿된 견해에 확고함이 산더미를 이룬다(itisaccaparāmāso, diṭṭhiṭṭhānā samussayā)'고 말씀하셨다.
그것의 뜻은 이러하다. 이러한 것이 진리라는 고집이(iti evaṁ saccanti parāmāso) '이것만이 진리라는 고집'이다. 이것만이 진리이고 다른 것은 헛되다(idameva saccaṁ, moghamaññaṁ)는 삿된 견해가 전개되는 양상(pavattiākāra)을 보여준다.
삿된 견해가 모든 손해의 원인이 되기 때문에(sabbānatthahetubhāvato) '삿된 견해에 확고함(diṭṭhiṭṭhānā)'이다. 이렇게 말씀하셨다. — "비구들이여, 삿된 견해는 가장 크게 비난받는 것(parama vajja)이다."(A1:18:3)
이것이 뒤로 갈수록 더욱더 증가하기 때문에(uparūpari vaḍḍhamānā) 탐욕 등의 오염원이 산더미처럼 쌓여서(lobhādikilesasamussayena) 산더미를 이루게 된다(samussayā).
[그러므로] '이것만이 진리이고 다른 것은 헛되다.'라고 그릇되게 천착하여(micchābhinivisamānā) 모든 손해의 원인이 되고(sabbānattha-hetu-bhūtā) 오염원과 괴로움을 적집하는 원인이 되는(kilesadukkhūpacaya-hetubhūtā) 삿된 견해들을 '청정범행의 추구'라고 말한다. 그리고 이렇게 전개되는 양상(pavattiākāra)과 생성(nibbatti)으로부터 '청정범행의 추구'를 보아야 한다고 알아야 한다."(ItA.ii.18)

259) 마지막 구절을 제외한 본 게송은 『앙굿따라 니까야』 제2권 「초연함 경」(A4:38) §5의 게송과 같다. 본 게송의 마지막 구절인 '추구를 모두 멸진하였기 때문에 / 비구는 바람이 없고 의혹이 없도다.' 대신에 A4:38 §5의 마지막 구절은,

'그 비구 마음챙기고 고요하며
경안하여 정복되지 않고
자만을 관통했고 [사성제를] 깨달았네.
그를 일러 초연하다 하노라.'로 나타나고 있다.

이러한 뜻 또한 세존께서 말씀하셨으니 이처럼 저는 들었습니다.

번뇌 경1(It3:7)[260]

Āsava-sutta

1. 이것은 참으로 세존께서 말씀하신 것이니 아라한께서 말씀하신 것을 이처럼 저는 들었습니다.

"비구들이여, 세 가지 번뇌가 있다. 무엇이 셋인가?

감각적 쾌락의 번뇌, 존재의 번뇌, 무명의 번뇌이다.[261] 비구들이

---

260) 게송을 제외한 본경은 『상윳따 니까야』 제5권 「번뇌 경」(S47:50) §3과 같다.

261) 경에서 번뇌는 본경에서처럼 감각적 쾌락의 번뇌(kāmāsava), 존재의 번뇌(bhavāsava), 무명의 번뇌(avijjāsava)의 셋으로 나타난다.(「합송경」(D33 §1.10 (20)), 「모든 번뇌 경」(M2 §6), 「바른 견해 경」(M9) §66, 「띠깐나 경」(A3:58), 「번뇌 경」(S38:8) 등등) 한편 아비담마에서는 여기에다 사견의 번뇌를 더하여 네 가지 번뇌로 정착이 되었다.(Dhs. 195 {1096}) CBETA로 검색을 해보면 북방불교에서도 아함에는 이 세 가지 번뇌가 나타나고 여러 논서에서는 네 가지 번뇌가 나타난다.

『담마상가니 주석서』는 네 가지 번뇌를 이렇게 설명한다.
"다섯 가닥의 감각적 쾌락에 대한(pañca-kāma-guṇika) 갈망(rāga)을 '감각적 쾌락의 번뇌[欲漏, kāmāsava]'라 한다. 색계와 무색계의 존재에 대한 욕탐(chandarāga), 禪에 대한 열망(jhāna-nikanti), 상견(常見)이 함께하는 갈망은 존재를 통한 염원(patthanā)이기 때문에 '존재의 번뇌[有漏, bhavāsava]'라 한다. 62가지 사견은 '사견의 번뇌[見漏, diṭṭhāsava]'라 한다. [사성제와 과거와 미래와 과거・미래와 연기의 — VṬ.218] 여덟 가지 경우에 대해서 알지 못하는 것은 '무명의 번뇌[無明漏, avijjāsava]'라 한다."(DhsA.369)

'번뇌[漏, āsava]'에 대한 주석서의 설명은 『담마상가니』 제1권 두 개 조 마띠까 §14. '번뇌인 법들'(ma2-14-a)의 주해를 참조하기 바란다. 번뇌는 니까야의 주석서들에서도 대동소이하지만 경에 따라서 조금씩 다르게 설명되고 있다.(M2 §2의 주해와 M9 §66의 주해와 『아비담마 길라잡이』 제7장 §3의 [해설] 등을 참조할 것.)

여, 이러한 세 가지 번뇌가 있다."

이러한 뜻을 세존께서는 말씀하셨습니다.

2. 여기서 이것을 이렇게 말씀하셨습니다.

"삼매에 들고 알아차리고
마음챙기는 부처님의 제자는
번뇌들을 알고
번뇌들의 일어남도 [아노라.] |1|

어디서 이들이 소멸하는지도 [알고]
또한 이들의 멸진으로 인도하는 길도 [아느니라.]
번뇌의 멸진에 도달했을 때 비구는
갈증이 풀려 완전한 평화를 얻도다." |2| {56}

이러한 뜻 또한 세존께서 말씀하셨으니 이처럼 저는 들었습니다.

번뇌 경2(It3:8)

1. 이것은 참으로 세존께서 말씀하신 것이니 아라한께서 말씀하신 것을 이처럼 저는 들었습니다.

"비구들이여, 세 가지 번뇌가 있다. 무엇이 셋인가?

감각적 쾌락의 번뇌, 존재의 번뇌, 무명의 번뇌이다. 비구들이여, 이러한 세 가지 번뇌가 있다."

이러한 뜻을 세존께서는 말씀하셨습니다.

2. 여기서 이것을 이렇게 말씀하셨습니다.

"감각적 쾌락의 번뇌가 다하고 무명이 빛바래고 [50]
존재의 번뇌가 부수어졌고
해탈하여 재생의 근거가 없는 자는
마라와 그의 탈 것을 정복하고[262]
[이생에서] 그의 마지막 몸을 가지고 있도다."[263] {57}

이러한 뜻 또한 세존께서 말씀하셨으니 이처럼 저는 들었습니다.

갈애 경(It3:9)

Taṇhā-sutta

1. 이것은 참으로 세존께서 말씀하신 것이니 아라한께서 말씀하신 것을 이처럼 저는 들었습니다.

"비구들이여, 세 가지 갈애[264]가 있다. 무엇이 셋인가?

---

262) '마라와 그의 탈 것을 정복하고'는 jetvā Māraṁ savāhanaṁ(VRI: savāhiniṁ)을 옮긴 것이다. 본경에 해당하는 주석서는 여기서 '탈 것(vāhana)'이 무엇인지를 설명하지 않고 있다. 그러나 다른 주석서들에서는, 기리메카(Girimekha) 코끼리(SnA.ii.15 = Sn {442}에 대한 주석)로, 혹은 마라의 군대(AA.iii.18 = 「노력 경」(A4:13) §13에 대한 주석)로 설명하고 있다. 『자따까』(J.i.72)에는 마라가 기리메카 코끼리를 타고 미래의 부처님을 공격하러 보리수로 가는 것이 나타난다. 그러므로 마라의 탈 것은 마라의 코끼리나 마라의 군대를 뜻한다. 마라(Māra)에 대해서는 본서 「공부지음의 이익 경」(It2:19) §2의 해당 주해를 참조할 것.

263) "마라와 그의 탈 것을 정복하고 / [이생에서] 그의 마지막 몸을 가지고 있도다(dhāreti antimaṁ dehaṁ, jetvā māraṁ savāhiniṁ)."는 『상윳따 니까야』 제2권 「신참 경」(S21:4) §7 등 니까야의 몇몇 게송에 나타나고 있다.

264) 니까야에서 '갈애(taṇhā)'는 두 가지로 정의되고 있다.
첫째는, "그것은 [갈애이니] 다시 태어남을 가져오고 향락과 탐욕이 함께하며 여기저기서 즐기는 [갈애]이니, 즉 감각적 쾌락에 대한 갈애[欲愛], 존재에 대한 갈애[有愛], 존재하지 않음에 대한 갈애[無有愛]이다."(D22 §19, M9 §16, M141 §21, S22:22 §5 등)로 나타난다.
둘째는, "그러면 어떤 것이 갈애[愛]인가? 여섯 가지 갈애의 무리[六愛身]

감각적 쾌락에 대한 갈애, 존재에 대한 갈애, 존재하지 않음에 대한 갈애이다. 비구들이여, 이러한 세 가지 갈애가 있다."

이러한 뜻을 세존께서는 말씀하셨습니다.

2. 여기서 이것을 이렇게 말씀하셨습니다.

"갈애의 속박으로 얽매이고
이런저런 존재에 탐닉하는 마음을 가져[265]

가 있나니 형색에 대한 갈애, 소리에 대한 갈애, 냄새에 대한 갈애, 맛에 대한 갈애, 감촉에 대한 갈애, 법에 대한 갈애이다. — 이를 일러 갈애라 한다."(D33 §2.2-8, M9 §38; S12:2 §8 등)

한편 『맛지마 니까야 주석서』는 『맛지마 니까야』 제1권 「바른 견해 경」(M9) §38을 주석하면서 이 두 가지 갈애의 정의를 통합하여 다음과 같이 모두 108가지 갈애로 설명하고 있다.
"이 여섯 가지는 눈의 문 등에서 속행의 과정으로 일어난 갈애의 이름들이다. 이 중에서 형색을 대상으로 한 갈애가 형색에 대한 갈애이다. 이것은 일어나는 형태에 따라 세 가지이다.
① 이 갈애가 감각적 쾌락(kāma-rāga-bhāva)으로 형색의 대상을 즐기면서(assādenti) 일어날 때, 그것을 감각적 쾌락에 대한 갈애[欲愛, kāma-taṇhā]라 한다. ② 상견과 함께한 욕망(sassata-diṭṭhi-sahagata-rāga-bhāva)으로 '그 형색의 대상은 항상하고 견고하고 영원한 것이다.'라고 즐기면서 갈애가 일어날 때, 그것을 존재에 대한 갈애[有愛, bhava-taṇhā]라 한다. ③ 단견과 함께한 욕망(uccheda-diṭṭhi-sahagata-rāga-bhāva)으로 '그 형색의 대상은 끊어지고 멸하여 죽으면 끝난다.'라고 즐기면서 갈애가 일어날 때, 그것을 존재하지 않음에 대한 갈애[無有愛, vibhava-taṇhā]라 한다.
이 방법은 소리에 대한 갈애 등에도 적용된다. 이렇게 하여 갈애는 18가지가 있다. 이것은 안의 형색 등으로 18가지이고 밖의 형색 등으로 18가지가 되어 모두 36가지가 있다. 이와 같이 과거의 갈애 36가지, 미래의 갈애 36가지, 현재의 갈애 36가지로 108가지의 갈애가 있다. 다시 그들을 요약하면 형색 등 대상(ārammaṇa)으로 여섯이고, 감각적 쾌락에 대한 갈애 등으로 셋이라고 알아야 한다."(MA.i.219~220)

265) "'이런저런 존재에 탐닉하는 마음을 가져(rattacittā bhavābhave)'라는 것은 작은 존재나 큰 존재에 집착하는 마음을 가졌다(laggacittā)는 뜻이다." (ItA.ii.20)

마라의 속박에 걸린 그들은
유가안은이 없는 사람들이라
이런 중생들은 윤회를 계속하여
태어남과 죽음으로 가누나. |1|

그러나 갈애를 제거하여서
이런저런 존재에서 갈애가 사라진 그들은
번뇌의 멸진을 얻어서
세상에서 저 언덕에 도달한 자들이로다." |2| {58}

이러한 뜻 또한 세존께서 말씀하셨으니 이처럼 저는 들었습니다.

마라의 영역 경(It3:10)

Māradheyya-sutta

1. 이것은 참으로 세존께서 말씀하신 것이니 아라한께서 말씀하신 것을 이처럼 저는 들었습니다.

"비구들이여, 세 가지 법을 구족한 비구는 [51] 마라의 영역266)을

266) "'마라의 영역(Māradheyya)'이란 마라의 영역(Mārassa visaya)으로 그의 지배력이 있는 장소(issariyaṭṭhāna)이다."(ItA.ii.21)
"'마라의 영역(Māradheyya)'이란 마라가 머무는 곳(ṭhāna-bhūta)이니, 삼계윤회(tebhūmaka-vaṭṭa)를 말한다."(SA.i.178)

마라의 영역이란 용어보다 더 많이 나타나는 표현은 죽음의 영역(maccu-dheyya)이다. 『상윳따 니까야』 제1권 「자만에 빠진 자 경」(S1:9) {16}d 등에서 보듯이 이 두 단어는 동의어이다. 「있는 것이 아님 경」(S1:34) {102}d와 그 주해도 참조할 것.

"'마라의 영역(Māra-dheyya)'이란 삼계의 법들(tebhūmaka-dhammā)을 말하고, '마라의 영역이 아닌 것(amāra-dheyya)'이란 [아홉 가지] 출세간법들(lokuttara-dhammā)을 말한다. '죽음의 영역(maccu-dheyya)'과 '죽음의 영역이 아닌 것(amaccu-dheyya)'도 각각 삼계의 법들과 출세간법들

완전하게 넘어서서 하늘의 태양처럼 아주 밝게 빛난다. 무엇이 셋인가?

비구들이여, 여기 비구는 무학267)의 계의 무더기[戒蘊]를 구족했고, 무학의 삼매의 무더기[定蘊]를 구족했고, 무학의 통찰지의 무더기[慧蘊]를 구족했다.268) 비구들이여, 이러한 세 가지 법을 구족한 비구는 마라의 영역을 완전하게 넘어서서 하늘의 태양처럼 아주 밝게 빛난다."

이러한 뜻을 세존께서는 말씀하셨습니다.

2. 여기서 이것을 이렇게 말씀하셨습니다.

"계행과 삼매와 통찰지,
이들을 잘 닦은 자는
마라의 영역을 완전하게 넘어서서
하늘의 태양처럼 아주 밝게 빛나도다." {59}

이러한 뜻 또한 세존께서 말씀하셨으니 이처럼 저는 들었습니다.

을 말한다. 마라의 영역(māradheyya)에서 dheyya(영역)는 장소(ṭhāna), 토대(vatthu), 거주처(nivāsa), 영역(gocara)을 말한다."(MA.ii.266) 마라(Māra)에 대해서는 본서 「공부지음의 이익 경」(It2:19) §2의 해당 주해를 참조할 것.

267) '무학(asekha)'은 번뇌 다한(khīṇāsava) 아라한을 말한다.(VinA.i.242, MA.iii.162 등)

268) 삼학(三學), 즉 세 가지 공부지음(tisso sikkhā)은 여기서처럼 세 가지 무더기[三蘊]로 불리기도 한다.(D10 §1.6, M44 §11 등) 한편 『앙굿따라 니까야 주석서』는 이 계·정·혜는 세간적인 것과 출세간적인 것에 다 통용되는 혼합된 것(missaka)이라고 설명하고 있다.(AA.iii.227; 280) 출세간적인 삼학 가운데 아라한에게 적용되는 삼학이 무학의 계의 무더기[戒蘊] 등이다.

첫 번째 품이 끝났다.

첫 번째 품에 포함된 경들의 목록은 다음과 같다.

① 뿌리 ② 요소 그리고 ③~④ 느낌 두 가지
⑤~⑥ 추구 두 가지 ⑦~⑧ 번뇌 두 가지
⑨ 갈애 그리고 ⑩ 마라의 영역까지 ―
이것을 최상의 첫 번째 품이라 부른다.

두 번째 품

Dutiya-vagga(It3:11~20)

공덕을 짓는 토대 경(It3:11)

Puññakiriyavatthusutta

1. 이것은 참으로 세존께서 말씀하신 것이니 아라한께서 말씀하신 것을 이처럼 저는 들었습니다.

"비구들이여, 세 가지 공덕을 짓는 토대[269]가 있다. 무엇이 셋인가?

보시로 이루어진 공덕을 짓는 토대, 계로 이루어진 공덕을 짓는 토대, 수행으로 이루어진 공덕을 짓는 토대이다. 비구들이여, 이러한

---

269) "'공덕을 짓는 토대(puññakiriyavatthūni)'라고 하셨다. 공경되어야 하는 상태라는 결실(pujjabhavaphala)을 맺는다(nibbattenti), 혹은 자신의 흐름들(santānā)을 깨끗하게 한다(punanti)고 해서 공덕들(puññāni)이다. 원인이라는 조건[因緣, hetupaccaya]들을 통해서 이러한 공덕들을 지어야 하기 때문에(kattabbato) 지음(kiriyā)이니 이것을 공덕을 지음(puñña-kiriyā)이라 한다. 이러한 [공덕을 지음]과 여러 가지 이익들(ānisaṁsā)의 토대가 되기 때문에(vatthubhāvato) '공덕을 짓는 토대'라 한다."(ItA.ii.23)

"공덕을 지음과 이 공덕을 지음의 여러 가지 이익(ānisaṁsa)이 되는 토대라고 해서 '공덕을 짓는 토대(puññakiriyavatthu)'라 한다."(DA.iii.999)

한편 『담마상가니 주석서』 등에서는 열 가지 공덕을 짓는 토대를 들고 있는데 그것은 보시(dāna), 지계(sīla), 수행(bhāvanā), 공경(pacāyana), 가까이 섬김(veyyāvacca), 덕을 타인에게 회향함(pattidāna), 타인의 덕을 따라 기뻐함(pattānumodana), 법을 들음(dhammasavana), 법을 가르침(dhammadesana), 자기의 견해를 바로잡음(diṭṭhijjukamma)이다.(DhsA.157; PvA.54; 『아비담마 길라잡이』 제5장 §24)

세 가지 공덕을 짓는 토대가 있다."

이러한 뜻을 세존께서는 말씀하셨습니다.

2. 여기서 이것을 이렇게 말씀하셨습니다.

"공덕을 [52] 공부지어야 하나니
앞날의 행복을 증장시키노라.
보시와 올바른 행실과
자애의 마음을 닦아야 하노라. |1|

행복을 가져오는
이러한 세 가지 법을 닦아서
악의 없는 행복한 세상에
현자는 태어나도다." |2|270) {60}

이러한 뜻 또한 세존께서 말씀하셨으니 이처럼 저는 들었습니다.

눈 경(It3:12)

Cakkhu-sutta

1. 이것은 참으로 세존께서 말씀하신 것이니 아라한께서 말씀하신 것을 이처럼 저는 들었습니다.

"비구들이여, 세 가지 눈271)이 있다. 무엇이 셋인가?

---

270) 이 두 개의 게송은 본서 「자애 경」(It1:22) §4의 게송들과 같다.

271) 『이띠웃따까 주석서』는 본경에 나타나는 세 가지 눈을 다음과 같이 분류하여 설명한다.
"간략하게 말하면 두 가지 눈이 있는데 지혜의 눈[智眼, ñāṇa-cakkhu]과 육체적인 눈[肉眼, maṁsacakkhu]이다. 이 가운데 육체적인 눈[肉眼]은 앞에서 설명하였고 지혜의 눈은 신성한 눈[天眼, dibbacakkhu]과 통찰지

육체적인 눈[肉眼],272) 신성한 눈[天眼]273), 통찰지의 눈[慧眼]274)이

의 눈[慧眼, paññā-cakkhu]의 둘로 나누어서 설명된다."(ItA.ii.27)

『담마상가니 주석서』는 초기불전에 나타나는 여러 종류의 '눈[眼, cakkhu]'을 언급하고 있다. 그것을 요약하면 다음과 같다.

"여기서 두 가지 '눈'이 있다. (1) 육체적인 눈[肉眼, maṁsa-cakkhu]과 (2) 통찰지의 눈[慧眼, paññā-cakkhu]이다.

이 가운데 (2) 통찰지의 눈은 부처님의 눈[佛眼, buddha-cakkhu], 보편적인 눈[普眼, samanta-cakkhu], 지혜의 눈[智眼, ñāṇa-cakkhu], 신성한 눈[天眼, dibba-cakkhu], 법의 눈[法眼, dhamma-cakkhu]이라는 다섯 가지가 있다."(DhsA.306)

"이 가운데 불안(佛眼)은 [중생들의 — SAṬ] 성향과 잠재성향을 아는 지혜(āsaya-anusaya-ñāṇa)와 그들의 정신적인 기능의 성숙을 아는 지혜(indriya-paropariyatta-ñāṇa)를 말한다. 법안(法眼)은 예류도부터 일래과까지의 도와 과에 대한 지혜이다. 보안(普眼)은 부처님의 일체지의 지혜[一切知智, sabbaññuta-ññāṇa]이다. 천안(天眼)은 광명이 넘쳐흘러서(āloka-pharaṇa) 생긴 지혜로 중생들의 죽고 다시 태어남을 아는 것이다. 혜안(慧眼, paññācakkhu)은 사성제를 철견하는 지혜(catusacca-paricchedaka-ñāṇa)이다."(SA.ii.354~355)

여기서 보듯이 주석서에 따라 지혜의 눈[智眼, ñāṇa-cakkhu]이라는 용어와 통찰지의 눈[慧眼, paññā-cakkhu]이란 용어는 혼용되고 있다. 즉 『이띠웃따까 주석서』는 다섯 가지 지혜의 눈[智眼] 안에 통찰지의 눈[慧眼]이 포함되는 것으로 설명하고 『담마상가니 주석서』는 통찰지의 눈[慧眼] 안에 지혜의 눈[智眼]이 포함되는 것으로 설명하기도 하며 『상윳따 니까야 주석서』는 다섯 가지 눈[五眼] 가운데 통찰지의 눈[慧眼]을 포함시키고 있다.

272) 『담마상가니 주석서』는 계속해서 '육체적인 눈[肉眼, maṁsacakkhu]'을 다음과 같이 설명하고 있다.

"육체적인 눈(maṁsacakkhu)도 ① 감성의 눈(pasāda-cakkhu)과 ② [안구 등과 같이 물질들이] 혼합된 눈(sasambhāra-cakkhu)의 두 가지가 있다.

이 [혼합된 눈]은 눈구멍(akkhi-kūpaka)에 놓여있으면서 아래로는 눈구멍의 뼈에, 위로는 눈썹의 뼈에, 양 옆으로는 눈꼬리에, 안쪽은 뇌에, 밖으로는 속눈썹에 에워싸여 있는 고깃덩이(maṁsa-piṇḍa)이다.

간략하게 [말하면], 물질에는 네 가지 근본물질(catasso dhātuyo), 색깔(vaṇṇa), 냄새(gandha), 맛(rasa), 영양분(ojā), 배열(sambhava), 모양(saṇṭhāna), 생명(jīvita), 성질(bhāva), 몸의 감성(kāya-pasāda), 눈의 감성(cakkhupasāda)이라는 14가지 성분(cuddasa-sambhāra)이 있다.

자세하게 말하면, [이들 가운데] 네 가지 근본물질과 그것에 의지하는 색깔, 냄새, 맛, 영양분, 배열, 모양의 여섯 가지를 더한 이 열 가지는 각각 [업과 마음과 온도와 음식]이라는 네 가지 [요인]에서 생겼기 때문에(catu-samuṭṭhānikattā) 40가지가 된다. 그리고 생명, 성질, 몸의 감성, 눈의 감성이라는 이 네 가지는 전적으로 업에서 생긴 것(ekanta-kamma-samuṭṭhāna)이기 때문에 이러한 44가지 물질을 통해서 44가지 성분이 된다."(DhsA.306～307)

273) 여기서 '신성한 눈[天眼, dibbacakkhu]'은 광명이 넘쳐흘러서(āloka-pharaṇa) 생긴 지혜로 중생들의 죽고 다시 태어남을 아는 것이다.(SA.ii.354) 『디가 니까야』 제2권 「빠야시 경」(D23)은 말한다.

"태수여, 저 세상은 그대가 생각하듯이 이러한 육체적인 눈[肉眼]으로는 결코 볼 수 없습니다. 태수여, 숲이나 밀림 속에 있는 조용하고 소리가 없고 한적하고 사람들로부터 멀고 한거하기에 좋은 외딴 처소들을 의지하는 사문·바라문들은 거기서 방일하지 않고 근면하고 스스로 독려하며 머물면서 신성한 눈[天眼]을 청정하게 합니다. 그들은 인간의 능력을 넘어선 청정한 신성한 눈[天眼]으로 이 세상도 보고 저 세상도 보고 화현하는 중생들도 봅니다."(D23 §11-2)

이렇게 해서 얻어지는 이 신성한 눈[天眼]은 초기불전의 도처에서 중생들의 죽음과 다시 태어남을 [아는] 지혜[天眼通, cutūpapātañāṇa]의 정형구로 나타나고 있으며(D2 §95, M4 §29 등) 본서 「삼명 경」(It3:50) §2에도 나타나고 있으므로 참조하기 바란다. 그리고 이 정형구는 『청정도론』 XIII.72～101에 상세하게 설명되어 있다.

274) 본경에 해당하는 『이띠웃따까 주석서』는 '통찰지의 눈[慧眼, paññā-cakkhu]'을 다음과 같이 설명한다.

"꿰뚫어 안다(pajānāti)고 해서 '통찰지(paññā)'이다. 무엇을 꿰뚫어 아는가? '이것이 괴로움이다.'라는(M43 §3) 등의 방법으로 네 가지 성스러운 진리들[四聖諦, cattāri ariyasaccāni]을 꿰뚫어 안다. 그러나 주석서에서는 '꿰뚫어 알게 함(paññāpana)을 통해서 통찰지라 한다. 무엇을 꿰뚫어 알게 하는가(paññāpeti)? 무상(anicca)이라고 꿰뚫어 알게 하고 괴로움(dukkha)이라고 꿰뚫어 알게 하고 무아(anatta)라고 꿰뚫어 알게 한다.'(DhsA.122)라고 설명한다.
그런 이것은 고유성질을 있는 그대로 통찰하는 특징을 가진다(yathā-sabhāva-paṭivedha-lakkhaṇā). 혹은 실패 없이 [적중해서] 꿰뚫는 특징을 가진다(akkhalita-paṭivedha-lakkhaṇā). 마치 숙련된 궁수가 쏜 화살이 관통하는 것(kusalissāsakhitta-usupaṭivedha)처럼. 대상을 밝히는 역할을 한다(visayobhāsana-rasā). 마치 등불(padīpa)처럼. 미혹하지 않음다. 비구들이여, 이러한 세 가지 눈이 있다."275)

이러한 뜻을 세존께서는 말씀하셨습니다.

2. 여기서 이것을 이렇게 말씀하셨습니다.

"육체적인 눈과 신성한 눈과 위없는 통찰지의 눈
이러한 세 가지 눈을 최고의 인간은 설하였노라. |1|

육체적인 눈의 일어남은 신성한 눈의 길이 되고276)
지혜가 일어날 때 위없는 통찰지의 눈이 있으며
이 눈을 얻으면 모든 괴로움에서 해탈하노라."277) |2| {61}

으로 나타난다(asammoha-paccupaṭṭhānā). 마치 숲 속에서 좋은 안내자(araññagatasudesaka)처럼.
특별히 여기서는 통찰지는 번뇌를 소멸하는 지혜[漏盡通, āsavakkhaya-ñāṇa]라 불리는데 네 가지 진리를 본다는 뜻(catusaccadassanaṭṭha)에서 '통찰지의 눈[慧眼, paññācakkhu]'과 동의어이다. 이것을 두고 '눈[眼]이 생겼다. 지혜[智]가 생겼다. 통찰지[慧]가 생겼다. 명지[明]가 생겼다. 광명[光]이 생겼다(cakkhuṁ udapādi, ñāṇaṁ udapādi, paññā udapādi, vijjā udapādi, āloko udapādi).'(S56:11 §9 등)라고 말씀하셨다."(ItA.ii.27)

한편『맛지마 니까야 주석서』는 이렇게 설명한다.
"여기서 '통찰지의 눈[慧眼, paññā-cakkhu]'이란 바로 통찰지를 말한다. 보는 것을 성취하는 뜻(dassana-pariṇāyak-aṭṭha)을 가진 눈이라는 통찰지로 꿰뚫어 안다는 말이다. 통찰지는 삼매의 통찰지와 위빳사나의 통찰지의 두 가지가 있다. 삼매의 통찰지에 의해서는 역할(kicca)과 미혹하지 않음(asammoha)을 통해서 꿰뚫어 알고, 위빳사나의 통찰지에 의해서는 [무상·고·무아의] 특징을 통찰하여(lakkhaṇa-paṭivedhena) 대상을 통해서 아는 것을 설했다."(MA.ii.345)

275) 이 세 가지 눈은『디가 니까야』제3권「합송경」(D33) §1.10 (46)에도 나타난다.

276) "여기서 '길(magga)'이란 옳은 방법(upāya)을 말하는데 신성한 눈이 생길 원인이 된다(dibbacakkhussa kāraṇaṁ)는 뜻이다."(ItA.ii.28)

277) "이들 가운데 육체적인 눈(maṁsacakkhu)은 제한된 것(paritta)이고 신성한 눈(dibbacakkhu)은 고귀한 것(mahaggata)이고 통찰지의 눈(paññā-

이러한 뜻 또한 세존께서 말씀하셨으니 이처럼 저는 들었습니다.

기능 경(It3:13)[278]

Indriya-sutta

1. 이것은 [53] 참으로 세존께서 말씀하신 것이니 아라한께서 말씀하신 것을 이처럼 저는 들었습니다.

"비구들이여, 세 가지 기능이 있다. 무엇이 셋인가?

구경의 지혜를 가지려는 기능[未知當知根], 구경의 지혜의 기능[已知根], 구경의 지혜를 구족한 자의 기능[具知根]이다.[279] 비구들이여, 이

---

cakkhu)은 무량한 것(appamāṇa)이다.(*cf.* ma3-12) 육체적인 눈은 물질이고 다른 둘은 비물질(arūpāni)이다. 육체적인 눈과 신성한 눈은 세간적이고 번뇌의 대상이고 형색을 대상으로 가지며(lokiyāni sāsavāni rūpa-visayāni) 통찰지의 눈은 출세간적이고 번뇌의 대상이 아니고 네 가지 진리를 대상으로 가진다(lokuttara anāsava catusaccavisaya). 육체적인 눈은 결정할 수 없는 것[無記, abyākata]이고 신성한 눈은 유익한 [법]일 수 있고(siyā) 결정할 수 없는[無記] [법]일 수 있다. 통찰지의 눈도 이와 같다.(*cf.* ma3-1) 육체적인 눈은 욕계의 것(kāmāvacara)이고 신성한 눈은 색계의 것(rūpāvacara)이며 통찰지의 눈은 출세간의 것(lokuttara)이다. 이와 같은 분석(vibhāga)을 알아야 한다."(ItA.ii.27~28)

278) 게송을 제외한 본경은 『상윳따 니까야』 제5권 「구경의 지혜의 기능 경」(S48:23)과 같다.

279) 이 세 가지 기능은 『위방가』(Vbh §220)에서 정의되고 있다. 『상윳따 니까야 주석서는 다음과 같이 설명하고 있다.
"'구경의 지혜를 가지려는 기능[未知當知根, anaññāta-ññassāmīt-indriya]'은 '나는 그 시작을 알지 못하는 윤회에서(anamatagge saṁsāre) 전에 알지 못했던 법을 알게 될 것이다.'라고 도를 닦는 자(paṭipanna)에게 예류도의 순간(sotāpatti-magga-kkhaṇa)에 일어난 기능이다. '구경의 지혜의 기능[已知根, aññindriya]'은 그렇게 법을 안 자들에게 속하는 예류과(sotāpatti-phala)로부터 [아라한도까지의] 여섯 경우에 일어난 기능이다. '구경의 지혜를 구족한 자의 기능[具知根, aññātāvindriya]'은 구경의 지혜를 구족한 자들에게 속하는 아라한과의 법(arahatta-phala-dhamma)들에

러한 세 가지 기능이 있다."

이러한 뜻을 세존께서는 말씀하셨습니다.

2. 여기서 이것을 이렇게 말씀하셨습니다.

"올곧은 도를 따라
공부짓는 유학에게는
부숨의 지혜가 첫 번째로 생기며
구경의 [지혜]가 바로 다음에 일어난다. |1|

그 다음에 삶의 족쇄를 멸진하였기 때문에
구경의 지혜를 통해 해탈하였고
여여(如如)함을 얻은 그에게
'나의 해탈은 확고부동하다.'280)라는
[반조의] 지혜가 일어난다.281) |2|

서 일어난 기능이다."(SA.iii.237)

280) '나의 해탈은 확고부동하다.'는 akuppā me vimutti를 옮긴 것이다. 이것은 초기불전의 여러 곳에서 다음과 같은 정형구로 나타난다.
"나에게는 '나의 해탈은 확고부동하다. 이것이 나의 마지막 태어남이며, 이제 더 이상의 다시 태어남[再生]은 없다.'라는 지와 견이 일어났다(ñāṇañca pana me dassanaṁ udapādi – 'akuppā me vimutti, ayamantimā jāti, natthi dāni punabbhavo'ti)."(M26 §18; S14:31 §7 등)

주석서는 다음과 같이 설명한다.
"'나의 해탈은 확고부동하다.'라는 것은 나의 아라한과를 통한 해탈(arahatta-phala-vimutti)은 확고부동하다는 이러한 지혜(ñāṇa)가 생긴 것을 말한다. 여기서 두 가지를 통해서 확고부동함(akuppatā)을 알아야 하나니 그것은 원인(kāraṇa)과 대상(ārammaṇa)을 통해서이다. ① 이것은 네 가지 도(catu magga)를 통해서 오염원들을 잘랐으므로(samucchinna-kilesa) 다시 되돌리지 못하기(anivattanatā) 때문에 원인에 의해서 확고부동하다. ② 확고부동한 법(akuppa-dhamma)인 열반을 대상으로 삼아서 생긴 것이기 때문에 대상에 의해서 확고부동하다."(SA.ii.154)

이러한 기능을 구족하여
고요한 자는 고요한 경지에서 기뻐하나니
마라와 그의 탈 것을 정복하고
[이생에서] 그의 마지막 몸을 가지고 있도다." |3| {62}

이러한 뜻 또한 세존께서 말씀하셨으니 이처럼 저는 들었습니다.

시간 경(It3:14)282)

Addhā-sutta

1. 이것은 참으로 세존께서 말씀하신 것이니 아라한께서 말씀하신 것을 이처럼 저는 들었습니다.

"비구들이여, 세 가지 시간이 있다. 무엇이 셋인가?

과거의 시간, 미래의 시간, 현재의 시간이다. 비구들이여, 이러한 세 가지 시간이 있다."283)

---

281) "여여(如如)함을 얻은 그에게 지혜가 일어난다.(ñāṇaṁ ve hoti tādino)"라고 하셨다. 아라한과가 생긴(arahattaphaluppatti) 뒤의 시간에 원하거나 원하지 않는 등(iṭṭhāniṭṭhādi)에 대해서 여여함의 특징을 얻은(tādi-lakkhaṇappatta) 번뇌 다한 분(khīṇāsava)에게는 반조의 지혜(pacca-vekkhaṇa-ñāṇa)가 일어난다는 뜻이다. 어떻게 일어나는가? '나의 해탈은 확고부동하다.'라고 말씀하셨다."(ItA.ii.30)

282) 게송을 제외한 본경은 『디가 니까야』 제3권 「합송경」(D33) §1.10 (24)의 내용과 같다.

283) "경의 방법에 의하면 재생연결(paṭisandhi) 이전을 과거(atīto addhā)라 하고 죽음(cuti) 이후를 미래(anāgato addhā)라 하고, 재생연결과 죽음을 포함한 그 중간을 현재(paccuppanno addhā)라 한다. 아비담마의 방법에 의하면 [일어나고, 머물고, 부서지는(uppāda, ṭhiti, bhaṅga) — DAṬ.iii.249; ItA.ii.30] 세 [아]찰나 가운데 이미 부서진 이후의 상태(즉 이미 부서져 버려 지금 존재하지 않는 것, bhaṅgato uddhaṁ)를 과거라 하고, 아직 일어나기 이전의 상태(즉 아직 일어나지 않아서 지금 존재하지 않는 것,

이러한 뜻을 세존께서는 말씀하셨습니다.

2. 여기서 이것을 이렇게 말씀하셨습니다.284)

"표현할 수 있는 것을 인식하는285) 중생들은

---

uppādato pubbe)를 미래라 하고 [일어나고 머물고 부서지는] 세 [아]찰나를 현재라 한다. 과거 등의 구분은 참으로 법들(dhammā)의 구분이지 시간(kāla)의 구분은 아니다."(DA.iii.991)

거의 같은 설명이 『이띠웃따까 주석서』에도 나타나고 있다.(ItA.ii.30~31) 주석서들에서도 분명히 밝히고 있듯이 과거・미래・현재는 법들에 있는 것이지 시간이라는 어떤 단위가 있어서 그것을 구분하는 것은 결코 아니다. 이것이 불교의 시간관이다. 어떤 특정한 법이 지금 작용(kicca)하고 있으면 그것이 현재요, 이미 작용했으면 과거요, 아직 작용하지 않았으면 미래인 것이다.

그래서 『청정도론』은 "원인과 조건의 작용(kicca)이 끝난 것을 과거라 하고, 원인의 작용은 끝났지만 아직 조건의 작용이 끝나지 않은 것을 현재라 하며, 두 작용을 아직 얻지 못한 것을 미래라 한다. 혹은 작용하는 순간을 현재라 하고, 그 이전을 미래라 하며, 그 뒤의 것을 과거라 한다."(Vis.XIV.191)라고 설명한다. 북방불교의 설일체유부에서도 제법(諸法)이 작용하는 상태에 따라서 삼세를 구분하는 세우(世友)의 설을 정설로 채택한다.(『아비달마 불교』 102) 그러므로 법의 입장에서 보자면 무수한 과거가 있는 것이 아니다.

284) 본경 §2의 게송들 가운데 [2]의 전반부까지는 『상윳따 니까야』 제1권 「사밋디 경」(S1:20) §9의 해당 게송들과 같다. 그래서 「사밋디 경」(S1:20) §9의 해당 주해들을 여기에 옮겨 싣고 있다.

285) "'표현할 수 있는 것을 인식하는 자(akkheyya-saññī)'라고 하셨다. 여기서 표현하고 이야기하고 설명한다(akkhāyati, kathīyati, paññāpīyati)고 해서 표현할 수 있는 것(akkheyya)이니 논의의 주제(kathāvatthu)를 말한다. 뜻으로는 물질 등의 오온(rūpādayo pañcakkhandhā)이다. … 이와 같이 논의의 주제가 되는 표현할 수 있는 것이라 불리는 무더기 다섯 가지들(오온, khandhapañcakā)에 대해서 '나'라고 '내 것'이라고 '신'이라고 '인간'이라고 '여자'라고 '남자'라고 하는 등으로 전개되는 인식(pavattasaññā)을 통해서 표현할 수 있는 것을 인식하는 자들(akkheyyasaññino)이 있다. 취착의 [대상이 되는] 다섯 가지 무더기들(upādānakkhandhā)에 대해서 중생이나 인간 등으로 인식하는 자들(sattapuggalādisaññino)이라는 뜻이다."(ItA.ii.31~32)

표현할 수 있는 것에 머물러 있나니[286]

표현할 수 있는 것을 [54] 철저하게 알지 못하면[287]

죽음의 굴레에 매이게 되도다.[288] |1|

비슷한 설명이 『상윳따 니까야 주석서』에 다음과 같이 나타난다.
"'표현할 수 있는 것을 인식하는 자(akkheyya-saññī)'에서 '신, 인간, 재가자, 출가자, 중생, 개인, 떳사, 풋사' 등으로 일컬어지는 모든 명칭(akkhāna)들이나 모든 대화의 주제인 오온을 두고 '표현할 수 있는 것'이라고 했다. '중생, 사람, 개인, 여자, 남자'라는 이런 인식들을 중생들이 갖고 있기 때문에 '인식하는 자(saññī)'라 했다. 그래서 표현할 수 있는 것들을 인식하는 자라 한다.
그러므로 표현할 수 있는 것을 인식하는 자란 오온에 대해 중생(satta)이나 개인(puggala) 등으로 인식하는 자를 뜻한다."(SA.i.44)

286) "'표현할 수 있는 것에 머물러 있나니(akkheyyasmiṁ patiṭṭhitā)'라는 것은 갈애와 사견을 움켜쥠(taṇhādiṭṭhiggāha)을 통해서 머물러 있다. 혹은 갈망 등을 통해서(rāgādivasena) 여덟 가지 방법으로(aṭṭhahākārehi) 머물러 있다는 뜻이다. 즉 탐욕에 물든 자(ratta)는 갈망을 통해서 머물러 있고, 분노하는 자(duṭṭha)는 성냄을 통해서, 미혹한 자(mūḷha)는 어리석음을 통해서, 집착[固守]하는 자(parāmaṭṭha)는 견해를 통해서, 완고한 자(thāmagata)는 잠재성향을 통해서, 속박된 자(vinibaddha)는 자만을 통해서, 확고하지 못한 자(aniṭṭhaṅgata)는 의심을 통해서, 흔들리는 자(vikkhepagata)는 들뜸을 통해 머물러 있다는 뜻이다."(ItA.ii.32, *cf* SA.i.44)

287) "'표현할 수 있는 것을 철저하게 알지 못하면(akkheyyaṁ apariññāya)'이라는 것은 그 표현할 수 있는 삼계에 속하는 법들에 대해서(tebhūmaka-dhamme) 세 가지 통달지(pariññā)로 철저하게 알지 못하여 그것을 철저하게 알지 못하는 것을 원인으로 하여라는 뜻이다."(ItA.ii.32)

"'표현할 수 있는 것을 철저하게 알지 못한다(akkheyyaṁ apariññāya).'는 것은 오온에 대해(pañcakkhandhe) 세 가지 통달지(pariññā)로 철저하게 알지 못하는 것을 말한다.(SA.i.44)
세 가지 통달지는 본서 「일체를 철저하게 앎 경」(It1:7) §1의 해당 주해를 참조할 것.

288) "'죽음의 굴레에 매이게 되도다(yogamāyanti maccuno).'라는 것은 죽음의 굴레(maraṇassa yoga), 즉 속박(saṁyoga)으로 가게 되고 풀려나지 못한다(upagacchanti na visaṁyoganti)는 뜻이다. 혹은 여기서 굴레(yoga)는 수단(upāya)을 말한다. 이것에 의해서 묶이거나 풀리거나 하면서 마라의 군대에 속하는(mārasenaṭṭhāniya) 손해를 끼치는 그물(anatthajāla)과 오

그러나 표현할 수 있는 것을 철저하게 알면289)
표현하는 자를 [더 이상 개념적 존재로] 여기지 않아서290)

염원의 그물(kilesajāla)에 걸리게 된다고 말씀하시는 것이다. 그래서 '죽음의 무리와 더불어 타협하지 말지라.'(M131 §3)고 하신 것이다.
이렇게 하여 윤회(vaṭṭa)를 보여주신 뒤 이제 윤회로부터 벗어남(vivaṭṭa)을 보이시기 위해서 '그러나 표현할 수 있는 것을 철저하게 알면(akkheyyañca pariññāya)'이라고 하셨다."(ItA.ii.32)

"'죽음의 굴레에 매이게 되도다(yogamāyanti maccuno).'라고 하셨다. 이렇게 철저하게 알지 못하는 자는 죽음의 지배하에 놓이게 된다. 이 게송으로 감각적 쾌락은 시간이 걸리는 것임(kālikā kāmā)을 드러내신 것이다."(SA.i.44)

289) "'철저하게 알면(pariññāya)'이라는 것은 위빳사나와 함께한(vipassanā-sahitā) 도의 통찰지(maggapaññā)로 괴로움이라고 철저하게 분석하여 알면(paricchijja jānitvā)이라는 뜻이다. 혹은 이것과 반대되는 오염원을 제거함에 의해서(tappaṭibaddhakilesappahānena) 이것을 극복한 뒤에(sam-atikkamitvā) 세 가지 통달지의 역할(kicca)이라는 정수리(matthaka)를 얻으면이라는 말이다."(ItA.ii.32)

"'철저하게 알면(pariññāya)'이라고 하셨다. 세 가지 통달지가 있다. 그것은 ① 안 것의 통달지(ñāta-pariññā, 知遍知) ② 조사의 통달지(tīraṇa-pari-ññā, 審察遍知) ③ 버림의 통달지(pahāna-pariññā, 斷遍知)이다. 이러한 세 가지 통달지로 철저하게 안다는 뜻이다.
무엇이 안 것의 통달지인가? 오온에 대해 철저하게 아는 것이다. 무엇이 조사의 통달지인가? 이렇게 안 뒤에 오온에 대해 무상하고 괴로움이고 병이라는 등의 42가지 방법으로 조사하는 것을 말한다. 무엇이 버림의 통달지인가? 이렇게 조사한 뒤에 으뜸가는 도(agga-magga)에 의해 욕탐(chandarāga)을 제거하는 것을 말한다."(SA.i.44~45)
세 가지 통달지에 대한 더 자세한 설명은 본서 「일체를 철저하게 앎 경」(It1:7) §1의 해당 주해를 참조할 것.

290) "'표현하는 자를 [더 이상 개념적 존재로] 여기지 않아서(akkhātāraṁ na maññati).'라는 것은 모든 곳에서 사량분별들(maññanā)을 제거하였기 때문에(pahīnattā) 번뇌 다한 자(khīṇāsava)는 '표현하는 자를 [더 이상 개념적 존재로] 여기지 않는다.' 즉 행위자라는 등의 고유성질을 가진(kārakādi-sabhāva) 어떤 종류의 자아(kiñci atta)로 되돌아가지 않는다(na pacceti)는 뜻이다."(ItA.ii.32)

"'표현하는 자를 [더 이상 개념적 존재로] 여기지 않는다(akkhātāraṁ na

위없이 고요한 경지인 해탈을
마음으로 체득하게 되도다.291) |2|

참으로 표현할 수 있는 것을 구족하여
고요한 자는 고요한 경지에서 기뻐하나니
지혜의 달인은 명칭을 사용하여 수용하지만292)

---

maññati).'라는 것은, 이렇게 세 가지 통달지로 오온을 철저하게 알게 된 번뇌 다한 비구는 표현하는 자를 두고 인간(puggala)이라고 여기지 않는다, 보지 않는다는 뜻이다. 즉 표현하는 자를 두고 띳사라거나 풋사라는 등의 이름이나 족성으로 드러내지 않는다는 말이다.
왜냐하면 번뇌 다한(khīṇāsava) '그에게는 그런 것이 존재하지 않기 때문이다.' 그러므로 '그를 표현할 그 어떤 것도 그에게는 존재하지 않는다.' 즉 그를 두고 애욕에 물들었다거나 성냄에 휩싸였다거나 어리석음에 빠졌다는 등으로 말할 수 있는 그런 근거가 번뇌 다한 자에게는 없다는 말이다."(SA.i.45)

291) "'위없이 고요한 경지인 해탈을 / 마음으로 체득하게 되도다(phuṭṭho vimokkho manasā, santipadamanuttara).'라고 하셨다. 모든 형성된 것들[有爲]로부터 해탈하였기 때문에 '해탈(vimokkha)'이라는 모든 오염원의 열기[熱惱, santāpa]가 가라앉은 경지이기 때문에 '고요한 경지(santipada)'라는 이름을 얻은 열반의 법을 접촉하였고 닿았고 얻었다(phuṭṭho phusito patto)는 말이다. 그래서 앞에서 '표현하는 자를 [더 이상 개념적 존재로] 여기지 않는다.'라고 하셨다.
혹은 앞의 '철저하게 알면(pariññāya)'이라는 구절로 괴로움의 진리[苦諦, dukkhasacca]에 대한 통달지의 관통(pariññābhisamaya)과 일어남의 진리[集諦, samudayasacca]에 대한 제거함의 관통(pahānābhisamaya)을 말씀하신 뒤 여기서는 '위없이 고요한 경지인 해탈을 마음으로 체득하게 되도다.'라고 도[道諦]와 멸[滅諦]의(magganirodhānaṁ) 수행과 실현의 관통(bhāvanāsacchikiriyābhisamaya)을 설하셨다.
그 뜻은 이러하다. — 근절(samuccheda)을 통해서 모든 오염원들로부터 해탈하였다고 해서 '해탈'은 성스러운 도(ariyamagga)이다. 이것은 그의 도의 마음(maggacitta)에 의해서 접촉하였고 닿았고 수행되었다(bhāvita). 그래서 위없이 고요한 경지인 열반을 접촉했고 닿았고 실현했다(sacchikata)는 말이다."(ItA.ii.33)

292) "'명칭을 사용하여 수용하지만(saṅkhāya sevī)'이라고 하셨다. 통찰지의 충만함을 얻었기 때문에(paññāvepullappattiyā) 의복 등의 필수품들을 명칭을 통해서(saṅkhāya) 저울질해본 뒤[較量, parituletvāva] 수용하는 습

법에 굳게 서서[293] 명칭에 떨어지지 않도다."[294] |3| {63}

이러한 뜻 또한 세존께서 말씀하셨으니 이처럼 저는 들었습니다.

성을 가졌다(sevanasīlo)는 뜻이다. 그리고 이름을 붙인 법들 때문에(saṅkhātadhammattā) 영역에 들어온(āpāthagata) 모든 대상(visaya)을 여섯 가지 구성요소를 가진 평온을 통해서(chaḷaṅgupekkhāvasena) 명칭을 사용하여 수용하는 습성을 가졌다(saṅkhāya sevanasīla)는 뜻이다." (ItA.i.156)

"'여섯 가지 구성요소를 가진 평온(chaḷaṅgupekkhā)'이란 마음챙김과 알아차림(satisampajañña)을 통해서 [눈 등의] 여섯 문에서(chasu dvāresu) 나타나는(pavattā) 여섯 가지 성분을 가진 평온(chāvayavā upekkhā)을 말한다."(DAṬ.iii.332)

293) "'법에 굳게 서서(dhammaṭṭho)'라는 것은 무학의 법들에 혹은 열반의 법에(asekkhadhammesu nibbānadhamme eva vā) 섰다는 뜻이다."(ItA.i.156)

294) 존재하는 모든 것에 대한 명칭(saṅkhā)에 속게 되면 죽음의 굴레에 매이게 된다고 본 게송에서 부처님께서는 강조하신다. 명칭이나 말에 속지 않고 이런 것들은 단지 오온일 뿐임에 사무쳐서 존재하는 모든 것을 오온으로 해체해서 보는 것이 수행의 핵심이다. 이렇게 볼 때 오온 각각의 무상이나 고나 무아가 드러나게 되고, 이처럼 오온의 무상이나 고나 무아에 사무칠 때 염오-이욕-소멸 혹은 염오-이욕-해탈-구경해탈지가 드러나서 깨달음을 실현하고 해탈·열반을 실현하게 된다고 『상윳따 니까야』 제3권 「무더기 상윳따」(S22)와 제4권 「육처 상윳따」(S35) 등에 포함되어 있는 수백 개의 경들은 강조하고 있다.

① 오온으로 해체해서 보기 ② 무상·고·무아 ③ 염오 ④ 이욕 ⑤ 해탈 ⑥ 구경해탈지의 정형구는 니까야의 도처에서 강조되고 있는 해탈·열반을 실현하는 여섯 단계의 과정이다. 여섯 단계의 과정에 대해서는 『상윳따 니까야』 제3권 「무상 경」(S22:12) §3의 주해와 『상윳따 니까야』 제4권 해제 §3과 제3권 해제 §3을 중심으로도 살펴볼 것을 권한다. 그리고 졸저 『초기불교 이해』 54~55, 58, 137, 139이하, 174이하, 177이하, 191~192 등을 참조하고, 특히 제14장 어떻게 해탈·열반을 실현할 것인가(209쪽 이하)를 참조하기 바란다.

나쁜 행위 경(It3:15)[295]

Duccarita-sutta

1. 이것은 참으로 세존께서 말씀하신 것이니 아라한께서 말씀하신 것을 이처럼 저는 들었습니다.

"비구들이여, 세 가지 나쁜 행위[惡行]가 있다. 무엇이 셋인가?

몸으로 짓는 나쁜 행위, 말로 짓는 나쁜 행위, 마음으로 짓는 나쁜 행위이다. 비구들이여, 이러한 세 가지 나쁜 행위가 있다."[296]

이러한 뜻을 세존께서는 말씀하셨습니다.

2. 여기서 이것을 이렇게 말씀하셨습니다.

---

295) 게송을 제외한 본경의 내용은 『디가 니까야』 제3권 「합송경」(D33) §1.10 (3)으로도 나타난다.

296) 『위방가』 제17장 작은 항목 위방가는 '세 가지 나쁜 행위(tīṇi duccaritāni)'를 다음과 같이 정의하고 있다.
"913. 여기서 무엇이 '세 가지 나쁜 행위(tīṇi duccaritāni)'인가? 몸으로 짓는 나쁜 행위, 말로 짓는 나쁜 행위, 마음으로 짓는 나쁜 행위이다.
여기서 무엇이 '몸으로 짓는 나쁜 행위(kāyaduccarita)'인가? 생명을 죽임, 주지 않은 것을 가짐, 그릇된 음행 — 이를 일러 몸으로 짓는 나쁜 행위라 한다.
여기서 무엇이 '말로 짓는 나쁜 행위(vacīduccarita)'인가? 거짓말, 중상모략, 욕설, 잡담 — 이를 일러 말로 짓는 나쁜 행위라 한다.
여기서 무엇이 '마음으로 짓는 나쁜 행위(manoduccarita)'인가? 욕심, 악의, 그릇된 사유 — 이를 일러 마음으로 짓는 나쁜 행위라 한다.
여기서 무엇이 '몸으로 짓는 나쁜 행위'인가? — 몸으로 짓는 해로운 업이 몸으로 짓는 나쁜 행위이다. 말로 짓는 해로운 업이 말로 짓는 나쁜 행위이다. 마음으로 짓는 해로운 업이 마음으로 짓는 나쁜 행위이다.
여기서 무엇이 '몸으로 짓는 해로운 업'인가? — 몸으로 짓는 해로운 의도가 몸으로 짓는 해로운 업이다. 말로 짓는 해로운 의도가 말로 짓는 해로운 업이다. 마음으로 짓는 해로운 의도가 마음으로 짓는 해로운 업이다. — 이것이 세 가지 나쁜 행위이다."(Vbh §913)

"몸으로 짓는 나쁜 행위와
말로 짓는 나쁜 행위와
마음으로 짓는 나쁜 행위와
결점을 수반하는 그 외의 다른 행위297)를 하고 |1|

유익한 업을 짓지 않고 [55]
해로운 업을 많이 지은 뒤
지혜가 없는 사람은 몸이 무너지면
지옥에 떨어진다." |2| {64}

이러한 뜻 또한 세존께서 말씀하셨으니 이처럼 저는 들었습니다.

좋은 행위 경(It3:16)298)

Sucarita-sutta

1. 이것은 참으로 세존께서 말씀하신 것이니 아라한께서 말씀하신 것을 이처럼 저는 들었습니다.

"비구들이여, 세 가지 좋은 행위[善行]가 있다. 무엇이 셋인가?

몸으로 짓는 좋은 행위, 말로 짓는 좋은 행위, 마음으로 짓는 좋은 행위이다. 비구들이여, 이러한 세 가지 좋은 행위가 있다."

이러한 뜻을 세존께서는 말씀하셨습니다.

---

297) '결점을 수반하는 그 외의 다른 행위'는 yañcaññaṁ dosasaṁhitaṁ을 옮긴 것이다. 주석서는 앞서 언급한 몸과 말과 마음으로 짓는 업의 길(kamma-patha) 이외의 다른 나쁜 법(pāpadhamma)을 포함시키기 위해서 이렇게 말씀하신 것이라고 설명한 뒤 "여기서 결점을 수반하는 것은 갈망 등의 오염원을 수반하는 것(rāgādikilesasaṁhita)."(ItA.ii.34)이라고 설명한다.

298) 게송을 제외한 본경의 내용은 『디가 니까야』 제3권 「합송경」(D33) §1.10 (4)으로도 나타난다.

2\. 여기서 이것을 이렇게 말씀하셨습니다.

"몸으로 짓는 나쁜 행위와
말로 짓는 나쁜 행위를 버리고
마음으로 짓는 나쁜 행위와
결점을 수반하는 그 외의 다른 행위를 버리고 |1|

해로운 업을 짓지 않고
유익한 업을 많이 지은 뒤
지혜로운 사람은 몸이 무너지면
천상에 태어난다." |2| {65}

이러한 뜻 또한 세존께서 말씀하셨으니 이처럼 저는 들었습니다.

깨끗함 경(It3:17)[299)]

Soceyya-sutta

1\. 이것은 참으로 세존께서 말씀하신 것이니 아라한께서 말씀하신 것을 이처럼 저는 들었습니다.

"비구들이여, 세 가지 깨끗함이 있다. 무엇이 셋인가?

몸의 깨끗함, 말의 깨끗함, 마음의 깨끗함이다. 비구들이여, 이러한 세 가지 깨끗함이 있다."

이러한 뜻을 세존께서는 말씀하셨습니다.

2\. 여기서 이것을 이렇게 말씀하셨습니다.

---

299) 게송을 제외한 본경의 내용은 『디가 니까야』 제3권 「합송경」(D33) §1.10(52)으로도 나타난다.

"몸의 깨끗함, 말의 깨끗함,
번뇌가 없는 마음의 깨끗함 —
깨끗함을 구족한 깨끗한 자를 [56]
모든 것을 버린 사람이라 부른다." {66}

이러한 뜻 또한 세존께서 말씀하셨으니 이처럼 저는 들었습니다.

성자에게 어울리는 행위 경(It3:18)[300]

Moneyya-sutta

1. 이것은 참으로 세존께서 말씀하신 것이니 아라한께서 말씀하신 것을 이처럼 저는 들었습니다.

"비구들이여, 세 가지 성자에게 어울리는 행위[301]가 있다. 무엇이 셋인가?

몸으로 짓는 성자에게 어울리는 행위, 말로 짓는 성자에게 어울리는 행위, 마음으로 짓는 성자에게 어울리는 행위이다.[302] 비구들이

---

300) 게송을 제외한 본경의 내용은 『디가 니까야』 제3권 「합송경」(D33) §1.10 (53)으로도 나타난다.

301) "'성자에게 어울리는 행위(moneyya)'라고 하셨다. 이 세상과 저 세상에 속하는 자신의 이익과 남의 이익을 안다고 해서 성자이고 선한 범부와 더불어 일곱 가지 유학들과 아라한이다. 그런데 여기서는 아라한과 동의어이다. 성자의 본성(munino bhāvā)이 '성자에게 어울리는 행위(moneyya)'이고 아라한의 몸과 말과 마음의 행실(kāyavacīmano-samācārā)을 뜻한다. 혹은 성자의 상태를 만드는(munibhāvakarā) 성자에게 어울리는 도닦음의 법들(moneyyappaṭipadā-dhammā)이 '성자에게 어울리는 행위'이다."(ItA.ii.35)

302) 『이띠웃따까 주석서』는 다음과 같이 『닛데사(義釋)』를 인용하여 이들을 설명하고 있다.

"여기서 무엇이 '몸으로 짓는 성자에게 어울리는 행위'인가? ① 세 가지 몸으로 짓는 나쁜 행위를 제거함(pahāna)이 몸으로 짓는 성자에게 어울리는

여, 이러한 세 가지 성자에게 어울리는 행위가 있다."

이러한 뜻을 세존께서는 말씀하셨습니다.

2. 여기서 이것을 이렇게 말씀하셨습니다.

"몸에 의한 성자, 말에 의한 성자,
마음에 의한 성자는 번뇌가 없도다.
성자는 성자에 어울림을 구족하였으니

행위이다. ② 세 가지 몸으로 짓는 좋은 행위가 몸으로 짓는 성자에게 어울리는 행위이다. ③ 몸의 대상에 대한 지혜(kāyārammaṇe ñāṇa)가 몸으로 짓는 성자에게 어울리는 행위이다. ④ 몸으로 짓는 통달지(pariññā)가 몸으로 짓는 성자에게 어울리는 행위이다. ⑤ 통달지와 함께하는 도(magga)가 몸으로 짓는 성자에게 어울리는 행위이다. ⑥ 몸에서 욕탐을 제거함(chandarāgappahāna)이 몸으로 짓는 성자에게 어울리는 행위이다. ⑦ 몸의 행위가 소멸한(kāyasaṅkhāranirodhā) 제4선을 증득함(catutthajjhānasamāpatti)이 몸으로 짓는 성자에게 어울리는 행위이다.

여기서 무엇이 '말로 짓는 성자에게 어울리는 행위'인가? ① 네 가지 말로 짓는 나쁜 행위를 제거함이 말로 짓는 성자에게 어울리는 행위이다. ② 네 가지 말로 짓는 좋은 행위가 말로 짓는 성자에게 어울리는 행위이다. ③ 말의 대상에 대한 지혜가 말로 짓는 성자에게 어울리는 행위이다. ④ 말로 짓는 통달지가 말로 짓는 성자에게 어울리는 행위이다. ⑤ 통달지와 함께하는 도가 말로 짓는 성자에게 어울리는 행위이다. ⑥ 말에서 욕탐을 제거함이 말로 짓는 성자에게 어울리는 행위이다. ⑦ 말의 행위가 소멸한 제2선을 증득함(dutiyajjhāna-samāpatti)이 말로 짓는 성자에게 어울리는 행위이다.

여기서 무엇이 '마음으로 짓는 성자에게 어울리는 행위'인가? ① 세 가지 마음으로 짓는 나쁜 행위를 제거함이 마음으로 짓는 성자에게 어울리는 행위이다. ② 세 가지 마음으로 짓는 좋은 행위가 마음으로 짓는 성자에게 어울리는 행위이다. ③ 마음의 대상에 대한 지혜가 마음으로 짓는 성자에게 어울리는 행위이다. ④ 마음으로 짓는 통달지가 마음으로 짓는 성자에게 어울리는 행위이다. ⑤ 통달지와 함께하는 도가 마음으로 짓는 성자에게 어울리는 행위이다. ⑥ 마음에서 욕탐을 제거함이 마음으로 짓는 성자에게 어울리는 행위이다. ⑦ 마음의 행위가 소멸한 상수멸을 증득함(saññāvedayitanirodha-samāpatti)이 마음으로 짓는 성자에게 어울리는 행위이다."(Nd1. 57~58; ItA.ii.35~36)

사악함을 씻어낸 자라 부른다.” {67}

이러한 뜻 또한 세존께서 말씀하셨으니 이처럼 저는 들었습니다.

갈망 경1(It3:19)

Rāga-sutta

1. 이것은 참으로 세존께서 말씀하신 것이니 아라한께서 말씀하신 것을 이처럼 저는 들었습니다.

“비구들이여, 누구든 갈망을 버리지 못하고 성냄을 버리지 못하고 어리석음을 버리지 못하면, 이를 일러 ‘마라에게 묶였다.[303] 마라의 덫에 걸려서[304] 빠삐만[305]이 원하는 대로 하게 된다.’라고 한다. 비

---

303) “‘마라에게 묶였다(baddho mārassa).’라는 것은 오염원으로서의 마라(kilesamāra)에게 묶였다고 말씀하신 것이다. 그리고 오염원으로서의 마라에게 묶이는 그때부터 업형성력 등(abhisaṅkhārādī)으로서의 [마라]에게도 역시 묶인 것이다.”(ItA.ii.36)

오염원으로서의 마라 등과 마라(Māra)에 대해서는 본서 「공부지음의 이익 경」(It2:19) §2의 해당 주해를 참조할 것.

304) “‘마라의 덫에 걸려서(paṭimukk'assa mārapāso)’라는 것은 제거되지 않은 오염원(appahīnakilesa)에 걸려있는(paṭimukka) 것이다. 제거되지 않은 오염원 때문에 마라의 덫이라 불리는(Mārapāsasaṅkhāta) 오염원(kilesa)이 자신의 마음의 흐름에(attano cittasantāne) 걸려들었다(paṭimukka), 들어오게 되었다(pavesita)는 말이다. 이 [마라의 덫]에 의해서 스스로를 묶이게 하였다는 뜻이다(tena sayaṁ bandhāpitoti attho).”(ItA.ii.36)

“‘마라의 덫에 걸렸다(paṭimukk'assa mārapāso).’는 것은 그의 목(gīvā)에 마라의 덫이 걸렸다, 묶였다(pavesita)는 말이다.”(SA.ii.388)

305) 여기서 ‘빠삐만(Pāpiman, 사악한 자)’은 마라(Māra)의 다른 이름이다. 『상윳따 니까야 주석서』는 이렇게 설명한다.

“[남들을] 사악함에 빠져들게 하고, 혹은 스스로 사악함에 빠져든다고 해서(pāpe niyojeti, sayaṁ vā pāpe niyutto) ‘빠삐만(pāpiman, 사악한 자)’이라 한다. 그는 깐하(Kaṇha, 검은 자), 지배자(Adhipati), 자재천(Vasa-

구들이여, 누구든 갈망을 버리고 성냄을 버리고 어리석음을 버리면, 이를 일러 '마라에게 묶이지 않았다. 마라의 덫에서 풀려 빠삐만이 원하는 대로 하지 않게 된다.'라고 한다."

이러한 뜻을 세존께서는 말씀하셨습니다.

2. 여기서 이것을 이렇게 말씀하셨습니다. [57]

"갈망과 성냄과
무명이 빛바랬기 때문에
다른 것을 더 닦으신 분,
으뜸가는 분,306) 여래,
부처님, 증오와 두려움을 건넌 분,
모든 것을 버린 분이라 부른다." {68}

이러한 뜻 또한 세존께서 말씀하셨으니 이처럼 저는 들었습니다.

갈망 경2(It3:20)

1. 이것은 참으로 세존께서 말씀하신 것이니 아라한께서 말씀하신 것을 이처럼 저는 들었습니다.

---

vatti), 끝장내는 자(안따까, Antaka), 나무찌(Namuci), 방일함의 친척(pamatta-bhandu)이라는 다른 많은 이름들도 가지고 있다. 그러나 여기서는 [마라와 빠삐만이라는] 단지 두 가지 이름만을 들고 있다."(SA.i.169)

306) '으뜸가는 분'은 brahma-bhūta를 옮긴 것이다. 주석서는 여기서 brahma를 으뜸가는(saṭṭha)의 뜻이라고 설명한다.(ItA.ii.36; MA.ii.76) 이처럼 초기경에서 brahma가 보통명사로 쓰이면 '신성함, 거룩함, 높음, 위대함' 등의 뜻으로 쓰인다.(PED, NMD참조) 『이띠웃따까 주석서』는 이렇게 설명한다.

"'으뜸가는 분(브라흐마부따, brahmabhūta)'이라고 하셨다. 여기서 브라흐마(brahma)는 으뜸가는(seṭṭha) 아라한과를 얻은 분(arahattaphalaṁ patta)을 말한다."(ItA.ii.36~37)

"비구들이여, 어떤 비구든 비구니든 갈망을 버리지 못하고 성냄을 버리지 못하고 어리석음을 버리지 못하면, 이를 일러 파도와 물결과 소용돌이와 상어와 락카사[307]가 있는 바다[308]를 건너지 못했다고 한다. 비구들이여, 어떤 비구든 비구니든 갈망을 버리고 성냄을 버리고 어리석음을 버리면, 이를 일러 파도와 물결과 소용돌이와 상어와 락카사가 있는 바다를 건넜다고 한다. [참된] 바라문은 이것을 건너

---

307) 락카사(rakkhasa, Sk. rakṣas)는 베다에서부터 나타나는 일종의 나쁜 신이다. 본경과 본서 「강의 흐름 경」(It4:10)에서처럼 주로 물 근처에서 나타나서 물 안으로 사람을 홀린다고 한다. 그래서 락카사에 붙들린 연못(rakkhasa-pariggahitā pokkharaṇī) 등과 같은 표현이 주석서에 나타나고 있다.(DhpA.i.367 등) 힌두 신화에서는 아수라의 한 무리로 간주한다.

308) '파도와 물결과 소용돌이와 상어와 락카사가 있는 바다'는 samuddaṁ saūmiṁ savīciṁ sāvaṭṭaṁ sagahaṁ sarakkhasaṁ를 옮긴 것이다. 주석서는 이렇게 설명한다.

"'바다(samudda)'는 윤회의 바다(saṁsāra-samudda)나 눈의 감각장소 등의 바다이다. 이 둘은 채우기 어렵다는 뜻(duppūraṇaṭṭha)에서 바다와 같다고 해서 바다이다. 혹은 넘쳐난다는 뜻(samuddanaṭṭha)에서 바다이니 오염원의 비가 내리면(kilesavassanena) 중생의 흐름(sattasantāna)이 오염원으로 넘쳐흐르기 때문(kilesa-sadanato)이라는 뜻이다."(ItA.ii.37)

계속해서 주석서에는 '물결(vīci)'은 분노와 절망(kodh-upāyāsa)을, '소용돌이(āvaṭṭa)'는 다섯 가닥의 감각적 쾌락을, '상어와 락카사(gāha-rakkha-sa)'는 여인들(mātugāma)을 뜻한다고 나타난다.(ItA.ii.37) 그리고 비슷한 설명이 『맛지마 니까야』 「짜뚜마 경」(M67) §19에도 나타난다. 거기서는 본경의 gāha(상어) 대신에 susukā(상어)가 나타난다. 물론 gāha와 susukā는 동의어이다.

그리고 본서 「강의 흐름 경」(It4:10) §1에는 '호수가 있는데 파도가 세고 소용돌이가 치고 귀신과 락카사가 있소(rahado saūmi sāvaṭṭo sagaho sarakkhaso)'로 나타난다. 이 경의 §2에서는 '파도(ūmi)'를 설명하면서 '파도의 두려움이란 이것은 분노와 절망(kodhupāyāsa)을 두고 한 말이다.'로 나타난다. 이처럼 파도(ūmi)와 물결(vīci)은 둘 다 분노와 절망을 뜻한다. 그러므로 이 둘은 동의어로 여겨지며 PED는 이 두 단어를 모두 *wave*로 설명하고 있다. 그래서 『이띠웃따까 주석서』는 파도(ūmi)가 뜻하는 것을 설명하고 있지 않은 것 같다. 초기불전연구원에서는 ūmi와 vīci를 문맥에 따라 파도로도 옮겼고 물결로도 옮겼다.

저 언덕에 도달하여 땅 위에 서 있다."309)

이러한 뜻을 세존께서는 말씀하셨습니다.

2. 여기서 이것을 이렇게 말씀하셨습니다.

"그에게서 갈망과 성냄과
무명이 빛바랬기 때문에
그는 상어와 락카사가 있고 파도의 두려움이 있는
건너기 어려운 이 바다를 건넜다. |1|

결박310)을 넘어섰고 [58] 죽음을 버렸고
재생의 근거를 없애고 괴로움을 제거하여
다시 태어나지 않는다.
그는 사라져버렸고 잴 수가 없으며
죽음의 왕을 현혹시켜버렸다고 나는 말한다." |2| {69}

이러한 뜻 또한 세존께서 말씀하셨으니 이처럼 저는 들었습니다.

---

309) "'건넜다(tari)'는 것은 도의 통찰지의 배(maggapaññānāvā)로 앞에서 말한 바다를 건넜다는 뜻이다. '저 언덕에 도달하여(pāraṅgato)'라는 것은 그 바다의 저 언덕, 즉 저편 언덕(paratīra)인 소멸(nirodha)에 도달했다는 뜻이다. '땅 위에 서 있다(thale tiṭṭhati).'는 것은 거기에서 윤회의 큰 격류(saṁsāramahogha)와 감각적 쾌락 등의 큰 격류(kāmādimahogha)를 넘어서(atikkamitvā) 땅 위, 즉 저 언덕인 열반에(paratīre nibbāne) 사악함을 몰아낸 바라문(bāhitapāpabrāhmaṇa)이 서 있다는 말이다."(ItA.ii.38)

비슷한 문장이 『상윳따 니까야』 제1권 「다말리 경」(S2:5)과 제4권 「바다 경」 1(S35:228) §4와 『앙굿따라 니까야』 「흐름을 따름 경」(A4:5)에도 나타난다.

310) 『위방가』는 결박(saṅga)을 다섯 가지로 정리한다.
"여기서 무엇이 '다섯 가지 결박(pañca saṅgā)'인가? 갈망의 결박, 성냄의 결박, 어리석음의 결박, 자만의 결박, 사견의 결박 — 이것이 다섯 가지 결박이다."(Vbh §940 ④)

두 번째 품이 끝났다.

두 번째 품에 포함된 경들의 목록은 다음과 같다.
① 공덕 ② 눈 그리고 ③ 기능
④ 시간 ⑤~⑥ 행위 두 가지 ⑦ 깨끗함
⑧ 성자 그리고 ⑨~⑩ 갈망 두 가지 –
이것을 최상의 두 번째 품이라 부른다.

세 번째 품

Tatiya-vagga(It3:21~30)

그릇된 견해 경(It3:21)

Micchādiṭṭhi-sutta

1. 이것은 참으로 세존께서 말씀하신 것이니 아라한께서 말씀하신 것을 이처럼 저는 들었습니다.

"비구들이여, 나는 중생들이 몸으로 못된 짓을 골고루 하고 말로 못된 짓을 골고루 하고 마음으로 못된 짓을 골고루 하고 성자들을 비방하고 삿된 견해를 지니어 사견업(邪見業)을 짓는 것을 보았다. 이들은 몸이 무너져 죽은 뒤 처참한 곳[苦界], 불행한 곳[惡處], 파멸처, 지옥에 태어났다."311)

2. "비구들이여, 나는 이것을 다른 사문이나 바라문312)으로부터 듣고 나서 말하는 것이 아니다. 비구들이여, 나는 중생들이 몸으

---

311) 이 구절은 '중생들의 죽음과 다시 태어남을 [아는] 지혜[天眼通, cutūpapāta-ñāṇa]'의 정형구의 전반부인 '이들은 몸으로 못된 짓을 골고루 하고 말로 못된 짓을 골고루 하고 마음으로 못된 짓을 골고루 하고 성자들을 비방하고 삿된 견해를 지니어 사견업(邪見業)을 지었다. 이들은 몸이 무너져 죽은 뒤 처참한 곳[苦界], 불행한 곳[惡處], 파멸처, 지옥에 태어났다.'와 같은 구조로 되어 있다. 이 정형구는 본서 「삼명 경」(It3:50) §2에 나타나고 있으므로 참조하기 바란다. 그리고 이 정형구는 『청정도론』 XIII.72~101에 잘 설명되어 있다.

312) '사문(samaṇa)'과 '바라문(brāhmaṇa)'에 대해서는 『맛지마 니까야』 제1권 「두려움과 공포 경」(M4) §4의 주해를 참조할 것.

로 못된 짓을 골고루 하고 말로 못된 짓을 골고루 하고 [59] 마음으로 못된 짓을 골고루 하고 성자들을 비방하고 삿된 견해를 지니어 사견업(邪見業)을 짓는 것을 보았다. 이들은 몸이 무너져 죽은 뒤 처참한 곳[苦界], 불행한 곳[惡處], 파멸처, 지옥에 태어났다. 비구들이여, 이것은 내가 스스로 알고 스스로 보고 스스로 체험한 것을 말하는 것이다."

3. "비구들이여, 나는 중생들이 몸으로 못된 짓을 골고루 하고 말로 못된 짓을 골고루 하고 마음으로 못된 짓을 골고루 하고 성자들을 비방하고 삿된 견해를 지니어 사견업(邪見業)을 짓는 것을 보았다. 이들은 몸이 무너져 죽은 뒤 처참한 곳[苦界], 불행한 곳[惡處], 파멸처, 지옥에 태어났다."

이러한 뜻을 세존께서는 말씀하셨습니다.

4. 여기서 이것을 이렇게 말씀하셨습니다.

"여기 어떤 사람은 그릇되게 마음을 확정하여313)
그릇되게 말을 하고
몸으로 그릇되게 업을 짓는다.314) |1|

수명이 짧은 이 세상에서
배움이 없고 공덕이 없으며
지혜가 없는 그는

313) "'그릇되게 마음을 확정하여(micchā manaṁ paṇidhāya)'라는 것은 욕심 등을 통해서(abhijjhādīnaṁ vasena) 마음을 지혜롭지 못하게 정하고(ayoniso ṭhapetvā)라는 뜻이다."(ItA.ii.39)

314) "'몸으로 그릇되게 업을 짓는다(micchā kammāni katvāna, kāyena).'라는 것은 살아있는 생명을 죽이는 등을 통해서(pāṇātipātādivasena) 몸의 업들(kāyakammāni)을 짓는다는 뜻이다."(ItA.ii.40)

몸이 무너지면 지옥에 떨어진다.” |2| {70}

이러한 뜻 또한 세존께서 말씀하셨으니 이처럼 저는 들었습니다.

바른 견해 경(It3:22)

Sammādiṭṭhi-sutta

1. 이것은 참으로 세존께서 말씀하신 것이니 아라한께서 말씀하신 것을 이처럼 저는 들었습니다.

“비구들이여, 나는 중생들이 몸으로 좋은 일을 골고루 하고 말로 좋은 일을 골고루 하고 마음으로 좋은 일을 [60] 골고루 하고 성자들을 비방하지 않고 바른 견해를 지니어 정견업(正見業)을 짓는 것을 보았다. 이들은 몸이 무너져 죽은 뒤 좋은 곳[善處], 천상세계에 태어났다.”315)

2. “비구들이여, 나는 이것을 다른 사문이나 바라문으로부터 듣고 나서 말하는 것이 아니다. 비구들이여, 나는 중생들이 몸으로 좋은 일을 골고루 하고 말로 좋은 일을 골고루 하고 마음으로 좋은 일을 골고루 하고 성자들을 비방하지 않고 바른 견해를 지니어 정견업(正見業)을 짓는 것을 보았다. 이들은 몸이 무너져 죽은 뒤 좋은 곳[善處], 천상세계에 태어났다. 비구들이여, 이것은 내가 스스로 알고 스스로 보고 스스로 체험한 것을 말하는 것이다.”

---

315) 이 구절은 ‘중생들의 죽음과 다시 태어남을 [아는] 지혜[天眼通, cutūpapāta-ñāṇa]’의 정형구의 후반부인 ‘이들은 몸으로 좋은 일을 골고루 하고 말로 좋은 일을 골고루 하고 마음으로 좋은 일을 골고루 하고 성자들을 비방하지 않고 바른 견해를 지니어 정견업(正見業)을 지었다. 이들은 몸이 무너져 죽은 뒤 좋은 곳[善處], 천상세계에 태어났다.’와 같은 구조로 되어 있다. 이 정형구는 본서 「삼명 경」(It3:50) §2에 나타나고 있으므로 참조하기 바란다. 그리고 이 정형구는 『청정도론』 XIII.72~101에 잘 설명되어 있다.

3. "비구들이여, 나는 중생들이 몸으로 좋은 일을 골고루 하고 말로 좋은 일을 골고루 하고 마음으로 좋은 일을 골고루 하고 성자들을 비방하지 않고 바른 견해를 지니어 정견업(正見業)을 짓는 것을 보았다. 이들은 몸이 무너져 죽은 뒤 좋은 곳[善處], 천상세계에 태어났다."

이러한 뜻을 세존께서는 말씀하셨습니다.

4. 여기서 이것을 이렇게 말씀하셨습니다.

"여기 어떤 사람은 바르게 마음을 확정하여
바르게 말을 하고
몸으로 바르게 업을 짓는다. |1|

수명이 짧은 이 세상에서
많이 배우고 공덕을 지어서
지혜로운 그는
몸이 무너지면 천상에 태어난다." |2| {71}

이러한 뜻 또한 세존께서 말씀하셨으니 이처럼 저는 들었습니다.

벗어남 경(It3:23)316)

Nissaraṇiya-sutta

1. 이것은 [61] 참으로 세존께서 말씀하신 것이니 아라한께서 말씀하신 것을 이처럼 저는 들었습니다.

"비구들이여, 세 가지 벗어남의 요소가 있다. 무엇이 셋인가?

---

316) 게송을 제외한 본경은 『디가 니까야』 제3권 「십상경」(D34) §1.4 (7)에서 세 가지로 구성된 꿰뚫기 어려운 법들 가운데 일곱 번째로 나타나고 있다.

감각적 쾌락들로부터 벗어남이 있으니 바로 이 출리(出離)요,[317] 물질들로부터 벗어남이 있으니 바로 이 비물질[無色]에 속하는 것이요,[318] 형성되었고 조건 따라 생겨난[緣起] 존재에게는 소멸[319]이 그

---

317) "여기서 '출리(出離, nekkhamma)'란 초선(paṭhamajjhāna)이다. 특히 [10가지 시체의] 더러움[不淨]을 대상으로 가진 것(asubh-ārammaṇa)이라고 봐야 한다. 그런데 이 [초]선을 기초로 하여(pādaka) 형성된 것들을 명상하여(sammasitvā) 세 번째 도(tatiyamagga)를 얻어서 불환도(anāgāmimagga)로 열반을 실현한다. 그의 마음은 완전히 감각적 쾌락들로부터 벗어났다(nissaṭa). 그러므로 이것을 특별히 감각적 쾌락들로부터의 벗어남(ukkaṭṭhato kāmānaṁ nissaraṇaṁ)이라고 알아야 한다."(ItA.ii.41)

여기서 10가지 [시체의] 더러움[不淨]이라는 대상(dasa asubhārammaṇā)은 시체의 부패 정도에 따라서 10가지로 나눈 것이다. 그 열 가지는 ① 부푼 것 ② 검푸른 것 ③ 문드러진 것 ④ 끊어진 것 ⑤ 뜯어 먹힌 것 ⑥ 흩어져 있는 것 ⑦ 난도질 당하여 뿔뿔이 흩어진 것 ⑧ 피가 흐르는 것 ⑨ 벌레가 버글거리는 것 ⑩ 해골이 된 것인데 『청정도론』 VI.1~11에 상세하게 설명되어 있다. 이러한 10가지 부정(不淨)의 명상주제로 삼매를 닦으면 —

"마치 강이 급류와 함께 물결이 휘몰아칠 때 오직 키의 힘으로 배가 머물 수 있고 키 없이는 머물 수 없듯이, 이 열 가지 부정한 것에서는 대상의 힘이 약하기 때문에 오직 일으킨 생각[尋]의 힘을 통해서만 마음이 하나가 되어 머물 수 있으며 일으킨 생각 없이는 머물 수 없다. 그러므로 여기서는 오직 초선만이 있고 제2선 등은 존재하지 않는다."(Vis.VI.86)
그래서 주석서는 여기서 기초가 되는 禪은 초선이라고 밝히고 있다.

318) "'물질들로부터 벗어남이 있으니(rūpānaṁ nissaraṇaṁ)'라고 하셨다. 여기서 물질들은 물질인 법들(rūpadhammāna)이며 특히 대상들과 더불어 유익함과 과보와 작용만 하는 것의 구분 없이(kusala-vipāka-kiriya-abhedato) 모든 색계의 법들(rūpāvacaradhammāna)을 말한다. '비물질[無色]에 속하는 것(āruppa)'이란 무색계禪(arūpāvacarajjhāna)이다."(ItA.ii.41)

여기서 '비물질[無色]에 속하는 것'으로 옮긴 āruppa(Sk. ārupya)는 비물질(무색)을 뜻하는 arūpa의 이차곡용형이다.

319) "'존재(bhūta)'란 태어난 것(jāta)이다. '형성된 것(saṅkhata)'이란 발생하고 존재하여(samecca sambhuyya) 조건들로 된 것(paccayehi kata)이다. '조건 따라 생겨난 것[緣起, paṭiccasamuppanna]'이란 원인 때문에 발생한 것(kāraṇato nibbatta)이다. 이 세 개의 단어로 삼계에 속하는 법들을(tebhūmake dhamme) 남김없이 포함시켰다. '소멸(nirodha)'은 열반(nibbāna)이다."(ItA.ii.41)

것으로부터 벗어남이다. 비구들이여, 이러한 세 가지 벗어남의 요소가 있다."[320)]

이러한 뜻을 세존께서는 말씀하셨습니다.

2. 여기서 이것을 이렇게 말씀하셨습니다.

"근면한 자는 감각적 쾌락에서 벗어남을 알고
물질들의 [영역을] 초월한
모든 형성된 것들의 가라앉음에
언제나 도달하노라. |1|

그 비구야말로 바르게 보는 자이니
거기서 잘 해탈하기 때문이다.
고요하고 최상의 지혜를 얻은
그가 바로 속박을 뛰어넘은 성자로다."[321)] |2| {72}

이러한 뜻 또한 세존께서 말씀하셨으니 이처럼 저는 들었습니다.

더 고요함 경(It3:24)

Santatara-sutta

1. 이것은 참으로 세존께서 말씀하신 것이니 아라한께서 말씀

---

320) "여기서 첫 번째 요소로는 감각적 쾌락에 대한 통달지(kāmapariññā)를 설하셨다. 두 번째로는 물질에 대한 통달지(rūpapariññā)를, 세 번째로는 모든 형성된 것들[諸行]에 대한 통달지(sabbasaṅkhatapariññā)를 설하셔서 모든 존재를 뛰어넘음(sabbabhavasamatikkama)을 설하셨다."(ItA.ii.41)

321) 그리고 본 게송의 |2|, 즉 '그 비구야말로'부터 '성자로다.'까지는 본서 「느낌 경」 2(It3:4) §3의 |2|와 「부정함의 관찰 경」(It3:36) §2의 |2|로도 나타난다.

하신 것을 이렇게 [62] 저는 들었습니다.

"비구들이여, 물질들보다 비물질들이 더 고요하고 비물질들보다 소멸이 더 고요하다."322)

이러한 뜻을 세존께서는 말씀하셨습니다.

2. 여기서 이것을 이렇게 말씀하셨습니다.

"색[계]에 도달한 중생들과
무색[계]에 확고한 자들은

---

322) '비구들이여, 물질들보다 비물질들이 더 고요하고 비물질들보다 소멸이 더 고요하다.'는 'rūpehi, bhikkhave, arūpā santatarā, arūpehi nirodho santataro'(PTS, VRI)를 옮긴 것이다. VRI 『이띠웃따까 주석서』(ItA)에는 arūpehi(비물질들보다) 대신에 āruppehi(비물질의 경지들보다)로 나타나고 있다. 주석서는 다음과 같이 설명한다.

"'물질들보다(rūpehi)'라는 것은 색계의 법들보다(rūpāvacaradhammehi)라는 뜻이다. '더 고요하고(santatarā)'라는 것은 더욱더(atisayena) 고요하고라는 뜻이다. 색계의 법들은 오염원들이 억압되어 있고(kilesa-vikkhambhanato) 일으킨 생각 등의 거친 구성요소들이 버려졌고(vitakkādi-oḷārikaṅgappahānato) 삼매의 경지가 되기 때문에(samādhibhūmibhāva-to) 고요하다고 한다. 그러나 비물질(무색)의 경지들(āruppā)은 그들보다 구성요소가 고요하고(aṅgasantatāya) 대상도 고요하기 때문에(ārammaṇa-santatāya) 더욱더 고요한 것(santavuttikā)이다. 그래서 더 고요하다고 하신 것이다.

'소멸(nirodho)'은 열반이다. 과의 증득들은(phalasamāpattiyo) 참으로 형성된 것들이 남김없이 미세한 상태를 얻은(saṅkhārāvasesa-sukhuma-bhāvappattito) 네 번째 비물질(무색)의 경지(catutthāruppa, 비상비비상처)보다 더 고요하다. 오염원의 불안함이 고요해졌고(kilesadaratha-paṭi-passaddhito) 열반을 대상으로 하기 때문이기도 하다. 게다가 모든 형성된 것들이 가라앉음(sabbasaṅkhārasamatha)이 열반이다. 그래서 '비물질들보다 소멸이 더 고요하다(arūpehi nirodho santataro).'라고 하신 것이다." (ItA.ii.42)

한편 복주서들은 불안함(daratha)은 육체적이거나 정신적인 열병(pariḷāha, DAṬ.iii.161)이나 뻔뻔스러움(sārambha, MAṬ.i.175)으로 설명한다.

소멸을 꿰뚫어 알지 못하기 때문에
다시 태어남[再有]으로 돌아오게 된다. |1|

그러나 색계를 철저하게 알고
무색[계]에 들러붙지 않으며
소멸에서 해탈한 사람들은
죽음을 따돌려버렸도다. |2|

몸으로 재생의 근거가 없는
불사의 요소에 닿고
재생의 근거를 놓아버림을 실현하여
번뇌 없는 정등각자는
슬픔 없고 탐욕이 빛바랜 경지를 설하도다." |3| {73}323)

이러한 뜻 또한 세존께서 말씀하셨으니 이처럼 저는 들었습니다.

아들 경(It3:25)
Putta-sutta

1. 이것은 참으로 세존께서 말씀하신 것이니 아라한께서 말씀하신 것을 이처럼 저는 들었습니다.

"비구들이여, 세상에는 세 가지 아들이 존재하는 것으로 [63] 여겨진다. 무엇이 셋인가?

더 뛰어나게 태어난 [아들]과 비슷하게 태어난 [아들]과 못하게 태

323) 본 게송의 |1|은 『상윳따 니까야』 제1권 「짤라 경」(S5:6) §4의 {539}번 게송과 같고 |2|와 |3|은 본서 「요소 경」(It3:2) §2의 |1|과 |2|와 같다. 다만 「요소 경」(It3:2)에는 '색계를 철저하게 알고(rūpadhātuṁ pariññāya)'로 나타나고 본경에는 '그러나 색[계]를 철저하게 알고(ye ca rūpe pariññāya)'로 나타나는 것이 다르다.

어난 [아들]이다."[324)]

2. "비구들이여, 그러면 어떻게 해서 더 뛰어나게 태어난 아들인가?

비구들이여, 여기 아들의 부모가 있어 부처님께 귀의하지 않고 법에 귀의하지 않고 승가에 귀의하지 않는다. 살아있는 생명을 죽이는 것을 금하지 않고 주지 않은 것을 가지는 것을 금하지 않고 그릇된 음행을 하는 것을 금하지 않고 거짓말을 금하지 않고 취하게 하고 방일하는 이유가 되는 여러 종류의 술을 금하지 않고 계행이 나쁘고 저급한 행실을 가졌다.[325)]

그러나 그들의 아들은 부처님께 귀의하고 법에 귀의하고 승가에 귀의한다. 살아있는 생명을 죽이는 것을 금하고 주지 않은 것을 가지는 것을 금하고 그릇된 음행을 하는 것을 금하고 거짓말을 금하고 취하게 하고 방일하는 이유가 되는 여러 종류의 술을 금하고 계행을 갖추었고 선한 행실을 가졌다. 비구들이여, 이와 같이 그는 더 뛰어나게 태어난 아들이다."

---

324) '더 뛰어나게 태어난 [아들]과 비슷하게 태어난 [아들]과 못하게 태어난 [아들](atijāto, anujāto, avajāto)'이라고 하셨다. 주석서는 이렇게 설명한다.

"'더 뛰어나게 태어난(atijāto)'이라는 것은 자신의 덕들(guṇā)이 부모를 넘어서서(mātāpitaro atikkamitvā) 태어났고(jāta) 그들보다 뛰어난 덕을 가졌다(adhikaguṇa)는 뜻이다. '비슷하게 태어난(anujāto)'이라는 것은 덕들이 부모와 비슷한 상태로(anurūpo hutvā) 태어났고 그들과 동등한 덕을 가졌다(samānaguṇa)는 뜻이다. '못하게 태어난(avajāto)'이라는 것은 덕들이 부모보다 못한 상태로(adhamo hutvā) 태어났고 그들보다 낮은 덕을 가졌다(hīnaguṇa)는 뜻이다."(ItA.ii.42~43)

325) 여기서 '저급한 행실을 가진'은 pāpadhammā를 옮긴 것인데 주석서는 "저급한 행실을 가졌고 저열한 행실을 가진(lāmakadhammā, hīnācārā)"(ItA.ii.54)으로 설명하고 있어서 이렇게 옮겼다.

3. "비구들이여, 그러면 어떻게 해서 비슷하게 태어난 아들인가?
비구들이여, 여기 아들의 부모가 있어 부처님께 귀의하고 법에 귀의하고 승가에 귀의한다. 살아있는 생명을 죽이는 것을 금하고 주지 않은 것을 가지는 것을 금하고 그릇된 음행을 하는 것을 금하고 거짓말을 금하고 취하게 하고 방일하는 이유가 되는 여러 종류의 술을 금하고 계행을 갖추었고 선한 행실을 가졌다.

그들의 아들도 역시 부처님께 귀의하고 법에 귀의하고 승가에 귀의한다. 살아있는 생명을 죽이는 것을 금하고 주지 않은 것을 가지는 것을 금하고 그릇된 음행을 하는 것을 금하고 거짓말을 금하고 취하게 하고 방일하는 이유가 되는 여러 종류의 술을 금하고 계행을 갖추었고 선한 행실을 가졌다. 이와 같이 그는 비슷하게 태어난 아들이다."

4. "비구들이여, 그러면 어떻게 해서 못하게 태어난 아들인가?
비구들이여, 여기 아들의 부모가 있어 부처님께 귀의하고 법에 귀의하고 승가에 귀의한다. 살아있는 생명을 죽이는 것을 금하고 주지 않은 것을 가지는 것을 금하고 그릇된 음행을 하는 것을 금하고 거짓말을 금하고 취하게 하고 방일하는 이유가 되는 여러 종류의 술을 금하고 계행을 갖추었고 선한 행실을 가졌다.

그러나 그들의 아들은 부처님께 귀의하지 않고 법에 귀의하지 않고 승가에 귀의하지 않는다. 살아있는 생명을 죽이는 것을 금하지 않고 주지 않은 것을 가지는 것을 금하지 않고 그릇된 음행을 하는 것을 [64] 금하지 않고 거짓말을 금하지 않고 취하게 하고 방일하는 이유가 되는 여러 종류의 술을 금하지 않고 계행이 나쁘고 저급한 행실을 가졌다. 이와 같이 그는 못하게 태어난 아들이다.

비구들이여, 세상에는 이러한 세 가지 아들이 있다."

이러한 뜻을 세존께서는 말씀하셨습니다.

5. 여기서 이것을 이렇게 말씀하셨습니다.

"현자들은 더 뛰어나거나 비슷하게 태어난 아들을 원하지
못하게 태어나 가문을 해치는 아들은 원하지 않는다. |1|

세상에는 이런 아들들이 있어 그들이 청신사이니
믿음 있고 계를 구족하며 관대하고326) 인색함을 여의어
구름에서 벗어난 달처럼 회중에서 빛난다." |2| {74}

이러한 뜻 또한 세존께서 말씀하셨으니 이처럼 저는 들었습니다.

비 없는 구름 경(It3:26)

Avuṭṭhika-sutta

1. 이것은 참으로 세존께서 말씀하신 것이니 아라한께서 말씀하신 것을 이처럼 저는 들었습니다.

"비구들이여, 세상에는 세 가지 사람이 존재하는 것으로 여겨진다. 무엇이 셋인가?

비 없는 구름과 같은327) [사람], 국지적으로 내리는 비와 [같은 사

---

326) '관대하고'는 vadaññū를 풀어서 옮긴 것이다. 이것은 문자적으로는 말(주장, vada)을 아는 자(ññū)라는 뜻이다. 주석서는 "구걸하는 자들(yācakā)의 말뜻을 알고(vacanaṁ jānanti) 그들의 입의 모양을 보아서(mukhākāra-dassanena) 원하는 것을 성취하게 하기 때문에(adhippāyapūraṇato) 말뜻을 아는 자(vadaññū)라 한다."(ItA.ii.57)고 설명한다.

327) '비 없는 구름과 같은'은 avuṭṭhikasama를 옮긴 것인데 '비 없음과 같은'으로 직역된다. 주석서는 이것을 "비 없는 구름과 같은(avuṭṭhika-megha-sama)"(ItA.ii.58)으로 설명하고 있어서 이렇게 옮겼다.

람], 모든 곳에 내리는 비와 [같은 사람]이다."

2. "비구들이여, 어떻게 사람은 비 없는 구름과 같은가?

비구들이여, 여기 어떤 사람은 모든 사문들, 바라문들, 비천한 자들, 무전취식자들, 가난한 자들, 거지들[328)]에게 음식과 마실 것과 의복과 탈것과 화환과 향수와 화장품과 [65] 침상과 숙소와 불을 베풀지 않는다. 비구들이여, 이와 같이 사람은 비 없는 구름과 같다."

3. "비구들이여, 어떻게 사람은 국지적으로 내리는 비와 같은가?

비구들이여, 여기 어떤 사람은 어떤 사문들, 바라문들, 비천한 자들, 무전취식자들, 가난한 자들, 거지들에게는 음식과 마실 것과 의복과 탈것과 화환과 향수와 화장품과 침상과 숙소와 불을 베풀고 어떤 자들에게는 베풀지 않는다. 비구들이여, 이와 같이 사람은 국지적으로 내리는 비와 같다."

---

328) 여기서 '사문들, 바라문들, 비천한 자들, 무전취식자들, 가난한 자들, 거지들'은 samaṇa-brāhmaṇa-kapaṇ-addhika-vanibbaka-yācakā를 옮긴 것이다. 주석서는 이렇게 설명한다.

"여기서 악을 가라앉힌 사문들(samita-pāpa-samaṇā)과 단지 출가만 한 사문들(pabbajjamattasamaṇā)과 악을 멀리 내쫓아버린 바라문들(bāhita-pāpa-brāhmaṇā)과 단지 태생에 의한 바라문들(jātimattabrāhmaṇā)이 여기서 뜻하는 '사문들'과 '바라문들'이다. '비천한 자들(kapaṇā)'은 비참하고(duggatā) 가난한 인간들(daliddamanussā)이다. '무전취식자들(addhi-kā)'은 땅바닥에서 지내는 돈이 없는 자들(pathāvino paribbayavihīnā)이다. '가난한 자들(vanibbakā)'은 보시를 부추기고(dāne niyojentā) 보시자를 칭송하면서(vaṇṇaṁ thomentā) 다닌다. '거지들(yācakā)'은 오직 '주먹만큼이라도 주십시오. 손바닥만큼만 주십시오. 접시만큼만 주십시오.' 하면서 적은 것일지라도 구걸하면서(yācamānā) 다닌다.
여기서 사문과 바라문을 취하여 공덕의 들판(guṇakhetta)과 보은의 들판(upakārikhetta)을 보여주셨고 비천한 자 등을 취하여 연민의 들판(karuṇā-khetta)을 보여주신 것이다."(ItA.ii.58)

4. "비구들이여, 어떻게 사람은 모든 곳에 내리는 비와 같은가? 비구들이여, 여기 어떤 사람은 모든 사문들, 바라문들, 비천한 자들, 무전취식자들, 가난한 자들, 거지들에게 음식과 마실 것과 의복과 탈것과 화환과 향수와 화장품과 침상과 숙소와 불을 베푼다. 비구들이여, 이와 같이 사람은 모든 곳에 내리는 비와 같다.

비구들이여, 세상에는 이러한 세 가지 사람이 존재하는 것으로 여겨진다."

이러한 뜻을 세존께서는 말씀하셨습니다.

5. 여기서 이것을 이렇게 말씀하셨습니다.

"사문들, 바라문들, 비천한 자들,
무전취식자들, 가난한 자들, 거지들에게
막상 오면329) 음식과 [66] 마실 것과
먹을 것을 함께 나누지 않는다.
이것은 비 없는 구름과 같으니
그를 낮은 사람이라 부른다. |1|

어떤 자들에게는 베풀지 않고
어떤 자들과는 함께 나눈다.
이것은 국지적으로 내리는 비라고
현자들은 부른다. |2|

---

329) '막상 오면'은 laddhānā를 옮긴 것이다. 주석서는 얻고 나서(labhitvā, √labh, *to get*의 동명사)로 설명한 뒤, "보시를 해야 할 사문들을(samaṇe dakkhiṇeyye) 초청해놓고(pavāretvā) [정작] 요청하면(puṭṭho) 함께 나누지 않는다(na saṁvibhajati)."(ItA.ii.59)라고 설명하고 있어서 이렇게 풀어서 옮겼다.

큰 기부자라는 말로 알려졌고
모든 존재들을 연민하는 사람은
'베풀자, 베풀자.'라고 말하면서
기뻐하며 나눈다. |3|

마치 큰 구름이 천둥을 치고
포효하며 비를 내려서
평지와 계곡을 가득 채우면서
대지를 물로 흠뻑 적시는 것과 같다. |4|

그와 같이 여기 어떤 사람도
참으로 그와 같아서
법답게 모은 뒤 열심히 얻은
재물을 [보시하나니]
음식과 마실 것으로 [67] 바르게330)
가난한 자들을 만족하게 한다." |5| {75}

이러한 뜻 또한 세존께서 말씀하셨으니 이처럼 저는 들었습니다.

행복을 열망함 경[幸福希求經](It3:27)

Sukhapatthanā-sutta

1. 이것은 참으로 세존께서 말씀하신 것이니 아라한께서 말씀하신 것을 이처럼 저는 들었습니다.

"비구들이여, 세 가지 행복을 열망하면서 현자는 계를 보호해야 한다. 무엇이 셋인가?

---

330) "여기서 '바르게(sammā)'라는 것은 보시하는 시간이 적합하고(desakāla-anurūpa) 원하는 것이 적합한 것(icchānurūpa)이다."(ItA.ii.60)

현자는 '나에게 칭송이 오기를.'이라고 하면서 계를 지켜야 한다. 현자는 '나에게 재물이 생기기를.'이라고 하면서 계를 지켜야 한다. 현자는 '몸이 무너져 죽은 뒤 좋은 곳[善處], 천상세계에 태어날 것이다.'라고 하면서 계를 지켜야 한다.

비구들이여, 이러한 세 가지 행복을 열망하면서 현자는 계를 보호해야 한다."

이러한 뜻을 세존께서는 말씀하셨습니다.

2. 여기서 이것을 이렇게 말씀하셨습니다.

"세 가지 행복을 열망하면서
현명한 자는 계를 지켜야 하나니
칭송과 재물을 얻음과
사후에 천상에 나는 것을 기뻐하면서. |1|

사악함을 짓지 않지만
짓는 자를 따르게 되면
사악함에 대해 의심을 받게 되고
그의 비난이 올라간다. |2|

그와 함께 우정을 맺고
그를 따르게 되면
그도 [68] 그와 같은 자가 되나니
따르는 것은 그렇게 되는 것이기 때문이다. |3|

섬기는 자가 섬김을 받는 자를,
추종하는 자가 추종 받는 자를 [오염시키게 되나니]
자칫하면 독 묻은 화살이

오염되지 않은 화살통을 오염시키는 것과 같다.
지자는 오염을 두려워하여
결코 사악한 친구를 가져서는 안 된다. |4|

사람이 부패한 생선을
꾸사 풀의 잎으로 묶으면
꾸사 풀마저도 부패하여 [악취를] 풍기나니[331)]
어리석은 사람을 사귀는 것도 이와 같도다. |5|

그러나 따가라 향을
잎사귀로 감싸게 되면
그 이파리도 향기를 나르게 되나니
현자를 사귀는 것도 이와 같도다. |6|

그러므로 잎사귀로 만든 도시락처럼
자신의 결과를 알고서
현자는 바르지 않은 자를 따르지 말고
올바른 자를 [69] 따라야 한다.[332)]
바르지 않은 자는 지옥으로 인도하고

---

331) 본 게송에서 '부패한'과 '부패하여'로 옮긴 단어는 모두 pūti이다. pūti는 √pūy(*to fester, to stink*)에서 파생된 형용사이다. 그리고 '[악취를] 풍긴다.'는 vāyanti를 옮긴 것이다. 주석서는 "즉 이 꾸사 풀은 [처음에는] 부패하지 않았지만 부패한 생선을 묶었기 때문에(pūti-maccha-sambandh-ena) 부패하여 오직 악취를 풍긴다(pūti duggandhameva vāyanti)."(ItA.ii.64)라고 설명하고 있다.

332) '현자는 바르지 않은 자를 따르지 말고 올바른 자를 따라야 한다(asante nupaseveyya, sante seveyya paṇḍito).'라고 하셨다. 여기서 '바르지 않은 자(asanta)'는 악한 친구(pāpamitta)이고 '바른 자(santa)'는 고요하거나 [갈망 등의] 결점을 토해 내었거나 칭송받는 현자(upasanta vantadosa pasattha vā paṇḍita)라고 주석서는 설명한다.(ItA.ii.63)

올바른 자는 천상을 얻게 한다.” |7| {76}

이러한 뜻 또한 세존께서 말씀하셨으니 이처럼 저는 들었습니다.

부서지기 마련임 경(It3:28)

Bhidura-sutta

1. 이것은 참으로 세존께서 말씀하신 것이니 아라한께서 말씀하신 것을 이처럼 저는 들었습니다.

“비구들이여, 이 몸은 부서지기 마련이고,333) 알음알이는 빛바래기 마련인 법이고, 모든 재생의 근거334)는 무상하고 괴롭고 변하기 마련인 법이다.”335)

---

333) “‘비구들이여, 이 몸은 부서지기 마련이고(bhidurāyaṁ, bhikkhave, kāyo)’라고 하셨다. 이것은 이런 뜻으로 말씀하신 것이다. — ‘비구들이여, 이 네 가지 근본물질로 이루어진(catumahābhūtamaya) 물질로 된 몸(rūpakāya)은 부서지기 마련이니, 즉 무너지는 품성을 가졌고(bhedana-sīla) 무너지는 고유성질을 가져(bhedanasabhāva) 순간순간마다(khaṇe khaṇe) 부서지는 고유성질을 가졌다(viddhaṁsanasabhāva).’라고. bhiduro 대신에 bhindarāya로 되어 있는 이본(異本, pāṭha)도 있는데 뜻은 같다.”(ItA.ii.64)

334) “‘모든 재생의 근거(sabbe upadhī)’란 무더기(오온)라는 재생의 근거(khandhūpadhi), 오염원이라는 재생의 근거(kilesūpadhi), 업형성력이라는 재생의 근거(abhisaṅkhārūpadhi), 다섯 가닥의 얽어매는 감각적 쾌락이라는 재생의 근거(pañcakāmaguṇūpadhi)이다.”(ItA.ii.64)

『맛지마 니까야 복주서』는 다음과 같이 이 네 가지를 설명하고 있다. “거기에 근거하여(upadhīyati ettha) 괴로움이 있기 때문에 ‘재생의 근거(upadhi)’라 한다. 이 설명은 네 가지 재생의 근거 가운데 무더기(오온)와 감각적 쾌락이라는 재생의 근거에 해당된다. 괴로움을 모으기(upadahanti dukkhaṁ) 때문에 ‘재생의 근거(upadhi)’라 한다. 이 설명은 오염원과 업형성력이라는 재생의 근거에 해당된다.”(MAṬ.ii.403)

335) ‘모든 재생의 근거는 무상하고 괴롭고 변하기 마련인 법이다.’는 sabbe upadhī aniccā dukkhā vipariṇāmadhammā를 옮긴 것이다. 『이띠웃따까 주석서』는 다음과 같이 설명한다.

이러한 뜻을 세존께서는 말씀하셨습니다.

2. 여기서 이것을 이렇게 말씀하셨습니다.

"몸을 부서지기 마련인 것으로,
알음알이를 빛바래기 마련인 것으로[336] 알고서
재생의 근거들에서 두려움을 보고
태어남과 죽음을 넘어섰나니
궁극적인 고요함을 체득하고
수행을 얻은 자는 시간을 기다리도다."[337] {77}

"거기에 근거하여 괴로움이 있다(upadhīyati ettha dukkhaṁ)라고 해서 재생의 근거라고 인식되는(upadhisaññitā) 이 모든 것들은 ① 취착의 [대상인] 무더기와 ② 오염원과 ③ 업형성력과 ④ 다섯 가닥의 얽어매는 감각적 쾌락이라는 [재생의 근거인] 법들(upādānakkhandha-kilesa-abhisaṅ-khāra-pañcakāmaguṇa-dhammā)이다. 이들은 (1) 있었다가 존재하지 않는다는 뜻에서(hutvā abhāvaṭṭhena) '무상하다(aniccā).' (2) 일어나고 사라짐에 의해서 압박받는다는 뜻에서(udayabbayappaṭipīḷanaṭṭhena) '괴로움이다(dukkhā).' (3) 늙음과 죽음이라는 이 두 가지 방법으로 변하기 마련인 고유성질을 가졌기 때문에(vipariṇāmetabbasabhāvatāya) 평소의 성질을 버렸다는 뜻에서(pakati-vijahanaṭṭhena) '변하기 마련인 법이다(vipariṇāmadhammā).'"(ItA.ii.64)

336) 여기서 '빛바래기 마련인 것으로'는 VRI본과 PTS본의 virāgunaṁ을 옮긴 것인데 PED는 본경 §1의 virāgadhammaṁ(빛바래기 마련인)가 이렇게 표기된 것으로 보고 있다.(PED *s.v.* virāguna) 『이띠웃따까 주석서』는 별다른 설명이 없다.
그런데 이 용어는 VRI본 『맛지마 니까야』 제4권 「여섯 가지 청정 경」(M112)에 "도반들이여, 나는 물질은 힘이 없고 본성이 변하는 것이고 안식을 주지 못한다고 알고서"(M112 §6)로 나타나고 있다. 여기서 '본성이 변하는 것이고'는 VRI본의 virāgunaṁ(PTS본에는 virāgaṁ으로 나타남)을 주석서를 참조해서 옮긴 것이다. PTS본과 VRI본 주석서는 둘 다 이 용어를 vigacchana-sabhāvaṁ(고유성질이 변하는)이라고 설명하고 있기 때문이다.(MA.iv.92) 탐욕의 빛바램[離慾]으로 옮기는 virāga는 일반적으로 virajjanattha(빛바램의 뜻, SA.ii.34 등)로 설명한다. 그러므로 M112 §6도 virāgunaṁ으로 읽는 것이 좋다.

이러한 뜻 또한 세존께서 말씀하셨으니 이처럼 저는 들었습니다.

요소에 따라 함께 모임 경(It3:29)338)

Dhātusosaṁsandana-sutta

1. 이것은 참으로 세존께서 말씀하신 것이니 아라한께서 말씀하신 것을 [70] 이처럼 저는 들었습니다.

"비구들이여, 중생들은 요소에 따라 함께 모이고 함께 어울린다. 저열한 성향을 가진 중생들은 저열한 성향을 가진 자들과 함께 모이고 함께 어울리고, 좋은 성향을 가진 중생들은 좋은 성향을 가진 자들과 함께 모이고 함께 어울린다."339)

---

337) "'수행을 얻은 자는 시간을 기다리도다(kālaṁ kaṅkhati bhāvitatto).'라고 하셨다. 네 가지 성스러운 도를 통해서 수행으로 관통하고 완성하여(bhāvanābhisamaya-nipphattiyā) 몸과 계와 마음과 통찰지를 닦았기 때문에(bhāvitakāyasīlacittapaññattā) 수행을 얻은 자는 죽음과 삶을 기뻐하지 않고(maraṇaṁ jīvitañca anabhinandanto) 오직 자신의 무더기들(오온)이 완전한 열반(반열반)에 들 시간(khandhaparinibbānakāla)을 기다리고 기대한다(kaṅkhati udikkhati). 그에게는 어떤 바람(patthanā)도 없다는 뜻이다."(ItA.ii.65)

338) 게송을 제외한 본경의 내용은 『상윳따 니까야』 제2권 「저열한 의향 경」(S14:14)과 같다. 그리고 본경 §3의 게송은 「게송이 있는 경」(S14:16) §7의 게송과 같고 『장로게』(Thag) {147~148}로도 나타난다.

339) "'저열한 성향을 가진 자들(hīnādhimuttikā)'이라고 하셨다. 이들의 성향이 감각적 쾌락의 가닥 등의 저열한 것으로 향해 있다(hīne kāmaguṇādike adhimutti etesaṁ)고 해서 '저열한 성향을 가진 자들'인데 저열한 의향을 가진 자들(hīnajjhāsayā)을 말한다. '좋은 성향을 가진 자들(kalyāṇa-adhimuttikā)'이라고 하셨다. 이들의 성향이 출리(出離) 등의 좋은 것으로 향해 있다(kalyāṇe nekkhammādike adhimutti etesaṁ)고 해서 '좋은 성향을 가진 자들'인데 수승한 의향을 가진 자들(paṇītajjhāsayā)을 말한다."(ItA.ii.65)

"'저열한 성향(hīna-adhimuttika)'이란 저열한 의향(ajjhāsaya)을 뜻하고 '좋은 성향(kalyāṇa-adhimuttika)'이란 좋은 의향을 말한다."(SA.ii.139)

2. "비구들이여, 과거에도 중생들은 요소에 따라 함께 모이고 함께 어울렸다. 저열한 성향을 가진 중생들은 저열한 성향을 가진 자들과 함께 모이고 함께 어울렸고, 좋은 성향을 가진 중생들은 좋은 성향을 가진 자들과 함께 모이고 함께 어울렸다.

비구들이여, 미래에도 중생들은 요소에 따라 함께 모이고 함께 어울릴 것이다. 저열한 성향을 가진 중생들은 저열한 성향을 가진 자들과 함께 모이고 함께 어울릴 것이고, 좋은 성향을 가진 중생들은 좋은 성향을 가진 자들과 함께 모이고 함께 어울릴 것이다.

비구들이여, 현재에도 중생들은 요소에 따라 함께 모이고 함께 어울린다. 저열한 성향을 가진 중생들은 저열한 성향을 가진 자들과 함께 모이고 함께 어울리고, 좋은 성향을 가진 중생들은 좋은 성향을 가진 자들과 함께 모이고 함께 어울린다."

이러한 뜻을 세존께서는 말씀하셨습니다.

3. 여기서 이것을 이렇게 말씀하셨습니다.

"교제하기 때문에 [오염원의] 덤불이 생기고
교제하지 않으면 끊어지노라.340)

즉 adhimuttika를, '의향'으로 옮기고 있는 ajjhāsaya와 동의어로 설명하고 있다. 『디가 니까야 주석서』에서도 adhimuttikatā(성향을 가짐)을 ajjhā-sayatā(의향을 가짐)이라고 설명하고 있다.(DA.i.44)

초기불전연구원에서는 동의어로 쓰이는 adhimutti와 ajjhāsaya를 구분 없이 의향으로도 옮기고 성향으로도 옮겼다. 본서에서는 adhimutti나 adhimuttika는 '성향'으로, ajjhāsaya는 '의향'으로 구분해서 옮기고 있음을 밝힌다.

340) "'교제하기 때문에(saṁsaggā)'라는 것은 오염원 때문에(saṁkilesato) 함께 거주함 등(sahavāsādi)을 통해서 연결되어 있기 때문에(samāyogato)라는 뜻이다. 혹은 듣는 교제(savana-saṁsagga), 보는 교제(dassana-saṁsagga), 한담하는 교제(samullapana-saṁsagga), 함께 먹는 교제

작은 [71] 널빤지에 올라 서 있는 자는
큰 바다에 가라앉듯이
그와 같이 게으른 자를 만나면
좋은 사람도 가라앉고 말리라. |1|

그러므로 게으르고
정진이 부족한 자를 멀리하고
한거하고 성스러우며
스스로 독려하고 참선을 하며
항상 열심히 정진하는
현자들과 함께 머물지어다." |2| {78}

이러한 뜻 또한 세존께서 말씀하셨으니 이처럼 저는 들었습니다.

망가짐 경(It3:30)

Parihāna-sutta

1. 이것은 참으로 세존께서 말씀하신 것이니 아라한께서 말씀

(sambhoga-saṁsagga), 몸에 닿는 교제(kāya-saṁsagga)라는 이러한 다섯 가지 교제로 어디서나 교제하기 때문에(yato kutoci saṁsaggato)라는 말이다."(ItA.ii.66)

이 다섯 가지 교제에 대해서는 『맛지마 니까야』 제1권 「역마차 교대 경」(M24) §2의 해당 주해의 설명을 참조할 것. 한편 『상윳따 니까야 주석서』에는 이런 설명이 나타난다.

"'교제하기 때문에(saṁsaggā)'라는 것은 보고 듣는 것(dassana-savana)으로 교제하는 등에 토대한 갈애와 애정(taṇhā-sneha) 때문에 라는 뜻이다. '덤불이 생기고(vanatho jāto)'란 오염원의 덤불(kilesa-vana)이 생긴다는 뜻이다. '교제하지 않으면 끊어지노라(asaṁsaggena chijjati).'란 개인적으로(ekato) [이성과 더불어] 서거나 앉는 등을 하지 않아서 교제하지 않고 만나지 않으면 그것이 끊어진다는 뜻이다."(SA.ii.142)

하신 것을 이처럼 저는 들었습니다.

"비구들이여, 세 가지 법은 유학인 비구를 망가지게 한다. 무엇이 셋인가?

비구들이여, 여기 유학인 비구는 [잡다한] 일하기를 좋아하고 [잡다한] 일하기를 즐기고 [잡다한] 일을 하는 즐거움에 몰두한다. 말하기를 좋아하고 말하기를 즐기고 말하는 즐거움에 몰두한다. 잠자기를 좋아하고 잠자기를 즐기고 잠자는 즐거움에 몰두한다. 비구들이여, 이러한 세 가지 법은 유학인 비구를 망가지게 한다."341)

2. "비구들이여, 세 가지 법은 유학인 비구를 망가지지 않게 한다. 무엇이 셋인가?

비구들이여, 여기 비구는 [잡다한] 일하기를 좋아하지 않고 [잡다한] 일하기를 즐기지 않고 [잡다한] 일을 하는 즐거움에 몰두하지 않는다. 말하기를 좋아하지 않고 말하기를 즐기지 않고 말하는 즐거움에 몰두하지 않는다. 잠자기를 좋아하지 않고 잠자기를 즐기지 않고 [72] 잠자는 즐거움에 몰두하지 않는다. 비구들이여, 이러한 세 가지 법은 유학인 비구를 망가지지 않게 한다."342)

이러한 뜻을 세존께서는 말씀하셨습니다.

3. 여기서 이것을 이렇게 말씀하셨습니다.

---

341) 여기서 언급되고 있는 유학인 비구를 망가지게 하는 법 세 가지는 『앙굿따라 니까야』 제4권 「복됨 경」(A6:14) §3과 「고통스러움 경」(A6:15) §2에서 사리뿟따 존자가 비구들에게 설하는 여섯 가지 법들 가운데 앞의 세 가지와 같다.

342) 여기서 언급되고 있는 세 가지는 『앙굿따라 니까야』 제4권 「복됨 경」(A6:14) §5와 「고통스러움 경」(A6:15) §4의 여섯 가지 법들 가운데 앞의 세 가지와 같다.

"[잡다한] 일하기를 좋아하고 말하기를 좋아하고
잠자기를 좋아하고 들떠있는[343]
그러한 비구는 위없는 정등각에
닿을 수가 없도다. |1|

그러므로 할 일이 적고
졸지 않고[344] 들뜨지 않는
그러한 비구는 위없는 정등각에
닿을 수 있도다." |2| {79}

이러한 뜻 또한 세존께서 말씀하셨으니 이처럼 저는 들었습니다.

세 번째 품이 끝났다.

세 번째 품에 포함된 경들의 목록은 다음과 같다.

①~② 두 가지 견해 ③ 벗어남
④ 물질 ⑤ 아들 ⑥ 비 없는 구름
⑦ 행복 ⑧ 부서지기 마련임 ⑨ 요소
⑩ 망가짐 – 이들 10가지가 있다.

---

343) "'들떠있는(uddhato)'이라는 것은 마음의 동요가 만들어낸 들뜸으로 들떠서(cittavikkhepakarena uddhaccena) 고요하지 않음(avūpasanta)이다." (ItA.ii.68)

344) '졸지 않고'는 appamiddha(혼침이 적음)을 의역한 것인데 주석서에서 낮에는 경행을 하거나(caṅkama) 앉아 있는 것(nisajjā)을 보기로 들면서 깨어 있음에 전념하여(jāgariya-anuyoga) 잠자기를 [즐기지] 않는 것(niddā-rahita)이라고 설명하고 있어서(ItA.ii.69) 이렇게 옮겼다.

네 번째 품

Catuttha-vagga(It3:31～40)

생각 경(It3:31)345)

Vitakka-sutta

1. 이것은 참으로 세존께서 말씀하신 것이니 아라한께서 말씀하신 것을 이처럼 저는 들었습니다.

"비구들이여, 세 가지 해로운 생각346)이 있다. 무엇이 셋인가?

멸시받지 않음과 관련된 생각347)과 이득과 존경과 명성과 관련된 생각348)과 남들에 대한 동정심과 관련된 생각349)이다. 비구들이여,

---

345) 본경에 나타나는 세 가지 해로운 생각(akusalavitakkā)은 각각 『위방가』 제17장 작은 항목 위방가(Vbh17)의 (1) 한 개 조 마띠까(ekaka-mātikā)의 (73)번, (72)번, (71)번 마띠까와 같고 이 마띠까에 대한 설명은 각각 『위방가』 §890, §889 §888에 나타나고 있다.

346) "'해로운 생각(akusalavitakkā)'이란 능숙하지 못함에서 생겨난 생각들(akosallasambhūtā vitakkā)인데 그릇된 생각들(micchāvitakkā)이라는 뜻이다."(ItA.ii.69)

347) 『위방가』는 이렇게 설명하고 있다.
"여기서 무엇이 '멸시받지 않음과 관련된 생각(anavaññattipaṭisaṁyutto vitakka)'인가? 여기 어떤 사람은 태생이나 족성이나 가문의 명성이나 아름다운 용모나 재산이나 학문이나 직업 분야나 기술 분야나 학문의 영역이나 배움이나 영감이나 그 외 이런저런 근거로 '남들이 나를 멸시하지 않기를.'이라고 [생각한다.] 여기에 [있는] 세속적인 생각, 일으킨 생각 … (§182) … 그릇된 사유 — 이를 일러 멸시받지 않음과 관련된 생각이라 한다."(Vbh §890)

이러한 세 가지 해로운 생각이 있다." [73]

이러한 뜻을 세존께서는 말씀하셨습니다.

2. 여기서 이것을 이렇게 말씀하셨습니다.

"멸시받지 않음과 관련되어 있고
이득과 존경을 중시하며
동료들과 함께 즐거워하는 자는
족쇄의 멸진으로부터 멀리 있다. {1}

그러나 아들과 가축을 버리고

---

348) 『위방가』는 이렇게 설명하고 있다.
"여기서 무엇이 '이득과 존경과 명성과 관련된 생각(lābhasakkārasiloka-paṭisaṁyutta vitakka)'인가? 이득과 존경과 명성에 대한 세속적인 생각, 일으킨 생각 … (§182) … 그릇된 사유 — 이를 일러 이득과 존경과 명성과 관련된 생각이라 한다."(Vbh §889)

그리고 이득과 존경과 명성(lābhasakkārasiloka)은 『상윳따 니까야』 「이득과 존경 상윳따」(Lābhasakkāra-saṁyutta, S17)의 주제이다. 이 상윳따에 포함된 43개의 경들에서 세존께서는 "비구들이여, 그와 같이 이득과 존경과 명성은 무섭고 혹독하고 고약한 것이다. 그것은 위없는 유가안은을 얻는 데 방해물이 된다."라고 한결같게 말씀하고 계신다. 주석서는 다음과 같이 설명한다.

"'이득(lābha)'이란 네 가지 필수품(catu-paccaya)을 얻는 것이다. '존경(sakkāra)'이란 잘 만들어졌고 잘 생산된 이런 [필수품들을 통해서] 얻는 것[예배하는 것(pūjanā) — SAṬ.ii.152]이다. '명성(siloka)'이란 칭송하는 환호(vaṇṇa-ghosa)이다."(SA.ii.206)

349) 『위방가』는 이렇게 설명하고 있다.
"여기서 무엇이 '남들에 대한 동정심과 관련된 생각(parānuddayatā-paṭisaṁyutto vitakka)'인가? 여기 어떤 자는 재가자들과 섞여서 지내면서 기쁨을 같이하고 슬픔을 같이하며, 즐거운 일들을 즐거워하고 괴로운 일들을 괴로워하며, 해야 할 일들이 생기면 자신이 그것에 전념한다.(S22:3 §7; S35:241) 여기에 [있는] 세속적인 생각, 일으킨 생각 … (§182) … 그릇된 사유 — 이를 일러 남들에 대한 동정심과 관련된 생각이라 한다."(Vbh §888)

가정과 소유도 버려버린
그러한 비구는 위없는 정등각에
닿을 수 있도다." |2| {80}

이러한 뜻 또한 세존께서 말씀하셨으니 이처럼 저는 들었습니다.

존경 경(It3:32)350)

Sakkāra-sutta

1. 이것은 참으로 세존께서 말씀하신 것이니 아라한께서 말씀하신 것을 이처럼 저는 들었습니다.

"비구들이여, 여기서 나는 어떤 중생들을 보나니, 그는 존경에 압도되고 얼이 빠져서 몸이 무너져 죽은 뒤 처참한 곳, 불행한 곳, 파멸처, 지옥에 태어났다.

비구들이여, 여기서 나는 어떤 중생들을 보나니, 그는 존경받지 못함에 압도되고 얼이 빠져서 몸이 무너져 죽은 뒤 처참한 곳, 불행한 곳, 파멸처, [74] 지옥에 태어났다.

비구들이여, 여기서 나는 어떤 중생들을 보나니, 그는 존경과 존경받지 못함의 이 둘에 압도되고 얼이 빠져서 몸이 무너져 죽은 뒤 처참한 곳, 불행한 곳, 파멸처, 지옥에 태어났다."

2. "비구들이여, 나는 이것을 다른 사문이나 바라문으로부터 듣고 나서 말하는 것이 아니다. 비구들이여, 이것은 내가 스스로 알고 스스로 보고 스스로 체험한 것을 말하는 것이다.

비구들이여, 여기서 나는 어떤 중생들을 보나니, 그는 존경에 압도

---

350) 본경은 『상윳따 니까야』 제2권 「게송이 있는 경」(S17:10)과 같은 내용을 담고 있고 §3의 게송은 「게송이 있는 경」(S17:10) §5의 게송과 같다.

되고 얼이 빠져서 몸이 무너져 죽은 뒤 처참한 곳, 불행한 곳, 파멸처, 지옥에 태어났다.

비구들이여, 여기서 나는 어떤 중생들을 보나니, 그는 존경받지 못함에 압도되고 얼이 빠져서 몸이 무너져 죽은 뒤 처참한 곳, 불행한 곳, 파멸처, 지옥에 태어났다.

비구들이여, 여기서 나는 어떤 중생들을 보나니, 그는 존경과 존경받지 못함의 둘 다에 압도되고 얼이 빠져서 몸이 무너져 죽은 뒤 처참한 곳, 불행한 곳, 파멸처, 지옥에 태어났다."

이러한 뜻을 세존께서는 말씀하셨습니다.

3. 여기서 이것을 이렇게 말씀하셨습니다.

"존경을 받든 존경을 받지 않든
아니면 이 둘 다에 속하든
그의 삼매는 동요하지 않나니
불방일에 머물기 때문이다.351) |1|

부단하게 참선을 하고
미세한 견해로 위빳사나를 닦으며352) [75]

351) '불방일에 머물기 때문이다.'는 appamāda-vihārino를 옮긴 것이다. 역자가 저본으로 삼고 있는 VRI본에는 appamāda-vihārino로 나타나고 여기에 해당하는 담마빨라 스님의 주석서에도 이렇게 나타나기 때문이다.
그런데 『상윳따 니까야』 제2권 「게송이 있는 경」(S17:10) §5에서는 '무량함에 머물기 때문이라네.'로 옮겼는데 이것은 그곳의 Be와 Se의 appamāṇa-vihārino로 읽은 것이다. 여기에 대해서는 「게송이 있는 경」(S17:10) §5의 해당 주해를 참조하기 바란다.

352) "'미세한 견해로 위빳사나를 닦으며(sukhuma-diṭṭhi-vipassakaṁ)'라고 하셨다. 과의 증득을 뜻하는(phalasamāpatti-atthaṁ) 미세한 견해, 즉 통찰지(paññā)로 끊임없이(abhiṇhaṁ) 위빳사나를 하기 때문에(pavatta-vipassanattā) 미세한 견해로 위빳사나를 닦는다고 한다."(ItA.ii.72)

취착의 멸진을 기뻐하는 자[353]를
참된 사람이라 부른다."[354] |2| {81}

이러한 뜻 또한 세존께서 말씀하셨으니 이처럼 저는 들었습니다.

신들의 소리 경(It3:33)

Devasadda-sutta

1. 이것은 참으로 세존께서 말씀하신 것이니 아라한께서 말씀하신 것을 이처럼 저는 들었습니다.

"비구들이여, 신들 가운데서 세 가지 신들의 [기쁨에 넘치는] 소리[355]가 시간에 맞게[356] 퍼져 나온다. 무엇이 셋인가?

「계송이 있는 경」(S17:10) §5에 해당하는 『상윳따 니까야 주석서』에는 이런 설명이 나타난다.
"'미세한 견해(sukhuma-diṭṭhi)'란 아라한도의 견해(arahatta-magga-diṭṭhi)를 뜻하고, '위빳사나를 닦는 자(vipassaka)'라 부르는 것은 과의 증득(phala-samāpatti)을 위해서 위빳사나를 확립한 뒤에(paṭṭhapetvā) 거기에 도달하였기 때문(āgatattā)이다."(SA.ii.209)

353) "'취착의 멸진을 기뻐하는 자(upādāna-kkhay-ārāma)'란 네 가지 취착의 멸진(catunnaṁ upādānānaṁ khaya)으로 귀결되는(pariyosānabhūta) 그의 아라한과(arahattaphala)를 기뻐해야 하는(āramitabbaṁ etassa)이라는 뜻이다."(ItA.ii.72)

"'취착의 멸진을 기뻐하는 자(upādāna-kkhay-ārāma)'란 취착의 멸진이라 불리는(upādāna-kkhaya-saṅkhāta) 열반(nibbāna)을 기뻐하는 자이다."(SA.ii.209)

354) 이 두 게송은 『상윳따 니까야』 제2권 「게송이 있는 경」(S17:10) §5의 게송과 『장로게』(Thag.91) {1011~1012}와도 일치한다.

355) '신들의 [기쁨에 넘치는] 소리'는 devasaddā(신들의 소리)를 옮긴 것인데, "'신들의 소리'는 신들의 기쁨으로 말하는 소리(pīti-samudāhāra-saddā)이다."(ItA.ii.72)라는 주석서의 설명을 참조하였다. 여기서 대화나 연설 등을 뜻하는 samudāhāra는 saṁ(함께)+ud(위로)+√hṛ(*to carry*)에서 파생된 명사인데 문자적으로는 함께 위로 가져간다는 의미인데 이를 살려서

비구들이여, 성스러운 제자가 삭발을 하고 가사를 입고 집을 떠나 출가를 의도하는 그때에 '이 성스러운 제자는 마라와 더불어 전쟁을 하려고 의도하는구나.'라고 하면서 신들의 [기쁨에 넘치는] 소리가 퍼져 나온다. 비구들이여, 이것이 신들 가운데서 첫 번째 신들의 [기쁨에 넘치는] 소리가 시간에 맞게 퍼져 나온 것이다."

2. "다시 비구들이여, 성스러운 제자가 7가지[357] 깨달음의 편에 있는 법들[菩提分法][358]을 닦는 데 전념하며 머무는 그때에 '이 성스러운 제자는 마라와 더불어 전쟁을 하는구나.'라고 하면서 신들의 [기쁨에 넘치는] 소리가 퍼져 나온다. 비구들이여, 이것이 신들 가운데서 두 번째 신들의 [기쁨에 넘치는] 소리가 시간에 맞게 퍼져 나온 것이다."

3. "다시 비구들이여, 성스러운 제자가 모든 번뇌가 다하여 아무 번뇌가 없는 마음의 해탈[心解脫]과 통찰지를 통한 해탈[慧解脫][359]을 바로 지금·여기에서 스스로 최상의 지혜로 실현하고[360]

---

pīti-samudāhāra를 '기쁨에 넘치는'으로 옮겨 보았다.

356) '시간에 맞게'는 samayā samayaṁ upādāya를 '시간에서 시간을 반연하여(samayato samayaṁ paṭicca — ItA.ii.72)'라는 주석서의 설명을 참조하여 옮긴 것이다.

357) "'7가지(sattannaṁ)'라고 하셨다. [주제의] 항목(koṭṭhāsa)으로는 7가지이고 세부적인 분류(pabheda)로는 37가지가 된다. 어떻게? ① 네 가지 마음챙김의 확립[四念處] ② 네 가지 바른 노력[四正勤] ③ 네 가지 성취수단[四如意足] ④ 다섯 가지 기능[五根] ⑤ 다섯 가지 힘[五力] ⑥ 일곱 가지 깨달음의 구성요소[七覺支] ⑦ 여덟 가지 구성요소를 가진 성스러운 도[八支聖道 = 八正道]이다."(ItA.ii.73)

358) [37가지] '깨달음의 편에 있는 법들[菩提分法, bodhi-pakkhiyā dhammā]'에 대한 설명은 『초기불교이해』 제17장 초기불교의 수행법 개관 — 37보리분법(275쪽 이하)과 『청정도론』 XXII.32이하와 『아비담마 길라잡이』 제7장 III. 보리분(菩提分)의 길라잡이(제2권 132쪽 이하)를 참조하기 바란다.

359) '마음의 해탈[心解脫]'은 ceto(마음의)-vimutti(해탈)의 역어이고 '통찰지를 통한 해탈[慧解脫]'은 paññā(통찰지의)-vimutti(해탈)의 역어이다. 먼저 『이띠웃따까 주석서』의 설명부터 살펴보자.

"'마음의 해탈[心解脫, cetovimutti]과 통찰지를 통한 해탈[慧解脫, paññā-vimutti]'이라고 하셨다. 여기서 마음이라는 용어(cetovacana)로는 아라한과의 삼매(arahattaphalasamādhi)가, 통찰지라는 용어(paññāvacana)로는 그것과 결합된(taṁsampayuttā) 통찰지(paññā)가 설해졌다. 거기서 삼매는 갈망으로부터 해탈하였기 때문에(rāgato vimuttattā) '마음의 해탈'이고 통찰지는 무명으로부터 해탈하였기 때문에(avijjāya vimuttattā) '통찰지를 통한 해탈'이라고 알아야 한다. 세존께서는 이렇게 말씀하셨기 때문이다. —
"비구들이여, 삼매라는 것은 그의 삼매의 기능(samādhindriya)이다. 비구들이여, 통찰지라는 것은 그의 통찰지의 기능(paññindriya)이다."(*cf* S46:48 §4)
"비구들이여, 이처럼 갈망으로부터 탐욕이 빛바래어(rāgavirāgā) 마음의 해탈이 있고 무명으로부터 탐욕이 빛바래어(avijjāvirāgā) 통찰지를 통한 해탈이 있다."(A2:3:10 §2)
이처럼 여기서 사마타의 결실(samathaphala)은 '마음의 해탈'이고 위빳사나의 결실(vipassanāphala)은 '통찰지를 통한 해탈'이라고 알아야 한다."(ItA.ii.74)

같은 내용이 『맛지마 니까야 주석서』(MA.i.164~165)에도 나타나고 있다. 여기서 보듯이 마음은 삼매의 동의어로 마음의 해탈은 삼매를 통한 해탈이다. 그리고 『디가 니까야 주석서』에서 통찰지를 통한 해탈에는 마른 위빳사나를 닦은 자(sukkha-vipassaka)와 네 가지 禪으로부터 출정하여 아라한과를 얻은 자들로 모두 다섯 가지 경우가 있다고 설명하고 있다.(DA.iii.879) 그리고 마음의 해탈이 단독으로 나타나는 경우는 거의 없으며 대부분 이렇게 통찰지를 통한 해탈과 함께 나타난다. 그러나 통찰지를 통한 해탈은 단독으로 나타나는 곳이 있다.

이와 관련해서 양면해탈(兩面解脫, ubhato-bhāga-vimutti)도 언급해야 하는데, 요약하면 양면으로 해탈한 자(ubhato-bhāga-vimutta)는 무색계 삼매(공무변처부터 비상비비상처까지)와 더불어 아라한과를 증득한 자를 뜻하고, 통찰지로 해탈한 자(paññā-vimutta)는 무색계 삼매 없이 아라한과를 증득한 자를 말한다.
양면해탈과 통찰지를 통한 해탈에 대해서는 『맛지마 니까야』 제2권 「끼따기리 경」(M70) §§14~16의 주해들을 참조하고 『디가 니까야』 제2권 「대인연경」(D15) §36의 주해와 『초기불교 이해』 407쪽 이하도 참조할 것. 마른 위빳사나를 닦은 자는 『맛지마 니까야』 제2권 「끼따기리 경」(M70) §16의

구족하여 머무는[漏盡通]361) 그때에 '이 성스러운 제자는 전쟁의 승

주해와 『아비담마 길라잡이』 9장 §29의 해설과 『청정도론』 XXI.112의 주해 등을 참조하기 바란다.

360) "'스스로 최상의 지혜로 실현하고(sayaṁ abhiññā sacchikatvā)'라고 하셨다. 오직 자신에 의해서(attanāyeva) 특별한 통찰지로(abhivisiṭṭhāya paññāya) 자기가 직접(paccakkhaṁ katvā) 다른 조건이 없이(aparappaccayena) 알고서(ñatvā)라는 뜻이다."(ItA.ii.74)

여기서 '스스로(sayaṁ)'를 설명하는 키워드인 '자기가 직접'으로 옮긴 paccakkha는 눈앞에 드러난(prati+akṣa)에서 파생된 단어로 인명학(因明學)에서 말하는 직접지[現量, Sk. pratakṣa]와 같은 말이다. 추론지[比量, anumāna]나 비유지[譬喩量 upamāna]나 성인의 가르침[聖言量, āptavaca]을 통해서 알게 된 지혜가 아니고 직접 체득한 지혜라는 것을 강조하는 용어이다.

붓다고사 스님도 『디가 니까야 주석서』에서 '최상의 지혜(abhiññā)'를 abhivisiṭṭhena ñāṇena(특별한 지혜로)라고 설명하기도 하고(DA.i.99) adhikena ñāṇena ñatvā(뛰어난 지혜로 안 뒤에)(DA.i.175)라고도 설명한다.

361) 니까야 전체에는 두 가지 누진통(漏盡通, 번뇌를 소멸하는 지혜, āsavakkhaya-ñāṇa)의 정형구가 나타난다. 『디가 니까야』와 『청정도론』과 『맛지마 니까야』 M4 §31, M27 §25, M51 §26 등에 나타나는 정형구가 첫 번째이고 본경에 나타나는 이 정형구가 두 번째이다. 특히 『상윳따 니까야』에는 모두 심해탈과 혜해탈을 통한 번뇌 다함으로 표현되는 본경의 이 정형구만이 누진통의 정형구로 나타난다. 『앙굿따라 니까야』와 『맛지마 니까야』에는 두 가지 정형구가 다 나타난다. 역자는 임의로 전자를 긴 누진통의 정형구라 부르고 본경 여기에 나타나고 있는 후자를 짧은 누진통의 정형구라 부른다. 이 둘 가운데 긴 누진통의 정형구는 다음과 같다.

<긴 누진통(漏盡通, 번뇌를 소멸하는 지혜)의 정형구>
"그는 모든 번뇌를 소멸하는 지혜[漏盡通]로 마음을 향하게 하고 기울게 한다. 그는 '이것이 괴로움이다.'라고 있는 그대로 꿰뚫어 안다. '이것이 괴로움의 일어남이다.'라고 있는 그대로 꿰뚫어 안다. '이것이 괴로움의 소멸이다.'라고 있는 그대로 꿰뚫어 안다. '이것이 괴로움의 소멸로 인도하는 도닦음이다.'라고 있는 그대로 꿰뚫어 안다. '이것이 번뇌다.'라고 있는 그대로 꿰뚫어 안다. '이것이 번뇌의 일어남이다.'라고 있는 그대로 꿰뚫어 안다. '이것이 번뇌의 소멸이다.'라고 있는 그대로 꿰뚫어 안다. '이것이 번뇌의 소멸로 인도하는 도닦음이다.'라고 있는 그대로 꿰뚫어 안다.
이와 같이 알고 이와 같이 보는 그는 감각적 쾌락의 번뇌로부터 마음이 해탈한다. 존재의 번뇌로부터 마음이 해탈한다. 무명의 번뇌로부터 마음이 해탈

리자가 되고 그 전쟁터를 평정하고 머무는구나.'라고 하면서 신들의 [기쁨에 넘치는] 소리가 퍼져 나온다. 비구들이여, 이것이 신들 가운데서 세 번째 신들의 [기쁨에 넘치는] 소리가 시간에 맞게 퍼져 나온 것이다."

이러한 뜻을 세존께서는 말씀하셨습니다.

4. 여기서 이것을 이렇게 말씀하셨습니다.

"전쟁에서 승리한 [76] 정등각자의 제자를 보고
위대하고 의기소침함을 벗어난362) 그에게
신들도 예배한다. |1|

'좋은 태생을 가지신 인간이시여, 당신께 예배합니다.
당신은 승리하기 힘든 승리를 하였습니다.
죽음의 군대를 정복한 뒤

한다. 해탈했을 때 해탈했다는 지혜가 있다. '태어남은 다했다. 청정범행은 성취되었다. 할 일을 다 해 마쳤다. 다시는 어떤 존재로도 돌아오지 않을 것이다.'라고 꿰뚫어 안다."(D2 §97; A3:58 등)

긴 누진통의 정형구와 짧은 누진통의 정형구에 대해서는 『맛지마 니까야』 역자 서문 §8-(1)의 1)과 2)와, 『상윳따 니까야』 제2권 「선(禪)과 최상의 지혜 경」(S16:9) §17의 주해를 참조할 것.

362) '의기소침함을 벗어난'은 viitasāradaṁ를 옮긴 것이다. 문자적으로 sārada는 가을을 뜻한다. 주석서는 이렇게 설명한다.
"'의기소침함을 벗어난(viita-sāradaṁ)'이라고 하셨다. 의기소침하게 만드는(sārajjakarāna) 오염원들이 없음에 의해서(kilesānaṁ abhāvena) 의기소침함이 없고 풀이 죽지 않았다(apagatamaṅkubhāva)는 뜻이다."(ItA.ii.75)
즉 여기서는 sārada를 sārajja(의기소침함)으로 해석한 것이다. 그런데 본서 「세상 경」(It4:13) §6에도 이 용어가 나타나는데 거기서 주석서는 "네 가지 담대함[四無畏]을 적용시켜서(catuvesārajjayogena) '의기소침함을 벗어났다(viitasāradaṁ).'"(ItA.ii.193)라고 설명하여 viita-sārada를 vesā-rajja(담대함)로 해석하였다.

해탈로써 걸림이 없습니다.'라고. |2|

이처럼 마음의 이상인 [아라한과를] 얻은363) 그에게
천신들은 예배한다.
그들은 죽음의 지배를 받는 것을
그에게서 보지 못하기 때문이다." |3| {82}

이러한 뜻 또한 세존께서 말씀하셨으니 이처럼 저는 들었습니다.

다섯 가지 전조 경(It3:34)

Pañcapubbanimitta-sutta

1. 이것은 참으로 세존께서 말씀하신 것이니 아라한께서 말씀하신 것을 이처럼 저는 들었습니다.

"비구들이여, 신이 신들의 무리364)로부터 떨어질 때 그에게 다섯 가지 전조가 나타난다. 화환이 시들어 가고 옷이 더러워지고 겨드랑이에 땀이 나고 몸에 추함이 나타나고 신 스스로가 신의 자리를 기뻐하지 않는다. 비구들이여, 이러한 그를 두고 신들은 '이 신의 아들은 떨어지는 법365)을 가졌다.'라고 알고서 세 가지 말로써 그를 기쁘게

---

363) '마음의 이상인 [아라한과를] 얻은'은 pattamānasaṁ을 옮긴 것이다. 주석서는 "번뇌 다한 아라한됨을 증득한 것이다(adhigatārahattaṁ khīṇāsavaṁ)." (ItA.ii.75)라고 설명하고 있어서 이렇게 옮겼다.
다른 주석서에서도 appattamānasaṁ을 "여기서 '아직 마음의 이상인 [아라한과를] 얻지 못한(appattamānasaṁ)'이란 아라한됨을 성취하지 못한 자(anadhigata-arahatta)를 말한다."(SA.ii.208)라고 설명하고 있다.

364) "'신들의 무리(devakāya)'라는 것은 신들의 집단(devasamūha), 신들의 장소(devaṭṭhāna), 신들의 세상(devaloka)을 뜻한다. 여기서 무리로 옮긴 이 kāya는 무리와 거처를 나타내는 단어(samūha-nivāsa-vācaka)이다." (ItA.ii.75)

365) "'떨어지는 법(cavanadhammo)'이란 죽음의 법(maraṇadhamma)이다.

한다. '여보시오, 여기로부터 선처로 가십시오. 선처에 가서는 [77] 큰 이득을 얻으십시오. 큰 이득을 얻으시고는 잘 확립되십시오.'라고."

2. 이렇게 말씀하시자 어떤 비구가 세존께 이렇게 말씀드렸다.

"세존이시여, 무엇을 두고 신들이 선처로 가는 것이라 일컫습니까? 세존이시여, 무엇을 두고 신들이 큰 이득을 얻는 것이라 일컫습니까? 세존이시여, 무엇을 두고 신들이 잘 확립된 것이라 일컫습니까?"

3. "비구여, 인간이 되는 것을 두고 신들이 선처로 가는 것이라 일컫는다. 비구여, 인간이 되어서 여래가 선언하신 법과 율에 대해서 믿음을 얻는 이것을 두고 신들이 큰 이득을 얻는 것이라 일컫는다. 그리고 그 믿음이 확고하게 되고 뿌리내리고 확립되고 굳세어져서 사문이든 바라문이든 신이든 마라든 범천이든 이 세상 그 어느 누구도 그것을 빼앗아갈 수 없다. 비구여, 이것을 두고 신들이 잘 확립된 것이라 일컫는다."

이러한 뜻을 세존께서는 말씀하셨습니다.

4. 여기서 이것을 이렇게 말씀하셨습니다.

"신이 수명이 다하여
신들의 무리로부터 떨어질 때
신들이 그를 기쁘게 하는
세 가지 소리가 퍼져 나온다. |1|

'여보시오, 여기로부터 선처로 가십시오.
인간들의 동료가 되십시오.

혹은 수명의 멸진(āyukkhaya)이나 공덕의 멸진(puññakkhaya)에 의해서 확정된 죽음(upaṭṭhitamaraṇa)을 뜻한다."(ItA.ii.76)

인간이 되어서는 정법에
위없는 믿음을 얻으십시오. |2|

그대는 그 믿음에 확고하게 되고
뿌리내리고 확립되어
정법이 선언되면
목숨이 다할 때까지 [78] 잃어버리지 마시오. |3|

몸으로 짓는 나쁜 행위와
말로 짓는 나쁜 행위를 버리고
마음으로 짓는 나쁜 행위와
그릇된 것과 연결된 다른 행위를 버리고 |4|

몸으로 유익함을 짓고
말로 유익함을 많이 짓고
마음으로 무량하고 재생의 근거가 없는
유익함을 지으며 |5|

거기서 재생을 가져오는 공덕을
보시를 통해서 많이 지은 뒤
다른 사람들도 정법과 청정범행에
들어가게 해야 하오.'라고 |6|

이러한 연민으로 신들은
그 신이 떨어지는 것을 알고
'신이여, 여기로 자주자주 오시오.'라고
그를 기쁘게 한다." |7| {83}

이러한 뜻 또한 세존께서 말씀하셨으니 이처럼 저는 들었습니다.

많은 사람의 이익 경(It3:35)

Bahujanahita-sutta

1. 이것은 참으로 세존께서 말씀하신 것이니 아라한께서 말씀하신 것을 이처럼 저는 들었습니다.

"비구들이여, 많은 사람의 이익을 위하고 많은 사람의 행복을 위하고 세상을 연민하고 신과 인간의 이상과 이익과 행복을 위하여 세 사람이 세상에 태어난다. 누가 세 사람인가?

비구들이여, 여기 여래가 이 세상에 출현한다. 그는 아라한[應供]이며, 완전히 깨달은 분[正等覺]이며, 명지와 실천을 구족한 분[明行足]이며, 피안으로 잘 가신 분[善逝]이며, 세간을 잘 알고 계신 분[世間解]이며, 가장 높은 분[無上士]이며, [79] 사람을 잘 길들이는 분[調御丈夫]이며, 하늘과 인간의 스승[天人師]이며, 부처님[佛]이며, 세존(世尊)이다.366) 그는 시작도 훌륭하고 중간도 훌륭하고 끝도 훌륭하며 의미와 표현을 구족했고 더할 나위 없이 완벽하고 지극히 청정한 법을 설하고, 청정범행을 드러낸다.

비구들이여, 이것이 많은 사람의 이익을 위하고 많은 사람의 행복을 위하고 세상을 연민하고 신과 인간의 이상과 이익과 행복을 위하여 세상에 태어난 첫 번째 사람이다."

2. "다시 비구들이여, 그 스승의 제자가 있어 그는 아라한이고 번뇌가 다했고 삶을 완성했으며 할 바를 다 했고 짐을 내려놓았으며

366) 본경 여기와 초기불전의 도처에 나타나는 이 여래십호(如來十號)를 비롯한 부처님에 대한 설명은 『청정도론』 VII.2~67에 상세하게 나타나므로 참조하기 바란다.

참된 이상을 실현했고 삶의 족쇄를 부수었으며 바른 구경의 지혜로 해탈하였다.[367] 그는 시작도 훌륭하고 중간도 훌륭하고 끝도 훌륭하며 의미와 표현을 구족했고 더할 나위 없이 완벽하고 지극히 청정한 법을 설하고, 청정범행을 드러낸다.

비구들이여, 이것이 많은 사람의 이익을 위하고 많은 사람의 행복을 위하고 세상을 연민하고 신과 인간의 이상과 이익과 행복을 위하여 세상에 태어난 두 번째 사람이다."

3. "다시 비구들이여, 그 스승의 제자가 있어 그는 유학[368]이고 도를 닦고 많이 배우고 계와 서계를 갖추었다.[369] 그도 역시 시작도 훌륭하고 중간도 훌륭하고 끝도 훌륭하며 의미와 표현을 구족했고 더할 나위 없이 완벽하고 지극히 청정한 법을 설하고, 청정범행을 드러낸다.

비구들이여, 이것이 많은 사람의 이익을 위하고 많은 사람의 행복을 위하고 세상을 연민하고 신과 인간의 이상과 이익과 행복을 위하여 세상에 태어난 세 번째 사람이다.

---

367) '아라한이어서 번뇌가 다했고 삶을 완성했으며 할 바를 다 했고 짐을 내려놓았으며 참된 이상을 실현했고 삶의 족쇄를 부수었으며 바른 구경의 지혜로 해탈하였다.'는 arahaṁ hoti khīṇāsavo vusitavā katakaraṇīyo ohitabhāro anuppattasadattho parikkhīṇabhavasaṁyojano sammadaññā vimutto를 옮긴 것인데 이 정형구는 초기불전의 도처에 나타나는 아라한의 정형구이다. 이 정형구에 대한 설명은 『맛지마 니까야』 제1권 「뿌리에 대한 법문 경」(M1) §51의 주해들을 참조하기 바란다.

368) '유학(有學, sekha)'에 대해서는 본서 「유학 경」1(It1:16) §1의 해당 주해를 참조할 것.

369) "'계와 서계를 갖추었다(sīlavatūpapanno).'는 것은 계목의 단속 등의 [4가지] 계(pātimokkhasaṁvarādi-sīla)와 숲에 머무는 수행 등의 [13가지] 두타행이라는 서계들(āraññikaṅgādi-dhutaṅga-vatā)에 의해서 얻고 받아지니고 구족한 것(upapanno sampanno samannāgato)을 말한다."(ItA.ii.86~87)

비구들이여, 많은 사람의 이익을 위하고 많은 사람의 행복을 위하고 세상을 연민하고 신과 인간의 이상과 이익과 행복을 위하여 이러한 세 사람이 세상에 태어난다."

이러한 뜻을 세존께서는 말씀하셨습니다.

4. 여기서 이것을 이렇게 말씀하셨습니다.

"대선인이신 스승이 세상에서 첫 번째요
그분을 따라 수행을 얻은 제자가 있고
그다음이 [80] 도닦는 유학이니
많이 배우고 계와 서계를 갖추었도다. |1|

이들 세 분이 신과 인간 가운데 최상이니
빛나는 그들은 법을 드러낸다.
불사의 문을 활짝 열어 많은 사람들을
속박으로부터 벗어나게 하도다. |2|

대상(隊商)의 우두머리이신 위없는 분에 의해서
잘 설해진 도를 따라 가는
선서(善逝)의 교법에서 방일하지 않는 그들은
바로 여기서 괴로움을 끝내게 된다." |3| {84}

이러한 뜻 또한 세존께서 말씀하셨으니 이처럼 저는 들었습니다.

부정함의 관찰 경(It3:36)

Asubhānupassī-sutta

1. 이것은 참으로 세존께서 말씀하신 것이니 아라한께서 말씀

하신 것을 이처럼 저는 들었습니다.

"비구들이여, 몸에 대해서 부정함을 관찰하며 머물러라.370) 그대들의 들숨날숨에 대한 마음챙김이 안으로 전면에 잘 확립되게 하라. 모든 형성된 것들에 대해서 무상을 관찰하면서 머물러라.371)

비구들이여, 몸에 대해서 부정함을 관찰하며 머물면 아름다움의 요소에 대한 갈망의 잠재성향이 제거된다. 들숨날숨에 대한 마음챙

---

370) '몸에 대해서 부정함을 관찰하며 머물러라.'는 asubhānupassii kāyasmiṁ viharatha를 옮긴 것이다. 주석서는 이렇게 설명한다.

"① 32가지 몸의 형태(dvattiṁsākāra)를 통하거나 ② 부푼 것 등(uddhu-mātakādi)에서 얻은 표상을 비추어 바라봄(upasaṁharaṇa)을 통해서 몸에 대해서 부정함, 즉 부정한 형태를(kāyasmiṁ asubhaṁ asubhākāraṁ) 따라 관찰하는 자(anupassaka)가 되어서 머물러라는 말씀이다."(ItA.ii.87)

부푼 것 등의 10 가지 부정함의 대상(dasa asubh-ārammaṇā)은 본서 「벗어남 경」(It3:23) §1의 주해를 참조할 것. 이것은 『청정도론』 VI.1~11에 자세하게 설명되어 있다. 그리고 32가지 몸의 형태(dvattiṁsākāra) 혹은 몸의 32가지 부위에 대한 혐오를 마음에 잡도리함(paṭikūla-manasi-kāra)은 『디가 니까야』 제2권 「대념처경」(D22) §5와 『맛지마 니까야』 제1권 「염처경」(M10) §10과 제4권 「몸에 대한 마음챙김 경」(M119) §7에 나타나는데 자세한 설명은 청정도론 제8장 §42 이하의 <8. 몸에 대한 마음챙김(向身念)>을 참조하기 바란다.

371) 『앙굿따라 니까야』 제5권 「메기야 경」(A9:3)에서 세존께서는 이렇게 말씀하신다.

"메기야여, 비구는 이러한 다섯 가지 법에 굳게 서서 다시 네 가지 법을 더 닦아야 한다(bhāvetabbā). 갈망(rāga)을 제거하기 위해 부정함(asubhā)을 닦아야 한다. 악의(byāpāda)를 제거하기 위해 자애(mettā)를 닦아야 한다. 일으킨 생각을 자르기 위해(vitakkupacchedāya) 들숨날숨에 대한 마음챙김(ānāpānassati)을 닦아야 한다. 내가 있다는 자아의식을 뿌리 뽑기 위해(asmimānasamugghātāya) 무상이라고 [관찰하는 지혜에서 생긴] 인식(aniccasaññā)을 닦아야 한다.
메기야여, 무상이라고 [관찰하는 지혜에서 생긴] 인식을 가진 비구에게는 무아라고 [관찰하는 지혜에서 생긴] 인식(anattasaññī)이 확립된다. 무아라고 [관찰하는 지혜에서 생긴] 인식을 가진 자는 내가 있다는 자아의식을 뿌리 뽑게 되고 지금·여기에서 열반(diṭṭheva dhamme nibbāna)을 증득한다."(A9:3 §13)

김이 안으로 전면에 잘 확립되면 밖으로 치달리는 [81] 곤혹스러움에 빠지게 하는 생각의 성향들372)이 존재하지 않게 된다.373) 모든 형성된 것들에 대해서 무상을 관찰하면서 머물면 무명이 제거되고 명지가 생기게 된다."

이러한 뜻을 세존께서는 말씀하셨습니다.

2. 여기서 이것을 이렇게 말씀하셨습니다.

"몸에 대해서 부정함을 관찰하고
들숨날숨에 대해 마음챙김을 가지고

---

372) "'생각의 성향들(vitakkāsayā)'이란 감각적 쾌락에 대한 사유 등의 그릇된 생각들(kāmasaṅkappādi-micchāvitakkā)이다."(ItA.ii.88)

373) '들숨날숨에 대한 마음챙김이 안으로 전면에 잘 확립되면 밖으로 치달리는 곤혹스러움에 빠지게 하는 생각의 성향이 존재하지 않게 된다(ānāpānassati-yā ajjhattaṁ parimukhaṁ sūpaṭṭhititāya ye bāhirā vitakkāsayā vighātapakkhikā, te na honti).'라고 하셨다. 주석서는 이렇게 덧붙이고 있다.

"악의에 대한 생각, 해코지에 대한 생각, 친척에 대한 생각, 지역에 대한 생각, 죽지 않음에 대한 생각(애매모호함과 관련된 생각), 멸시받지 않음과 관련된 생각, 이득과 존경과 명성과 관련된 생각, 남들에 대한 동정심과 관련된 생각(byāpādavitakka, vihiṁsāvitakka, ñātivitakka, janapadavitakka, amarāvitakka, anavaññattipaṭisaṁyutta vitakka, lābhasakkārasiloka-paṭisaṁyutta vitakka, parānuddayatāpaṭisaṁyutta vitakka)이라는 8가지와 감각적 쾌락에 대한 생각과 함께 9가지 큰 생각들이 들숨날숨에 대한 마음챙김을 통한 삼매(ānāpānassatisamādhi)에 의해서 억압되고 또 들숨날숨에 대한 마음챙김에 바탕한 위빳사나의 예비단계에서 억압된다(vipassanāya pubbabhāge vikkhambhitā). 그리고 이것을 기초가 되는 [禪으로] 삼아서(taṁ pādakaṁ katvā) 증득된(adhigata) 성스러운 도에 의해서 적절하게 남김없이 제거된다(yathārahaṁ anavasesato pahīyanti). 그래서 "일으킨 생각을 끊기 위해 들숨날숨에 대한 마음챙김을 닦아야 한다(ānāpānassati bhāvetabbā vitakkupacchedāya)."(A9:3 §13)라고도 말씀하셨다."(ItA.ii.89)

여기서 친척에 대한 생각(ñātivitakka) 이하는 『위방가』(Vbh §832)에 마띠까로 나타나고 §885 이하에 자세히 설명되어 있다.

모든 형성된 것들의 가라앉음을 보며[374]
언제나 근면하도다. |1|

그 비구야말로 바르게 보는 자이니
거기서 잘 해탈하기 때문이다.

최상의 지혜로 알아 목적을 이루었고 고요한
그가 바로 속박을 뛰어넘은 성자로다."[375] |2| {85}

이러한 뜻 또한 세존께서 말씀하셨으니 이처럼 저는 들었습니다.

법에 이르게 하는 법을 닦음 경(It3:37)

Dhammānudhammapaṭipanna-sutta

1. 이것은 참으로 세존께서 말씀하신 것이니 아라한께서 말씀하신 것을 이처럼 저는 들었습니다.

"[출세간]법에 이르게 하는 법을 닦는[376] 비구에게 이것이 법을

---

374) "'보며(passaṁ)'라고 하셨다. 번뇌를 멸진하는 지혜의 눈(āsavakkhaya-ñāṇacakkhu)으로 형성된 것들의 가라앉음(saṅkhārūpasama)인 열반을 보며(passanto)라는 뜻이다."(ItA.ii.90)

375) 본 게송의 |2|, 즉 '그 비구야말로'부터 '성자로다.'까지는 본서 「느낌 경」 2(It3:4) §3의 |2|와 「벗어남 경」(It3:23) §2의 |2|로도 나타난다. 게송과 관련된 주석은 「느낌 경」 2(It3:4) §3의 주해들을 참조할 것.

376) "'[출세간]법에 이르게 하는 법을 닦는(dhamma-anudhamma-ppaṭipanna-ssa)'이라고 하셨다. 여기서 법이란 것은 아홉 가지 출세간법(navavidha lokuttaradhamma)이다. 이러한 법에 이르게 하는 법은(tassa dhammassa anudhammo) 계의 청정 등(sīlavisuddhiādi)의 예비단계의 도닦음의 법(pubbabhāgapaṭipadādhamma)이고 이러한 [출세간]법에 이르게 하는 법을 닦는(dhammānudhammaṁ paṭipannassa), 즉 증득하기 위해서 도닦음을 행하는(adhigantuṁ paṭipajjamānassa)이라는 뜻이다."(ItA.ii.90)

한편 『상윳따 니까야 주석서』는 이렇게 설명하고 있다.

따르는 것이니 상세하게 설명하면, 말을 할 땐 오직 법을 말할 뿐 법이 아닌 것을 말하지 않고 생각을 일으킬 때에는 오직 법에 대한 생각을 일으킬 뿐 법이 아닌 것에 대한 생각을 일으키지 않는다. 혹은 이 둘을 배제하고[377] 마음챙기고 알아차리면서 평온하게 머문다.[378] 이것이 [출세간]법에 이르게 하는 법을 닦는 것이다."

이러한 뜻을 세존께서는 말씀하셨습니다.

"'[출세간]법에 이르게 하는 법을 닦는(dhamma-anudhamma-ppaṭipanna)'이라는 것은 '출세간인 열반의 법을 따르는 법이 되는 도닦음을 닦는(lokuttarassa nibbāna-dhammassa anudhamma-bhūtaṁ paṭipadaṁ paṭipanno)'이라는 말이다."(SA.ii.34)

즉 '열반이라는 출세간법을 얻도록 하는 도닦음을 닦는'이라는 뜻으로 설명하고 있다.

복주서는 "열반의 법(nibbāna-dhamma)이란 열반을 가져오는(nibbān-āvaha) 성스러운 도(ariya magga)를 말한다. '따르는 법이 됨'이란 열반을 증득함(nibbāna-adhigama)에 적합한 고유성질을 가진 것(anucchavika-sabhāva-bhūta)을 말한다."(SAṬ.ii.34)라고 덧붙이고 있다.

377) "'이 둘(tad-ubhayaṁ)'이란 것은 ① 남들에게 도움을 주기 위해(anuggahaṇattha) 법을 말함(dhammabhāsana)과 ② 자신에게 도움이 되기 위해 법을 생각함(dhammavitakkana)을 말한다. 이 둘을 '배제하고(abhinivajjetvā)'라는 것은 닦지 않고(appaṭipajjitvā), 행하지 않고(akatvā)라는 뜻이다."(ItA.ii.91)

378) 주석서는 여기서 평온하게 머무는 것을 사마타와 위빳사나를 수행하는 것을 통해서 설명한다. 주석서는 이렇게 설명한다.

"'평온하게 머문다.(upekkhako viharati)'라고 하셨다. 그렇게 도닦음을 행할 때에(tathāpaṭipattiyaṁ) 중립적이 되어(udāsīno) 사마타와 위빳사나 수행(samathavipassanābhāvanā)을 증장시키면서(anubrūhanto) 머물러야 한다. 사마타를 닦아서(samathapaṭipattiyaṁ) 평온하게 되면 오직 위빳사나 수행을 하면서 머물러야 한다. 그리고 위빳사나도 열성적으로 닦으면(ussukkāpetvā) 그곳에서 형성된 것들[行]에 대한 평온의 지혜(saṅkhār-upekkhāñāṇa)를 통해서 평온하게 된다(upekkhako). 위빳사나의 지혜가 도와 합쳐질 때까지(maggena ghaṭīyati) 마치 선명한 태양이 맑게 운행하듯이 그렇게 '마음챙기고 알아차리면서(sato sampajāno)' 머물러야 한다."(ItA.ii.91)

2. 여기서 이것을 이렇게 말씀하셨습니다.

"법을 좋아하고 [82] 법을 기뻐하고
법을 곧똑히 생각하고
법을 계속해서 생각하는 비구는
정법들로부터 멀어지지 않는다. |1|

움직이거나 서거나
앉거나 혹은 잠잘 때에도
안으로 마음을 조화롭게 하여[379)]
오직 고요함을 체득하도다." |2| {86}

이러한 뜻 또한 세존께서 말씀하셨으니 이처럼 저는 들었습니다.

어둠을 만듦 경(It3:38)

Andhakaraṇa-sutta

1. 이것은 참으로 세존께서 말씀하신 것이니 아라한께서 말씀하신 것을 이처럼 저는 들었습니다.

"비구들이여, 세 가지 해로운 생각[380)]은 어둠을 만들고 눈을 없애 버리고 무지를 만들고 통찰지를 소멸시키고 곤혹스러움에 빠지게 하

---

379) "'안으로 마음을 조화롭게 하여(ajjhattaṁ samayaṁ cittaṁ)'라고 하셨다. 앞에서 설한 대로 명상주제라 불리는(kammaṭṭhānasaṅkhāte) 영역 안에서(gocarajjhatte) 자신의 마음을(attano cittaṁ) 갈망 등의 오염원들(rāgādikilesā)을 고요하게 함(vūpasamana)과 제거함(pajahana)을 통해서 조화로움이 함께 하면서(samayaṁ samento)라는 [말씀이다.]"(ItA.ii.92)

380) 여기서 '생각'은 vitakka를 옮긴 것이다. vitakka는 '생각'으로도 옮기고 '일으킨 생각'으로도 옮기고 '사유'로도 옮겼다.

고 열반으로 인도하지 못한다. 무엇이 셋인가?

비구들이여, 감각적 쾌락에 대한 생각은 어둠을 만들고 눈을 없애버리고 무지를 만들고 통찰지를 소멸시키고 곤혹스러움에 빠지게 하고 열반으로 인도하지 못한다. 비구들이여, 악의에 대한 생각은 어둠을 만들고 눈을 없애버리고 무지를 만들고 통찰지를 소멸시키고 곤혹스러움에 빠지게 하고 열반으로 인도하지 못한다. 비구들이여, 해코지에 대한 생각은 어둠을 만들고 눈을 없애버리고 무지를 만들고 통찰지를 소멸시키고 곤혹스러움에 빠지게 하고 열반으로 인도하지 못한다.

비구들이여, 이러한 세 가지 해로운 생각은 어둠을 만들고 눈을 없애버리고 무지를 만들고 통찰지를 소멸시키고 곤혹스러움에 빠지게 하고 열반으로 인도하지 못한다."381)

2. "비구들이여, 세 가지 유익한 생각은 어둡지 않음을 만들고 눈을 만들고 지혜를 만들고 통찰지를 증장시키고 곤혹스러움에 빠지지 않게 하고 열반으로 인도한다. 무엇이 셋인가?

비구들이여, 출리에 대한 생각은 어둡지 않음을 만들고 눈을 만들고 지혜를 만들고 통찰지를 증장시키고 곤혹스러움에 빠지지 않게 하고 열반으로 인도한다. 비구들이여, 악의 없음에 대한 생각은 어둡

---

381) 이러한 '세 가지 해로운 생각(tayo akusalavitakkā)'은 『디가 니까야』 제3권 「합송경」(D33)에서 "세 가지 해로운(akusala) 생각[尋, vitakka] — 감각적 쾌락에 대한 생각(kāma-vitakka), 악의에 대한 생각(byāpāda-vitakka), 해코지에 대한 생각(vihiṁsā-vitakka)"(D33 §1.10 (5))으로 정리되어 나타난다. 그 외에도 S14:12 §3, A4:11 §1 등 초기불전의 여러 곳에 나타나고 있다. 특히 이와 반대가 되며 본경 §2에서 '세 가지 유익한 생각(tayo kusalavitakkā)'으로 정리되는 '출리에 대한 생각(nekkhamma-vitakka)', '악의 없음에 대한 생각(abyāpāda-vitakka)', '해코지 않음에 대한 생각(avihiṁsā-vitakka)'은 팔정도의 두 번째인 바른 사유의 내용으로 나타나고 있다.

지 않음을 만들고 눈을 만들고 지혜를 만들고 통찰지를 증장시키고 곤혹스러움에 빠지지 않게 하고 열반으로 인도한다. 비구들이여, 해코지 않음에 대한 생각은 어둡지 않음을 만들고 눈을 만들고 지혜를 만들고 통찰지를 증장시키고 곤혹스러움에 빠지지 않게 하고 [83] 열반으로 인도한다.

비구들이여, 이러한 세 가지 유익한 생각은 어둡지 않음을 만들고 눈을 만들고 지혜를 만들고 통찰지를 증장시키고 곤혹스러움에 빠지지 않게 하고 열반으로 인도한다."

이러한 뜻을 세존께서는 말씀하셨습니다.

3. 여기서 이것을 이렇게 말씀하셨습니다.

"세 가지 유익한 생각은 유지되어야 하고
세 가지 해로운 것은 없애야 한다.382)
생각과 고찰을 가라앉혀야 하나니
소나기가 먼지를 제거하는383) 것처럼.
그는 생각이 고요해진 마음으로
여기서 고요한 경지를 얻는다."384) {87}

---

382) "'없애야 한다(nirākare).'고 하셨다. 자신의 흐름으로부터(santānato) 끄집어내야 한다, 버려야 한다, 제거해야 한다(nīhareyya vinodeyya pajaheyya)는 뜻이다."(ItA.ii.94)

383) 여기서 '제거하는'는 sameti를 옮긴 것이다. 일반적으로 sameti(saṁ+√i, to go)는 어울리고 함께 하는 것을 뜻하지만 여기서는 "가라앉히다(vūpasameti)나 뿌리 뽑다(samucchindati)"(ItA.ii.94)의 뜻이라고 주석서는 밝히고 있어서 이렇게 옮겼다.

384) '여기서 고요한 경지를 얻는다.'는 idheva so santipadaṁ samajjhagā를 옮긴 것이다. 주석서는 "'여기서(idheva)'란 지금·여기에서(diṭṭheva dhamme)이고 '고요한 경지(santipada)'란 열반이다. '얻는다(samajjhagā)'는 증득하게 된다(samadhigato hotī)이다."(ItA.ii.94)라고 설명한다.

이러한 뜻 또한 세존께서 말씀하셨으니 이처럼 저는 들었습니다.

내면의 때 경(It3:39)

Antarāmala-sutta

1. 이것은 참으로 세존께서 말씀하신 것이니 아라한께서 말씀하신 것을 이처럼 저는 들었습니다.

"비구들이여, 세 가지 내면의 때, 내면의 적, 내면의 원수, 내면의 살인자, 내면의 반대자가 있다. 무엇이 셋인가?

비구들이여, 탐욕은 내면의 때, 내면의 적, 내면의 원수, 내면의 살인자, 내면의 반대자이다. 비구들이여, 성냄은 내면의 때, 내면의 적, 내면의 원수, 내면의 살인자, 내면의 반대자이다. 비구들이여, 어리석음은 내면의 때, 내면의 적, 내면의 원수, 내면의 살인자, 내면의 반대자이다.

비구들이여, 이러한 세 가지 내면의 때, 내면의 적, 내면의 원수, 내면의 살인자, 내면의 반대자가 있다."

이러한 뜻을 세존께서는 말씀하셨습니다.

2. 여기서 이것을 이렇게 말씀하셨습니다.

"탐욕은 손해를 낳고
탐욕은 마음을 요동치게 하고
안으로 두려움이 생기지만
사람은 그것을 깨닫지 못한다. |1|

탐하는 자는 [84] 이익을 알지 못하고
탐하는 자는 법을 보지 못하나니385)

탐욕이 사람을 지배하면
그때는 칠흑 같은 어둠만이 있을 뿐.386) |2|

그러나 탐욕을 제거한 자
탐나는 것을 탐하지 않는다.
탐욕이 그로부터 제거되나니
물방울이 연잎으로부터 그러하듯이. |3|

성냄은 손해를 낳고
성냄은 마음을 요동치게 하고
안으로 두려움이 생기지만
사람은 그것을 깨닫지 못한다. |4|

---

385) "'법을 보지 못하나니(dhammaṁ na passati).'라고 하셨다. 탐하는 자(luddha)는 탐욕(lpbha)에 사로잡히고(abhibhūta) 마음이 그것에 휩싸여서(pariyādinnacitta) 열 가지 유익한 업의 길이라는 법[十善業法, dasa-kusala-kammapatha-dhamma]도 직접 체험하여(paccakkhato) 보지 못하고 알지 못하는데 인간을 초월하는 법은 말해서 무엇 하겠는가(pageva uttarimanussa-dhammaṁ). 이렇게 말씀하셨다. —
'바라문이여, 갈망(rāga)에 물들고 갈망에 사로잡히고 마음이 그것에 휩싸인 자는 자기에게 이로운 것(attattha)도 있는 그대로 꿰뚫어 알지 못하고(yathābhūtaṁ na pajānāti) 타인에게 이로운 것(parattha)도 있는 그대로 꿰뚫어 알지 못하고 둘 모두에게 이로운 것(ubhayattha)도 있는 그대로 꿰뚫어 알지 못한다.'(A3:54 §2)라고."(ItA.ii.97)

『앙굿따라 니까야 주석서』는 "사마타와 위빳사나의 법을 보지 못한다는 뜻이다."(AA.iv.48)라고 설명한다.

386) 본경에는 모두 9개의 게송이 실려 있는데 탐욕과 성냄과 어리석음에 각각 3개씩 배대가 된다. 이처럼 탐욕과 성냄과 어리석음 각각에 배대되는 3개씩의 게송 가운데 앞의 두 개씩의 게송, 즉 |3|과 |6|과 |9|를 제외한 모두 6개의 게송은 『앙굿따라 니까야』 제4권 「분노 경」(A7:60) §9에 실려 있는 두 개의 게송과 같은 구조로 되어 있다.
한편 『앙굿따라 니까야』 제4권의 「분노 경」(A7:60)의 산문 부분 전체는 『청정도론』 IX.15에 축약되어 나타날 정도로 주석가들의 관심을 끌었던 중요한 경이다.

성난 자는 이익을 알지 못하고
성난 자는 법을 보지 못하나니
성냄이 사람을 지배하면
그때는 칠흑 같은 어둠만이 있을 뿐. |5|

그러나 성냄을 제거한 자
성나는 것에 성내지 않는다.
성냄이 그로부터 제거되나니
야자나무 열매가 줄기로부터 그러하듯이. |6|

어리석음은 손해를 낳고
어리석음은 마음을 요동치게 하고
안으로 두려움이 생기지만
사람은 그것을 깨닫지 못한다. |7|

어리석은 자는 이익을 알지 못하고
어리석은 자는 법을 보지 못하나니
어리석음이 사람을 지배하면
그때는 칠흑 같은 어둠만이 있을 뿐. |8|

그러나 [85] 어리석음을 제거한 자
어리석게 하는 것에 어리석지 않는다.
그는 모든 어리석음을 제거하나니
태양이 뜨면 어둠을 그리하듯이." |9| {88}

이러한 뜻 또한 세존께서 말씀하셨으니 이처럼 저는 들었습니다.

데와닷따 경(It3:40)
Devadatta-sutta

1. 이것은 참으로 세존께서 말씀하신 것이니 아라한께서 말씀하신 것을 이처럼 저는 들었습니다.

"비구들이여, 데와닷따[387]는 세 가지 바르지 못한 법에 사로잡혀 있고 그것에 얼이 빠져서 악처에 떨어질 것이고 지옥에 떨어질 것이고 겁(劫)이 다하도록 [지옥에] 머물 것이고 [참회로] 용서받을 수가 없다. 무엇이 셋인가?"

2. "비구들이여, 데와닷따는 사악한 원(願)을 가져 그것에 사로잡혀 있고 그것에 얼이 빠져서 악처에 떨어질 것이고 지옥에 떨어질 것이고 겁이 다하도록 [지옥에] 머물 것이고 [참회로] 용서받을 수가 없다.[388] 비구들이여, 데와닷따는 사악한 친구를 사귐에 사로잡혀 있고 그것에 얼이 빠져서 악처에 떨어질 것이고 지옥에 떨어질 것이고 겁이 다하도록 [지옥에] 머물 것이고 [참회로] 용서받을 수가 없다.[389] 그는 비록 더 해야 할 일이 남아있지만 하찮은 특이한 것을

---

387) 초기불전을 대하면 꼭 나타나는 사람이 데와닷따(Devadatta)이다. 그래서 그런지 굽정이 웃따라(Khujjuttarā) 청신녀가 들어서 전한 본서 『이띠웃따까』에도 이처럼 그는 등장하고 있다. 데와닷따는 부처님의 외삼촌이었던 숩빠붓다의 아들이었다. 데와닷따에 대해서는 『우다나』「승가의 분열 경」(Ud5:8) §1의 해당 주해를 참조하거나 『상윳따 니까야』 제2권 「분열 경」(S17:31) §3의 데와닷따에 대한 주해를 참조하기 바란다.

388) 주석서는 이 사악한 원을 가짐(pāpicchatā)의 보기로 "'나는 부처가 될 것이다. 나는 승가를 거느릴 것이다(ahaṁ buddho bhavissāmi, saṅghaṁ pariharissāmi).'라는 원이 생긴 것(icchā uppannā)."(ItA.ii.99)이라고 적고 있다.

389) 주석서는 이 사악한 친구를 사귐(pāpamittatā)의 보기로 꼬깔리까(Kokāli-ka) 등의 사악하고 저열한 친구(Kokālikādayo pāpā lāmakā mittā)를

얻어서 중도에 포기해버렸다.390)

비구들이여, 데와닷따는 이러한 세 가지 바르지 못한 법에 사로잡혀 있고 그것에 얼이 빠져서 악처에 떨어질 것이고 지옥에 떨어질 것이고 겁(劫)이 다하도록 [지옥에] 머물 것이고 [참회로] 용서받을 수가 없다."391)

이러한 뜻을 세존께서는 말씀하셨습니다.

3. 여기서 이것을 이렇게 말씀하셨습니다.

"사악한 원을 가진 자는 이 세상에
어느 누구도 결코 태어나지 말라.392)

사귐이라고 적고 있다.(ItA.ii.99) 꼬깔리까에 대해서는 『상윳따 니까야』 제1권 「꼬깔리까 경」 2(S6:10)를 참조할 것.

390) '비록 더 해야 할 일이 남아있지만 하찮은 특이한 것을 얻어서 중도에 포기해버렸다.'는 sati kho pana uttarikaraṇīye oramattakena visesādhigamena antarā vosānaṁ āpādi를 옮긴 것이다. 주석서는 이렇게 설명한다.

"'더 해야 할 일이 남아있지만(uttarikaraṇīye)'이라는 것은 선정과 신통지(jhānābhiññā)를 넘어서서 더 해야 할 일인 도와 과를 증득하지 못했는데도 불구하고(maggaphale anadhigate sati) 그것을 증득하지 않았다는 뜻이다.
'하찮은(oramattakena)': 작은 것에 지나지 않는(appamattakena) 선정과 신통지 정도로(jhānābhiññāmattena), '특이한 것을 얻어서(visesādhigamena)': 인간을 초월한 법(uttarimanussa-dhamma)을 얻어서, '중도에(antarā)': 도중에(vemajjhe), '포기해버렸다(vosānaṁ āpādi)': 해야 할 바를 하지 않았는데도(akatakiccova) '내 일을 다 했다.'라고 생각하면서 사문의 법으로부터 벗어남을 저질렀다(samaṇadhammato vigamaṁ āpajji)." (ItA.ii.99~100)

391) 이 세 가지 가운데 처음의 두 가지는 『앙굿따라 니까야』 제5권 「데와닷따 경」(A8:7)에 나타나는 데와닷따가 사로잡힌 여덟 가지 바르지 못한 법 가운데 마지막의 두 가지와 같다.

392) '사악한 원을 가진 자는 이 세상에 / 어느 누구도 결코 태어나지 말라.'는 mā jātu koci lokasmiṁ, pāpiccho udapajjatha를 옮긴 것이다. 여기서 '생겨

사악한 원을 가진 자들의
그런 행처도 그대들은 알아라.393) |1|

그는 현자라고 [86] 알려졌고
[선정]수행을 얻은 자라 존경받았으며
명성으로 빛이 났으니394)
데와닷따는 그렇게 알려져 있었다. |2|

그는 동등함을 추구하여395)

나지 말라'는 mā ~ udapajjatha를 옮긴 것이다. udapajjatha는 율장『쭐라왁가』와『장로게』(Thag) 등의 여러 곳에 나타나는데『우다나 주석서』는 설명을 하지 않고 있지만 다른 주석서들에서 upapajjatha(upa+√pad, *to go*, VinA.vi.1276), uppajjittha(ud+√pad, VmA.116), uppajjatīti(ud+√pad, ApA.310)라고 설명하고 있으며 나타나다의 뜻(pātubhavīti attho, ApA.266)이라고 설명하고 있어서 이렇게 옮겼다.

393) "사악한 원을 가진 인간들의 그러한 행처(gati)와 그러한 결말(nipphatti)과 그러한 다음 생(abhisamparāya)을 이러한 이유를 통해서도(imināpi kāraṇena) 그대들은 알아라(jānātha)라고 데와닷따를 지목하여(devadattaṁ nidassento) 이렇게 말씀하신 것이다."(ItA.ii.100)

394) '빛이 났으니'는 jalaṁ을 옮긴 것이다. 주석서는 이것을 "빛이 나는 것처럼(jalanto viya obhāsento viya)"(ItA.ii.100)으로 설명하고 있고『앙굿따라 니까야 주석서』도 jalaṁ을 jalantaṁ(빛나는)으로 설명한다.(AA.iii.21) 즉 여기서 jalaṁ을 √jval(*to flame*, jalati, Sk:jvalati)에서 파생된 현재분사로 이해하고 있다.

395) '그는 동등함을 추구하여'는 문맥상 주석서에 나타나는 samānam-anuciṇṇo로 읽어서 옮긴 것이다. 이것은 네 가지 이본이 있다. VRI본에는 'pamāṇam-anuciṇṇo(한계를 추구하여)'로 나타나고 PTS본과 VRI본 율장에는 'pamādam-anuciṇṇo(방일함을 추구하고)'로,『이띠웃따까 주석서』에는 'samānam-anuciṇṇo(동등함을 추구하여)'로, 이 주석서에서 이본으로 소개하는 것으로는 'pamādam-anujīno(방일함에 빠져)'로 나타난다. 주석서를 살펴보자.

"'그는 동등함을 추구하여 / 그분 여래를 공격한 뒤에(so samānamanuciṇṇo, āsajja naṁ tathāgataṁ)'라고 하셨다. 이러한 데와닷따는 '부처도 사꺄의 아들(sakyaputta)이고 나도 사꺄의 아들이다. 부처도 사문이고 나도 사문

그분 여래를 공격한 뒤에
네 개의 문을 가진 무시무시한
무간지옥에 떨어졌도다. |3|

사악한 업을 짓지 않았고
오점 없는 분을 망가뜨리려는 자
그의 사악함은 마음이 오염되고 존경함이 없는
바로 그 자신에게 닿는다. |4|

독약이 든 항아리로
바다를 오염시키려 작정해 보지만
그것으로 오염시킬 수가 없나니
저 물의 양이 어마어마하기 때문이다. |5|

그와 같이 성냄396)으로 여래를 해코지하려 했지만
바른 완성에 도달했고 [87]
고요한 마음을 가진 그에게는

이다. 부처도 신통이 있고 나도 신통이 있다. 부처도 천안을 가졌고 나도 천안을 가졌다. 부처도 신성한 귀[天耳]를 가졌고 나도 신성한 귀를 가졌다. 부처도 타심통을 가졌고 나도 타심통을 가졌다. 부처도 과거・미래・현재의 법들을 알고 나도 그것들을 안다.'라고 자신의 한계를 알지 못하고(attano pamāṇaṁ ajānitvā) 자신을 정등각자와 동등한 위치에 놓음에 의해서(samasamaṭṭhapanena) 동등하다고 여겨서(samānaṁ āpajjanto) '이제 나는 부처가 될 것이고 비구승가를 거느릴 것이다(idānāhaṁ buddho bhavissāmi, bhikkhusaṅghaṁ pariharissāmi).'라고 하면서 시해할 목적으로(abhimāra-payojanā) 여래를 공격한 뒤에라는 말이다. 그런데 pamādamanujīno[=pamādam(방일함에)-anujīno(빠져)]로 전승되는 문헌(paṭha)도 있다."(ItA.ii.100~101)

396) 여기서 '성냄'은 vāda를 주석서를 참조하여 옮긴 것이다. 주석서는 "여기서 vāda(언어, 주장)는 성냄(dosa)이다."(ItA.ii.101)라고 설명하고 있다.

성냄이 자라지 않노라.[397] |6|

현자는 그러한 분을 친구로 삼아야 하고
늘 그를 따라야 하나니
그분의 길을 따라가는 비구는
괴로움의 멸진에 도달하리라." |7|[398] {89}

이러한 뜻 또한 세존께서 말씀하셨으니 이처럼 저는 들었습니다.

네 번째 품이 끝났다.

네 번째 품에 포함된 경들의 목록은 다음과 같다.

① 생각 ② 존경 ③ 소리
④ 떨어짐 ⑤ 세상 ⑥ 부정함
⑦ 법 ⑧ 어둠 ⑨ 때[垢]
⑩ 데와닷따 – 이들 10가지가 있다.

397) "'그에게는 성냄이 자라지 않노라(vādo tamhi na rūhati)'라고 하셨다. 그분 여래께는 남들이 일으키는 성냄은(parena āropiyamāno doso) 자라지 않고 머물지 않는다(na ruhati, na tiṭṭhati)는 뜻이다. 독약이 든 항아리(visakumbha) [하나]로는 바다(samudda)에 어떤 변화(vikāra)도 생기게 하지 못한다는 뜻이다."(ItA.ii.101)

398) 본경의 이 7개 게송들은 율장의 『쭐라왁가』(Vin.ii.203)에도 나타난다.

다섯 번째 품

Pañcama-vagga(It3:41~50)

으뜸가는 청정한 믿음 경(It3:41)[399]

Aggappasāda-sutta

1. 이것은 참으로 세존께서 말씀하신 것이니 아라한께서 말씀하신 것을 이처럼 저는 들었습니다.

"비구들이여, 세 가지 으뜸가는 청정한 믿음이 있다. 무엇이 셋인가?

비구들이여, 발이 없거나 두 발을 가졌거나 네 발을 가졌거나 여러 발을 가졌거나 물질을 가졌거나 물질이 없거나 인식을 가졌거나 인식이 없거나 인식이 있는 것도 아니고 없는 것도 아닌 중생들에 관한 한, 여래가 그들 가운데 으뜸이라고 불리나니 그분은 바로 아라한·정등각자이다. [88] 비구들이여, 부처님께 청정한 믿음을 가진 자들은 으뜸가는 청정한 믿음을 가진 자요, 으뜸가는 청정한 믿음을 가진 자들의 과보도 또한 으뜸이다."

2. "비구들이여, 형성된 법들[有爲法]이나 형성되지 않은 법[無爲法][400]에 관한 한, 탐욕의 빛바램[離慾]이 그들 가운데 으뜸이라고 불

399) 게송을 포함한 본경은 『앙굿따라 니까야』 제2권 「청정한 믿음 경」(A4:34)의 네 가지 으뜸가는 청정한 믿음 가운데 §1에서 두 번째로 언급되는 팔정도에 대한 청정한 믿음을 제외한 나머지 세 가지에 대한 청정한 믿음과 일치한다. 그리고 본경의 게송은 『앙굿따라 니까야』 제3권 「쭌다 경」(A5:32) §4의 게송과도 일치한다.

리나니, 그것은 바로 교만의 분쇄요, 갈증의 제거요, 집착의 근절이요, 윤회의 멸절이요, 갈애의 멸진이요, 탐욕의 빛바램이요, 소멸이요, 열반이다. 비구들이여, 법에 청정한 믿음을 가진 자들은 으뜸가는 청정한 믿음을 가진 자요, 으뜸가는 청정한 믿음을 가진 자들의 과보도 또한 으뜸이다."

3. "비구들이여, 승가나 무리에 관한 한, 여래의 제자들의 승가가 그들 가운데 으뜸이라고 불리나니, 그것은 바로 네 쌍의 인간들이요[四雙] 여덟 단계에 있는 사람들[八輩]이다.401) 이러한 세존의 제자들의 승가는 공양받아 마땅하고, 선사받아 마땅하고, 보시받아 마땅하고, 합장받아 마땅하며, 세상의 위없는 복밭[福田]이다. 비구들이여, 승가에 청정한 믿음을 가진 자들은 으뜸가는 청정한 믿음을 가진 자

---

400) '형성된 법들[有爲法]이나 형성되지 않은 법[無爲法]'은 dhammā saṅkha-tā vā asaṅkhatā vā를 옮긴 것이다. 『이띠웃따까 주석서』는 이렇게 설명한다.

"여기서 '법들(dhammā)'은 고유성질을 가진 법들(sabhāvadhammā)이다. '형성된(saṅkhatā)'이라고 하셨다. 조건들과 함께하고 함께 발생하여 만들어진 것들(samecca sambhuyya paccayehi katā)이라고 해서 형성된 것들이다. 조건을 가진 법들(sappaccayadhammā)이란 뜻이다.
원인들과 조건들의 어떤 것들에 의해서도 만들어진 것이 아니라고(hetūhi paccayehi ca na kehici katā) 해서 '형성되지 않은(asaṅkhatā)'이다. 조건지워지지 않은 열반(appaccaya-nibbāna)을 뜻한다. 형성된 것들과 상반되는 상태(paṭiyogibhāva)가 형성되지 않음이라고 하는 것이 평범한 설명(puthu-vacana)이다."(ItA.ii.106)

『맛지마 니까야 주석서』는 "조건(paccaya)들이 모여서(samāgama) 만들어진 것(kata)이 '형성된 것들[有爲]'이며 이것은 오온과 동의어이다. '형성되지 않은 것[無爲]'은 열반과 동의어이다."(MA.iv.106)라고 설명하고 있다.

401) 여기서 '네 쌍의 인간들[四雙, cattāri purisayugāni]'은 예류자, 일래자, 불환자, 아라한을 말하고 '여덟 단계에 있는 사람들[八輩, aṭṭha purisa-puggalā]'은 이들을 각각 도와 과로 나누어서 예류도·예류과부터 아라한도·아라한과까지의 여덟 단계의 성자를 말한다.

요, 으뜸가는 청정한 믿음을 가진 자들의 과보도 또한 으뜸이다.
비구들이여, 이러한 세 가지 으뜸가는 청정한 믿음이 있다."
이러한 뜻을 세존께서는 말씀하셨습니다.

4. 여기서 이것을 이렇게 말씀하셨습니다.

"으뜸가는 법을 알아
최상의 청정한 믿음 가진 자들에게,
위없는 보시를 받아 마땅한 으뜸인 부처님
그분께 청정한 믿음을 가진 자들에게 |1|

탐욕이 빛바래어 고요하고 행복한 으뜸인 법
그 법에 청정한 믿음을 가진 자들에게
위없는 복밭인 으뜸인 승가
그 승가에 청정한 믿음을 가진 자들에게 |2|

으뜸가는 [88] 보시를 베푼 자들에게
으뜸가는 공덕이 증장하나니
[그것이 바로] 으뜸가는 수명과 용모와
명예와 명성과 행복과 힘이다. |3|

으뜸가는 보시를 한 슬기로운 자는
으뜸가는 법에 집중되어서
신이 되거나 인간이 되어
으뜸을 성취하여 즐거워하리." |4| {90}

이러한 뜻 또한 세존께서 말씀하셨으니 이처럼 저는 들었습니다.

삶을 영위함 경(It3:42)[402]

Jīvika-sutta

1. 이것은 참으로 세존께서 말씀하신 것이니 아라한께서 말씀하신 것을 이처럼 저는 들었습니다.

"비구들이여, 걸식이라는 것은 삶을 영위하는 가장 미천한 [방법]이다. 세상에서 '그대는 손에 그릇을 들고 걸식하러 돌아다니는구나.'라는 것은 욕하는 말이다.[403]

비구들이여, 그러나 좋은 가문의 아들[善男子]들은 바른 목적을 추구하는 자들이어서 바른 목적을 반연하여 이러한 [걸식하는] 삶을 산다. 왕에게 이끌려서도 아니고 도둑에게 이끌려서도 아니며, 빚 때문에, 두려움 때문에, 생계를 꾸려가기 위해서 [이러한 삶을 사는 것이] 아니다. 오직 '우리는 태어남과 늙음과 죽음과 슬픔들과 탄식들과 육체적 고통들과 정신적 고통들과 절망들에 빠져 있고 괴로움에 빠져 있으며 괴로움에 압도되어 있다. 그러나 이제 전체 괴로움의 무더기가 끝남이 드러날 것이다.'라는 [생각으로 이러한 삶을 사는 것

402) 게송을 제외한 본경은 『상윳따 니까야』 제3권 「걸식 경」(S22:80) §§7~8과 같다. 그래서 본경에 해당하는 『이띠웃따까 주석서』도 본경이 설해진 곳을 「걸식 경」(S22:80)이 설해진 삭까 까삘라왓투의 니그로다 원림이라고 밝히고 있으며 본경이 설해진 배경도 「걸식 경」(S22:80)의 사함빠띠 범천의 권청 등의 일화를 통해서 설명하고 있다.(ItA.ii.111) 이런 측면에서 「걸식 경」(S22:80)에 나타나는 일화는 『맛지마 니까야』 제2권 「짜뚜마 경」(M67)과 유사하다. 「짜뚜마 경」에는 짜뚜마의 석가족들이 먼저 세존께 권청을 하고 그 뒤에 사함빠띠 범천이 세존께 권청을 하는 것으로 나타나고 있다.

403) "'욕하는 말(abhisāpa)'이란 욕설(험한 말, akkosa)이다. 화가 난 사람은 상대에게 '가사를 입고 동냥그릇(kapāla, 외도들이 사용하는 그릇을 뜻함)이나 들고 걸식이나 하면서 돌아다녀라.'라고 욕을 한다. 혹은 '그대가 아직 행하지 못한 것이 있소이까? 불굴의 정진력을 갖추고 있으면서도 양심과 수치심을 버리고 거지(kapaṇa)처럼 발우를 들고 걸식하러 돌아다니다니.'라고 욕을 한다."(ItA.ii.112; SA.ii.301)

이다.]"

2. "비구들이여, 좋은 가문의 아들이 이와 같이 출가하였지만 그는 [90] 아직 욕심이 많고 감각적 쾌락들에 깊이 탐닉하고 악의에 찬 마음을 가졌고 타락한 생각을 품었고 마음챙김을 놓아버리고 알아차림[正知]이 없고 집중되지 못하고 마음이 전일하지 못하고 감각기능이 제어되지 않았다. 비구들이여, 예를 들어 화장터에서 사용된 나무토막이 있어 양끝은 불타고 중간은 악취가 난다면 마을에서도 그것을 장작으로 사용하지 않을 것이고 숲에서도 장작으로 사용하지 않을 것이다. 비구들이여, 이러한 사람은 그와 같다고 나는 말한다. 그는 재가의 쾌락은 버렸지만 사문 생활의 목적은 성취하지 못하였다."

이러한 뜻을 세존께서는 말씀하셨습니다.

3. 여기서 이것을 이렇게 말씀하셨습니다.

"재가의 쾌락은 버렸지만
사문 생활의 목적404)은 나누기 어렵다.
그것을 훼손하여 버려버렸으니
화장터 나무토막처럼 쓸모없이 되었다. |1|

---

404) "이러한 '사문 생활의 목적(sāmaññattha)'은 스승과 은사 스님(ācariy-upajjhāyā)의 교계(ovāda)에 굳게 서서 교학과 통찰(pariyattipaṭivedha)을 통해서 얻어야 하는 것인데 이러한 사문됨의 목적(sāmaññattha)을 성취하기 어렵다는 말씀이다."(ItA.ii.115)

한편 '사문 생활의 목적'에 대해서 『상윳따 니까야』 제2권 「사문・바라문 경」 1(S12:13)에 해당하는 주석서는 이렇게 설명한다.
"'사문 생활의 목적이나 바라문 생활의 목적(sāmaññatthaṁ vā brahmaññatthaṁ vā)'이라고 했다. 여기서 성스러운 도(ariya-magga)가 바로 사문 생활(sāmañña)이고 바라문 생활(brahmañña)이다. 그리고 성스러운 과(ariya-phala)가 바로 사문 생활의 목적과 바라문 생활의 목적으로 설해진 그 목적(attha)이다."(SA.ii.32)

노란 가사를 목에 두른 많은 사람들이 있어
그들은 사악한 법을 가졌고 제어되지 않았네.
그런 사악한 자들은 사악한 업에 의해서
지옥에 떨어진다. |2|

계행이 나쁘고 제어되지 않은 자가
지역 사람들이 주는 공양을 받아먹는다면
차라리 불에 타오르는 뜨거운 철환을
삼키는 것이 더 나으리." |3| {91}405)

이러한 뜻 또한 세존께서 말씀하셨으니 이처럼 저는 들었습니다.

가사 끄트머리 경(It3:43)

Saṅghāṭikaṇṇa-sutta

1. 이것은 참으로 세존께서 말씀하신 것이니 아라한께서 말씀하신 것을 이처럼 저는 들었습니다.

"비구들이여, [91] 만일 비구가 나의 가사 끄트머리를 잡고 바로 뒤에 바싹 붙어서 나의 발자국에 그의 발을 내려놓는다 할지라도 그가 아직 욕심이 많고 감각적 쾌락들에 깊이 탐닉하고, 악의에 찬 마음을 가졌고 타락한 생각을 품었으며, 마음챙김을 놓아버리고 분명한 알아차림이 없고 집중되지 못하며 마음이 전일하지 못하고 감각기능이 제어되지 않았다면 그는 나로부터 멀리에 있고 나도 그로부터 멀리에 있다.406) 그것은 무슨 이유 때문인가? 비구들이여, 그 비구는 법

---

405) 이 |2|, |3|번 게송은 본서 「악처에 떨어지는 자 경」(It2:21) §2의 |2|, |3|번 게송으로 나타난다. 그리고 |2|번 게송은 PTS본에는 나타나지 않는다.

406) "'그는 나로부터 멀리에 있고 나도 그로부터 멀리에 있다.(so ārakāva

을 보지 않기 때문이다. 법을 보지 않으면 나를 보지 못한다."407)

2. "비구들이여, 그러나 만일 그 비구가 백 요자나408) 멀리 머문다 하더라도 그가 욕심이 없고 감각적 쾌락들에 깊이 탐닉하지 않고 악의에 찬 마음을 가지지 않았고 타락한 생각을 품지 않았으며 마음챙김을 확립하고 분명한 알아차림이 있고 삼매에 들고 마음이 전일하고 감각기능이 제어되었다면 그는 나로부터 가까이에 있고 나도 그로부터 가까이에 있다. 그것은 무슨 이유 때문인가? 비구들이여,

---

mayhaṁ, ahañca tassa)'라고 하셨다. 그 비구는 내가 설한 도닦음을 채워나가지 않으므로(paṭipadaṁ apūrento) 나로부터 멀리에 있는 것이 되고(dūreyeva) 나도 그로부터 멀리에 있는 것이 된다는 말씀이다. 이 육체적인 눈[肉眼, maṁsacakkhu]으로 여래를 친견하고(tathāgatadassana) 물질의 몸[色身]과 함께 하는 것(rūpakāyasamodhāna)으로는 [그분을 가까이 하는] 근거가 되지 못하며(akāraṇa), 지혜의 눈[智眼, ñāṇa-cakkhu]으로 친견하고 법의 몸[法身]과 함께하는 것만이(dhammakāya-samodhānam eva) 그러한 한계(pamāṇa)가 된다는 것을 보여주신 것이다. 그래서 '비구들이여, 그 비구는 법을 보지 않기 때문이다. 법을 보지 않으면 나를 보지 않는다.'라고 말씀하신 것이다."(ItA.ii.115~116)

407) "'비구들이여, 그 비구는 법을 보지 않기 때문이다. 법을 보지 않으면 나를 보지 못한다(dhammañhi so, bhikkhave, bhikkhu na passati, dhammaṁ apassanto na maṁ passati).'라고 말씀하셨다. 여기서 법이라고 하신 것은 아홉 가지 출세간법(lokuttara-dhamma)이다. 이것은 욕심 등의 오염된 마음으로는(abhijjhādīhi dūsitacittena) 볼 수가 없다. 그러므로 법을 보지 못하기 때문에 법의 몸(dhammakāya)도 보지 못하는 것이다."(ItA.ii.116)

아홉 가지 출세간법은 예류도·예류과부터 아라한도·아라한과까지의 8가지와 열반을 뜻한다.
세존께서 『상윳따 니까야』 제3권 「왁깔리 경」(S22:87) §8에서 왁깔리에게 하신 "법을 보는 자는 나를 보고 나를 보는 자는 법을 본다(yo kho dhammaṁ passati so maṁ passati; yo maṁ passati so dhammaṁ passati)."는 말씀은 아주 유명하다.

408) '요자나(yojana)'는 √yuj(*to yoke*)에서 파생된 중성명사로 중국에서 유순(兪旬, 踰旬)으로 음역하였다. 이것은 [소에] 멍에를 얹어서(*yoke*) 쉬지 않고 한 번에 갈 수 있는 거리로 1요자나는 대략 7마일 즉 11㎞ 정도의 거리라고 한다.(PED)

그 비구는 법을 보기 때문이다. 법을 보면 나를 본다."

이러한 뜻을 세존께서는 말씀하셨습니다.

3. 여기서 이것을 이렇게 말씀하셨습니다.

"비록 그분 [여래]에게 붙어있다 하더라도
큰 바람[願]을 가졌거나[409] 곤혹스러움에 빠져서[410]
[갈애의] 동요를 좇는 자[411]가 동요 없는 자에게
적멸에 들지 못한 자가 적멸에 든 자에게
탐욕에 빠진 자가 탐욕이 없는 자에게
얼마나 멀리 있는지를 보라! |1|

법을 최상의 지혜로 알고[412]
법을 구경의 지혜로 아는 현자는
바람 없는 호수처럼 [92]

---

409) "'큰 바람[願]을 가졌거나(mahiccho)'라는 것은 감각적 쾌락들에 깊이 탐닉하는 것이다.(kāmesu tibbasārāgatā)"(ItA.ii.116)

410) "'곤혹스러움에 빠져서(vighātavā)'라 하셨다. 타락한 생각을 품었기 때문에(paduṭṭhamanasaṅkappatāya) 중생들 사이에서 적대감(āghāta)을 통해서 곤혹스러움에 빠진다는 뜻이다."(ItA.ii.116)

411) '[갈애의] 동요를 좇는 자'는 ejānuga(ejā+anuga)를 옮긴 것이다. 주석서는 "갈애(taṇhā)의 노예(dāsa)처럼 되어서 그것을 따라간다(anugacchanto)."(ItA.ii.116)라고 설명하고 있어서 '[갈애의]'를 넣어서 옮겼다.

412) "'법을 최상의 지혜로 알고(dhammamabhiññāya)'라는 것은 네 가지 진리의 법[四諦法, catusaccadhamma]을 최상의 지혜(abhiññā)와 구경의 지혜(aññā)와 안 것의 통달지[知遍知, ñāta-pariññā]와 조사의 통달지[審察遍知, tīraṇa-pariññā]로(Vis.XX.3 이하) 적절하게 예비단계에서(pubbabhāge) 안 뒤에라는 뜻이다.
'법을 구경의 지혜로 아는(dhammamaññāya)'이라는 것은 그 법을 바로 다음 단계에서 도의 지혜(maggañāṇa)로 통달지 등의 방법으로 그 한계에 따라(yathāmariyādaṁ) 안 뒤에라는 뜻이다."(ItA.ii.116)

동요가 없고 고요하다. |2|

[갈애의] 동요가 없는 자가 동요 없는 자에게,
적멸에 든 자가 적멸에 든 자에게
탐하지 않는 자가 탐욕이 없는 자에게
얼마나 가까이 있는지를 보라!" |3| {92}

이러한 뜻 또한 세존께서 말씀하셨으니 이처럼 저는 들었습니다.

불[火] 경(It3:44)

Aggi-sutta

1. 이것은 참으로 세존께서 말씀하신 것이니 아라한께서 말씀하신 것을 이처럼 저는 들었습니다.

"비구들이여, 세 가지 불413)이 있다. 무엇이 셋인가?

갈망의 불, 성냄의 불, 어리석음의 불이다. 비구들이여, 이러한 세 가지 불이 있다."414)

이러한 뜻을 세존께서는 말씀하셨습니다.

2. 여기서 이것을 이렇게 말씀하셨습니다.

"갈망의 불은 쾌락을 탐하고
거기에 홀리는 인간들을 태우고

---

413) "태운다(anuḍahana)는 뜻에서 '불(aggi)'이다. 바로 불이기 때문에 '갈망의 불(rāgaggi)'이다. 갈망이 일어나면 중생들을 태우고(anudahati) 화염에 휩싸이게 한다(anudahati jhāpeti). 그러므로 불이라고 말한다. 나머지 둘에도 같은 방법이 적용된다."(ItA.ii.117)

414) 이러한 세 가지 불은 『디가 니까야』 제3권 「합송경」(D33) §1.10 (32)와 『위방가』(Vbh17) §924 (21)로도 나타난다.

성냄의 불은 악의에 차서
살생하는 사람들을 [태운다.] |1|

어리석음의 불은 성스러운 법에
정통하지 못한 미혹한 자들을 [태우나니]
이러한 불들을 알지 못하고
사람들은 자기 존재를 기뻐한다. |2|

그들은 지옥을 증장시키고
축생의 모태와 아수라와 [93]
아귀의 영역까지 그렇게 하나니,
마라의 올가미를 벗어나지 못한다. |3|

밤과 낮으로 정등각자의 교법에
몰두하는 자들은
갈망의 불을 꺼버리고
항상 더러움의 인식[不淨想]을 가진다. |4|

최상의 인간들은 성냄의 불을
자애로써 꺼버리고
꿰뚫음으로 가는 자들은
어리석음의 불을 통찰지로써 [꺼버린다.] |5|

그 슬기로운 자들은 [이런 불들을] 꺼버리고
밤과 낮 동안 성성하게 머무나니
남김없이 완전한 열반에 들고415)

---

415) "'남김없이 완전한 열반에 들고(asesaṁ parinibbanti)'라고 하셨다. 아라한 도로써 남김없이 갈망의 불 등을 완전히 끈 뒤(asesaṁ rāgaggiādiṁ

남김없이 괴로움을 넘어선다. |6|

성스러움을 보는 자들,[416] 지혜의 달인들,[417]
바른 구경의 지혜를 갖춘 현명한 자들은
태어남의 멸진을 최상의 지혜로 알고
다시 태어남[再有]으로 오지 않는다." |7| {93}

이러한 뜻 또한 세존께서 말씀하셨으니 이처럼 저는 들었습니다.

점검 경(It3:45)[418]

Upaparikkha-sutta

1. 이것은 참으로 세존께서 말씀하신 것이니 아라한께서 말씀하신 것을 이처럼 저는 들었습니다.

"비구들이여, 비구는 어떤 것을 점검할 때 [94] 그의 알음알이가 밖

---

nibbāpetvā) 유여열반의 요소로 머무는 것(saupādisesāya nibbānadhātu-yā ṭhitā)을 뜻한다."(ItA.ii.119)
유여열반의 요소와 무여열반의 요소에 대해서는 본서 「열반의 요소 경」(It2:17)과 주해들을 참조할 것.

416) "'성스러움을 보는 자들(ariyaddasā)'이라고 하셨다. 성자이신 부처님 등이 보셔야 하거나(passitabbaṁ) 혹은 오염원들을 멀리 여의었기 때문에(kilesehi vā ārakattā) ① 성스러운 열반이나(nibbānaṁ) ② 성스러운 네 가지 진리를(ariyaṁ catusaccameva vā) 본 분들(diṭṭhavanta)이라고 해서 성스러움을 보는 자들이다."(ItA.ii.119)

417) "베다(Veda), 즉 도의 지혜(maggañāṇa)와 혹은 그런 베다에 의해서 윤회의 귀결점(saṁsārassa pariyosāna)에 도달했다(gata)고 해서 '지혜의 달인들(vedaguno)'이다."(ItA.ii.119)

418) 게송을 제외한 본경은 『맛지마 니까야』 제4권 「요약의 분석 경」(Uddesa-vibhaṅga Sutta, M138)의 개요(uddesa)에 해당하는 §3과 같다. 세존께서 해주신 이러한 요약의 말씀을 비구들의 요청으로 마하깟짜나 존자가 6가지로 분석해서 설명하는 것이 「요약의 분석 경」(M138)의 내용이다.

으로 흩어지거나 산만하지 않고,[419] 또한 안으로 들러붙지 않고,[420] 취착하지 않아서 동요하지 않도록[421] 그렇게 점검해야 한다.[422]

비구들이여, 그의 알음알이가 밖으로 흩어지거나 산만하지 않고, 또한 안으로 들러붙지 않고, 취착하지 않아서 동요하지 않으면 미래에 태어나고 늙고 죽는 괴로움은 일어나지 않을 것이다."

---

419) "'그의 알음알이가 밖으로 흩어지거나 산만하지 않고(bahiddhā cassa viñ-ñāṇaṁ avikkhittaṁ avisaṭaṁ)'라고 하셨다. 밖으로 형색 등의 대상에 대해 생겨난 산란함이 존재하지 않기 때문에 흩어지지 않고 삼매에 들고 그래서 산만하지 않게 된다."(ItA.ii.120)

420) "'안으로 들러붙지 않고(ajjhattaṁ asaṇṭhitaṁ)'라고 하셨다. [다섯 가지 기능[五根] 가운데] 정진(vīriya)이 더디게 진행되면 삼매가 강해지기 때문에 게으름에 지배되어(kosajjābhibhavena) 안의 대상이 되는 명상주제의 대상(kammaṭṭhānārammaṇa)에 안으로 움츠린 상태로(saṅkoca) 머물기 때문에(ṭhitattā) 들러붙음(saṇṭhita)이라 한다. 그러나 정진의 균등함(vīriya-samata)이 적용되면 '들러붙지 않고(asaṇṭhitaṁ)' [바른] 과정으로 수행이 진행된다(vīthiṁ paṭipannaṁ). 그러므로 이와 같이 알음알이가 안으로 들러붙지 않는 것을 점검하여(upaparikkhato) [바른] 과정으로 수행이 되고 있는지(vīthipaṭipannaṁ siyā) 그와 같이 점검해야 한다(tathā tathā upaparikkheyya)."(ItA.ii.120)

여기에 대해서는 『청정도론』 IV.45~49에서 설명되어 있는 '기능[根]을 조화롭게 유지함(indriyānaṁ samabhāvakaraṇa)'도 참조할 것.

421) "'취착하지 않아서 동요하지 않도록(anupādāya na paritasseyya) [점검해야 한다.]'라고 하셨다. 그가 점검할 때에 '이것은 나의 것이다. 이것은 나의 자아이다.'라고 갈애와 사견에 의한 움켜쥠(taṇhādiṭṭhiggāha)을 통해서 물질 등의 [오온] 가운데서 어떤 형성된 것을(kañci saṅkhāraṁ) 움켜쥐지 않고(aggahetvā) 갈애와 사견으로 움켜쥠을 통해서 동요하지 않아야 한다(na paritasseyya). 동요하지 않도록 그렇게 점검해야 한다(tathā thatā upaparikkheyya)라고 문장을 연결해야 한다."(ItA.ii.120)

422) "'점검해야 한다(upaparikkheyya).'는 것은 검증해야 한다(vīmaṁseyya), 재어보아야 한다(parituleyya), 명상해야 한다(sammaseyya)는 말이다."(ItA.ii.119)

"'점검해야 한다(upaparikkheyya).'는 것은 측량해야 한다(tuleyya), 판정해야 한다(tīreyya), 파악해야 한다(pariggaṇheyya), 결정해야 한다(pari-cchindeyya)는 뜻을 가진 통찰지(paññā)를 두고 한 말이다."(MA.v.27)

이러한 뜻을 세존께서는 말씀하셨습니다.

2. 여기서 이것을 이렇게 말씀하셨습니다.

"일곱 가지 결박423)을 제거했고
사슬을 잘라버린 비구에게
태어남의 윤회는 이것으로 끝났으니
이제 다시 태어남은 없을 것이로다." {94}

이러한 뜻 또한 세존께서 말씀하셨으니 이처럼 저는 들었습니다.

감각적 쾌락의 일어남 경(It3:46)424)

Kāmūpapatti-sutta

---

423) "'일곱 가지 결박을 제거했고(sattasaṅgappahīnassa)'라고 하셨다. 갈애의 결박(taṇhā-saṅga), 사견의 결박(diṭṭhi-saṅga), 자만의 결박(māna-saṅga), 분노의 결박(kodha-saṅga), 무명의 결박(avijjā-saṅga), 오염원의 결박(kilesa-saṅga), 악행의 결박(duccarita-saṅga)이라는 이 일곱 가지 결박을 제거하였기 때문에 이렇게 말씀하셨다."(ItA.ii.121)

『위방가』에는 이 일곱 가지 가운데 무명과 악행이 제외된 다섯 가지 결박(saṅga)으로 정리한다.
"여기서 무엇이 '다섯 가지 결박(pañca saṅgā)'인가? 갈망의 결박(rāga-saṅga), 성냄의 결박(dosasaṅga), 어리석음의 결박(mohasaṅga), 자만의 결박(mānasaṅga), 사견의 결박(diṭṭhisaṅga) — 이것이 다섯 가지 결박이다."(Vbh §940 ④)

한편 『맛지마 니까야』 제3권 「브라흐마유 경」(M91) §5에 해당하는 『맛지마 니까야 주석서』에는 '탐욕, 성냄, 어리석음, 자만, 사견, 무명, 악행의 장막(rāga-dosa-moha-māna-diṭṭhi-avijjā-duccarita-chadana)'(MA.iii.367)의 일곱 가지가 언급이 되고 있다.

424) 게송을 제외한 본경은 『디가 니까야』 제3권 「합송경」(D33) §1.10 (40)과 비교할 수 있다. 「합송경」의 이 부분도 이 세 가지 감각적 쾌락을 얻음을 설명하고 있는데 그 구체적인 예까지 들고 있다.

1. 이것은 참으로 세존께서 말씀하신 것이니 아라한께서 말씀하신 것을 이처럼 저는 들었습니다.

"비구들이여, 세 가지 감각적 쾌락의 일어남이 있다. 무엇이 셋인가?

감각적 쾌락에 얽매어 있는 것,[425] [자기가] 창조한 것을 즐기는 것,[426] 남들이 창조한 것을 지배하는 것[427]이다. 비구들이여, 이러

---

425) '감각적 쾌락에 얽매어 있는 것'으로 옮긴 원어는 paccupaṭṭhitakāma인데 문자적으로는 '일어난 감각적 쾌락'이라는 뜻이다. 주석서에서 감각적 쾌락에 얽매인(nibaddha-kāma), 대상에 얽매인(nibaddh-ārammaṇa)으로 해석하고 있어서(ItA.ii.121; DA.iii.999) 이렇게 옮겼다.

「합송경」(D33) §1.10 (40)에는 다음과 같이 나타난다.
"도반들이여, 감각적 쾌락에 얽매인 중생들이 있습니다. 그들은 감각적 쾌락에 얽매여서 감각적 쾌락에 종속되어 버립니다. 예를 들면 인간들과 일부 신들과 일부 악처에 떨어진 자들입니다. 이것이 첫 번째 감각적 쾌락의 일어남입니다."

426) '[자기가] 창조한 것을 즐기는 것'은 nimmānaratino를 옮긴 것이다. 이 단어가 고유명사가 되면 화락천(化樂天, nimmānarati)이 된다. 「합송경」(D33) §1.10 (40)에는 다음과 같이 나타난다.

"도반들이여, [자기가] 창조한 것에 대한 감각적 쾌락을 가진(nimmita-kāmā) 중생들이 있습니다. 그들은 여러 가지 [형색 등을] 창조해 놓고 [그런 것에 대한] 감각적 쾌락에 종속되어 버립니다. 예를 들면 화락천(化樂天)의 신들과 같습니다. 이것이 두 번째 감각적 쾌락의 일어남입니다."(D33 §1.10 (40))

그래서 주석서들은 화락천(化樂天)을 이렇게 설명한다.
"이처럼 자신이 거듭해서 만들고(nimmite) 창조한 것에 대해서(nimmāne) 즐거워하는(rati) 자들이라고 해서 화락천(化樂天, nimmānarati)이라 한다."(ItA.ii.122; DA.iii.1001)

427) '남들이 창조한 것을 지배하는 것'은 paranimmitavasavattino를 옮긴 것이다. 이 단어가 고유명사가 되면 타화자재천(他化自在天, Paranimmita-vasavatti)이 된다. 『디가 니까야』 제3권 「합송경」(D33)에는 다음과 같이 나타난다.

"도반들이여, 남들이 창조한 것에 대한 감각적 쾌락을 가진(paranimmita-kāmā) 중생들이 있습니다. 그들은 남들이 창조한 감각적 쾌락에 종속되어 버립니다. 예를 들면 타화자재천의 신들과 같습니다. 이것이 세 번째 감각적

한 세 가지 감각적 쾌락의 일어남이 있다."

이러한 뜻을 세존께서는 말씀하셨습니다.

2. 여기서 이것을 이렇게 말씀하셨습니다.

"자재천의 신들과 화락천의 신들과
감각적 쾌락을 즐기는 다른 [존재]들은428)
감각적 쾌락에 얽매인 자들이어서
이 존재와 또 다른 존재가 [연속하여 전개되는]
윤회를 넘어서지 못한다.429) |1|

이러한 위험함을 알고서

쾌락의 일어남입니다."(D33 §1.10 (40))

여기서 타화자재천(他化自在天, Paranimmitavasavatti), 즉 남들이 창조한 것을 지배하는 자는 para(他)+nimmita(창조한)+vasa-vatti의 합성어이다. 이것은 para-nimmita와 vasa-vatti의 둘로 나누어서 설명되는데 para-nimmita는 '남에 의해서 창조된'의 뜻이다. vasa는 √vaś(*to control*)에서 파생된 남성명사로 '통제, 제어, 지배'의 뜻이고 vatti는 √vṛt(*to turn*)에서 파생된 형용사로서 '행하는, 개입된'의 뜻을 가지고 있다. 그래서 vasa-vatti는 '지배할 수 있는, 제어할 수 있는'의 뜻이다. 그래서 전체적으로는 '남에 의해서 창조된 것을 지배할 수 있는 [천신]'이란 의미이다. 이 단어의 뜻을 통해서도 알 수 있듯이 이곳에 거주하는 신들은 자기 스스로는 쾌락의 대상을 창조하지 못하지만 시종들이 창조해 주는 것을 지배하고 제어할 수 있다고 한다. 중국에서는 他化自在天으로 직역했다.

428) "'감각적 쾌락을 즐기는 다른 [존재]들은(ye caññe kāmabhogino)'이라고 하셨다. 앞에서 언급한 신들 이외의 감각적 쾌락을 즐기는 다른 [신들]과 인간들과 [네 가지] 처참한 곳[四惡處, apāya]에 떨어진 자들 가운데 일부(ekacce)를 포함한 그들 모두를 말한다."(ItA.ii.122)

429) '이 존재와 또 다른 존재가 [연속하여 전개되는] / 윤회를 넘어서지 못한다.'는 itthabhāv-aññathābhāvaṁ saṁsāraṁ nātivattati를 옮긴 것이다. 여기에 대해서는 본서 「갈애의 족쇄 경」(It1:15) §2 |1|의 해당 주해를 참조할 것.

감각적 쾌락을 즐김에 대해서 현자는
천상과 인간의 모든
감각적 쾌락을 버려야 한다.430) |2|

사랑스러운 형색과 기분 좋은 향기에 빠지는 [95]
넘기 어려운 흐름을 자른 뒤
남김없이 완전한 열반에 들고
남김없이 괴로움을 넘어선다. |3|

성스러움을 보는 자들, 지혜의 달인들,
바른 구경의 지혜를 갖춘 현명한 자들은
태어남의 멸진을 최상의 지혜로 알고
다시 태어남[再有]으로 오지 않는다."431) |4| {95}

---

430) 본경의 |1|번과 |2|번 게송은 VRI본의 다음 게송을 옮긴 것이다.
paccupaṭṭhitakāmā ca, ye devā vasavattino |
nimmānaratino devā, ye caññe kāmabhogino |
itthabhāvaññathābhāvaṁ, saṁsāraṁ nātivattare ||

etamādīnavaṁ ñatvā, kāmabhogesu paṇḍito|
sabbe pariccaje kāme, ye dibbā ye ca mānusā||

그런데 PTS본에는 위 게송 가운데 밑줄을 그은 saṁsāraṁ nātivattare와 etamādīnavaṁ ñatvā가 없이 다음과 같이 편집되어 나타나고 있다.
paccupaṭṭhitakāmā ca, ye devā vasavattino |
nimmānaratino devā, ye caññe kāmabhogino ||

itthabhāvaññathābhāvaṁ, kāmabhogesu paṇḍito|
sabbe pariccaje kāme, ye dibbā ye ca mānusā||

4구게의 형태로 구성된 PTS본의 편집이 더 나아보이지만 PTS본에 의하면 itthabhāvaññathābhāvaṁ이 어디에 걸리는 지가 불분명하고 그래서 의미 전달이 제대로 되지 않는다. 그래서 역자는 저본인 VRI본에 준해서 옮겼다.

431) 이 |4|번 게송은 본서 「불[火] 경」(It3:44) §2의 |7|번 게송과 같다. 그곳의 주해들도 참조하기 바란다.

이러한 뜻 또한 세존께서 말씀하셨으니 이처럼 저는 들었습니다.

감각적 쾌락의 속박 경(It3:47)

Kāmayoga-sutta

1. 이것은 참으로 세존께서 말씀하신 것이니 아라한께서 말씀하신 것을 이처럼 저는 들었습니다.

"비구들이여, 감각적 쾌락432)의 속박에 걸리고 존재의 속박에 걸려433) 다시 돌아오는 자가 되나니 그는 이러한 상태로 되돌아온

---

432) '감각적 쾌락'은 초기불전에서 많이 나타나는 kāma를 우리말로 정착시킨 것이다. 영어권에서는 거의 대부분 이 kāma를 *sense-desire, sensual desire, sensual pleasure*(PED, NMD, 『청정도론』 참조) 등으로 감각(*sense*)과 연결된 욕망 혹은 욕락 혹은 쾌락으로 설명하고 있다. 실제로 kāma는 니까야의 도처에서 눈 · 귀 · 코 · 혀 · 몸의 다섯 가지 감각기관과 연결된 욕망(쾌락)의 문맥에서 pañca kāma-guṇa(다섯 가닥의 감각적 쾌락)로 나타나고 있다.(M13 §7 등, 바로 다음 주해도 참조할 것.) 그리고 중국에서는 대부분 이 kāma를 欲이나 欲樂 등으로 옮겼다. 이런 문맥 때문에 초기불전연구원에서는 대부분의 경우에 '감각적 쾌락'으로 정착을 시키고 있다.

그리고 이 kāma는 빠알리 문헌과 불교 산스끄리뜨 문헌 도처에서 kāma-avacāra로 쓰여서 욕계(欲界)를 지칭하는 용어로도 많이 쓰이고 있다. 우리가 사는 이 욕계세상(kāma-loka, 지옥, 축생, 아귀, 아수라, 인간, 욕계천상)은 감각적인 것을 특징으로 하는 세계이기 때문이다.
한편 이 kāma는 오계의 세 번째인 불사음계(不邪淫戒)의 항목에 삿된 음행(kāmesu micchācāra)으로 정형화되어 나타나듯이 성적인 것(*sexual*)을 뜻하는 문맥에서도 많이 나타난다.(특히 M141 §27의 주해 참조) 이 경우는 성욕이나 음욕이나 애욕을 뜻한다고 할 수 있다. 그리고 이것은 힌두 문헌 가운데 성(性)에 대한 기술을 담고 있는 대표적인 것으로 꼽히는 『까마수뜨라』(Kāma-sūtra)의 표제어인 까마의 의미와도 같다.

433) '감각적 쾌락의 속박에 걸리고 존재의 속박에 걸려'는 kāmayogayutto bhavayogayutto를 옮긴 것이다. 『이띠웃따까 주석서』는 이렇게 설명한다.

"다섯 가닥의 감각적 쾌락에 대한(pañca-kāma-guṇika) 갈망(rāga)을 '감각적 쾌락에 대한 속박(kāmayoga)'이라 하고 이것에 걸린 것이 '감각적

다.[434] 비구들이여, 감각적 쾌락의 속박에서 벗어나고 존재의 속박에 걸려[435] 다시는 돌아오지 않는 자[不還者][436]가 되나니 그는 이러한 상태로 다시 돌아오지 않는다. 비구들이여, 감각적 쾌락의 속박에서 벗어나고 존재의 속박에서 벗어나서 번뇌 다한 아라한이 된다."

이러한 뜻을 세존께서는 말씀하셨습니다.

2. 여기서 이것을 이렇게 말씀하셨습니다.

쾌락의 속박에 걸림(kāmayogayutta)'이다. 이것은 감각적 쾌락의 갈망을 끊어버리지 못함(asamucchinna-kāma-rāga)과 동의어이다.
색계와 무색계의 존재(rūpārūpabhava)에 대한 욕탐(chandarāga)을 '존재에 대한 속박(bhavayoga)'이라 한다. 禪에 대한 열망(jhānanikanti)과 상견(常見)이 함께하는(sassatadiṭṭhisahagata) 갈망(rāga)도 그와 같다. 이런 것에 걸렸기 때문에 '존재의 속박에 걸림(bhavayogayutta)'인데 존재의 속박을 버리지 못함(appahīnabhavarāga)이란 뜻이다."(ItA.ii.123)

434) "'다시 돌아오는 자가 되나니(āgāmī hoti)'라고 하셨다. 범천의 세상에 머물러 있더라도(brahmaloke ṭhitopi) 재생연결을 받아서(paṭisandhiggahaṇa) 이 인간 세상에 돌아오는 습성을 가졌다(āgamanasīla). 그래서 '그는 이러한 상태로 되돌아온다(āgantā itthattaṁ).'라고 하셨다."(ItA.ii.123)

435) '감각적 쾌락의 속박에서 벗어나고 존재의 속박에 걸려'는 kāmayoga-visaṁyutto bhavayogayutto를 옮긴 것이다. 주석서는 이렇게 설명한다.

"'감각적 쾌락의 속박에서 벗어나고(kāmayogavisaṁyutto)'라고 하였다. 부정관으로 얻은 선정(asubhajjhāna)도 감각적 쾌락의 속박에서 벗어난다(kāmayogavisaṁyogo). 그 禪을 토대(pādaka)로 삼아 증득한 불환도(anāgāmimagga)는 전적으로 감각적 쾌락의 속박에서 벗어남(kāmayoga-visaṁyoga)이라고 일컫는다. 그러므로 세 번째 도와 과에 머무는 성스러운 인간(ariyapuggala)은 감각적 쾌락의 속박에서 벗어난다고 한다.
그러나 색계와 무색계 존재들에 대한 욕탐(rūpārūpabhavesu chanda-rāga)은 불환도로 제거되지 않는다. 그러므로 그는 존재의 속박을 제거하지 못했기 때문에(appahiinabhavayogattā) '존재의 속박에 걸렸다(bhava-yogayutta).'고 한다."(ItA.ii.123)

436) "'다시는 돌아오지 않는 자[不還者, anāgāmi]'라고 하였다. 재생연결을 받음(paṭisandhiggahaṇa)을 통해서는 욕계 세상(kāma-loka)으로 돌아오지 않기 때문에(anāgamanato) 다시는 돌아오지 않는 자이다."(ItA.ii.123)

"감각적 쾌락의 속박과
존재의 속박, 이 둘에 걸려서
중생들은 [96] 태어남과 죽음으로 치달리면서
윤회를 거듭한다. |1|

감각적 쾌락을 버렸지만
번뇌의 멸진을 얻지 못한 자들은
존재의 속박에 걸려서
불환자라고 불리게 된다. |2|

그러나 의심을 잘라서
자만과 다시 태어남이 다한 자들은
세상에서 저 언덕에 도달하였나니
그들은 번뇌의 멸진을 얻었다." |3| {96}

이러한 뜻 또한 세존께서 말씀하셨으니 이처럼 저는 들었습니다.

좋은 계행 경(It3:48)

Kalyāṇasīla-sutta

1. 이것은 참으로 세존께서 말씀하신 것이니 아라한께서 말씀하신 것을 이처럼 저는 들었습니다.

"비구들이여, 좋은 계행을 가지고 좋은 법을 가지고 좋은 통찰지를 가진 비구는 이 법과 율에서 '독존[437]이요, 삶을 완성했으며,[438]

---

437) "'독존(獨尊, kevali)'이라고 하셨다. 여기서 유일한 것(kevala)이란 어떤 것과 섞이지 않았고(avomissakatāya) 모든 형성된 것들과 멀리 떨어졌기 때문에(sabbasaṅkhatavivitta) 열반(nibbāna)을 말하고, 이것을 증득하였기 때문에(adhigatattā) 아라한을 독존이라 한다(arahā kevalī). 혹은 제

최상의 인간439)이다.'라고 불린다.

비구들이여, 그러면 어떻게 비구는 좋은 계행을 가지는가?

비구들이여, 여기 비구는 계를 잘 지킨다. 그는 빠띠목카(계목)의 단속으로 단속하면서 머문다. 바른 행실과 행동의 영역을 갖추고, 작은 허물에 대해서도 두려움을 보며, 학습계목을 받아 지녀 공부짓는다.440) 비구들이여, 이와 같이 비구는 좋은 계행을 가진다. 그는 이러한 좋은 계행을 가진다."

2. "그러면 어떻게 좋은 법을 가지는가?

비구들이여, 여기 비구는 7가지441) 깨달음의 편에 있는 법들[菩提分法]을 닦는 데 전념하며 머문다. 비구들이여, 이와 같이 비구는 좋

거함의 수행을 완성하였고(pahānabhāvanāpāripūriyā) 최종적으로 비난받지 않는 법을 완성하였기 때문에(pariyosāna-anavajjadhamma-pāri-pūriyā) 선한 것이라는 뜻(kalyāṇakaṭṭha)에서 더럽혀지지 않는 행복(abyāsekasukhatā)이기 때문에 유일한 것(kevala)이 아라한됨(arahatta)이며 이것을 증득하여(tadadhigama) '독존(kevali)'이요 번뇌 다한 자(khīṇāsava)이다."(ItA.ii.126)

438) "'삶을 완성했으며(vusitavā)'라는 것은 도라는 청정범행을 완전하게 하는 것(magga-brahmacariya-vāsa)을 잘 닦아서(vasitvā) 완성으로 귀결되게 하여(pariyosāpetvā) 확립된 것(ṭhita)을 말한다."(ItA.ii.126)

"'삶을 완성했다(vusitavā).'는 것은 계가 깨끗함 등의 중요한 도닦음을 실천하거나(garu-saṁvāsa) 성스러운 도를 닦거나(ariyamagga-saṁvāsa) 열 가지 성스러운 삶(dasa ariyavāsa)을 사는 것을 말한다."(MA.i.42) '열 가지 성스러운 삶'에 대해서는 『앙굿따라 니까야』 제6권 「성스러운 삶 경」 1(A10:19)을 참조할 것.

439) "최상(uttamā)이거나 으뜸이 되는(aggabhūtā) 무학의 법들(asekkha-dhammā)을 구족하였기 때문에(samannāgatattā) '최상의 인간(uttama-purisa)'이라 부른다."(ItA.ii.126)

440) 본 정형구에 나타나는 용어들의 설명은 본서 「계를 잘 지킴 경」(It4:12) §1의 해당 주해들을 참조할 것.

441) 여기에 대해서는 본서 「신들의 소리 경」(It3:33) §2의 주해를 참조할 것.

은 법을 가진다. 그는 이러한 좋은 계행을 가지고 좋은 법을 가진다."

3. "그러면 어떻게 좋은 통찰지를 가지는가? [97]

비구들이여, 여기 비구는 모든 번뇌가 다하여 아무 번뇌가 없는 마음의 해탈[心解脫]과 통찰지를 통한 해탈[慧解脫]을 바로 지금·여기에서 스스로 최상의 지혜로 실현하고 구족하여 머문다[漏盡通]. 비구들이여, 이와 같이 비구는 좋은 통찰지를 가진다. 그는 이러한 좋은 계행을 가지고 좋은 법을 가지고 좋은 통찰지를 가지고 이 법과 율에서 '독존이요, 삶을 완성했으며, 최상의 인간이다.'라고 불린다."

이러한 뜻을 세존께서는 말씀하셨습니다.

4. 여기서 이것을 이렇게 말씀하셨습니다.

"몸과 말과 마음으로 잘못 지은 것이 없는
양심을 가진 비구를 좋은 계행을 가진 자라 부른다. |1|

깨달음으로 인도하는 7가지 법들을 잘 닦고
으스대지 않는 비구를 좋은 법을 가진 자라 부른다. |2|

바로 여기서 자신의 괴로움의 멸진을 꿰뚫어 알아
번뇌 다한 그 비구를 좋은 통찰지를 가진 자라 부른다. |3|

이러한 법들을 구족하여 근심 없고 의심을 잘랐고
모든 세상에 집착하지 않는442) 그를
모든 것을 버린 자라 부른다." |4| {97}

442) "'모든 세상에(sabbalokassa)'란 모든 중생의 세상에(sattaloke)란 말이다. '집착하지 않는(asitaṁ)'이란 갈애와 사견에 의지함(taṇhādiṭṭhinissayā)을 버렸기 때문에(pahīnattā) 집착하지 않는다는 뜻이다. anissita(의지하지 않는)로 [표기된 문헌도] 있다."(ItA.ii.131)

이러한 뜻 또한 세존께서 말씀하셨으니 이처럼 저는 들었습니다.

보시 경(It3:49)

Dāna-sutta

1. 이것은 참으로 세존께서 말씀하신 것이니 아라한께서 말씀하신 것을 이처럼 저는 들었습니다.

"비구들이여, [98] 두 가지 보시가 있다. 무엇이 둘인가?

재물443)의 보시와 법의 보시444)이다. 비구들이여, 이러한 두 가지 보시가 있다. 비구들이여, 이 두 가지 보시 가운데 법보시가 으

443) 여기서 '재물'로 옮긴 원어는 āmisa인데 원 의미는 '날고기'이다. 초기경들에서는 주로 세속적인 것을 나타낼 때 쓰이는 용어이다. 다른 곳에서는 주로 '세속적인 것'으로 옮기고 있다. 『앙굿따라 니까야 주석서』는 본경과 같은 형식의 법문을 담고 있는 『앙굿따라 니까야』 제1권 「둘의 모음」(A2) 제13장 보시 품(Dāna-vagga, A2:13:1~10)의 10개의 경들에 나타나는 āmisa를 모두 의복, 음식, 거처, 약품의 네 가지 물질적인 필수품(cattāro paccayā)이라고 설명하는데(AA.ii.159) 『이띠웃따까 주석서』를 살펴보면 본경에도 잘 적용된다.

444) 주석서는 '법의 보시(dhammadāna)'를 두 가지로 설명한다.
첫째는 "해로운 법들[不善法, akusalā dhammā]을 정지시키고(nivattāpento) 유익한 법들[善法, akusalā dhammā]에서 확립되게 하면서(patiṭṭhāpento) 법을 설하는 것"(ItA.ii.131)이다.
둘째는 "'이 법들은 최상의 지혜로 알아야 할 것들(abhiññeyyā)이고 이들은 철저하게 알아야 할 것들(pariññeyyā)이고 이들은 버려야 할 것들(pahātabbā)이고 이들은 실현해야 할 것들(sacchikātabbā)이고 이들은 닦아야 할 것들(bhāvetabbā)이다.'라고 사성제를 설명하여 불사를 증득하도록(amatādhigama) 도닦음의 법(paṭipattidhamma)을 설하는 것을 말하는데 이것을 정점에 이른(sikhāppatta) 법의 보시라 한다."(ItA.ii.131~132)라고 설명하고 있다.
그리고 여기서 설명된 것에 준해서 이 법을(vuttanayeneva dhammena) 뒤의 '법을 함께 나눔(dhammasaṁvibhāga)'과 '법에 의한 호의(dhamma-anuggaha)'에도 적용시켜서 이해하면 된다고 주석서는 설명하고 있다.(ItA.ii.132)

뜸이다."445)

2. "비구들이여, 두 가지 함께 나눔이 있다. 무엇이 둘인가?

재물을 함께 나눔과 법을 함께 나눔이다. 비구들이여, 이러한 두 가지 함께 나눔이 있다. 비구들이여, 이 두 가지 함께 나눔 가운데 법을 함께 나눔이 으뜸이다."446)

3. "비구들이여, 두 가지 호의가 있다. 무엇이 둘인가?

재물에 의한 호의447)와 법에 의한 호의이다. 비구들이여, 이러한 두 가지 호의가 있다. 비구들이여, 이 두 가지 호의 가운데 법에 의한 호의가 으뜸이다."448)

이러한 뜻을 세존께서는 말씀하셨습니다.

4. 여기서 이것을 이렇게 말씀하셨습니다.

"보시가 최상이요 위없는 것이라 말하나니
세존도 함께 나눔을 칭송하였도다.
으뜸가는 복밭에 깨끗한 마음을 가진
현명하고 지혜로운 자,
누가 적절한 시간에449) 헌공하지 않겠는가? |1|

---

445) 이 첫 번째 문단은 『앙굿따라 니까야』 제1권 「보시 경」(A2:13:1)과 같다.

446) 이 두 번째는 「나누어 가짐 경」(A2:13:7)과 같다.

447) "네 가지 필수품(cattaro paccayā)과 네 가지 섭수하는 행위[四攝事, cattari saṅgahavatthūni]로 남들에게 호의를 가짐(anuggaṇhana)과 연민함(anukampana)이 '재물에 의한 호의(āmisānuggaha)'이다."(ItA.ii.132)

네 가지 필수품은 의·식·주·약인데 초기불전의 여러 곳에 나타난다.(M2 §13; 『청정도론』 I.85~97 등을 참조할 것.) 네 가지 섭수하는 행위, 즉 사섭법은 보시(dāna), 사랑스런 말[愛語, peyyavajja], 이로운 행위[利行, attha-cariyā], 함께 함[同事, samānattatā]이다.(D30 §1.16; A4:32 등)

448) 이 세 번째는 「호의 경」(A2:13:9)과 같다.

선서(善逝)의 교법에 깨끗한 마음을 가져
설하기도 하고 듣기도 하는 둘 다를 하는 자들이 있으니
그들의 목적은 궁극적이고 청정하나니450)
그들은 참으로 선서의 교법에서 방일하지 않도다." |2| {98}

이러한 뜻 또한 세존께서 말씀하셨으니 이처럼 저는 들었습니다.

삼명 경(It3:50)

Tevijja-sutta

1. 이것은 참으로 세존께서 말씀하신 것이니 아라한께서 말씀하신 것을 이처럼 저는 들었습니다.

"비구들이여, 나는 법답게 삼명 갖춘 바라문451)을 선언하나니 말

---

449) '누가 적절한 시간에 헌공하지 않겠는가?'는 ko na yajetha kāle(누가 시간에 헌공하지 않겠는가?)를 주석서를 참조해서 의역한 것이다. 이 문장을 주석서는 'yuttappattakāle ko nāma dānaṁ na dadeyya?'로 설명하고 있는데 이 설명을 참조하였다. 주석서는 이렇게 설명한다.
"누가 적절함에 이른 때에(yuttappattakāle) 헌공하지 않겠는가? 믿음(saddhā)과 보시할 것(deyyadhamma)과 받는 사람들(paṭiggāhakā)이라는 이들 세 가지가 현전하는 시간에라야(sammukhibhūtakāleyeva) 참으로 보시는 발생한다(sambhavati). 다른 경우에는 그렇지 않다. 혹은 [여기서 적절한 시간이란] 받는 사람들에게 보시하기에 적절한 시간(dātuṁ yuttakāle)을 [뜻한다.]"(ItA.iii.133)

450) "설하기도 하고 받아들이기도 하는(desaka-paṭiggāhakā) 그들의 ① 법의 보시와 ② 법을 함께 나눔과 ③ 법에 의한 호의라 불리는(dhammadāna-dhammasaṁvibhāga-dhammānuggaha-saṅkhāta) 그 '목적(attha)'은 궁극적인 이치를 성취하기 때문에 '궁극적(parama)'이라고 한다. 그리고 그것은 갈애와 오염원 등의 모든 오염원의 더러움이 청정해졌기 때문에(taṇhā-saṁkilesādi-sabba-saṁkilesa-mala-visodhana) '청정하다(vi-sujjhati)'라고 한다."(ItA.ii.133)

451) '삼명 갖춘 바라문'은 tevijja brāhmaṇa를 옮긴 것이다. 삼명(三明)은

tevijjā를 te(삼)-vijjā(명)로 직역을 하였다. 여기서 명(明) 혹은 '명지(明知)'로 옮긴 원어 vijjā를 중국에서 明으로 옮겼기 때문에 이를 차용한 것이다. 이것은 무명(無明)으로 옮기는 avijjā의 반의어이기도 하다. 여기서 tevijja는 삼명이 아니라 "삼명을 갖춘(tiihi vijjāhi samannāgata)"(ItA.ii.134)을 뜻하며 바라문을 수식하는 형용사로 쓰였다.

그런데 이 tevijja brāhmaṇa를 『디가 니까야』 제1권 「암밧타경」(D3) §2.2와 「삼명경」(D13) §12 등에서는 '삼베다에 능통한 바라문'으로 옮겼다.(여기에 대해서는 D3 §2.2의 주해를 참조할 것.) 이 vijjā에 해당하는 산스끄리뜨 vidyā는 베다에 대한 지식을 뜻하고 초기경에서는 『리그베다』, 『야주르베다』, 『사마베다』에 능통한 자를 tevijjā(三明)라고 하고 삼베다에 능통한 바라문을 tevijja-brahmaṇa(삼명 바라문)라고 부르고 있기 때문이다.

그리고 『맛지마 니까야』 제3권 「브라흐마유 경」(M91) 등 여러 경들에는 유명한 바라문을 언급할 때 "그는 세 가지 베다에 통달하고, 어휘와 제사와 음운과 어원과 다섯 번째로 역사에 정통하고, 언어와 문법에 능숙하고, 세간의 철학과 대인상에 능통했다."(M91 §2)라는 정형구가 나타난다. 여기서 '세 가지 베다'는 ti vedā를 옮긴 것으로 여기서 '세 가지 베다(ti vedā)'란 『리그베다』(Ṛgveda), 『야주르베다』(Yajurveda), 『사마베다』(Sāmaveda)이다.

인도의 베다 문헌은 고대로부터 삼히따(Saṁhitā, 本集), 브라흐마나(Brāhmaṇa, 祭儀書), 아란냐까(Āraṇyaka, 森林書), 우빠니샤드(Upaṇiśad, 秘義書)의 단계를 거치면서 발전해왔다. 삼히따(베다본집)에는 우리가 잘 아는 『리그베다』, 『야주르베다』, 『사마베다』, 『아타르와베다』가 있다. 이 베다본집을 토대로 하여 수많은 학파와 문도와 가문들이 생겨나게 되고, 각 학파나 문도에서는 각각 그들 고유의 제의서와 삼림서와 비의서를 가지고 있으며 그 학파는 수천 개가 넘었다고 한다. 그리고 이들은 제사에서 각각 네 가지 역할을 분장해서 관리하면서 인도 전통 바라문교를 유지해왔다.

초기불전에서는 이 가운데 『아타르와베다』를 제외한 앞의 세 가지 베다만을 삼베다(ti vedā, tevijjā)라고 하여 인정하고 있다. 초기경에서 『아타르와베다』는 베다로 인정되지 않는다. 사실 『아타르와베다』는 그 내용이 흑마술(黑魔術, *black magic*)에 관한 것이 많기 때문에 신성한 베다로 인정하기 어렵다. 그리고 『야주르베다』와 『사마베다』의 거의 모든 만뜨라는 『리그베다』에 모두 나타난다. 『리그베다』 가운데서 제사 의식을 관장하는 야주스(yajus) 바라문이 의식을 거행하면서 읊는 만뜨라를 모은 것이 『야주르베다』이며, 리그베다 가운데서 제사에서 창(唱)을 하는 사만(sāman) 바라문들의 창에 관계된 만뜨라를 모은 것이 『사마베다』라고 보면 된다.

해준 것을 그대로 따라 말하여 다른 바라문을 선언하지 않는다.[452]

한편 『상윳따 니까야』 제1권 「돌조각 경」(S1:38)에는 '다섯 베다(pañca-vedā)'라는 용어가 나타나는데 주석서는 위의 4베다에다 역사(itihāsa)를 넣어서 5베다로 설명하고 있다.(SA.i.81) 이것은 "역사를 다섯 번째로 하는(itihāsa-pañcamā) 삼베다(ti vedā)"(『디가 니까야』 제1권 「암밧타 경」(D3) §1.3)라는 경문이나, 여기에 대해서 "『아타르와베다』(Āthabbaṇa-veda)를 네 번째로 하고 '참으로 그러하였다(iti ha āsa).'는 말과 상응하여 오래된 이야기(purāṇa-kathā)라 불리는 역사(itihāsa)를 다섯 번째로 한다고 해서 역사를 다섯 번째로 하는 베다들이라 한다."(DA.i.247)라고 설명하는 『디가 니까야 주석서』의 견해와 일치한다.

바라문은 베다 공부가 생명이므로 『디가 니까야』 제1권 「암밧타 경」(D3) §2.2에서 암밧타 바라문 학도는 세존께 vijjā, 즉 베다에 대해서 질문을 하고, 세존께서는 이를 오히려 불교의 통찰지(혜, 반야)와 관련지어 설명하신다. 불교의 입장에서 삼명은 전생을 기억하는 지혜[宿命通]와 중생들의 죽음과 다시 태어남을 [아는] 지혜[天眼通]와 모든 번뇌를 소멸하는 지혜[漏盡通]를 말한다. 이것을 갖춘 자야말로 진정한 바라문이요 진정한 '삼명 갖춘 바라문(tevijja brāhmaṇa)'이요 진정으로 '삼베다에 능통한 바라문(tevijja brāhmaṇa)'이라고 부처님께서는 초기불전의 여러 곳에서 천명하시고 강조하신다. 쿳줏따라 청신녀가 전승해준 이 『이띠웃따까』의 본경도 바로 그러한 부처님의 말씀을 담고 있다.

452) '나는 법답게 삼명 갖춘 바라문을 선언하나니, 말해준 것을 그대로 따라 말하여 다른 바라문을 선언하지 않는다.'는 dhammena ahaṁ, bhikkhave, tevijjaṁ brāhmaṇaṁ paññāpemi, nāññaṁ lapitalāpanamattena를 옮긴 것이다.
여기서 '말해준 것을 그대로 따라 말하여'는 lapitalāpanamattena를 옮긴 것인데 『맛지마 니까야 주석서』는 「성스러운 구함 경」(M26) §15의 설명에서 이 lapita-lāpana-mattena를 "스승이 그에게 말해준 것을 그대로 따라 말하자마자(tena lapitassa paṭilāpanamattakena)"(MA.ii. 171)로 설명하고 있어서 이렇게 옮겼다.

그리고 '말해준 것을 그대로 따라 말하는 것만으로 다른 [바라문을 선언하는 것이] 아니다.'는 nāññaṁ lapitalāpanamattena를 『이띠웃따까 주석서』를 참조하여 옮긴 것이다. 주석서는 이 문장을 다음의 두 가지로 설명한다.

"① 오직 태생만으로 바라문이 된다(jātimattabrāhmaṇa)고 앗타까 [바라문] 등이 말해준 것을 그대로 따라 말하는 것으로(lapitamatta-vippalapanamattena) 다른(aññaṁ) 바라문을(brāhmaṇaṁ) 선언하는 것이 아니라는 뜻이다. ② 혹은 여기서 '말해준 것을 그대로 따라 말하여(lapita-

비구들이여, 그러면 어떻게 나는 법답게 삼명 갖춘 바라문을 선언하고 말해준 것을 그대로 따라 말하여 다른 바라문을 선언하지 않는가?

비구들이여, 여기 비구는 한량없는 전생의 갖가지 삶들을 기억한다. 즉 [99] 한 생, 두 생, 세 생, 네 생, 다섯 생, 열 생, 스무 생, 서른 생, 마흔 생, 쉰 생, 백 생, 천 생, 십만 생, 세계가 수축하는 여러 겁, 세계가 팽창하는 여러 겁, 세계가 수축하고 팽창하는 여러 겁을 기억한다. '어느 곳에서 이런 이름을 가졌고, 이런 종족이었고, 이런 용모를 가졌고, 이런 음식을 먹었고, 이런 행복과 고통을 경험했고, 이런 수명의 한계를 가졌고, 그곳에서 죽어 다른 어떤 곳에 다시 태어나 그곳에서는 이런 이름을 가졌고, 이런 종족이었고, 이런 용모를 가졌고, 이런 음식을 먹었고, 이런 행복과 고통을 경험했고, 이런 수명의 한계를 가졌고, 그곳에서 죽어 다시 여기 태어났다.'라고. 이와 같이 한량없는 전생의 갖가지 모습들을 그 특색과 더불어 상세하게 기억해낸다[宿命通].

이것이 그의 첫 번째 명지(明知)이다. 마치 방일하지 않고 열심히, 스스로 독려하며 머무는 자에게 그러하듯이 그에게도 무명이 제거되고 명지가 일어났으며 어둠이 제거되고 광명이 일어났다."

---

lāpanamattena)'라는 것은 만뜨라를 외워서 [전승한] 것을 그대로 외우게 하는 것으로(mantānaṁ ajjhenājjhāpanamattena)라는 뜻이다. 이 두 [해석] 모두에서 바라문들은 『사마베다』 등의 세 가지 베다를 공부하는 것으로(sāmavedādivedattayājjhenena) 삼명 갖춘 바라문이라 말하는데 그것을 거부하는 것이다(paṭikkhipati)."(ItA.ii.134)

즉 ①은 태생(jāti)에 의해서 바라문이 된다는 주장이고 ②는 베다의 만뜨라(manta)를 외워서 전승함에 의해서 바라문이 된다는 주장이다. 본경에서 부처님께서는 이것을 부정하시고 삼베다(ti vedā)가 아니라 삼명(te-vijjā), 즉 천안통・숙명통・누진통을 체득하여 진정한 바라문이 된다고 강조하시는 것이다.

2. "다시 비구들이여, 비구는 청정하고 인간을 넘어선 신성한 눈[天眼]으로 중생들이 죽고 태어나고, 천박하고 고상하고, 잘생기고 못생기고, 좋은 곳[善處]에 가고 불행한 곳[惡處]에 가는 것을 보고, 중생들이 지은 바 그 업에 따라 가는 것을 꿰뚫어 안다. '이 중생들은 몸으로 못된 짓을 골고루 하고 말로 못된 짓을 골고루 하고 마음으로 못된 짓을 골고루 하고 성자들을 비방하고 삿된 견해를 지니어 사견업(邪見業)을 지었다. 이들은 몸이 무너져 죽은 뒤 처참한 곳[苦界], 불행한 곳[惡處], 파멸처, 지옥에 태어났다. 그러나 이 중생들은 몸으로 좋은 일을 골고루 하고 말로 좋은 일을 골고루 하고 마음으로 좋은 일을 [100] 골고루 하고 성자들을 비방하지 않고 바른 견해를 지니어 정견업(正見業)을 지었다. 이들은 몸이 무너져 죽은 뒤 좋은 곳[善處], 천상세계에 태어났다.'라고. 이와 같이 여래는 청정하고 인간을 넘어선 신성한 눈으로 중생들이 죽고 태어나고, 천박하고 고상하고, 잘생기고 못생기고, 좋은 곳[善處]에 가고 불행한 곳[惡處]에 가는 것을 보고, 중생들이 지은 바 그 업에 따라가는 것을 꿰뚫어 안다[天眼通].

이것이 그의 두 번째 명지이다. 마치 방일하지 않고 열심히, 스스로 독려하며 머무는 자에게 그러하듯이 그에게도 무명이 제거되고 명지가 일어났으며 어둠이 제거되고 광명이 일어났다."

3. "다시 비구들이여, 비구는 모든 번뇌가 다하여 아무 번뇌가 없는 마음의 해탈[心解脫]과 통찰지를 통한 해탈[慧解脫]을 지금·여기에서 스스로 최상의 지혜로 알고 실현하고 구족하여 머문다[漏盡通].

이것이 그의 세 번째 명지이다. 마치 방일하지 않고 열심히, 스스로 독려하며 머무는 자에게 그러하듯이 그에게도 무명이 제거되고 명지가 일어났으며 어둠이 제거되고 광명이 일어났다.

비구들이여, 이와 같이 나는 법에 의해서 삼명 갖춘 바라문을 선언하나니 말해준 것을 그대로 따라 말하여 다른 바라문을 선언하지 않는다."

이러한 뜻을 세존께서는 말씀하셨습니다.

4\. 여기서 이것을 이렇게 말씀하셨습니다.

"전생의 삶을 알고
천상과 악도를 보며[453]
태어남을 부수었고 최상의 지혜로 알아
목적을 이룬[454] 성자가 있다. |1|[455]

---

453) "'천상과 악도를 보며(sagga-apāyaṁ passati)'라고 하셨다. 26가지 신들의 세계라 불리는(chabbīsatidevalokasaṅkhāta) 천상(sagga)과 네 가지 처참한 곳[四惡處, catubbidha apāya]을 앞에서 설명한 방법의 신성한 눈[天眼, dibbacakkhu]으로 본다는 뜻이다."(ItA.ii.139)

신들의 세계(devaloka) 혹은 천상 세계에는 욕계 천상 6가지, 색계 천상 16가지, 무색계 천상 4가지가 있어서 모두 26가지가 된다. 네 가지 악도 혹은 악처 세상(apāya-bhūmi)은 지옥(niraya), 축생계(tiracchāna-yoni), 아귀계(petti-visaya), 아수라 무리(asura-kāya)이다. 26가지 천상 세계와 4가지 악도에 대한 설명은 『아비담마 길라잡이』 제5장 §§4~8의 해설들을 참조하기 바란다.

454) "'태어남을 부수었고(jātikkhayaṁ patto)'라고 하셨다. 태어남을 부숨이라 불리는 아라한됨(arahatta) 혹은 열반(nibbāna)을 얻었다(patta), 증득했다(adhigata)는 뜻이다.
'최상의 지혜로 알아(abhiññā)'라는 것은 아주 특별한(abhivisiṭṭha) 도의 통찰지(maggapaññā)로 알아야 하는(jānitabba) 네 가지 진리의 법[四諦法, catusaccadhamma]을 알아서라는 뜻이다.
역할을 완결함에 의해서(kiccavosānena) '목적을 이룬(vosito)' 자라 한다. 구경의 경지를 얻었다(niṭṭhānappatta)는 뜻이다."(ItA.ii.139)

"'태어남을 부수었고(jātikkhayaṁ patto)'는 아라한과를 얻었다는 말이다. '최상의 지혜로 알아 목적을 이룬 자(abhiññā vosito)'란 아라한과를 최상의 지혜로 알아 목적을 이루었다(vosāna-ppatta)는 말이다."(MA.iii.397)

455) PTS본에는 본 게송의 앞에 아래에 옮겨 적는 [ ] 안에 넣은 게송이 실려 있

이 [101] 세 가지 명지로 삼명 갖춘 바라문이 되나니
그를 나는 삼명 갖춘 자라 부르리.
단지 말로만 그렇게 불리는 다른 자를
나는 삼명 갖춘 자라 부르지 않노라." |2|456) {99}

이러한 뜻 또한 세존께서 말씀하셨으니 이처럼 저는 들었습니다.

다섯 번째 품이 끝났다.

다섯 번째 품에 포함된 경들의 목록은 다음과 같다.
① 청정한 믿음 ② 삶의 영위 ③ 가사
④ 불 ⑤ 점검 ⑥ 일어남
⑦ 감각적 쾌락 ⑧ 좋음 ⑨ 보시
⑩ 법에 의한 [삼명] — 이들 10가지가 있다.

셋의 모음이 끝났다.

다. 그리고 각주에서 이 게송은 B와 C, 즉 각각 인도 도서관에 보관되어 있는 미얀마 필사본과 싱할리 필사본에만 나타나고 '*It is later addition*', 즉 후에 첨가된 것이라고 적고 있다. VRI본에는 나타나지 않고 주석서에도 언급이 없으며 문맥상으로도 어울리지 않는다. 그래서 옮기지 않았다.

[pubbenivāsaṁ yo vedi
saggāpāyañca brāhmaṇaṁ|
paññāpemi na ca aññaṁ
lapitalāpanamattena||]

456) 본 게송 |1|과 |2|는 『앙굿따라 니까야』 제1권 「띠깐나 경」(A3:58) §6와 「자눗소니 경」(A3:59) §5의 마지막의 두 게송과 같고, 본 게송의 |1|은 『맛지마 니까야』 제3권 「셀라 경」(M91) §33의 첫 번째와 같다.

이띠웃따까

넷의 모음

Catuka-nipāta

넷의 모음

Catuka-nipāta

바라문과 법으로 이루어진 제사 경(It4:1)

Brāhmaṇadhammayāga-sutta

1. 이것은 참으로 세존께서 말씀하신 것이니 아라한께서 말씀하신 것을 이처럼 저는 들었습니다.

"비구들이여, 나는 바라문이니 [법의 보시에 대한] 요구에 반드시 부응하고457) 항상 손은 깨끗하고458) 마지막 몸을 가졌고 위없는 내

---

457) '[법의 보시에 대한] 요구에 반드시 부응하고'는 yāca-yoga를 풀어서 옮긴 것이다. 『청정도론』은 이렇게 설명하고 있기 때문이다. 먼저 『청정도론』의 설명을 살펴보고 『이띠웃따까 주석서』를 챙겨보도록 하자.

"요구하는 자가 원하는 그것(yaṁ yaṁ pare yācanti)을 보시하기 때문에 구하는 것에 부응한다(dānato yācanayogo)는 뜻이다. 독송할 때는 야자요가(yāja-yoga)라고도 한다. 헌공이라 불리는 공양에 부응한다(yajana-saṅ-khātena yājena yutto)는 뜻이다."(Vis.VII.112)

『청정도론』의 이런 설명을 바탕으로 보디 스님은 이 단어의 원래 형태는 yāja-yoga였을 것이라고 간주하고 있다. yāja는 √yaj(*to offer*)에서 파생된 명사로 범어 문헌에서 제사나 헌공을 뜻하는 용어이며 제사나 헌공의 주인(제주, 祭主)을 yajamāna라 부르는데(D5 §15; A4:39; S3:9 {396} 등) 이것이 불교에도 받아들여져서 yajamāna는 보시자 혹은 보시의 주인을 뜻하기도 한다.(『상윳따 니까야』 제1권 「데와히따 경」(S7:13) {676} 등 참조)

한편 『이띠웃따까 주석서』는 본경을 주석하면서 이 yāca-yoga(요구에 부응함)를 '법의 가르침을 요구함(dhammadesanaṁ yācanti)에 응함'으로 설명하고 있다. 그래서 [ ] 안에 [법의 보시에 대한]을 넣어서 옮겼다. 『이띠

과의사요 외과의사이다.459) 이런 나에게 그대들은 나의 아들이요 적출(嫡出)이요 입에서 태어났고460) 법에서 태어났고 법이 만들었고

웃따까 주석서』를 살펴보자.

"여기서 '[법의 보시에 대한] 요구에 반드시 부응함(yāca-yoga)'은 요구들에 응함(yācehi yutto)이다. 요구한다고 해서 요구이니 요구하는 자들은 여기서는 인도되어야 할 자들(veneyyā)이라고 알아야 한다. 그들은 '세존이시여, 세존께서는 법을 설하소서. 선서께서는 법을 설하소서.'라고 세존께 다가가서 법의 가르침을 요구한다(dhammadesanaṁ yācanti). 그러면 세존께서는 그들에게 바라거나 귀찮아하시지 않고(icchāvighāta) 그들이 원하는 대로 법을 설하시면서 법의 보시를 베푸신다(dhammadānaṁ deti)고 해서 '[법의 보시에 대한] 요구에 반드시 부응함(yāca-yoga)'이다. 언제 어느 때고 그들을 거부하지 않으신다."(ItA.ii.141~142)

458) '손은 깨끗하고'는 payata-pāṇi를 옮긴 것이다. 『청정도론』은 이것을 "청정한 손을 가진 자(parisuddha-hattha)"(Vis.VII.112)로 설명한다. 그래서 깨끗한 손을 가진 자라는 의미에서 '손은 깨끗하고'로 풀어서 옮겼다. 이 말은 베풀기 전에 자신의 손을 물로 적시는(sadā dhotahattho yeva, Vis.VII.112) 인도 풍습에서 유래된 것이다. 그래서 힌두 전적에서도 관대한 사람이라는 표현에 '손이 늘 물에 젖은 사람'이라는 말이 쓰이는 것도 같은 이유에서이다.

459) "'위없는 내과의사요 외과의사이다(anuttaro bhisakko sallakatto).'라고 하셨다. 치료하기 어려운(duttikiccha) 윤회의 괴로움이라는 질병(vaṭṭa-dukkharoga)을 치료하기 때문에 뛰어난 '내과의사'이다. 다른 사람들이 끄집어내지 못하는(anuddharaṇīyā) 질병 등의 화살들(rāgādi-sallā)을 뽑아내고 잘라서 끄집어내기 때문에 화살을 뽑아내는 뛰어난 '외과의사(salla-kantana-vejja)'이다. 비방편적인 입장에서 보자면(nippariyāyato) [먼저] 바라문이 되는 법들(brāhmaṇa-karaṇā dhammā)을 자신에게서 확립하고(attani patiṭṭhitānaṁ) 이것을 다른 사람의 상속에도(parasantatiyaṁ) 확립하게 하여 그들로 하여금 바라문이 되게 하는 것(brāhmaṇa-karaṇa)을 말씀하신 것이다."(ItA.ii.143)

460) 한편 『맛지마 니까야』 제3권 「앗살라야나 경」(M93) §5 등에서 바라문들은 범천(brahma)의 '입에서 태어났다(mukhato jātā).'고 말한다. 그리고 「짱끼 경」(M95) §34에서는 사문들은 '조상의 발에서 태어난 자(bandhu-pādā-pacca)'라고 언급된다. 그런데 같은 표현이 『리그베다』에도 나타난다. 인도 최고(最古)요 최고(最高)의 권위인 『리그베다』의 「뿌루샤 숙따」(Pruṣa Sūkta, 原人에 대한 찬미가)는 이렇게 노래한다.

"바라문은 그(뿌루샤)의 입이고

법의 상속자이다. 재물의 상속자가 아니다."

2. "비구들이여, 두 가지 보시가 있다. 무엇이 둘인가?

재물의 보시와 [102] 법의 보시이다.

비구들이여, 이러한 두 가지 보시가 있다. 비구들이여, 이 두 가지 보시 가운데 법보시가 으뜸이다.

비구들이여, 두 가지 함께 나눔이 있다. 무엇이 둘인가?

재물을 함께 나눔과 법을 함께 나눔이다.

비구들이여, 이러한 두 가지 함께 나눔이 있다. 비구들이여, 이 두 가지 함께 나눔 가운데 법을 함께 나눔이 으뜸이다.

비구들이여, 두 가지 호의가 있다. 무엇이 둘인가?

재물로 호의를 보임과 법으로 호의를 보임이다.

비구들이여, 이러한 두 가지 호의가 있다. 비구들이여, 이 두 가지 호의 가운데 법으로 호의를 보임이 으뜸이다.461)

비구들이여, 이들 두 가지 제사가 있다. 무엇이 둘인가?

재물로 이루어진 제사와 법으로 이루어진 제사이다.462)

그의 팔로부터 끄샤뜨리야(무사)가 만들어졌고
그의 넓적다리로부터 와이샤(평민)가
발로부터 수드라(천민)가 태어났다."(Rv.x.90:12)

범천으로부터 태어난 곳의 높이는 신분의 높이와 함께 가는 듯하다. 그래서 다른 바라문들은 범천의 입(mukha)에서 태어났지만 다난자니 족성의 바라문들은 범천의 머리(matthaka)를 열고 출현하였다고 하면서 그들의 우월성을 주장했다고 한다.(SA.i.226)

461) 이 세 가지는 본서 셋의 모음 「보시 경」(It3:49)과 같다.

462) "여기서 '제사(yāga)'는 큰 제사들(mahāyaññā), 큰 보시들(mahādānāni)이라는 뜻이다. 헌공들(yiṭṭhāni)이라고도 한다. 여기서 웰라마 바라문의 보시(Velāma-dāna, A9:20)와 웻산따라 왕의 보시(Cp.78 {67} 이하)와 마하위지따 왕의 제사(D5 §10 이하)와 같은 것이 '재물로 이루어진 제사들(āmisayāgā)'이라고 알아야 한다. 「대회 경」(D20), 「행복 경」(Sn2:4),

비구들이여, 이러한 두 가지 제사가 있다. 비구들이여, 이 두 가지 제사 가운데 법으로 이루어진 제사가 으뜸이다."

이러한 뜻을 세존께서는 말씀하셨습니다.

3. 여기서 이것을 이렇게 말씀하셨습니다.

"법으로 이루어진 제사를 지내고
인색함이 없는 여래는 모든 존재들을 연민하고
신과 인간 가운데 최상이요
존재의 저 언덕[彼岸]에 도달했으니
그분 여여하신 분께 중생들은 예배하노라." {100}

이러한 뜻 또한 세존께서 말씀하셨으니 이처럼 저는 들었습니다.

쉽게 얻음 경(It4:2)463)

Sulabha-sutta

1. 이것은 참으로 세존께서 말씀하신 것이니 아라한께서 말씀하신 것을 이처럼 저는 들었습니다.

"비구들이여, 네 가지 값나가지 않고 쉽게 얻을 수 있고 허물이 없는 것이 있다. 무엇이 넷인가?

비구들이여, 의복 중에서는 분소의가 값나가지 않고 쉽게 얻을 수

「라훌라를 교계한 짧은 경」(M147), 평등한 마음 품(Samacitta-vagga, A2:4:1~10, DA.ii.549 참조)의 가르침 등이 '법으로 이루어진 제사들(dhammayāgā)'이다."(ItA.ii.146)

『디가 니까야 주석서』는 "'법으로 이루어진 제사(dhammayāga)'란 법을 보시하는[法施]하는 제사(dhammadānayañña)이다."(DA.iii.930)라고 설명하고 있다.

463) 게송을 포함한 본경은 『앙굿따라 니까야』 제2권 「지족 경」(A4:27)과 같다.

있고 허물이 없는 것이다. 비구들이여, 음식 중에서는 탁발로 얻은 한 덩이의 음식이 값나가지 않고 쉽게 얻을 수 있고 허물이 없는 것이다. 비구들이여, [103] 거처 중에서는 나무 아래의 거처가 값나가지 않고 쉽게 얻을 수 있고 허물이 없는 것이다. 비구들이여, 약 중에서는 썩은 오줌으로 만든 약이 값나가지 않고 쉽게 얻을 수 있고 허물이 없는 것이다.

비구들이여, 이러한 네 가지 값나가지 않고 쉽게 얻을 수 있고 허물이 없는 것이 있다. 비구들이여, 비구가 값나가지 않고 쉽게 얻을 수 있는 것으로 만족할 때 이것은 또 하나의 사문 생활(사문됨)의 구성요소라고 나는 말한다."464)

이러한 뜻을 세존께서는 말씀하셨습니다.

2. 여기서 이것을 이렇게 말씀하셨습니다.

"허물이 없고 값나가지 않고
쉽게 얻을 수 있는 것으로 만족하는 자
거처와 의복과 음식에 대해 마음이 편안하고465)

---

464) '이것은 또 하나의 사문 생활(사문됨)의 구성요소라고 나는 말한다.'는 imassāhaṁ aññataraṁ sāmaññaṅganti vadāmi를 옮긴 것이다. 주석서는 "여기에 만족할 때(santuṭṭhassa hi) 계목의 단속 등의 계를 잘 완성시키게 되고(suparipuṇṇa) 사마타와 위빳사나의 수행도 완성에 이르기(bhāvanāpāripūriṁ gacchanti) 때문이다."(ItA.ii.147)라고 설명을 하고 있다.

465) "'편안하고(vighāto)'라는 것은 파멸이 없는 것(vigata-ghāta)이고 마음의 괴로움(ceto-dukkha)이 없다는 뜻이다."(ItA.ii.148)

vighāta는 일반적으로 vi+√han(*to smite, to kill*)로 해석해서 곤혹스러움이나 성가심으로 옮겨지고 PED는 distress나 destruction으로 옮긴다. (본서 「열반의 요소 경」(It2:17) §2의 주해 참조) 그러나 여기서는 문맥상 그렇게 해석할 수가 없다. 주석서는 vighāta를 이처럼 vigata-ghāta로, 즉 파멸(ghāta)이 없는 것(vigata)으로 설명하고 있어서 '편안하고'로 옮겼다.

[가야 할] 방향에 구애받지 않노라.466) |1|
이렇게 [수행하는] 그의 법들은467)
사문 생활에 적합하다 일컬어지나니
값나가지 않는 것으로 만족하는 그 비구에게
이것은 참으로 뛰어난 것이로다."468) |2| {101}

이러한 뜻 또한 세존께서 말씀하셨으니 이처럼 저는 들었습니다.

---

466) "'[가야 할] 방향에 구애받지 않노라(disā nappaṭihaññati).'라고 하셨다. 만족하기 때문에(santuṭṭhiyā) 네 가지 방향으로(cātuddisabhāvena) 방향들이 그를 방해하지 않는다(disā nappaṭihanti)라는 뜻이다."(ItA.ii.148)

『앙굿따라 니까야 주석서』는 이렇게 설명한다.
"'[가야 할] 방향에 구애받지 않노라(disā nappaṭihaññati).'라고 하셨다. '어떤 특정 지역에 가면 의복 등을 얻을 것이다.'라는 생각이 일어나면 그가 가야 할 방향에 대해 구애받는 것이 된다(disā paṭihaññati nāma). 그러나 그에게는 그러한 생각이 없기 때문에 구애받지 않는다(nappaṭihaññati)는 뜻이다."(AA.iii.44)

467) '이렇게 [수행하는] 그의 법들은'은 ye cassa dhammā를 옮긴 것인데 주석서는 "여기서 '법들(dhammā)'은 도닦음의 법들(paṭipattidhammā)이다."(ItA.ii.148)라고 설명하고 있다.

468) '값나가지 않는 것으로 만족하는 그 비구에게 / 이것은 참으로 뛰어난 것이로다.'는 adhiggahitā tuṭṭhassa, appamattassa bhikkhuno를 주석서를 참조하여 옮긴 것이다. 주석서는 이렇게 설명한다.

"'뛰어난 것이로다(adhiggahitā).'라고 하셨다. 그 모든 것은(sabbe te) 만족한 마음을 가진 비구에 의해서 뛰어난 것이니(santuṭṭhacittena bhikkhu-nā adhiggahitā) 반대 되는 법들을 정복하여 얻은 것이며(paṭipakkha-dhamme abhibhavitvā gahitā honti) 내면의 것이지(abbhantaragatā) 밖으로 향한 것이 아니다(na bāhiragatā)."(ItA.ii.148)

이 문장은 「지족 경」(A4:27) §2에는 adhiggahitā tuṭṭhassa, appamatta-ssa sikkhato로 나타나고 그래서 거기서는 '값나가지 않은 것으로 지족하는 자 공부지음을 성취하리.'로 옮겼다.

번뇌의 멸진 경(It4:3)[469]

Āsavakkhaya-sutta

1. 이것은 참으로 세존께서 말씀하신 것이니 아라한께서 말씀하신 것을 이처럼 저는 들었습니다.

"비구들이여, 나는 알고 보는 자의[470] 번뇌들이 멸진한다고 말하

---

469) 게송을 제외한 본경은 『상윳따 니까야』 제6권 「번뇌의 멸진 경」(S56:25) §3과 같다.

470) '알고 보는 자의'는 'jānato passato'를 옮긴 것이다. 여기서 '알고 보는 자'로 옮긴 jānato passato는 각각 동사 jānāti(√jñā, *to know*)와 passati(√dṛś, *to see*)의 현재분사인 jānanta와 passanta의 소유격 단수이다. 이 jānati(알다)-passati(보다) 구문은 니까야에 아주 많이 등장하는 어법이다. 그리고 이 구문의 명사인 ñāṇa-dassana도 많이 등장하는데 이는 중국에서 知見(앎과 봄)으로 정착이 되었고 선종에서도 중시하는 것이다. 바라문교에서는 vedeti라는 동사와 veda라는 명사를 사용하여(예를 들면 『제의서』와 『우빠니샤드』 문헌에서 yo evaṁ vedaḥ라는 어법이 아주 많이 나타난다.) 그들이 터득한 이치나 지혜나 경지를 표현하지만 사문 전통에서는 이 jānāti-passati 구문을 사용하여 그들의 경지를 표현하였다. 이 구문은 자이나교 경들에서도 많이 나타나며 아지와까[邪命外道]들도 이 구문을 사용한 것으로 자이나교의 경에 언급되고 있다. 이런 용어가 불교에 받아들여져서 직접 알고 직접 본 것을 표현하는 술어로 정착이 된 것이다. 여기에 대해서는 『청정도론』 해제 §16의 (3)을 참조하기 바란다.
먼저 본서에 해당하는 『이띠웃따까 주석서』의 설명부터 살펴보자.

"여기서 '아는 자(jānato)'와 '보는 자(passato)'라는 이 두 단어는 같은 뜻이고(ekatthāni) 문자만 다를 뿐이다(byañjanameva nānaṁ). 이와 같지만 '아는 자(jānato)'란 지혜의 특징(ñāṇa-lakkhaṇa)과 관련하여(upādāya) 사람을 나타낸 것이다(puggalaṁ niddisati). 지혜는 아는 특징(jānana-lakkhaṇa)을 가지기 때문이다. '보는 자(passato)'란 지혜의 힘(ñāṇa-ppa-bhāva)과 관련하여 [사람을 나타낸 것이다.] 보는 힘(dassana-ppabhāva)을 통해 마치 눈을 가진 사람이 눈으로 형색을 보는 것처럼 지혜를 가진(ñāṇa-samaṅgī) 사람이 지혜(ñāṇa)로 드러난 법들(vivaṭā dhammā)을 보는 것과 같다.

혹은 '아는 자'는 깨달음의 지혜(anubodhañāṇa)로 아는 자이다. '보는 자'는 통찰하는 지혜(paṭivedhañāṇa)로 보는 자이다. 혹은 역순으로 [말하

지, 알지 못하고 보지 못하는 자의 [번뇌들이 멸진한다고 말하지 않는다].

비구들이여, 그러면 무엇을 알고 무엇을 보는 자의 번뇌가 멸진하는가?

비구들이여, '이것이 괴로움이다.'라고 알고 보는 자의 번뇌가 멸진한다. [104] '이것이 괴로움의 일어남이다.'라고 알고 보는 자의 번뇌가 멸진한다. '이것이 괴로움의 소멸이다.'라고 알고 보는 자의 번뇌가 멸진한다. '이것이 괴로움의 소멸로 인도하는 도닦음이다.'라고 알고 보는 자의 번뇌가 멸진한다.471)

비구들이여, 이와 같이 알고 이와 같이 보는 자의 번뇌들이 멸진한다."

이러한 뜻을 세존께서는 말씀하셨습니다.

면](paṭilomato) 견도(見道, dassanamagga)로 '보는 자'이고 수도(修道, bhāvanāmagga)로 '아는 자'이다. 그런데 어떤 자들은 ① 안 것의 [통달지]와 ② 조사의 [통달지]와 ③ 버림의 통달지(ñāta-tīraṇa-pahāna-pariññā, Vis.XX.3 참조)로 '아는 자'이고 정점에 이른 위빳사나(sikhāppattā-vipassanā, Vis.XXI.83 참조)로 '보는 자'라고 말한다.

혹은 [세 가지] 통달지로 관통함(pariññā-abhisamaya)을 통해서 괴로움[苦, dukkha]을 '아는 자'이고 [열반의] 실현을 관통함(sacchikiriya-abhi-samaya)을 통해서 소멸[滅, nirodha]을 '보는 자'이다. 이 둘이 있을 때 [원인[集]을] 버림과 [도(道)의] 수행을 관통함(pahāna-bhāvanā-abhi-samayā)도 성취된다(siddhā)고 이와 같이 네 가지 진리[四諦]의 관통(catusacca-abhisamaya)을 말씀하신 것이다.

그리고 여기서 위빳사나의 지혜(vipassanāñāṇa)를 뜻할 때(adhippeta)에는 '아는 자와 보는 자'라는 단어는 그 원인의 뜻을 밝히는 것(hetuattha-dīpanatā)이라고 보아야 한다. 그러나 도의 지혜(maggañāṇa)를 뜻할 때에는 도의 역할의 뜻을 밝히는 것(maggakiccatthadīpanatā)이라고 보아야 한다."(ItA.ii.149)

471) 이처럼 사성제를 꿰뚫어 아는 것은 누진통(漏盡通, 번뇌를 소멸하는 지혜)의 내용이다. 본서 「신들의 소리 경」(It3:33) §3의 주해에서 밝히고 있는 긴 누진통의 정형구와 짧은 누진통의 정형구를 참조할 것.

2. 여기서 이것을 이렇게 말씀하셨습니다.

"올곧은 도를 따라
공부짓는 유학에게는
부숨의 지혜가 첫 번째로 생기며
구경의 [지혜]가 바로 다음에 일어난다.[472) |1|

이 구경의 지혜로 해탈한 자에게는
'족쇄들이 멸진하였다.'라는
저 가장 높은 해탈의 지혜인
멸진에 대한 지혜가 일어난다. |2|

모든 매듭 풀어버린 열반
이것은 증득해야 하는 것
게으른 자와 어리석은 자에겐
결코 알아지지 않노라." |3| {102}

이러한 뜻 또한 세존께서 말씀하셨으니 이처럼 저는 들었습니다.

사문 · 바라문 경(It4:4)[473)

Samaṇabrāhmaṇa-sutta

---

472) "네 번째 도(아라한도)의 지혜 바로 다음에 구경의 지혜(aññā)가 생긴다. 즉 아라한과가 생긴다는 뜻이다."(AA.ii.348)
본경의 이 첫 번째 게송은 본서 「기능 경」(It3:13) §2와 『앙굿따라 니까야』 제1권 「유학(有學) 경」(A3:84) §2의 첫 번째 게송과 같다.

473) 게송을 포함한 본경은 『상윳따 니까야』 제6권 「꼬띠가마 경」 2(S56:22)와 같다. 게송은 『숫따니빠따』(Sn.140~141) {724~727}로도 나타나고 있다.

1. 이것은 참으로 세존께서 말씀하신 것이니 아라한께서 말씀하신 것을 이처럼 저는 들었습니다.

"비구들이여, 어떤 사문이든 바라문474)이든 [105] '이것이 괴로움이다.'라고 있는 그대로 꿰뚫어 알지 못하고, '이것이 괴로움의 일어남이다.'라고 있는 그대로 꿰뚫어 알지 못하고, '이것이 괴로움의 소멸이다.'라고 있는 그대로 꿰뚫어 알지 못하고, '이것이 괴로움의 소멸로 인도하는 도닦음이다.'라고 있는 그대로 꿰뚫어 알지 못하는 자들은 그 누구든지 비구들이여, 그들은 참으로 나에게475) 사문도 아니고 바라문도 아니며 사문들 가운데서 사문이라고 인정되지 않고 바라문들 가운데서 바라문이라고 인정되지 않는다. 그리고 이 존자들은 사문 생활의 목적이나 바라문 생활의 목적을 지금・여기에서 스스로 최상의 지혜로 알고 실현하고 구족하여 머물지 못한다."

---

474) '사문(samaṇa)'과 '바라문(brāhmaṇa)'에 대해서는 『맛지마 니까야』 제1권 「두려움과 공포 경」 (M4) §4의 주해를 참조할 것.

475) "'비구들이여, 그들은 참으로 나에게(na me te, bhikkhave)'라는 등을 말씀하셨다. 이것이 간략한 뜻이다. — 비구들이여, 네 가지 진리의 명상주제에 몰두하지 않고(catusaccakammaṭṭhānaṁ ananuyuttā) 출가만으로 사문인 자들(pabbajjāmattasamaṇā)이나 태생만으로 바라문인 자들(jātimattabrāhmaṇā)을 나는 악을 가라앉힌 사문들 가운데 사문이라고(samitapāpasamaṇesu samaṇoti), 악을 몰아낸 바라문들 가운데 바라문이라고(bāhitapāpabrāhmaṇesu brāhmaṇoti ca) 인정하지 않고 동의하지 않는다(na sammatā anuññātā). 왜 그런가? 그들에게는 사문으로 만들고(samaṇakaraṇāna) 바라문으로 만드는 법들이 없기 때문이다(abhāvato). 그래서 말하기를 '그리고 이 존자들은 …'이라는 등을 말씀하셨다.
여기서 '사문 생활의 목적(sāmaññattha)'은 사문됨이라 불리는 목적(sāmañña-saṅkhāta attha)이니 네 가지 사문 생활의 결실(cattāri sāmaññaphalāni)이라는 뜻이다. '바라문 생활의 목적(brahmaññattha)'은 이것과 동의어(vevacana)이다. 어떤 자들은 '사문 생활의 목적'은 네 가지 성스러운 도(cattāro ariyamaggā)이고 '바라문 생활의 목적'은 네 가지 성스러운 과(cattāri ariyaphalāni)라고 말한다."(ItA.ii.152)

2. "비구들이여, 그러나 어떤 사문이든 바라문이든 '이것이 괴로움이다.'라고 있는 그대로 꿰뚫어 알고, '이것이 괴로움의 일어남이다.'라고 있는 그대로 꿰뚫어 알고, '이것이 괴로움의 소멸이다.'라고 있는 그대로 꿰뚫어 알고, '이것이 괴로움의 소멸로 인도하는 도닦음이다.'라고 있는 그대로 꿰뚫어 아는 자들은 그 누구든지 비구들이여, 그들은 참으로 나에게 사문이고 바라문이며 사문들 가운데서 사문이라고 인정되고 바라문들 가운데서 바라문이라고 인정된다. 그리고 이 존자들은 사문 생활의 목적이나 바라문 생활의 목적을 지금 · 여기에서 스스로 최상의 지혜로 알고 실현하고 구족하여 머문다."

이러한 뜻을 세존께서는 말씀하셨습니다.

3. 여기서 이것을 이렇게 말씀하셨습니다.

"괴로움을 [106] 꿰뚫어 알지 못하고
괴로움의 근원을 꿰뚫어 알지 못하며
어디서 괴로움이 남김없이
모두 소멸하는지도 꿰뚫어 알지 못하고
괴로움의 멸진으로 인도하는
도(道)도 꿰뚫어 알지 못하는 자들이 있나니 |1|

그들에겐 마음을 통한 해탈이 없고
통찰지를 통한 해탈도 그러하도다.
그들은 오직 태어남과 늙음으로 치달릴 뿐
[윤회의 괴로움을] 끝냄은 불가능하도다.476) |2|

---

476) '[윤회의 괴로움을] 끝냄은 불가능하도다.'는 abhabbā te antakiriyāya를 옮긴 것이다. 본경에 해당하는 주석서에는 설명이 나타나지 않는다. 『숫따니

괴로움을 꿰뚫어 알고
괴로움의 근원을 꿰뚫어 알며
어디서 괴로움이 남김없이
모두 소멸하는지도 꿰뚫어 알고
괴로움의 멸진으로 인도하는
도(道)도 꿰뚫어 아는 자들이 있나니 |3|

그들은 마음을 통한 해탈을 구족하고
통찰지를 통한 해탈도 그러하도다.
그들은 [윤회의 괴로움을] 끝장낼 수 있어서
태어남과 늙음으로 치달리지 않도다." |4| {103}

이러한 뜻 또한 세존께서 말씀하셨으니 이처럼 저는 들었습니다.

계의 구족 경(It4:5)

Sīlasampanna-sutta

1. 이것은 참으로 세존께서 말씀하신 것이니 아라한께서 말씀하신 것을 이처럼 저는 들었습니다.

"비구들이여, 계를 구족하고 삼매를 구족하고 [107] 통찰지를 구족하고 해탈을 구족하고 해탈지견을 구족하여477) 훈도하고 알게 하고

빠따 주석서』는 이 '끝냄(antakiriya)'을 "윤회의 괴로움을 끝냄(vaṭṭadukkh-assa antakaraṇa)"(SnA.ii.505)으로 설명하고 있고 『상윳따 니까야 주석서』도 "'괴로움의': 윤회의 괴로움의(vaṭṭadukkhassa). '끝냄(antakiriya)': 완전히 끝을 만듦(pariyantakaraṇa)."(SA.i.117)이라고 설명하고 있어서 이렇게 옮겼다.

477) "'계를 구족하고(sīla-sampannā)'란 번뇌 다한 자의 세간적인 [계]나 출세간적인 계(lokiya-lokuttara-sīla)를 구족한 자라는 뜻이다.

보게 하고 격려하고 분발하게 하고 기쁘게 하고 바른 법을 잘 설할 수 있는 그런 비구들을 본다는 것은 많은 도움이 된다고 나는 말한다. 비구들이여, 그러한 비구들의 말을 듣는 것은 많은 도움이 된다고 나는 말한다. 비구들이여, 그러한 비구들을 가까이하는 것은 많은 도움이 된다고 나는 말한다. 비구들이여, 그러한 비구들을 섬기는 것은 많은 도움이 된다고 나는 말한다. 비구들이여, 그러한 비구들을 계속해서 생각하는 것은 많은 도움이 된다고 나는 말한다. 비구들이여, 그러한 비구들을 따라서 출가하는 것은 많은 도움이 된다고 나는 말한다."

2. "그것은 무슨 이유 때문인가? 그러한 비구들을 받들고 가까이하고 섬기면 완성되지 못한 계의 무더기도 수행을 통해 완성된다. 완성되지 못한 삼매의 무더기도 수행을 통해 완성된다. 완성되지 못한 [108] 통찰지의 무더기도 수행을 통해 완성된다. 완성되지 못한 해탈의 무더기도 수행을 통해 완성된다. 완성되지 못한 해탈지견의 무더기도 수행을 통해 완성된다.

이러한 비구들은 스승이라고도 불리고 대상(隊商)의 우두머리라고도 불리고 다툼을 버린 자들478)이라고도 불리고 어둠을 몰아낸 자라

'삼매(samādhi)'와 '통찰지(paññā)'의 경우도 같다. 그러나 '해탈(vimutti)'은 과의 해탈(phala-vimutti)이다. '해탈지견(vimutti-ñāṇa-dassana)'은 반조의 지혜(paccavekkhaṇa-ñāṇa)이다. 그러므로 계와 삼매와 통찰지는 세간적인 것이거나 출세간적인 것이고, 해탈은 출세간적인 것이고, 해탈지견은 세간적인 것이다."(ItA.ii.152)

478) "갈망 등의 다툼들(rāgādiraṇā)을 버리고 버리게 하기 때문에(jahanato jahāpanato ca) '다툼을 버린 자들(raṇañjahā)'이라고 한다."(ItA.ii.155)

『상윳따 니까야 주석서』는 이렇게 설명한다.
"'다툼을 버린 자들(raṇañ-jahā)'은 오염원들을 버린 자들(kilesañ-jahā)을 말한다. 禪의 경지들을 얻어 방일하지 않는 자들은 오염원들을 버린다.

고도 불리고 광명을 만드는 자라고도 불리고 빛을 만드는 자라고도 불리고 등불을 만드는 자라고도 불리고 횃불을 든 자라고도 불리고 빛을 발하는 자라고도 불리고 성자라고도 불리고 눈을 가진 자라고도 불린다."

이러한 뜻을 세존께서는 말씀하셨습니다.

3. 여기서 이것을 이렇게 말씀하셨습니다.

"잘 알고 수행을 얻었고[479]
법답게 사는 성자들을 [보는 것은][480]
기쁨을 만들어내는 원인이 된다.[481] |1|

그들은 그물을 자른 물고기들처럼 열반으로 갈 것이라고 말씀하시는 것이다."(SA.i.105)

범어 문헌 일반에서 raṇa는 전쟁이나 다툼[爭]을 뜻한다. 빠알리 문헌에서는 먼지(raja)나 오염원(kilesa)으로 설명한다.(MA.v.32) 한편 『금강경』의 수부띠(수보리) 존자는 초기불전에서도 다툼 없이 머무는 자(araṇa-vihāri) 가운데서 으뜸이라고 기록되고 있다.(A1:14:2-4와 주해를 참조할 것)

479) "'잘 알고(vijānataṁ)'라는 것은 오염과 깨끗함(saṁkilesa-vodāna)을 있는 그대로(yaathāvato) 안다는 뜻이다. '수행을 얻어(bhāvitattānaṁ)'라는 것은 그들의 성품이 잘 닦아졌다(bhāvita-sabhāva)는 뜻이다. 몸을 통한 수행 등(kāyabhāvanādi)으로 수행의 흐름에 들었다(bhāvitasantānā)는 말씀이다."(ItA.ii.155)

480) '법답게 사는 성자들을 [보는 것은]'은 ariyānaṁ dhammajiivinaṁ(법답게 사는 성자들의)를 주석서를 참조해서 옮긴 것이다. 주석서에서 이것을 "dhammajiivinaṁ ariyānaṁ dassanaṁ(법답게 사는 성자들을 보는 것은)"(ItA.ii.155)으로 dassanaṁ(보는 것)을 넣어서 해석하고 있으며 이것은 "pāmojjakaraṇaṁ ṭhānaṁ(기쁨을 만들어내는 원인)"(Ibid)이라고 풀이하고 있어서 이렇게 옮겼다.

481) "'기쁨을 만들어내는 원인(pāmojjakaraṇaṁ ṭhānaṁ)'이라는 것은 세속을 여읜(nirāmisa) 기쁨이 생기는 곳(pamodassa nibbattaka), 즉 이유(kāraṇa)라는 뜻이다."(ItA.ii.155)

그들은 바른 법을 밝게 하고[482] 빛나게 하는
빛을 발하는 자들이다.
광명을 만드는 자들이요 현자들이요
눈을 가졌고 다툼을 버렸다. |2|

그들의 교법을 듣고서
바른 구경의 지혜를 갖춘 현명한 자들은
태어남의 멸진을 [109] 최상의 지혜로 알고
다시 태어남[再有]으로 오지 않는다." |3| {104}

이러한 뜻 또한 세존께서 말씀하셨으니 이처럼 저는 들었습니다.

갈애의 일어남 경(It4:6)[483]

Taṇhuppāda-sutta

1. 이것은 참으로 세존께서 말씀하신 것이니 아라한께서 말씀하신 것을 이처럼 저는 들었습니다.

"비구들이여, 비구에게 갈애가 일어날 때 네 가지 갈애가 일어난다. 무엇이 넷인가?

비구들이여, 의복을 원인으로 하여 비구에게 갈애가 일어난다. 탁발음식을 원인으로 하여 비구에게 갈애가 일어난다. 거처를 원인으로 하여 비구에게 갈애가 일어난다. 이런저런 것을 원인으로 하여[484] 비구에게 갈애가 일어난다.

---

482) 여기서 '그들(te)'은 수행을 얻은, 법답게 사는 성자들(ariyā)이다. '밝게 하고(jotayanti)'라는 것은 밝게 비춘다(pakāsayanti)는 뜻이다."(ItA.ii.156)

483) 게송을 포함한 본경은 『앙굿따라 니까야』 제2권 「갈애 경」(A4:9)과 같다.

484) "'이런저런 것을 원인으로 하여(itibhavābhavahetu)'라고 하셨다. 여기서

비구들이여, 비구에게 갈애가 일어날 때 이러한 네 가지 갈애가 일어난다."

이러한 뜻을 세존께서는 말씀하셨습니다.

2. 여기서 이것을 이렇게 말씀하셨습니다.

"갈애와 짝하는 사람은
오랜 세월 윤회하여
이 존재와 또 다른 존재가 [연속하여 전개되는]
윤회를 넘어서지 못한다. |1|

비구는 그 위험을 알고485)
갈애가 괴로움의 원인임을 알아
갈애를 건너 거머쥐지 않으며
마음챙겨 유행하노라." |2|486) {105}

이러한 뜻 또한 세존께서 말씀하셨으니 이처럼 저는 들었습니다.

'이런(iti)'은 보기를 드는 것을 뜻하는(nidassanattha) 분사(nipāta)이다. 마치 의복 등이 원인인 것처럼(yathā cīvarādihetu) 이런저런 것을 원인으로 하여(bhavābhavahetupīti)라는 뜻이다. 여기서 '이런저런 것(bhavā-bhava)'이란 상등품의 정제된 버터기름(paṇītappaṇītāni)과 정제된 생 버터 등(sappinavanītādīni)을 말한다. 이것으로 건강해질 것이다라고 생각하기 때문이다. 성취한 것들(sampatti-bhavā) 가운데서 뛰어나거나 더 뛰어난(paṇītappaṇītataro) 이런저런 것(bhava-abhavo)을 뜻하기도 한다."(ItA.ii.156)

485) "과거 · 미래 · 현재의 무더기(온)들에 대해서 이 존재와 또 다른 존재로 인식되는 '그 위험을 알고서(etamādīnavaṁ ñatvā)'라는 뜻이다."(ItA.ii.157)

486) 이 |1|번과 |2|번 게송은 본서 「갈애의 족쇄 경」(It1:15) §2의 게송과 같다. 그곳의 주해들을 참조하기 바란다.

범천과 함께 경(It4:7)[487]

Sabrahmaka-sutta

1. 이것은 참으로 세존께서 말씀하신 것이니 아라한께서 말씀하신 것을 이처럼 저는 들었습니다.

"비구들이여, 아들들이 집에서 부모를 공경하는 그런 가문들은 범천과 함께하는 가문이다. 아들들이 [110] 집에서 부모를 공경하는 그런 가문들은 고대의 신과 함께 사는 가문이다. 아들들이 집에서 부모를 공경하는 그런 가문들은 최초의 스승과 함께 사는 가문이다. 아들들이 집에서 부모를 공경하는 그런 가문들은 공양받아 마땅한 분과 함께 사는 가문이다."

2. "비구들이여, 여기서 범천이라는 것은 부모를 두고 한 말이다. 비구들이여, 여기서 고대의 신이라는 것은 부모를 두고 한 말이다. 비구들이여, 여기서 최초의 스승이라는 것은 부모를 두고 한 말이다. 비구들이여, 여기서 공양받아 마땅하다는 것은 부모를 두고 한 말이다. 그것은 무슨 까닭인가? 비구들이여, 부모는 참으로 아들들에게 많은 도움이 되나니, 아들들을 키워주고 먹여주고 이 세상을 가르쳐주기 때문이다."

이러한 뜻을 세존께서는 말씀하셨습니다.

3. 여기서 이것을 이렇게 말씀하셨습니다.

"부모는 범천이요 최초의 스승이라 불린다.

---

487) 게송을 포함한 본경은 『앙굿따라 니까야』 제2권 「범천 경」(A4:63)과 같다. 그리고 본경에 나타나는 게송은 『앙굿따라 니까야』 제1권 「범천과 함께 경」(A3:31) §2의 게송과도 같다.

그들은 아들들의 공양을 받아 마땅한 분들이니
그 [아들들]에게 연민을 가지기 때문이다. |1|

그러므로 현자들은 음식, [111] 마실 것,
의복, 침상을 구비하고
문질러드리고 목욕시켜드리고 발 씻어드려
그분들께 예배하고 존경해야 하리. |2|

이렇게 부모를 잘 봉양하는 사람들은
이생에서 현자들의 찬탄을 받고
다음 생에는 천상에서 기쁨을 누리리." |3| {106}

이러한 뜻 또한 세존께서 말씀하셨으니 이처럼 저는 들었습니다.

많은 도움이 됨 경(It4:8)

Bahukāra-sutta

1. 이것은 참으로 세존께서 말씀하신 것이니 아라한께서 말씀하신 것을 이처럼 저는 들었습니다.

"비구들이여, 바라문들과 장자들488)은 의복과 음식과 거처와 병구완을 위한 약품으로 그대들을 뒷받침하면서 그대들에게 많은 도움이 된다. 비구들이여, 그대들도 시작도 훌륭하고 중간도 훌륭하고 끝도 훌륭하며 의미와 표현을 구족했고 더할 나위 없이 완벽하고 지극히 청정한 법을 설하고, 청정범행(梵行)을 드러내어 바라문들과 장자

---

488) '바라문들과 장자들'은 brāhmaṇagahapatikā라는 합성어를 옮긴 것이다. 이것은 바라문인 장자들로도 옮길 수 있겠지만 주석서에서 바라문들과 장자들(brāhmaṇā ceva gahapatikā ca)로 병렬복합어로 옮기고 있어서(ItA.ii.162) 이렇게 옮겼다.

들에게 많은 도움이 된다. 비구들이여, 이와 같이 서로서로를 의지하여 폭류를 건너고489) 바르게 괴로움을 끝내기 위해서 이 청정범행을 닦는다."

이러한 뜻을 세존께서는 말씀하셨습니다.

2. 여기서 이것을 이렇게 말씀하셨습니다.

"재가자와 출가자 둘은 서로서로를 의지하여
정법을 완성하고 위없는 유가안은을 [완성한다.] |1|

출가자들은 [112] 위험을 제거하기 위해서 재가자들로부터
의복이나 거처와 같은 필수품을 수용한다. |2|

---

489) '폭류를 건너고'는 oghassa nittharaṇatthāya(폭류를 건너기 위해서)를 문맥에 맞추어 옮긴 것이다. 주석서는 "감각적 쾌락 등의 네 가지 폭류(catubbidha ogha)를 건너기 위해서"(ItA.ii.162)라고 설명하고 있다.

네 가지 폭류는 감각적 쾌락의 폭류, 존재의 폭류, 사견의 폭류, 무명의 폭류이다.(kāmogha, bhavogha, diṭṭhogha, avijjogha — D33 §1.11 (31); S35:238 §16 등) 폭류로 옮긴 ogha는 √vah(*to carry*)에서 파생된 남성명사로 간주한다. 실어가 버리는 것이란 의미에서 홍수나 거센 물결을 뜻하는 용어로 베다에서부터 나타나는 말이다. 주석서는 다음과 같이 설명한다.

"윤회(vaṭṭa)에 끌려든다, 가라앉게 한다(ohananti osīdāpenti)고 해서 폭류라 한다.(=DhsA.49) 여기서 다섯 가닥의 감각적 욕망으로 된 것이 '감각적 욕망의 폭류(kām-ogha)'이다. 색계와 무색계의 존재에 대한 욕탐이 '존재의 폭류(bhav-ogha)'이니 禪을 갈구하는 것(jhāna-nikanti)이다. 영원하다는 견해[常見, sassata-diṭṭhi]와 함께하는 욕망과 62가지 견해가 '사견의 폭류(diṭṭh-ogha)'이다. 사성제를 알지 못하는 것이 '무명의 폭류(avijj-ogha)'이다."(SA.iii.137; DA.iii.1023)

즉 이들 네 가지는 중생들을 윤회의 바다로 휩쓸어 가버리고 쉽게 건널 수 없기 때문에 폭류라고 부른다는 설명이다. 그리고 이 넷은 번뇌(āsava)라 부르기도 하고 속박(yoga)이라 부르기도 한다. 『아비담마 길라잡이』 7장 §§3~4의 해설도 참조할 것.

집에 머무는 재가자는
[길을] 잘 가신 분[490]을 의지하여
성스러운 통찰지를 지니고 참선을 하는
아라한들에게 믿음을 가진다. |3|

여기 [이 세상]에서 법을 실천하고
선처로 인도하는 도를 닦아서
감각적 쾌락을 누리는 자들은
천상세계에서 기뻐하며 즐거워한다." |4| {107}

이러한 뜻 또한 세존께서 말씀하셨으니 이처럼 저는 들었습니다.

속임 경(It4:9)[491]

Kuha-sutta

1. 이것은 참으로 세존께서 말씀하신 것이니 아라한께서 말씀하신 것을 이처럼 저는 들었습니다.

"비구들이여, 속이고 완고하고 수다스럽고 교활하고 거들먹거리고 집중되지 못한 비구들은 나의 제자들[492]이 아니다. 비구들이여,

---

490) "'[길을] 잘 가신 분(sugata)'은 바르게 도를 닦는(sammā paṭipannaṁ) 선한 범부(kalyāṇaputhujjana)와 함께 여덟 종류의 성자(aṭṭhavidha ariya-puggala)이다. [부처님의] 제자들을 여기서 길을 잘 가신 분(sugata)이라 했다."(ItA.ii.163)

sugata는 일반적으로 '선서(善逝)'로 옮기고, 이것은 부처님의 열 가지 명호[如來十號] 가운데 하나이다. 이 경우에 초기불전연구원에서는 '잘 가신 분[善逝]'으로 옮긴다. 선서는 『청정도론』 VII.33에 설명되어 있다. 그러나 여기서 sugata는 부처님의 제자들을 일컫는 말로 쓰였다. 그래서 부처님과 구분하기 위해서 '길을 잘 가신 분'이라고 다르게 옮겨보았다.

491) 게송을 포함한 본경은 같은 이름을 가지고 있는 『앙굿따라 니까야』 제2권 「속임 경」(A4:26)과 같다.

그러한 비구들은 이 법과 율에서 [113] 멀어져버렸다. 그들은 이 법과 율에서 향상하지 못하고 증장하지 못하고 충만하게 되지 못한다.

비구들이여, 속이지 않고 수다스럽지 않고 현명하고 완고하지 않고 잘 삼매에 든[493] 비구들은 참으로 나의 제자들이다. 비구들이여, 그러한 비구들은 이 법과 율에서 멀어지지 않았다. 그들은 이 법과 율에서 향상하고 증장하고 충만하게 된다."

이러한 뜻을 세존께서는 말씀하셨습니다.

2. 여기서 이것을 이렇게 말씀하셨습니다.

"속이고 완고하고 수다스럽고 교활하고
거들먹거리고 고요하지 못한 자들은
정등각자가 설한 법에서 향상하지 못하노라. |1|

속이지 않고 수다스럽지 않고 현명하고
완고하지 않고 아주 고요한 자들은
참으로 정등각자가 설한 법에서 향상하노라." |2| {108}

이러한 뜻 또한 세존께서 말씀하셨으니 이처럼 저는 들었습니다.

---

492) '나의 제자들'로 옮긴 원어는 me māmakā인데 주석서는 "나에게 속하는 자들(mama santakā)"(AA.iii.43)로 설명하고 있어서 이렇게 의역을 하였다.

493) 바로 앞의 '속이고 완고하고 수다스럽고 교활하고 거들먹거리고 집중되지 못한'은 kuhā thaddhā lapā siṅgī unnaḷā asamaahitā의 6개 단어를 옮긴 것이고 여기 '속이지 않고 수다스럽지 않고 현명하고 완고하지 않고 잘 삼매에 든'은 nikkuhā nillapā dhīrā atthaddhā susamāhitā의 5개 단어를 옮긴 것이다.

강의 흐름 경(It4:10)

Nadīsota-sutta

1. 이것은 참으로 세존께서 말씀하신 것이니 아라한께서 말씀하신 것을 이처럼 저는 들었습니다.

"비구들이여, 예를 들면 어떤 사람이 사랑스럽고 기분 좋은 모습으로 강의 흐름에 [114] 떠내려가는 것과 같다. 눈을 가진 사람이 강둑에 서서 그런 그를 보고 이렇게 말할 것이다.

'여보시오, 이 사람이여. 지금 그대는 사랑스럽고 기분 좋은 모습으로 강의 흐름에 떠내려가고 있소. 그런데 이 아래에 호수가 있는데 파도가 세고 소용돌이가 치고 귀신과 락카사가 있소.494) 여보시오, 이 사람이여. 이제 그대가 호수에 도달하면 그대는 거기서 죽거나 죽음에 이르게 하는 괴로움을 겪을 것이오.'

비구들이여, 그러면 그 사람은 이 사람의 말을 듣고 손과 발로 흐름을 건너려고 애를 쓸 것이다."

2. "비구들이여, 이 비유는 뜻을 전달하기 위해서 내가 만든 것이다. 이것이 여기서 그 뜻이다.

비구들이여, 강의 흐름이란 것은 갈애를 두고 한 말이다.

비구들이여, 사랑스럽고 기분 좋은 모습이란 것은 여섯 가지 안의 감각장소를 두고 한 말이다.

비구들이여, 아래에 있는 호수란 것은 다섯 가지 낮은 단계의 족쇄

---

494) '파도가 세고 소용돌이가 치고 귀신과 락카사가 있소.'는 saūmi sāvaṭṭo sagaho sarakkhaso를 풀어서 옮긴 것이다. 본서 「갈망 경」 2(It3:20) §1에는 '파도와 물결과 소용돌이와 상어와 락카사가 있는 바다(samuddaṁ saūmiṁ savīciṁ sāvaṭṭaṁ sagahaṁ sarakkhasaṁ)'라는 구절이 나타나고 있다.

[下分結]495)를 두고 한 말이다.

---

495) '다섯 가지 낮은 단계의 족쇄[下分結]'는 pañca orambhāgiyāni saṁyojanāni를 옮긴 것이다. 초기불교에서는 깨달음을 실현한 예류자, 일래자, 불환자, 아라한의 성자(ariya)들을 10가지 족쇄(saṁyojana)를 얼마나 많이 풀었는가와 연결 지어서 설명한다. 이 10가지 족쇄 가운데 ①부터 ⑤까지의 족쇄를 다섯 가지 낮은 단계의 족쇄[五下分結]라 부르고, 나머지 ⑥부터 ⑩까지를 다섯 가지 높은 단계의 족쇄[五上分結, uddhambhāgiyāni saṁyojanāni]라 부른다.(『청정도론』 XXII.48 참조) 먼저 열 가지 족쇄를 간략히 살펴보면 다음과 같다.

① 유신견(有身見, sakkāya-diṭṭhi): [불변하는] 존재 더미가 있다는 견해, 즉 자아가 있다는 견해를 말한다. 중생을 중생이게끔 기만하고 오도하는 가장 근본적인 삿된 견해로, 고정 불변하는 자아 혹은 실체가 있다고 국집하는 견해이다. 경에서는 오온의 각각에 대해 네 가지로 자아 등이 있다고 여기는 것이라고 설명한다. 즉 (1)-(5) 오온을 자아라고 관찰[隨觀]하는 것 (6)-(10) 오온을 가진 것이 자아라고 [관찰하는 것] (11)-(15) 오온이 자아 안에 있다고 [관찰하는 것] (16)-(20) 오온 안에 자아가 있다고 [관찰하는 것] 스무 가지를 말한다.(『맛지마 니까야』 제2권 「교리문답의 짧은 경」(M44) §7과 제3권 「보름밤의 긴 경」(M109) §10과 『상윳따 니까야』 제3권 「나꿀라삐따 경」(S22:1) §§10~14 및 주해와 『아비담마 길라잡이』 7장 §7의 해설 참조)
② 계행과 의례의식[誓戒, 서계]에 대한 집착(戒禁取, 계금취, sīla-bbata-parāmāsa): 형식적 계행과 의례의식을 지킴으로써 해탈할 수 있다고 집착하는 것.(「바른 견해 경」(M9) §34의 주해와 「분석 경」(S12:2) §7의 주해와 『아비담마 길라잡이』 7장 §6의 해설 참조)
③ 의심[疑, vicikicchā]: 불·법·승, 계율, 연기법 등을 회의하여 의심하는 것.(「모든 번뇌 경」(M2) §11의 주해와 「방법 경」(S46:52) §7의 주해와 『아비담마 길라잡이』 2장 §4의 해설 참조)
④ 감각적 쾌락(kāma-rāga): 감각적 쾌락에 대한 탐욕.(「앗사뿌라 긴 경」(M39) §14의 주해 참조)
⑤ 악의(byāpāda): 반감, 증오, 분개, 적대감 등을 뜻하며 성내는 마음[嗔心]과 동의어이다.(「앗사뿌라 긴 경」(M39) §14의 주해와 『아비담마 길라잡이』 7장 §6의 해설 참조)
⑥ 색계에 대한 탐욕(rūpa-rāga): 색계禪(초선부터 제4선까지)으로 실현되는 경지인 색계 존재(rūpa-bhava)에 대한 욕망.
⑦ 무색계에 대한 탐욕(arūpa-rāga): 무색계禪(공무변처부터 비상비비상처까지)으로 실현되는 경지인 무색계 존재(arūpa-bhava)에 대한 욕망.
⑧ 자만[慢, māna]: 내가 남보다 뛰어나다, 동등하다, 못하다고 하는 마음.(『상윳따 니까야』 제1권 「사밋디 경」(S1:20) §10과 주해, 『아비담마 길라

비구들이여, 파도의 두려움이란 것은 분노와 절망을 두고 한 말이다.

비구들이여, 소용돌이란 것은 다섯 가닥의 감각적 쾌락을 두고 한 말이다.

비구들이여, 귀신과 락카사란 것은 여인들을 두고 한 말이다.

비구들이여, 흐름을 건넘이란 [115] 것은 출리(出離)를 두고 한 말이다.

비구들이여, '손과 발로 애를 쓸 것이다.'라는 것은 정진을 시작함

잡이』 2장 §4 해설 참조)

⑨ 들뜸(掉擧, 도거, uddhacca): 들뜨고 불안한 마음.(「앗사뿌라 긴 경」(M39) §14의 주해와 「방법 경」(S46:52) §7의 주해 = 『청정도론』 XIV.165와 『아비담마 길라잡이』 2장 §4 해설 참조)

⑩ 무명(無明, avijjā): 사성제를 모르는 것.(「바른 견해 경」(M9) §66과 「분석 경」(S12:2) §15 참조)

예류자(sotāpatti)는 유신견, 계행과 의례의식에 대한 집착, 의심의 세 가지 족쇄가 완전히 풀린 성자이고, 일래자(sakadāgami)는 이 세 가지가 완전히 다 풀렸을 뿐만 아니라 감각적 쾌락과 악의의 두 가지 족쇄가 아주 엷어진 성자이다. 불환자(anāgāmi)는 다섯 가지 낮은 단계의 족쇄가 완전히 다 풀린 성자이고, 아라한(arahan)은 열 가지 모든 족쇄를 다 풀어버린 성자이다.

아비담마 문헌의 여러 곳에서는 열 가지 족쇄 가운데 처음의 셋을 '보아서[見, dassana] 버려야 할 법들(dassanena pahātabbā dhammā)'이라고 정리하고 있으며(Dhs.182 §1006), 나머지는 '닦아서[修, bhāvanā] 버려야 할 법들(bhāvanāya pahātabbā dhammā)'이라고 설명하고 있다.(Dhs. 183 §1011) 이러한 봄[見]과 닦음[修]은 다시 견도(見道, dassana-magga)와 수도(修道, bhāvanā-magga)라는 용어로 주석서 문헌들 도처에 나타나고 있으며(MA.i.75 등) 견 혹은 견도에 의해서 예류자가 되고 수 혹은 수도의 성취 정도에 따라서 차례대로 일래자, 불환자, 아라한이 된다고 설명하고 있다.(Ps.ii.82 이하; Pm.299 등)

한편 이러한 견도(見道, Sk. darśana-mārga)와 수도(修道, Sk. bhāvanā-mārga)는 후대의 여러 불교에서도 중요한 주제로 다루어지는데, 특히 북방 아비달마를 대표하는 『구사론』에서도 같은 방법으로 자세히 논의되고 있으며, 『성유식론』과 『유가사지론』 등의 유식 문헌에서도 역시 논의되고 있다.

을 두고 한 말이다.

비구들이여, '눈을 가진 사람이 강둑에 서서'라는 것은 여래·아라한·정등각자를 두고 한 말이다."

이러한 뜻을 세존께서는 말씀하셨습니다.

3. 여기서 이것을 이렇게 말씀하셨습니다.

"미래의 유가안은을 추구하면서
고통스럽더라도 감각적 쾌락을 버려야 하리.496)
바르게 통찰하고 잘 해탈한 마음을 가진 자는
바로 그때에 해탈에 닿을 것이다.497)

---

496) "'고통스럽더라도 감각적 쾌락을 버려야 하리(sahāpi dukkhena jaheyya kāme)'라고 하셨다. 비구가 선정과 도를 얻기 위해(jhānamaggādhigama-tthaṁ) 사마타와 위빳사나에 열중할 때(anuyoga) 예비단계의 도닦음(pubbabhāgapaṭipadā)이 고통스럽거나 어려움에 빠질 수 있다. 쉽게 흐름(viithi)에 들지 못한다. 그것은 오염원이 강하거나(balavabhāvato) 기능이 예리하지 못하기 때문이다.(atikkhabhāvato) 비록 그렇게 고통스럽더라도 감각적 쾌락을 버려야 한다. 초선으로 억압하고(vikkhambhento) 제3선으로 근절하여(samucchindanto) 오염원인 감각적 쾌락(kilesakāma)을 버려야 한다."(ItA.ii.172)

497) "'바로 그때에 해탈에 닿을 것이다(vimuttiyā phassaye tattha tattha).'라는 것은 도와 과를 증득하는 바로 그 시간에(maggaphalādhigamanakāle) 해탈·열반에(vimuttiṁ nibbānaṁ) 닿을 것이다, 접촉할 것이다, 얻을 것이다, 증득할 것이다, 실현할 것이다(phassaye phuseyya pāpuṇeyya adhigaccheyya sacchikareyya)라는 말씀이다. 해탈이 대상이 될 때에(vimutti-yā vā ārammaṇabhūtāya) 바로 그 과의 증득의 시간에(taṁtaṁphala-samāpattikāle) 자신의 과의 마음에(phalacittaṁ) 닿을 것이다, 접촉할 것이다, 얻을 것이다(phassaye phuseyya pāpuṇeyya), 열반으로 귀결되는(nibbānogadhāya) 과의 증득으로(phalasamāpattiyā) 머물 것이다라는 뜻이다."(ItA.ii.172~173)

여기서 '바로 그때에'는 '거기서 거기서'로 직역되는 tattha tattha를 주석서를 참조하여 의역한 것이다.

그는 지혜의 달인이고
청정범행을 닦았으며
세상의 끝에 도달했고
저 언덕에 도달했다고 나는 말한다." {109}

이러한 뜻 또한 세존께서 말씀하셨으니 이처럼 저는 들었습니다.

걷고 있음 경(It4:11)498)

Cara-sutta

1. 이것은 참으로 세존께서 말씀하신 것이니 아라한께서 말씀하신 것을 이처럼 저는 들었습니다.

"비구들이여, 만일 걷고 있는 동안에도 비구에게 감각적 쾌락에 대한 생각이나 악의에 대한 생각이나 해코지에 대한 생각499)이 일어난다면, 비구들이여, 그리고 만일 그가 그것을 품고 있고 버리지 않고 제거하지 않고 끝내지 않고 없애지 않는다면, 비구들이여, 이런 상태로 걷고 있는 비구를 일러 근면하지 않고 수치심이 없고 [116] 언제나 한결같이 게으르고 정진이 부족하다고 한다.

비구들이여, 만일 서있는 동안에도 비구에게 감각적 쾌락에 대한 생각이나 악의에 대한 생각이나 해코지에 대한 생각이 일어난다면, 비구들이여, 그리고 만일 그가 그것을 품고 있고 버리지 않고 제거하지 않고 끝내지 않고 없애지 않는다면, 비구들이여, 이런 상태로 서

---

498) 게송을 포함한 본경은 같은 이름을 가진 『앙굿따라 니까야』 제2권 「걷고 있음 경」(A4:11)과 같다.

499) 이 세 가지 해로운 생각(akusalavitakkā)에 대해서는 본서 「어둠을 만듦 경」(It3:38) §1의 해당 주해를 참조할 것. 이 세 가지 생각은 팔정도의 두 번째인 바른 사유[正思惟, sammā-saṅkappa]와 반대되는 내용이기도 하다.

있는 비구를 일러 근면하지 않고 수치심이 없고 언제나 한결같이 게으르고 정진이 부족하다고 한다.

비구들이여, 만일 앉아있는 동안에도 비구에게 감각적 쾌락에 대한 생각이나 악의에 대한 생각이나 해코지에 대한 생각이 일어난다면, 그리고 만일 그가 그것을 품고 있고 버리지 않고 제거하지 않고 끝내지 않고 없애지 않는다면, 비구들이여, 이런 상태로 앉아있는 비구를 일러 근면하지 않고 수치심이 없고 언제나 한결같이 게으르고 정진이 부족하다고 한다.

비구들이여, 만일 깨어서 누워있는 동안에도 비구에게 감각적 쾌락에 대한 생각이나 악의에 대한 생각이나 해코지에 대한 생각이 일어난다면, 비구들이여, 그리고 만일 그가 그것을 품고 있고 버리지 않고 제거하지 않고 끝내지 않고 없애지 않는다면, 비구들이여, 이런 상태로 깨어서 누워있는 비구를 일러 근면하지 않고 수치심이 없고 언제나 한결같이 게으르고 정진이 부족하다고 한다."

2. "비구들이여, 비록 비구가 걷고 있는 동안에도 감각적 쾌락에 대한 생각이나 악의에 대한 생각이나 해코지에 대한 생각이 일어나지만, 비구들이여, 만일 비구가 그것을 품지 않고 버리고 제거하고 끝내고 없앤다면, 비구들이여, 이런 상태로 걷고 있는 비구를 일러 애쓰고 수치심이 있고 언제나 한결같이 열심히 정진하고 스스로를 독려한다고 한다.

비구들이여, 비록 비구가 서있는 동안에도 감각적 쾌락에 대한 생각이나 악의에 대한 생각이나 해코지에 대한 생각이 일어나지만, 비구들이여, 만일 비구가 그것을 품지 않고 버리고 제거하고 끝내고 없앤다면, 비구들이여, 이런 상태로 서있는 비구를 일러 애쓰고 [117] 수치심이 있고 언제나 한결같이 열심히 정진하고 스스로를 독려한다고 한다.

비구들이여, 비록 비구가 앉아있는 동안에도 감각적 쾌락에 대한 생각이나 악의에 대한 생각이나 해코지에 대한 생각이 일어나지만, 비구들이여, 만일 비구가 그것을 품지 않고 버리고 제거하고 끝내고 없앤다면, 비구들이여, 이런 상태로 앉아있는 비구를 일러 애쓰고 수치심이 있고 언제나 한결같이 열심히 정진하고 스스로를 독려한다고 한다.

비구들이여, 비록 비구가 깨어서 누워있는 동안에도 감각적 쾌락에 대한 생각이나 악의에 대한 생각이나 해코지에 대한 생각이 일어나지만, 비구들이여, 만일 비구가 그것을 품지 않고 버리고 제거하고 끝내고 없앤다면, 비구들이여, 이런 상태로 깨어서 누워있는 비구를 일러 애쓰고 수치심이 있고 언제나 한결같이 열심히 정진하고 스스로를 독려한다고 한다."

이러한 뜻을 세존께서는 말씀하셨습니다.

3. 여기서 이것을 이렇게 말씀하셨습니다.

"걷고 있거나 서있거나
앉아있거나 누워있는 동안
그는 오염원에서 비롯된
세속에 의지한500) 사악함을 생각하고 |1|

---

500) 원어는 geha-nissita이다. geha는 '세속적인'의 뜻으로 주로 사용되지만 여기서는 오염원(kilesa)을 뜻한다고 주석서는 설명하고 있다.(gehanissitan ti kilesanissitaṁ, AA.iii.16)

"'세속에 의지한(gehanissita)'이라고 하셨다. 여기서 세속에 사는 자들(gehavāsi)이 버리지 않았기 때문에, 세속에 사는 자들의 고유성질이거나(sabhāvattā) 혹은 세속의 속성이기 때문에(gehadhammattā) 여기서 세속(geha)이란 대상으로서의 감각적 쾌락(vatthukāma)을 말한다. 혹은 세

어리석음을 일으키는 것들에 홀려서
나쁜 도를 닦나니
이런 비구는 최상의 깨달음에
닿을 수 없으리. |2|

그러나 걷고 있거나 서있거나
앉아있거나 누워있는 동안
[나쁜] 생각을 가라앉히고501)
생각을 고요히 함을 [118] 즐기는
이런 비구는 최상의 깨달음에
닿을 수 있으리." |3| {110}

이러한 뜻 또한 세존께서 말씀하셨으니 이처럼 저는 들었습니다.

속에 얽매여 있고(gehapaṭibaddhabhāvato) 오염원인 감각적 쾌락들(kilesakāmā)의 거처가 되는 장소가 되고(nivāsaṭṭhānabhāvato) 그것의 대상이 되기 때문에(taṁvatthukattā) 감각적 쾌락에 대한 생각 등을(kāma-vitakkādi) 세속에 의지한 것이라 한다."(ItA.ii.175)

주석서는 감각적 쾌락(kāma)을 ① 대상으로서의 감각적 쾌락(vatthu-kāma)과 ② 오염원인 감각적 쾌락(kilesa-kāma)의 두 가지로 나누고 있다.(DhsA.62) 여기에 대해서는 『담마상가니』 제1권에 실린 제1편의 제1장 제목인 '욕계'에 대한 주해를 참조할 것.

501) "'[나쁜] 생각을 가라앉히고(vitakkaṁ samayitvāna)'라고 하셨다. [본경의 위에서] 말씀하신 대로 그런 그릇된 생각(micchāvitakka)을, 숙고하는 수행의 힘(paṭisaṅkhāna-bhāvanā-bala)으로 가라앉힌다(vūpasametvā)는 뜻이다."(ItA.ii.175)

계를 잘 지킴 경(It4:12)[502]

Sampannasīla-sutta

1. 이것은 참으로 세존께서 말씀하신 것이니 아라한께서 말씀하신 것을 이처럼 저는 들었습니다.

"비구들이여, 계[503]를 잘 지키며 머물러라.[504] 빠띠목카(戒目)[505]

---

502) 게송을 포함한 본경은 게송 일부를 제외한 『앙굿따라 니까야』 제2권 「계 경」(A4:12)과 같다.

503) '계(sīla)'에 대해서는 『청정도론』 I.17 이하에 상세하게 설명되어 있다. 『맛지마 니까야 주석서』도 계(sīla)와 계행(sīlana)에 관한 자세한 설명(vitthārakathā)은 『청정도론』에 설해져 있다고 적고 있다.(MA.i.155)

504) '계를 잘 지키며 머물러라.'는 sampannasīlā viharatha를 옮긴 것이다. 주석서는 "두 가지 이유 때문에 계를 잘 지킴(sampannasīlatā)이 있는데 그것은 계를 파함에서 위험을 보고 계를 성취함에서 이익을 보는 것(sīla-vipattiyā ādīnavadassanena, sīlasampattiyā ānisaṁsadassanena ca — Vis.I.153)이며 이 두 가지 방법은 『청정도론』(Vis.I.153 이하)에서 설해진 방법대로 알아야 한다."고 적고 있다.(ItA.ii.175)

505) '빠띠목카(계목, 戒目)'는 pātimokkha를 음역한 것이다. 『청정도론』은 다음과 같이 설명하고 있다.
"'빠띠목카(pātimokkha, 戒目)'란 학습계율(sikkhāpada-sīla)을 뜻한다. 이것은 이것을 보호하고(pāti) 지키는 사람을 해탈케 하고(mokkheti), 악처 등의 고통으로부터 벗어나게 한다. 그러므로 빠띠목카(pāṭimokkha)라고 한다."(Vis.I.43)

한편 여기서 '빠띠목카의 단속'으로 옮기고 있는 pātimokkha-saṁvara는 의미상 '빠띠목카를 통한 단속'의 뜻이 되겠는데 『청정도론』에서는 "빠띠목카삼와라(pātimokkha-saṁvara, 계목의 단속)라는 합성어는 빠띠목카가 바로 단속이라고 풀이된다."(Ibid)라고 설명하고 있다. 그래서 그냥 '빠띠목카의 단속'으로 옮기고 있음을 밝힌다. 빠띠목카(계목)의 단속은 『청정도론』 I.43 이하에 상세하게 설명되어 있으므로 참조하기 바란다.
초기불전연구원에서는 pātimokkha를 여기서처럼 빠띠목카(계목, 戒目)라고 음역하기도 하고 계목(戒目)으로 의역하기도 하였음을 밝힌다. 본서에서는 주로 빠띠목카로 음역하고 있다. 상좌부의 비구 계목은 모두 227개의 조항으로 구성되어 있다.

를 지키고 빠띠목카의 단속으로 단속하며 머물러라. 바른 행실과 행동의 영역을 갖추고,506) 조그마한 허물에도 두려움을 보며, 학습계목507)을 잘 받아 지녀 공부지어라.

비구들이여, 계를 잘 지키며 머물고, 빠띠목카(戒目)를 지키고 빠띠목카의 단속으로 단속하며 머물고, 바른 행실과 행동의 영역을 갖추고, 조그마한 허물에도 두려움을 보며, 학습계목을 잘 받아 지녀 공부짓는 자가 다시 더 해야 할 무엇이 있겠는가?"

2. "비구들이여, 만일 걷고 있는 동안에도 비구에게 욕심이 떠나가고 악의가 떠나가고 해태와 혼침이 떠나가고 들뜸과 후회가 [119] 떠나가고 의심이 떠나가고, 그에게 불굴의 정진이 생기고, 마음챙김이 확립되어 혼란스럽지 않으며, 몸이 경안하여 동요하지 않고, 삼매에 들고, 마음이 전일하면, 비구들이여, 이런 상태로 걷고 있는 비구를 일러 애쓰고 수치심이 있고 언제나 한결같이 열심히 정진하고 스스로를 독려한다고 한다.

비구들이여, 만일 서있는 동안에도 비구에게 욕심이 떠나가고 악의가 떠나가고 해태와 혼침이 떠나가고 들뜸과 후회가 떠나가고 의

---

506) '바른 행실과 행동의 영역을 갖추고'는 ācāra-gocara-sampannā를 옮긴 것이다. 여기에 대한 『청정도론』 I.44~51의 설명을 요약하면 다음과 같다.

'바른 행실(ācāra)'이란 몸과 말로 범하지 않는 것이 바른 행실이다. 계를 통한 단속은 모두 바른 행실이다. '행동의 영역(gocara)'이란 기생집을 행동의 영역으로 삼지 않고, 과부의 집, 술집을 행동의 영역으로 삼지 않으며 성자들의 출입(isivātapaṭivātāni)을 좋아하고 이로움을 바라고 유가안은을 바라는 그런 가족을 의지하는 것이 행동의 영역이다.
자세한 설명은 『청정도론』 I.44~51에 나타나므로 이를 참조하기 바란다.

507) "배워야 할 조목이라 해서 '학습계목(sikkhā-pada)'이라 한다. 학습하는 항목(koṭṭhāsa), 혹은 학습해야 할 조목이라 해서 학습계목이라 한다."(DA.iii.1026)

심이 떠나가고, 그에게 불굴의 정진이 생기고, 마음챙김이 확립되어 혼란스럽지 않으며, 몸이 경안하여 동요하지 않고, 삼매에 들고, 마음이 전일하면, 비구들이여, 이런 상태로 서있는 비구를 일러 애쓰고 수치심이 있고 언제나 한결같이 열심히 정진하고 스스로를 독려한다고 한다.

비구들이여, 만일 앉아있는 동안에도 비구에게 욕심이 떠나가고 악의가 떠나가고 해태와 혼침이 떠나가고 들뜸과 후회가 떠나가고 의심이 떠나가고, 그에게 불굴의 정진이 생기고, 마음챙김이 확립되어 혼란스럽지 않으며, 몸이 경안하여 동요하지 않고, 삼매에 들고, 마음이 전일하면, 비구들이여, 이런 상태로 앉아있는 비구를 일러 애쓰고 수치심이 있고 언제나 한결같이 열심히 정진하고 스스로를 독려한다고 한다.

비구들이여, 만일 깨어서 누워있는 동안에도 [120] 비구에게 욕심이 떠나가고 악의가 떠나가고 해태와 혼침이 떠나가고 들뜸과 후회가 떠나가고 의심이 떠나가고, 그에게 불굴의 정진이 생기고, 마음챙김이 확립되어 혼란스럽지 않으며, 몸이 경안하여 동요하지 않고, 삼매에 들고, 마음이 전일하면, 비구들이여, 이런 상태로 깨어서 누워있는 비구를 일러 애쓰고 수치심이 있고 언제나 한결같이 열심히 정진하고 스스로를 독려한다고 한다."[508]

이러한 뜻을 세존께서는 말씀하셨습니다.

---

508) 여기에 나타나는 욕심(abhijjhā), 악의(byāpāda), 해태・혼침(thina-middha), 들뜸・후회(uddhacca-kukkucca), 의심(vicikicchā)의 다섯 가지는 초기불전의 여러 곳에서 '다섯 가지 장애[五蓋, pañca-nīvaraṇa]'로 정형화되어 나타난다.(D2 §§68~74; D22 §13; M10 §36; S46:2 §§3~9 등) 아비담마에서는 여기에다 무명의 장애(avijjā-nīvaraṇa)를 더하여 여섯 가지 장애로 정형화하고 있다.(Dhs §1158 등) 여기에 대해서는 본서 「무명의 장애 경」(It1:14) §1의 해당 주해를 참조할 것.

3. 여기서 이것을 이렇게 말씀하셨습니다.

"비구는 제어하면서 걷고, 제어하면서 서있고
제어하면서 앉아있고, 제어하면서 누워있고
제어하면서 구부리고, 제어하면서 펴야 하노라. |1|

위든 건너서든 아래든, 세상의 어느 곳이든
법들과 무더기들의 일어나고 사라짐을 깊이 살피노라. |2|

이와 같이 [121] 머무는 근면하고 고요하고 들뜨지 않고[509)]
마음의 사마타[止]를 합당하게 닦고
바르게 공부짓고 항상 마음챙기는
그러한 비구를 일러 항상 스스로를 독려한다 하노라." |3| {111}

이러한 뜻 또한 세존께서 말씀하셨으니 이처럼 저는 들었습니다.

세상 경(It4:13)[510)]

Loka-sutta

1. 이것은 참으로 세존께서 말씀하신 것이니 아라한께서 말씀하신 것을 이처럼 저는 들었습니다.

---

509) '이와 같이 머무는 근면하고 고요하고 들뜨지 않고'는 evaṁ vihārim ātāpiṁ, santavuttim anuddhataṁ을 옮긴 것인데 본서 「기쁨 경」(It2:10) §2의 게송에는 evaṁ vihārī ātāpī, santavutti anuddhato로 주격으로 나타난다. 그러나 『앙굿따라 니까야』 「계 경」(A4:12) §2에는 나타나지 않는다.

510) 게송을 포함한 본경은 같은 이름을 가진 『앙굿따라 니까야』 제2권 「세상 경」(A4:23)과 같다. 그리고 게송을 제외한 부분, 즉 본경의 §§2～3은 『디가 니까야』 제3권 「정신경」(D29) §29와도 같다.

"비구들이여, 여래는 세상[511]을 완전하게 깨달았으며 여래는 세상으로부터 벗어났다. 비구들이여, 여래는 세상의 일어남을 완전하게 깨달았으며 여래는 세상의 일어남을 버렸다. 비구들이여, 여래는 세상의 소멸을 완전하게 깨달았으며 여래는 세상의 소멸을 실현하였다. 비구들이여, 여래는 세상의 소멸로 인도하는 도닦음을 완전하게 깨달았으며 여래는 세상의 소멸로 인도하는 도닦음을 수행하였다."[512]

2. "비구들이여, 신들을 포함하고 마라를 포함하고 범천을 포함한 세상에서, 사문·바라문들을 포함하고 신과 인간을 포함한 생명체들이 보고 듣고 감지하고 식별하고 얻고 탐구하고 마음으로 고찰한 것을 여래는 모두 완전하게 깨달았다. 그래서 여래라 부른다."

3. "비구들이여, 여래가 위없는 바른 깨달음을 완전하게 깨달은 그 밤으로부터 무여열반의 요소[513]로 완전한 열반에 든[514] 그 밤에

---

511) "여기서 '세상(loka)'은 괴로움의 진리(dukkha-sacca, 苦聖諦)이다."(ItA.ii.185; AA.iii.31)

512) 본경의 이러한 가르침은 『상윳따 니까야』 제6권 「초전법륜경」(S56:11) 등에서 고성제는 철저하게 알아야 하고(pariññeyya) 집성제는 버려야 하고(pahātabba) 멸성제는 실현해야 하고(sacchikatabba) 도성제는 수행해야 한다(bhāvetabba)고 하신 가르침과 같은 내용이다. 단지 본경에서는 괴로움의 진리를 철저하게 알았다는 말 대신에 '세상(고성제)으로부터 벗어났다(visaṁyutta).'라고 표현하는 것만 다르다.

513) '무여열반의 요소[無餘涅槃界, anupādisesa-nibbāna-dhātu]'에 대해서는 본서 「열반의 요소 경」(It2:17)과 해당 주해를 참조할 것.

514) '완전한 열반에 든'은 parinibbāyati를 옮긴 것이다. 본경과 부처님의 마지막 발자취를 담고 있는 『디가 니까야』 제2권 「대반열반경」(D16)에서처럼 '무여열반의 요소로 완전한 열반에 드는 것(anupādisesāya nibbānadhātu-yā parinibbāyati)'은 당연히 부처님의 임종을 뜻한다. 본경에 해당하는 주석서도 이렇게 설명하고 있다.(ItA.ii.190)

그런데 니까야에서 parinibbāyati는 무여열반의 요소로 완전한 열반에 드는 것뿐만 아니라 삶의 전개과정에서 열반의 체득을 표현하는 동사로 나타

이르기까지 그동안 설하고 말하고 [122] 가르친 그 모든 것은 그러했고 다르지 않았다. 그래서 여래라 부른다."

4. "비구들이여, 여래는 설하는 그대로 행하는 분이고 행하는 그대로 설하는 분이다. 이처럼 그는 설하는 그대로 행하는 분이고 행하는 그대로 설하는 분이다. 그래서 여래라 부른다."

5. "비구들이여, 여래는 신들을 포함하고 마라를 포함하고 범천을 포함한 세상에서, 사문·바라문을 포함하고 신과 인간을 포함한 생명체들 가운데서 지배자요, 지배되지 않는 자요, 전지자요, 자재자이다. 그래서 여래라 부른다."515)

나기도 한다. 예를 들면 『맛지마 니까야』 제1권 「사자후의 짧은 경」(M11) §17에 '움켜쥐지 않을 때 번민하지 않고 번민하지 않을 때 스스로 완전한 열반에 든다(anupādiyaṁ na paritassati, aparitassaṁ paccattaññeva parinibbāyati).'로 나타난다. 이처럼 번민(paritassa)이라는 갈애(taṇha — MA.ii.18)를 일으키지 않으면 스스로 완전한 열반에 든다고 표현하고 계신다.

그런데 『맛지마 니까야』 제2권 「밧달리 경」(M65) §33에서는 말이 길들여지고 유순해지는 것을 parinibbāyati로 표현하고 계신다. 즉 "그 말이 재갈을 무는 훈련을 받으면, 그 말이 이전에 해본 적이 없기 때문에 비틀고 안절부절하고 몸부림치지만 끊임없이 반복하고 점차적으로 숙달되어 마침내 그것에 유순해진다."라고 나타나는데 여기서 '마침내 그것에 유순해진다.'는 tasmiṁ ṭhāne parinibbāyati를 옮긴 것으로 저항하던 행위에 대해 유순해진다는 내용이다. parinibbāyati는 대부분의 경우 완전한 열반에 든다는 뜻으로 사용되지만 여기서는 유순해진다(nibbisevano hoti), 즉 그렇게 스스로 저항하던 것(visevana)을 버린다(jahati)라는 뜻이라고 주석서는 설명하고 있다.(MA.iii.158) 비슷한 비유가 『맛지마 니까야』 제3권 「가나까 목갈라나 경」(M107) §3에도 나타난다.

515) 한편 『맛지마 니까야 주석서』는 『맛지마 니까야』의 첫 번째 경인 「뿌리에 대한 법문 경」(Mūlapariyāya Sutta, M1) §147을 주석하면서 여래를 다음과 같이 자세하게 설명하고 있다. 이 부분을 대림 스님이 옮긴 『맛지마 니까야』 제1권(164~166쪽)에서 전재한다.

"여덟 가지 이유로 세존을 '여래(tathāgata)'라 한다. ① 그렇게 오셨기

(tathā āgato) 때문에 여래(tathāgato)라 한다. ② 그렇게 가셨기(tathā gato) 때문에 여래라 한다. ③ 그렇게 특징을 알았기(tathalakkhaṇaṁ āgato) 때문에 여래라 한다. ④ 진실한 법들을 완전하게 깨달으셨기(tatha-dhamme yāthā-vato abhisambuddho) 때문에 여래라 한다. ⑤ 그렇게 드러내셨기(tatha-dassitāya) 때문에 여래라 한다. ⑥ 그렇게 말씀하셨기(tathāvāditāya) 때문에 여래라 한다. ⑦ 그렇게 행하셨기(tathākāritāya) 때문에 여래라 한다. ⑧ 정복하셨다는 뜻에서(abhibhavanaṭṭhena) 여래라 한다."(MA.i.45)

계속해서 주석서(MA.i.45~51)는 이 여덟 가지 이유(kāraṇa)를 자세하게 서술하고 있는데 이를 간추려 보면 다음과 같다.

① 어떻게 그렇게 오셨는가? 모든 중생들의 이익을 바라는 열망으로 이전의 부처님들이 오셨듯이, 나 여래도 그렇게 왔다. 혹은 위빳시 세존이나 깟사빠 세존이 보시 등 십바라밀을 두루 채우고 오셨듯이 지금의 여래도 그렇게 오셨다.

② 어떻게 그렇게 가셨는가? 태어나자마자 위빳시 세존께서 가셨듯이, … 깟사빠 세존께서 가셨듯이, 지금의 여래도 그렇게 가셨다. 즉 태어나자마자 여래는 두 발로 땅에 확고하게 서서 북쪽을 향해 일곱 발자국을 걸어가셨다. 이런 금구가 있다. "아난다여, 보살이 태어나자마자 두 발로 땅에 확고하게 서서 하얀 일산이 펴졌을 때 북쪽을 향해 일곱 발자국을 걸어간다. 모든 방향을 두루 살펴보고 '나는 세상에서 최상이요, 나는 세상에서 제일 어른이요, 나는 세상에서 으뜸이다. 이것이 마지막 생이다. 더 이상 다시 태어남[再生]은 없다.'라고 대장부다운 말을 한다."(『디가 니까야』 제2권 「대전기경」(D14) §1.29)라고. 그렇게 나아감은 진실이고 거짓이 아니고 여러 가지 특별함을 얻을 징조였다. 태어나자마자 두 발로 땅에 확고하게 선 것은 네 가지 신통을 얻을 징조였고, 북쪽을 향한 것은 모든 출세간의 징조였고, 일곱 발자국을 걸어간 것은 칠각지의 보배를 얻을 징조 등이었다. 그렇게 지금의 여래께서도 가셨다.

③ 어떻게 그렇게 특징을 아셨는가? 땅의 요소[地界]는 딱딱함의 특징을 갖고 있다. 그것은 진실이고 거짓이 아니다. 물의 요소[水界]는 흘러내림의 특징을 갖고 있다. … 물질은 변하는 특징을 갖고 있다. … 마음챙김의 기능[念根]은 확립의 특징을 갖고 있다. 그것은 진실이고 거짓이 아니다. 이와 같이 그렇게 특징을 지혜로 아셨고, 놓치지 않고 얻으셨기 때문에 여래라 한다.

④ 어떻게 진실한 법들을 완전하게 깨달으셨는가? 진실한 법이란 사성제를 말한다. 이런 금구가 있다. "비구들이여, 이러한 네 가지는 진실이고 거짓이 아니고 그렇지 않은 것이 아니다. 무엇이 넷인가? '이것은 괴로움이다.'라는

이러한 뜻을 세존께서는 말씀하셨습니다.

것은 진실이고 거짓이 아니고 그렇지 않은 것이 아니다. …"(『상윳따 니까야』 제6권 「진실함 경」(S56:27)) 세존은 그것을 완전하게 깨달으셨기 때문에 여래라 한다. 이와 같이 진실한 법들을 완전하게 깨달으셨기 때문에 여래라 한다.

⑤ 어떻게 그렇게 드러내셨는가? 신과 인간을 포함한 한량없는 세계에서 한량없는 중생들의 시야에 들어온 형색[色]이라는 대상이 있는 바, 세존께서는 그것을 모든 측면에서 아시고 보신다. 이렇게 아시고 보시는 그분께서 그 모든 형색이라는 대상을 원하는 것과 원하지 않는 것 등으로, 혹은 본 것과 들은 것과 감지한 것과 안 것 가운데서 각각에 해당되는 것 등 여러 가지 이름으로 설명하셨다. 즉 "어떤 것이 형색의 감각장소인 형색인가? 네 가지 근본물질을 의지했고 색깔을 가졌고 눈으로 볼 수 있고 부딪힘이 있는 파란색 노란색 등이다."라는 금구가 있다. 이것은 진실이고 거짓이 아니다. 이와 같이 그렇게 드러내셨기 때문에 여래라 한다.
한편 복주서에서 "'본 것과 들은 것과 감지한 것과 안 것 가운데서 각각에 해당되는 것'이란 형색의 감각장소란 본 것에, 소리의 감각장소는 들은 것에, 냄새의 감각장소와 맛의 감각장소와 감촉의 감각장소는 감지한 것에, 마음으로 안 것은 안 것에 해당한다."(MAṬ.i.95)라고 부연 설명을 하고 있다.

⑥ 어떻게 그렇게 말씀하셨는가? 세존께서 보리좌에 앉아서 무상정등각을 완전하게 깨닫던 그 밤부터 사라쌍수 아래서 무여열반에 들던 그 밤까지 45년간 설하신 경, 게송, 전생담 등은 뜻으로도 문장으로도 비난받을 일이 없고, 모자라지도 넘치지도 않고, 탐욕의 홍분을 분쇄하고 성냄과 어리석음의 홍분을 분쇄하는 것이어서 그것은 모두 진실이고 거짓이 아니다. 이와 같이 그렇게 말씀하셨기 때문에 여래라 한다.

⑦ 어떻게 그렇게 행하셨는가? 세존께서는 말씀하시는 대로 행하시고, 행하시는 대로 말씀하셨다. 그러므로 여래라 한다.

⑧ 어떻게 정복하셨다는 뜻에서 여래인가? 세존께서는 위로는 가장 높은 존재까지 아래로는 무간지옥까지 옆으로는 한량없는 세계의 모든 중생들을 정복하셨다. 계로도 삼매로도 통찰지로도 해탈로도 그분에게 견줄 자가 없다. 그분은 왕들 가운데 위없는 왕이시고, 신들 가운데 위없는 신이시고, 제석들을 뛰어넘는 위없는 제석이시고, 브라흐마들을 뛰어넘는 위없는 브라흐마이시다. 그러므로 그분을 여래라 한다.(MA.i.45~51)

이 여덟 가지 가운데 ⑤부터 ⑧까지의 넷이 순서대로 본서의 첫 번째(§2)부터 네 번째(§5)까지에 해당한다.

6. 여기서 이것을 이렇게 말씀하셨습니다.

"모든 세상을 최상의 지혜로 알아
모든 세상에 여여하며[516]
모든 세상을 벗어나
모든 세상에 취착하지 않노라. |1|

모든 것을 지배하는 자요[517] 지자이며
모든 매듭 풀어버린 그는
최상의 고요함과 어디서도 두려움 없는
열반에 닿았노라. |2|

그가 바로 [123] 번뇌 멸한 부처이니
근심 없고 의심 잘랐으며
모든 업의 멸진에 도달했고
재생의 근거를 파괴하여 해탈하였노라. |3|

그가 바로 세존이요 부처요
그가 바로 위없는 사자(獅子)

---

516) "'모든 세상에 여여하며(sabbaloke yathātathaṁ)'라는 것은 삼계의 중생의 무리 가운데(tedhātuka-lokasannivāse) 제도되어야 하는 것은 무엇이든(yaṁkiñci neyyaṁ) 그 모든 것을 여여하게(yathātathaṁ) 전도됨이 없이 아신다(aviparītaṁ jānitvā)라는 뜻이다."(ItA.ii.192)
"세상의 공동체(lokasannivāsa)란 중생의 무리(sattakāya)라는 뜻이다."(MAṬ.ii.1)

517) "'모든 것을 지배하는 자(sabbābhibhū)'라는 것은 형색 등의 모든 대상들(sabbārammaṇāni)과 모든 형성된 것(saṅkhāragata)과 모든 마라들을(sabbepi māre) 지배한 뒤 머무는 분(abhibhavitvā ṭhito)이라는 뜻이다."(ItA.ii.192)

신들을 포함한 세상에서
신성한 바퀴를 굴렸노라. |4|

이처럼[518] 신과 인간들이 함께 와서
깨달은 분에게 귀의하나니
위대하고 의기소침함을 벗어난[519]
그분께 예배하도다. |5|

그는 제어된 자들 가운데서 가장 잘 제어된 자
고요한 자들 가운데서 가장 고요한 선인
해탈한 자들 가운데서 으뜸가는 해탈한 자
건넌 자들 가운데서 가장 잘 건넌 자로다. |6|

이처럼 그들은 위대하고 두려움 없는
그분께 예배하나니
신들을 포함한 세상에서
그에 필적할 사람 없어라." |7| {112}

이러한 뜻 또한 세존께서 말씀하셨으니 이처럼 저는 들었습니다.

넷의 모음이 끝났다.

넷의 모음에 포함된 경들의 목록은 [124] 다음과 같다.
① 바라문 ② 쉽게 얻음 ③ 멸진 ④ 사문

---

518) "'이처럼(iti)'이라는 것은 이와 같이 여래의 공덕들을 안 뒤에(evaṁ thatāgatassa guṇe jānitvā)라는 뜻이다."(ItA.ii.192)

519) '의기소침함을 벗어난(viitasāradaṁ)'에 대해서는 본서 「신들의 소리 경」(It3:33) §4의 해당 주해를 참조할 것.

⑤ 계 ⑥ 갈애 ⑦ 범천 ⑧ 많은 도움이 됨
⑨ 속임 ⑩ 흐름 ⑪ 걷고 있음
⑫ 잘 지킴 ⑬ 세상 – 이들 13가지가 있다.[520]

경에 대한 길라잡이 –

27개 [경으로 된 것이] 「하나의 모음」이고
「둘의 모음」은 22개 경들을 포함하고 있다.
꼭 50개로 된 것이 「셋의 모음」이요
13개로 된 것은 「넷의 모음」이다.
[쿳줏따라 청신녀가 들은] 112개의 높은 경들을
합송하여 옛 분들은 잘 내려놓았나니
[이 세상에] 아라한들이 오래 머물도록 하기 위해서
그것을 『이띠웃따까』라는 이름으로 불렀다.[521]

『이띠웃따까』가 끝났다.

---

520) 본경의 목록 빠알리 원문에는 ③ 멸진(khaya) 대신에 앎(jānaṁ)으로 나타나고 ⑩ 흐름(sota) 대신에 사람들(purisā)로 나타나지만 본서의 경 제목과 일치시키기 위해서 이렇게 옮겼음을 밝힌다.

521) 이 '경에 대한 길라잡이(suttasaṅgaha)'는 VRI본에만 나타난다. PTS본은 124쪽의 각주에서 이 게송을 소개하면서 미안마 본(M = Mandalay 본)에 나타나는 것으로 밝히고 있다.

역자 후기

역자는 2018년 11월에 논장의『위방가』를 두 권으로 번역 출간한 뒤에 그동안 번역을 해오면서 빠알리 사전을 만들기 위해서 준비해둔 자료들 가운데 3,400개 정도의 용어들을 가려내어 이를 토대로 이 용어들에 대한 정의와 용례에 대한 경들과 주석서들의 출처를 밝히면서 만들려고 준비해오던 가칭 <빠알리 용어 사전> 작업에 집중하기 위해서 4년 만에 다시 치앙마이를 찾았다. 그래서 두어 달 집중하여 900개 정도의 표제어를 다양한 출처를 언급하면서 정리하였다. 그런데 2019년 봄에 실상사에서 새벽 예불을 할 때마다 뭔가 편안하지 않은 역자 자신의 마음을 보고 왜 그럴까 반조해 보게 되었다. 보름 이상을 곰곰이 반조해 보면서 역자가 빠알리 삼장 번역 작업을 하지 않아서 그렇다는 결론에 도달했다. 빠알리 사전 작업은 빠알리 삼장의 역경불사가 아니라고 판단하여 보류하고『쿳다까 니까야』의 여러 경들을 먼저 번역하기로 결심하였다.

그래서 먼저『우다나』와『이띠웃따까』를 번역하기로 하고 2019년 6월에 이곳 치앙마이로 나와서 한 달여 만에『우다나』와『이띠웃따까』의 번역과 주해작업까지 일차적으로 마무리하게 되었다. 그리고 11월 중순부터 다시 치앙마이에 나와서 지금 역자가 칩거하고 있는 이곳에서 이제 이 두 권의 번역 작업과 주해 작업과 출판을 위한 편집 작업까지 마무리하여 먼저『이띠웃따까』부터 출판하게 되었다.

이번 『이띠웃따까』 번역에는 주해가 조금 과하다 싶을 정도로 많다고 할 수 있다. 과욕인지는 모르겠지만 처음 초기불전을 읽는 재가 불자님들이 이 책 한 권으로 초기불교의 중요한 법수들을 제대로 파악할 수 있도록 해 보자는 취지에서 주해를 많이 넣었다. 주해가 성가시다고 여기시는 독자들은 주해는 무시하고 경문 위주로 읽으시는 것도 좋은 방법이라 생각한다.

이번 번역을 마무리하면서도 감사드려야 할 분들이 많다. 먼저 초기불전연구원장 대림 스님께 감사드린다. 본서의 기획과 표지 작업부터 교정과 인쇄 작업 전반에 이르기까지 원장 스님의 노고가 깊이 배어있지 않은 데가 없다. 그리고 본서의 번역출간에도 대림 스님이 번역하신 『청정도론』의 도움이 컸다. 또한 이번에 『이띠웃따까』 번역을 교정하시면서 주석서를 토대로 여러 부분에서 뛰어난 제언과 수정을 해주셨다. 원장 스님의 전체적인 점검이 있었기 때문에 『이띠웃따까』를 출판하는 역자의 마음도 한결 가벼워지게 되었다.

그리고 이 만큼이라도 오역과 탈역과 오자와 탈자를 바로 잡아 본서를 출간하게 된 데는 초기불전연구원 윤문팀 법우님들의 노고가 큰 힘이 되었다. 초기불전연구원 윤문팀에 동참해주시는 법우님들은 초기불전연구원 동호회 서울/경기 공부모임의 임원이시기도 하다. 특히 이번에 두 번 정도는 오전에 두 시간, 오후에 3시간을 보이스톡으로 역자가 칩거한 치앙마이와 서울을 연결하여 윤문을 하기도 했는데 진지하게 임해주신 법우님들께 깊이 감사드린다.
세 번에 걸쳐서 교정지를 출력하면서 진지하게 윤문에 임해주신 말리까 이근순 회장님을 필두로 해서 윤문팀의 윗자부미 정춘태, 자나난다 송영상, 케마와띠 김학란, 수자따 채병화, 아라윈다 류미숙, 수완나 김청, 아누붓다 이향숙, 푸라한 오종근, 밧디야 김민성, 빤냐와띠 송민영, 이상이, 사로자 이순재, 담마짜리 유미경, 담마마야 나혜원 법우님께 깊이 감사드린다. 그리고 본원에서 번역 출간한 4부 니까야와 논장에 이어 본서까지 크나큰 신심으로 꼼꼼한 교정을 해주신 부/경 공부모임의 수단따 정양숙 기획부장님과 울산 성광여고 교사이신 김성경 거사님께 깊은 감사를 드린다. 이처럼 많은 법우님들의 노력과정성과 헌신이 없었더라면 본서는 출간이 될 수 없었을 것이다. 다시 한 번 감사의 말씀을 드린다.

이처럼 본서에는 여러 법우님들의 노력이 배어있다. 역자가 후기를 적으면서 꼭 언급해야 할 분들이 있는데, 윤문팀의 윗자부미 정춘태 법우님과 자나난다 송영상 법우님이시다. 윗자부미 부회장님은 정확한 빠알리어에 대한 이해와 특히 주석서에 대한 관심과 이해로 많은 제언을 해주셨다. 깊은 감사의 말씀을 드린다. 자나난다 부회장님은 본서 전체를 꼼꼼하게 읽어서 문장의 흐름을 다듬는 데 많은 작업을 해주셨고 편집의 일관성에 대해서도 중요한 제언들을 해주셨다. 두 분의 진지한 노력과 제언이 있었기 때문에 역자는 조금 더 안도하는 마음으로 본서를 출간하게 되었다. 그리고 본서에는 자세한 찾아보기가 들어있다. 이것은 PTS본『이띠웃따까』에 실려 있는 색인(Index)을 토대로 하였다. 이 자료들을 일일이 컴퓨터에 입력을 해서 빠알리-한글 색인과 찾아보기를 만드는데 큰 도움을 주고 본서의 목차까지 정리해주신 빤냐와띠 법우님께도 감사드린다.

그리고 역자가 편히 번역 작업에만 전념할 수 있도록 배려를 아끼지 않으시는 역자의 재적사찰인 실상사의 회주이신 도법 큰스님과 주지 승묵 스님을 위시한 실상사 대중 스님들과 사부대중 여러분께 감사드린다. 실상사 대중이면서도 많은 시간을 밖에 나와서 머무는 역자를 큰 자비심으로 섭수해주시는 실상사 사부대중이 계시기에 이번『이띠웃따까』번역 · 출판도 결실을 맺게 되었다.

본서도 여러 불자님들의 보시로 출간이 되었다. 윗자부미 정춘태 부회장님이 모친 윤태식 영가를 위해서 크게 보시해주셨다. 마지막 순간까지 위빳사나 정진을 놓지 않으셨다는 윤태식 영가께서 선처에 왕생하시어 더욱 향상하시기를 기원 드린다.

그리고 고정곤 불자님은 역자의 태국 체류에 크게 보탬이 되어주셨고 말리까 이근순 회장님과 상가밋따 송정욱 고문님도 역자가 역경 작업에만 전념할 수 있도록 많은 도움 주셨고 이번 출간을 위해서도 크게 보시를 해주셨다. 고정곤 불자님과 이근순 회장님과 송정욱 고문님께 역경불사의 큰 결실이 있길 바라면서 깊이 감사드린다. 그리고 법열 최동엽 거사님께서는 초기불전연구원의 역경불사와 윤문팀의 윤문 작업을 위해서 지속적으로 매달 남다른 후원을 해주고 계신다. 깊은 감사의 말씀을 드린다.

역경불사의 소중함을 아시고 매달 후원금을 꼬박꼬박 보내주시는 초기불전연구원 후원회원의 여러 불자님들께도 감사의 말씀을 드리고 초기불전연구원의 정신적 후원자인 초기불전연구원 다음 카페(cafe.daum.net/chobul)의 9,500명이 넘는 회원 여러분들과 동호회의 여러 법우님께도 감사의 말씀을 전한다. 그리고 본서의 표지에 들어간 사진은 인오선원 대연 스님이 쓰신 인도 성지순례 안내서『붓다의 향훈을 따라서』에 실려 있는 인도 날란다 대학 유적의 사진이다. 본서의 표지 도안에 쓸 수 있도록 허락해주신 대연 스님께 감사드린다.

그리고 본서의 표지를 디자인하고 마무리 작업까지 해준 이민주 불자님께 감사드리고 이번에도 인쇄를 맡아주신 <문성인쇄>의 관계자분들께도 감사드린다.

이번에 초기불전연구원에서 출간하는『이띠웃따까』와 곧이어 출간하게 될『우다나』의 번역과 교정과 편집 작업은 2019년 6월부터 역자가 주로 치앙마이에 혼자 칩거하면서 진행을 하여 이제 10개월 만에 출판하여 한국 불자님들 앞에 내어놓게 되니 감회가 새롭다. 역자도 세납으로는 벌써 환갑을 훌쩍 넘겨버렸고 출가를 결행한 지도 40년이 지났다. 마지막 호흡이 멈출 때까지 빠알리 삼장 번역 작업에 매진하겠다고 다짐을 하면서 부디 장애 없이 빠알리 삼장 완역 불사에 전념할 수 있도록 부처님께 엎드려 발원하면서 부처님께 우리말『이띠웃따까』를 바친다.

이 땅에 부처님의 정법이 오래오래 머물기를!

불기 2564(2020)년 3월
치앙마이 나두띠요에서

각묵 삼가 씀

참고문헌

I. 『이띠웃따까』 및 그 주석서 빠알리 원본 및 번역본

Itivuttaka, edited by Ernst Windisch, First published 1899. Reprint. London. PTS, 1975.

Itivuttakapāḷi, Devanagari edition of the Pāli text of the Chaṭṭha Saṅgāyana, Igatpuri, Vipassana Research Institute (VRI), 1998.

Itivuttaka, Sri Lanka Tripitaka Project, 2005.

Itivuttaka-aṭṭhakathā,(I/II) edited by Bose M. M. First published 1934-1936, Reprint. London. PTS, 1977.

Itivuttaka-aṭṭhakathā, Devanagari edition of the Pāli text of the Chaṭṭha Saṅgāyana, Igatpuri, VRI, 1998.

Itivuttaka: Ireland J. *The Itivuttaka - The Buddha's Sayings.* First published 1991 BPS Kandy. Sri Lanka.

Itivuttaka: Ireland J. *The Udāna and the Itivuttaka.* First published 1997. Reprint. 2007 BPS Kandy. Sri Lanka.

Itivuttaka: Ṭhānissaro Bhikkhu, *Itivuttaka - This Was Said By The Buddha.* PDF Edition. 2013.

Itivuttaka-aṭṭhakathā: Masefield Peter, *The Commentary on the Itivuttaka*(Vol. I, II) London. PTS, 2008-2009.

The Caṭṭha Saṅghāyana CD-ROM edition (3th version). Igatpuri: VRI, 1998.

II. 빠알리 삼장 및 그 주석서와 복주서 빠알리 원본

The Dīgha Nikāya. 3 vols. edited by Rhys Davids, T. W. and

Carpenter, J. E. First published 1890. Reprint. London. PTS, 1975.

Dīgha Nikāya Aṭṭhakathā (Sumaṅgalavilāsinī) 3 vols. edited by Rhys David, T. W. and Carpenter J. E. and Stede, W. PTS, 1886-1932.

The Majjhimā Nikāya. 3 vols. edited by Rhys Davids, T. W. and Carpenter, J. E. First published 1890. Reprint. London. PTS, 1975.

Majjhimā Nikāya Aṭṭhakathā (Sumaṅgalavilāsinī) 3 vols. edited by Rhys David, T. W. and Carpenter J. E. and Stede, W. PTS, 1886-1932.

The Saṁyutta Nikāya. 5 vols. edited by Rhys Davids, T. W. and Carpenter, J. E. First published 1890. Reprint. London. PTS, 1991.

Saṁyutta Nikāya Aṭṭhakathā (Sāratthappakāsinī) 3 vols. edited by Rhys David, T. W. and Carpenter J. E. and Stede, W. PTS, 1886-1932.

The Aṅguttara Nikāya. 5 vols.

Vol. I and II, edited by Richard Morris, First published 1885. Reprint. London. PTS, 1961.

Vol III~V, edited by E. Hardy, First published 1897. Reprint. London. PTS, 1976.

Aṅguttara Nikāya Aṭṭhakathā (Manorathapūraṇī) 5 vols. edited by Max Walleser and Hermann Kopp, PTS, First published 1924-1956. Reprint. 1973-1977.

The Dhammasaṅgaṇi, edited by Edward Müller, First published 1885. Reprint. London. PTS, 1978.

Dhammasaṅgaṇīpāḷi, Devanagari edition of the Pāli text of the Chaṭṭha Saṅgāyana, Igatpuri, Vipassana Research Institute (VRI), 1998.

Dhammasaṅgaṇī-aṭṭhakathā, Devanagari edition of the Pāli text of the Chaṭṭha Saṅgāyana, Igatpuri, VRI, 1998.

The Aṭṭhasālinī: Buddhaghosa's commentary on the Dhamma-

saṅgaṇī, 2 Vols., London, PTS, 1916.

The Vibhaṅga, edited by MRS. Rhys Davids, First published 1904. Reprint. London. PTS, 1978.

Vibhaṅgapāḷi, Devanagari edition of the Pāli text of the Chaṭṭha Saṅgāyana, Igatpuri, Vipassana Research Institute (VRI), 1998.

Vibhaṅga-aṭṭhakathā, Devanagari edition of the Pāli text of the Chaṭṭha Saṅgāyana, Igatpuri, VRI, 1998.

Mohavicchedanī(Abhidhammamātikāpāḷi sahitā), Devanagari edition of the Pāli text of the Chaṭṭha Saṅgāyana, Igatpuri, VRI, 1998.

The Chaṭṭha Saṅghāyana CD-ROM edition (3th version). Igatpuri: VRI, 1998.

III. 빠알리 삼장 및 주석서 번역본

Dīgha Nikāya: Rhys Davids, T.W. and C.A.F. *Dialogues of the Buddha.* 3 vols. London: PTS, 1899-1921 Reprinted 1977.

Walshe, Maurice. *Thus Have I Heard: Long Discourse of the Buddha.* London: Wisdom Publications, 1987.

각묵 스님, 『디가 니까야』 (전3권) 초기불전연구원, 2006, 4쇄 2014.

Majjhima Nikāya: Horner, I. B. *The Collection of the Middle Length Sayings,* PTS, 1954-59.

Ñāṇamoli Bhikkhu and Bodhi Bhikkhu. *The Middle Length Discourse of the Buddha,* Kandy: BPS, 1995.

대림 스님, 『맛지마 니까야』 (전4권) 초기불전연구원, 2012.

Saṁyutta Nikāya: Woodward, F. L. *The Book of the Kindred Sayings,* PTS, 1917-27.

Rhys Davids, C.A.F, and F.L. Woodward. *The Book of the Kindred Sayings.* 5 vols. London: PTS, 1917-30. Rhys Davids tr. 9(1917), 2(1922); Woodward tr. 3(1925), 4(1927), 5(1930).

Bodhi, Bhikkhu. *The Connected Discourses of the Buddha* (2

Vol.s). Wisdom Publications, 2000.
각묵 스님, 『상윳따 니까야』 (전6권) 초기불전연구원, 2009, 3쇄 2016.
Aṅguttara Nikāya: Woodward and Hare. *Book of Gradual Sayings* (5 vols). London: PTS, 1932-38.
대림 스님, 『앙굿따라 니까야』 (전6권) 초기불전연구원, 2006~2007, 2쇄 2013.
Udāna & Itivuttaka: Ireland J. *The Udāna and the Itivuttaka.* First published 1997. Reprint. 2007 BPS Kandy. Sri Lanka.
Udāna-aṭṭhakathā: Masefield. *The Udāna Commentary*(Vol. I, II) London: PTS, 1995.
Vinaya Pitaka: Horner, I. B. *The Book of the Discipline.* 6 vols. London: PTS, 1946-66.
Dhammasaṅgaṇi: Rhys Davids, C.A.F., *A Buddhist Manual of Psychological Ethics*(Dhammasangaṇi 영역본), 1900. Reprint. London: PTS, 1974.
각묵 스님, 『담마상가니』 (전2권) 초기불전연구원, 2016.
Vibhaṅga: Thiṭṭila, U. *The Book of Analysis* London: PTS, 1969.
각묵 스님, 『위방가』 (전2권) 초기불전연구원, 2018.
Dhātukathā: Nārada, U. *Discourse on Elements.* London: PTS, 1962.
Puggalapaññatti: Law, B.C. *A Designation of Human Types.* London: PTS, 1922, 1979.
Kathāvatthu: Shwe Zan Aung and C.A.F. Rhys Davids. *Points of Controversy* London: PTS, 1915, 1979.
Paṭṭhana: U Nārada. *Conditional Relations* London: PTS, Vol.1, 1969; Vol. 2, 1981.
Atthasālinī (Commentary on the Dhammasāṅganī): Pe Maung Tin. *The Expositor* (2 Vol.s), London: PTS, 1920-21, 1976.
Sammohavinodanī (Commentary on the Vibhaṅga): Ñāṇamoli,

Bhikkhu. *The Dispeller of Delusion.* Vol. 1. London: PTS, 1987; Vol. 2. Oxford: PTS, 1991.

Visuddhimagga: Ñāṇamoli, Bhikkhu. *The Path of Purification.* (tr. of Vism) Berkeley: Shambhala, 1976.

대림 스님, 『청정도론』 (전3권) 초기불전연구원, 2004, 4쇄 2013.

Abhidhammasaṅgaha: Bodhi, Bhikkhu. *A Comprehensive Manual of Abhidhamma*, Kandy: BPS, 1993.

대림 스님/각묵 스님, 『아비담마 길라잡이』 (전2권) 초기불전연구원, 2002, 10쇄 2014, 전정판 2017, 2쇄 2017.

IV. 사전류

(1) 빠알리 사전

Pāli-English Dictionary (PED), by Rhys Davids and W. Stede, PTS, London, 1923.

Pāli-English Glossary of Buddhist Technical Terms (NMD), by Ven. Ñāṇamoli, BPS, Kandy, 1994.

A Dictionary of the Pali Language (DPL), by R.C. Childers, London, 1875.

Buddhist Dictionary, by Ven. Ñāṇatiloka, Colombo, 1950.

Concise Pāli-English Dictionary (BDD), by Ven. A.P. Buddhadatta, 1955.

Dictionary of Pāli Proper Names (DPPN), by G.P. Malalasekera, 1938.

Critical Pāli Dictionary (CPD), by Royal Danish Academy of Sciences & Letters

A Dictionary of Pāli (Part I, II), by Cone, M. PTS. 2001.

(2) 기타 사전류

Buddhist Hybrid Sanskrit Grammar and Dictionary (BHD), by F. Edgerton, New Javen: Yale Univ., 1953.

Sanskrit-English Dictionary (MW), by Sir Monier Monier-Williams, 1904.

Practical Sanskrit-English Dictionary (DVR), by Prin. V.S. Apte, Poona, 1957.

Dictionary of Pāṇini (3 vols), Katre S. M. Poona, 1669.

A Dictionary of Sanskrit Grammar, Abhyankar, K. V. Baroda, 1986.

A Dictionary of the Vedic Rituals, Sen, C. Delhi, 1978.

Puranic Encyclopaedia, Mani, V. Delhi, 1975, 1989.

Root, Verb-Forms and Primary Derivatives of the Sanskrit Language, by W. D. Wintney, 1957.

A Vedic Concordance, Bloomfield, M. 1906, 1990.

A Vedic Word-Concordance (16 vols), Hoshiarpur, 1964-1977.

An Illustrated Ardha-Magadhi Dictionary (5 vols), Maharaj, R. First Edition, 1923, Reprint: Delhi, 1988.

Abhidhāna Rājendra Kosh (*Jain Encyclopaedia,* 7 vols), Suri, V. First Published 1910-25, Reprinted 1985.

Prakrit Proper Names (2 vols), Mehta, M. L. Ahmedabad, 1970.

Āgamaśabdakośa (Word-Index of Aṅgasuttāni), Tulasi, A. Ladnun, 1980.

『불교사전』 운허용하 저, 동국역경원, 1989.

『梵和大辭典』 鈴木學術財團, 동경, 1979.

『佛教 漢梵大辭典』 平川彰, 동경, 1997.

『パーリ語佛教辭典』 雲井昭善 著, 1997

V. 기타 참고도서

Banerji, S. Chandra. *A Companion to Sanskrit Literature,* Delhi, 1989.

Basham, *History and Doctrines of the Ājivikas,* London, 1951.

Barua, B. M. *History of Pre-Buddhist Indian Philosophy,* Cal cutta, 1927.

____________, *Inacriptions of Aśoka(Translation and Glossary),* Calcutta, 1943, Second ed. 1990.

Bhandarkar Oriental Research Institute, edited, *The Mahābhārata* (4 vols), Poona, 1971-75.

Bodhi, Bhikkhu. *A Comprehensive Manual of Abhidhamma* (CMA). Kandy: BPS, 1993. (Pāli in Roman script with English translation)

Bronkhorst, J. *The Two Traditions of Meditation in Ancient India,* Delhi, 1993.

Burlingame, E.W. *Buddhist Legends* (trans. of DhpA). PTS, 1921, 1969.

CBETA Chinese Electronic Tripitaka Collection, CD-ROM edition: Taisho Tripitaka(大正新修大藏經) Vol.1-55 & 85; Shinsan Zokuzokyo(Xuzangjing) Vol. 1-88, Chinese Buddhist Electronic Text Association(CBETA, 中華電子佛典協會), Taipei, 2008.

Chapple, Christopher. *Bhagavad Gita (English Tr.), Revised Edition* New York, 1984.

Collins, S. *Nirvana and Other Buddhist Felicities: Utopias of the Pali Imaginaire.* Cambridge, 1998.

________, *Selfless Persons: Imagery and Thought in Theravāda Buddhism.* Cambridge 1982.

Cowell, E.B. ed. *The Jātakas or Stories of the Buddha's Former Births,* 6 vols, 1895-1907. Reprint, 3 vols. PTS, 1969.

Cowell, E.B. and R.A. Neil, eds. *Divyāvadāna,* Cambridge 1886.

Dutt, Nalinaksha. *Buddhist Sects in India.* Delhi, 1978.

Eggeling, J. *Satapatha Brahmana* (5 Vol.s SBE Vol. 12, 26, 41, 43-44), Delhi, 1989.

Enomoto, Fumio. *A Comprehensive Study of the Chinese Saṁyuktāgama. Part 1: Saṅgītanipāta.* Kyoto 2994.

Fahs, A. *Grammatik des Pali*, Verlag Enzyklopadie, 1989.

Fuminaro, Watanabe. *Philosophy and its Development in the Nikāyas and Abhidhamma*, Delhi, 1982.

Geiger, W. *Mahāvaṁsa or Great Chronicle of Ceylon.* PTS.

________. *Cūḷavaṁsa or Minor Chronicle of Ceylon (or Mahāvaṁsa Part II)*, PTS.

________. *Pali Literature and Language*, English trans. By Bata-krishna Ghosh, 1948, 3th reprint. Delhi, 1978.

Geiger, Wilhelm. A Pāli Grammar. Rev. ed. by K.R. Norman. PTS, 1994.

Gethin, R.M.L. *The Buddhist Path to Awakening, A Study of the Bodhi-Pakkhiyā Dhammā.* Leiden, 1992.

Gombrich, Richard F. *How Buddhism Began: The Conditioned Genesis of the Early Teachings.* London, 1996.

Hamilton, Sue. *Identity and Experience: The Constitution of the Human Being according to Early Buddhism.* London, 1996.

Harvey, Peter. *The Selfless Mind: Personality, Consciousness, and Nirvāṇa in Early Buddhism.* Curzon, 1995.

____________. "Signless Meditation in Pāli Buddhism." *Journal of the International Association of Buddhist Studies* 9(1986): 28-51.

Hinüber, Oskar von. *A Handbook of Pāli Literature*, Berlin, 1996.

_________________. *Selected Papers on Pāli Studies*, Oxford: PTS, 1994.

Horner I. B. *Early Buddhist Theory of Man Perfected*, 1937.

_________. *Milinda's Questions* (tr. of Mil). 2 vols. London: PTS, 1963-64.

International Buddhist Research & Information Center(IBRIC). *Ti-pitaka, The SLTP CD-ROM edition* , 2005. http://jbe.gold.ac.uk/ibric.html

Ireland, John D. *Saṁyutta Nikāya: An Anthology,* Part I (Wheel No. 107/109). Kandy: BPS, 1967.

Jacobi, H. *Jaina Sūtras* (SBE Vol.22), Oxford, 1884, Reprinted 1989.

Jayatileke, K.N. Early Buddhist Theory of Knowledge. London, 1963.

Jayawardhana, Somapala. *Handbook of Pali Literature*, Colombo, 1994.

Jones, J.J., trans. *The Mahāvastu.* 3 vols. London, 1949-56.

Kangle, R. P. *The Kauṭilīya Arthaśāstra* (3 vols), Bombay, 1969.

Kloppenborg, Ria. *The Paccekabuddha: A Buddhist Ascetic.* BPS Wheel No. 305/307, 1983.

Law, B.C. *History of Pali Literature.* London, 1933 (2 Vol.s)

Macdonell, A.A., and Keith. *Vedic Index of Names and Subjects.* 2 vols., 1912. Reprint, Delhi, 1958.

Malalasekera, G. P. *The Pali Literature of Ceylon*, 1928. Reprint. Colombo, 1958.

Masefield, Peter. *The Udāna Commentary* (tr. of UdA). 2 vols. Oxford: PTS, 1994-5.

Mills, Laurence C.R. "The Case of the Murdered Monks." *Journal of the Pali Text Society* 16(1992):71-75.

Müller, F. Max. *The Upanishads.* 2 vols. Reprint, Delhi, 1987.

Ñāṇamoli, Bhikkhu. *The Guide* (tr. of Nett). London:PTS, 1962.

________________. *The Life of the Buddha according to the Pali Canon.* 1972.

________________. *The Middle Length Discoursed of the Buddha* (tr. of Majjhima Nikāya, ed. and rev. by Bhikkhu

Bodhi), Boston; Kandy: BPS, 1995.

_________________. *Mindfulness of Breathing (ānāpānasati).* Kandy: BPS, 1964.

_________________. *Minor Reading and the Illustrator of Ultimate Meaning* (tr. of Khp and KhpA). London: PTS, 1962.

_________________, *The Path of Purification.* (tr. of Vism) Berkeley: Shambhala, 1976.

Naimicandriya, Commented by, *Uttarādhyayana-Sūtra,* Valad, 1937.

Nancy Accord, Translated by, *Introduction to Early Buddhism - An Accessible Explanation of the Core Theory of Early Buddhism,* 초기불전연구원, 2017(『초기불교 입문』 영역본)

Nārada Mahāthera, *A Manual of Abhidhamma.* 4th ed. Kandy: BPS, 1980. (Pāli in Roman script with English translation)

Norman, K.R. *Collected Papers* (5 vols), Oxford, 1990-93.

___________. *Elders' Verses I* (tr. of Thag). London: PTS, 1969.

___________. *Elders' Verses II* (tr. of Thig). London: PTS, 1971.

___________. *The Group of Discourses(SUTTA-NIPĀTA) Vol. II,* London: PTS, 1992.

___________. *Pāli Literature Including the Canonical Literature in Prakrit and Sanskrit of All the Hīnayāna Schools of Buddhism,* Wiesbaden, 1983.

Nyanaponika Thera. Ven. *Abhidhamma Studies,* Kandy: BPS, 1998.

______________________ *The Heart of Buddhist Medition.* London, 1962; BPS, 1992.

Nyanaponika Thera and Hellmuth Hecker. *Great Disciples of the Buddha: Their Lives, Their Works, Their Legacy.* Boston; Kandy: BPS, 1997.

Nyanatiloka Thera. *Guide through the Abhiddhamma Piṭaka*, Kandy: BPS, 1971.

Pe Maung Tin. *The Path of Purity.* P.T.S. 1922 (Vol. I), 1928 (Vol. II), 1931 (Vol. III)

__________, *The Expositor* (2 Vol.s). (Atthasālinī 영역본), London: PTS, 1920-21, 1976.

Pruitt, William. *Commentary on the Verses of the Theris* (tr. of ThigA). Oxford: PTS, 1998.

__________. edited by, Norman, K. R. translated by, *The Pātimokkha*, London: PTS, 2001.

Radhakrishnan, S. *Indian Philosophy*, 2 vols Oxford, 1991.

__________. *Principal Upanisads.* Oxford, 1953, 1991.

Rāhula, Walpola Ven. *What the Buddha Taught*, Colombo, 1959, 1996.

__________. *History of Buddhism in Ceylon.* Colombo 1956, 1993.

Rewata Dhamma. *The First Discourse of the Buddha: Turning the Wheel of the Dhamma.* Boston, 1997.

Rhys Davids, C.A.F, and F.L. Woodward. *The Book of the Kindred Sayings* (tr. of Saṁyutta Nikāya). 5 vols. London: PTS, 1917-30. Rhys Davids tr. 9(1917), 2(1922); Woodward tr. 3(1925), 4(1927), 5(1930).

Rhys Davids, T.W. *Buddhist India.* 1903. Reprint, Delhi, 1997.

Rhys Davids, T.W. and C.A.F. *Dialogues of the Buddha* (tr. of Dīgha Nikāya). 3 vols. London: PTS, 1899-1921.

Senart, edited, *Mahāvastu.* 3 vols. Paris, 1882-97.

Soma Thera, *The Way of Mindfulness,* 5th ed. Kandy: BPS, 1981.

Thomas, E. J. *The Life of the Buddha,* 1917, reprinted 1993.

Thittila, Ashin. *The Book of Analysis* (tr. of Vibh). London: PTS,

1969.

Umasvami, Acharya. *Tattvarthadhigama Sutra.* Delhi, 1953.

Vasu, Srisa Chandra. *Astadhyayi of Panini* (2 Vol.s). Delhi, 1988.

Vipassana Reserach Institute. *Tī-pitaka, The Caṭṭha Saṅghāyana CD-ROM edition* (3th version). Igatpuri: VRI, 1998.

Walshe, Maurice. *The Long Discourses of the Buddha* (tr. of Dīgha Nikāya). Boston, 1987, 1995.

______________. *Saṁyutta Nikāya: An Anthology,* Part III (Wheel No. 318/321). Kandy: BPS, 1985.

Warren, Henry C. & Dhammananda Kosambi. *Visuddhamagga,* Harvard Oriental Series (HOS), Vol. 41, Mass., 1950.

Wijesekera, O.H. de A. *Buddhist and Vedic Studies.* Delhi, 1994.

Winternitz, M. *History of Indian Literature* (3 vols), English trans. by Batakrishna Ghosh, Revised edition, Delhi, 1983.

Witanchchi, C. *"ānanda." Encyslopaedia of Buddhism,* Vol. I fasc. 4. Coombo, 1965.

Warder, A.K. *Indian Buddhism,* 2nd rev. ed. Delhi, 1980.

Yardi, M.R. *Yoga of Patañjali.* Delhi, 1979.

각묵 스님, *Development of the Vedic Concept of Yogakśema.* 『현대와 종교』 20집 1호, 대구, 1997

________, 「간화선과 위빳사나, 무엇이 같고 다른가」 『선우도량 제3호』 2003.

________, 『금강경 역해 — 금강경 산스끄리뜨 원전 분석 및 주해』 불광사 출판부, 2001, 9쇄 2017.

________, 『네 가지 마음챙기는 공부』 초기불전연구원, 2003, 개정판 3쇄 2008.

________, 『담마 상가니』 (전2권) 초기불전연구원, 2016.

________, 『디가 니까야』 (전3권) 초기불전연구원, 2006, 4쇄 2014.

________, 「범본과 한역 <금강경>의 내용 검토」 『승가학보 제8집』 조계종 교육원, 2008.

________, 「현대사회와 율장 정신」 동화사 계율학 대법회 제7회 발제문 2006.

________, 『상윳따 니까야』 (전6권) 초기불전연구원, 2009, 3쇄 2016.

________, 『초기불교 이해』 초기불전연구원, 2010, 5쇄 2015.

________, 『초기불교 입문』 초기불전연구원, 2017.

권오민, 『아비달마 구사론』 (전4권) 동국역경원, 2002, 2쇄 2007.

_____, 『아비달마 불교』 민족사, 2003.

김묘주 옮김, 『성유식론 외』 동국역경원, 2006.

김성구 등 옮김, 『본사경 외』 동국역경원, 2010.

김성철 옮김, 『중론』 불교시대사, 2004.

김인덕 지음, 『중론송 연구』 불광출판부, 2000.

김윤수 옮김, 『주석 성유식론』 한산암, 2006.

나까무라 하지메 지음, 김지견 옮김 『불타의 세계』 김영사, 2005.

대림 스님/각묵 스님, 『아비담마 길라잡이』 (전2권) 초기불전연구원, 2002, 11쇄 2015. 전정판 2쇄 2018.

대림 스님, *A Study in Paramatthamañjūsa (With Special Reference to Paññā)*, Pune University, 2001.(박사학위 청구논문)

________, 『들숨날숨에 마음챙기는 공부』 초기불전연구원, 개정판 2쇄 2008.

________, 『앙굿따라 니까야』 (전6권) 초기불전연구원, 2006~2007.

________, 『염수경 - 상응부 느낌편』 고요한소리, 1996.

________, 『청정도론』 (전3권) 초기불전연구원, 2004, 3쇄 2009.

대한불교조계종 교육원, 『주석본 조계종 표준 금강반야바라밀경』 2009.

동국역경원, 『출요경 외』 동국역경원, 2013.

라다끄리슈난, 이거룡 옮김, 『인도 철학사』 (전4권) 한길사, 1999.

마쓰타니 후미오, 이원섭 역, 『아함경 이야기』 1976, 22쇄 1997.

_______________, 이원섭 역, 『불교개론』 현암사, 2001.
무념 · 응진 역, 『법구경 이야기』 (1/2/3) 옛길, 2008.
뿔라간들라 R. 이지수 역, 『인도철학』 민족사, 1991.
삐야다시 스님, 김재성 옮김, 『부처님, 그분』 고요한소리, 1990.
_______________, 소만 옮김, 『마음 과연 무엇인가』 고요한소리, 1991.
사토우 미츠오, 김호성 역, 『초기불교교단과 계율』 민족사, 1991.
에띠엔 라모뜨, 호진 스님 옮김, 『인도불교사』 1/2 시공사, 2006
와타나베 후미마로 지음, 김한상 옮김, 『니까야와 아비담마의 철학과 그 전개』 동국대학교출판부, 2014.
이재숙, 『우파니샤드』 (전2권) 한길사, 1996.
일창 스님, 『부처님을 만나다』 이솔, 2012.
赤沼智善, 『漢巴四部四阿含互照錄』 나고야, 소화4년.
中華電子佛典協會, CBETA 電子佛典集(CD-ROM), 台北, 2008.
平川 彰, 이호근 역, 『印度佛教의 歷史』 (전2권) 민족사, 1989, 1991.
________, 권오민 옮김, 『초기 · 부파불교의 역사』 민족사, 1989.
________, 박용길 역, 『율장연구』 토방, 1995.

찾아보기

◎ 일러두기

문단 번호는 VRI본을 따랐음

[본문설명]: 『이띠웃따까』 본문에 나타나는 용어가 본문에서 직접 설명되는 경우
[설명]: 『이띠웃따까』 본문에 나타나는 용어가 각주에서 설명되는 경우
[각주]: 『이띠웃따까』 본문에는 나타나지 않고 각주에만 나타나는 경우
㊂ 참조

【가】

dhāri)
가축(pasu) 3:31 §2.
갈망(rāga) 3:20 §§1~2
갈망의 멸진(rāgakkhaya) 2:17 §2
갈망의 불(rāgaggi) 3:44 §1[설명].
갈망의 잠재성향(rāgānusaya) 3:36 §1.
갈애(taṇhā) 3:4 §2; [세 가지 ~] 3:9 §1[본문설명]; 4:10 §2.
갈애가 사라진(vīta-taṇha) 2:22 §4[설명]; 3:9 §2;
갈애가 소진하여 해탈함(taṇhakkhayavimutti) 3:6 §2.
갈애의 멸진(taṇhakkhaya) 2:11 §5; 3:6 §2; 3:41 §2.
갈애의 속박(taṇhāyoga) 3:9 §2.
갈애의 일어남 [네 가지 ~](taṇhuppāda) 4:6 §1[본문설명].
갈애의 족쇄(taṇhāsaṁyojana) 1:15 §1[설명].
갈증의 제거(pipāsavinaya) 3:41 §3.
갈증이 풀린(nicchāta) 3:3 §2; 3:5 §2; 3:7 §2.
감각기능(indriya) [다섯 가지 ~] 2:17 §2; 기능 [세 가지 ~] 3:13 §1[본문설명];
감각기능 3:42~43 §2.
감각기능들의 문을 잘 보호함(indriyesu guttadvāra) 2:1 §1; 2:2 §1
감각기능들의 문을 잘 보호하지 못함(aguttadvārata) 2:1 §1.
감각기능이 제어된(saṁvutindriya) 3:43 §2.
감각기능이 제어되지 않은(pākatindriya) 3:42 §2; 3:43 §1.
감각장소(āyatana) 4:10 §2
감각적 쾌락(kāma) 2:18 §2; 3:23 §1; 3:25 §2; 3:42~44 §2; 3:47 §1[설명]; 4:10 §2.
감각적 쾌락들로부터 벗어남(kāmanissaraṇa) 3:23 §2[설명].
감각적 쾌락에 대한 갈애(kāmataṇhā) 3:9 §1[설명].
감각적 쾌락에 대한 생각(kāmavitakka) 3:38 §1[본문설명]; 4:11 §1[본문설명].
감각적 쾌락에 얽매어 있는 것(paccupaṭṭhitakāma) 3:46 §1[설명].
감각적 쾌락을 누리는(kāmakāmi) 1:26 §2; 4:8 §2.
감각적 쾌락을 즐기는(kāmabhogi) 3:46 §2[설명].
감각적 쾌락을 즐김(kāmabhoga) 3:46 §2.
감각적 쾌락의 번뇌(kāmāsava) 3:7 §1[설명]; 3:8 §1.
감각적 쾌락의 속박(kāmayoga) 3:47 §§1~2[설명].
감각적 쾌락의 속박에 걸린(kāmayogayutta) 3:47 §1.
감각적 쾌락의 속박에서 벗어난(kāmayogavisaṁyutta) 4:13 §1; 3:47 §1.
감각적 쾌락의 일어남 [세 가지 ~](kāmūpapatti) 3:46 §1[본문설명].
감각적 쾌락의 추구(kāmesanā) 3:5 §1[설명]; 3:6 §1.
감지한(muta) 4:13 §2.

값나가지 않는, 적은(appāni) 4:2 §1.
강(nadī) 4:10 §§1~2.
같은(sama) 1:24 §2; 참 비 없는 구름과 같은(avuṭṭhika-sama) 3:26 §1.
같은 말(adhivacana) 1:22 §1; 두고 한 말 4:7 §2; 4:10 §2.
같음(upamā) 3:42 §2; 비유 4:10 §2.
개(soṇa) 2:15 §1.
거들먹거림(unnaḷā) 4:9 §1.
거머쥐지 않는(anādāna) 1:15 §2; 4:6 §2
거지(yācaka) 3:26 §1[설명].
거짓말(musāvāda) 3:25 §2;
고의로 하는 거짓말(sampajānamusāvāda) 1:25 §1.
거짓말을 하는 자(musāvādi) 1:25 §2.
거처(senāsana) 4:2 §§1~2; 4:6 §1; ☞ 의복(cīvara) 4:8 §1.
건너기 위한(nittharaṇattha) 4:8 §1[설명].
건너서(tiriya) 4:12 §3
건넌1(atīta) 3:19 §2.
건넌2(tārayanta) 4:13 §6.
건넌3(tiṇṇa) 4:13 §6.
건넜다1(accatāri, ati+√tṝ, *to cross*, Aor. 3th) 3:20 §2.
건넜다2(atari, √tṝ, *to cross*, Aor. 3th sg) 3:20 §1.
걸려든(saṅghāṭa) 2:16 §2.
걸림이 없는(anāvara) 3:33 §4.
걸식(piṇḍolya) 3:42 §1.
검증하는(parivīmaṁsamāna) 2:20 §2.
겁(kappa) 1:22 §1[설명]; 1:24 §2. 참 수축하는 겁(saṁvaṭṭa-kappa); 팽창하는 겁(vivaṭṭakappa); 수축하고 팽창하는 겁(saṁvaṭṭavivaṭṭakappa).
겁이 다하도록 [지옥에] 머무는(kappaṭṭha) 1:18 §2; 3:40 §1.
게으른(kusīta) 2:7 §2; 3:29 §3; 4:3 §2; 4:11 §1.
겨드랑이(kaccha) 3:34 §1.
격려하는(samādapaka) 4:5 §1.
겪다1(adhigacchati) 2:1~2 §2; 체득하다 3:37 §2.
겪다2(nigacchati) 4:10 §1.
겪다, 받다, 당하다(vaje) 3:33 §4.
견(見)(dassana) 4:5 §1. 참 해탈지견의 무더기(vimuttiñāṇadassanakkhandha)
견디는 자(sāhi) 2:11 §5
견디지 못할 것을 견디는 분(asayhasāhi) 2:11 §5.
견해1(diṭṭhi) 2:5~6 §1;

견해2(diṭṭhigata) 2:22 §1[본문설명] [설명];
결박 [일곱 가지 ~](saṅga) 3:45 §2[설명]
결박을 넘어선(saṅgātiga) 3:20 §2[설명].
경안한(passaddha) 4:13 §2.
경험하다(paṭisaṁvedeti) 2:17 §2.
경험한(paṭisaṁvedī) 3:50 §1 = 행복과 고통을 경험한(sukhadukkhappaṭisaṁ-vedī)
계(sīla) 3:10 §2; 3:25 §5; 3:27 §§1~2;
계의 구족(sīlasampanna) 4:5 §1.
계의 무더기[戒蘊](sīlakkhandha) 3:10 §1; 4:5 §2.
계로 이루어진(sīlamaya) 3:11 §1;
계를 잘 지키는(sampannasīla) 4:12 §1[설명].
계와 서계를 갖춘(sīlavatūpapanna) 3:35 §§3[설명], §4;
계행을 갖춘(sīlavā) 3:25 §§2~4;
계곡(ninna) 3:26 §5.
계략을 부리기 위한(kuhanattha) 2:8~9 §1.
계속해서 생각하는 함(anussaraṇa) 4:5 §1.
고대의 신과 함께 사는(sapubbadevata) 4:7 §1[본문설명].
고요하다(vūpasammati) 3:43 §3.
고요한(santa) 2:15 §2; 3:4 §3; 3:13~14 §2; 3:23 §2; 3:36 §2; 4:13 §6.
고요한(santavutti) 2:10 §2[설명]; 4:12 §3.
고요한 경지(santipada) 3:13~14 §2; 3:38 §3[설명].
고요함(santi) 3:28 §2; 3:37 §2.
고의로 거짓말하는 것(sampajāna-musāvāda) 1:25 §1[설명].
고집(parāmāsa) 3:6 §2 ㊟ 이것만이 진리라는 고집(itisaccaparāmāsa)
고찰(vicārita) 3:38 §3.
고통받는(ḍayhamāna) 2:1~2 §2.
곤혹스러움에 빠지게 하는(vighātapakkhika) 3:36 §1; 3:38 §1.
곤혹스러움에 빠진(vighātavā) 3:43 §3.
골똘히 생각하는(anuvicinta) 3:37 §2
공개적으로[無遮] 지내는 제사 [대문을 열고 크게 ~](niraggaḷa) 1:27 §5[설명].
공경이 있는(sāhuneyyaka) 4:7 §1.
공덕(puñña) 1:22 §1[설명]; 3:21~22 §4; 3:34 §4;
공덕을 짓는(puññakiriya) 1:23 §2.
공덕을 짓는 토대(puññakiriyavatthu) 1:27 §1[설명]; [세 가지 ~] 3:11 §1[본문설명].
공부지음의 이익(sikkhānisaṁsa) 2:19 §1[설명].

공부짓는(sikkhamāna) 3:13 §2; 4:3 §2.
공부짓다(sikkhati) 3:40 §1; 4:12 §1.
공부지음을 성취한(paripuṇṇasikkha) 2:19 §2 참 완벽한(paripuṇṇa).
공양받아 마땅한(āhuneyya) 3:41 §3.
공양받아 마땅한 분과 함께 사는 [가문](sāhuneyyakāni) 4:7 §2.
과거의 시간(atīta addhā) 1:25 §1; 3:14 §1[설명].
과거(atīta addhāna) 3:29 §2.
과보(vipāka) 1:22 §1; 1:26 §1; 3:41 §1.
관대한(vadaññū) 3:25 §5[설명].
관련된(paṭisaṁyutta) 3:31 §1 ☞ 멸시받지 않음과 관련된 생각(anavaññatti-paṭisaṁyutta vitakka)
관찰하는(anupassī) 3:36 §1.
관통(abhisamayā) 3:4 §1; 향하는 1:23 §2;
광대한(pahūta) 1:27 §5.
광명(āloka) 3:50 §§1~3.
광명을 만드는(ālokakaraṇa/ -kara) 4:5 §§2~3.
광음천에 간(ābhassarūpaga) 1:22 §1[설명]
괴로운 느낌(dukkhā vedanā) 3:3~4 §1. 참 느낌(vedanā)
괴로운 법(dukkhadhammā) 2:16 §2
괴로움(dukkha) 1:18 §1; 1:24 §2; 2:1 §1; 2:14 §1; 3:12 §2; 3:20 §2; 3:28 §1; 3:35 §4; 3:40 §3; 3:42 §1; 3:44 §2; 3:46 §2; 3:48 §4; 4:3~4 §1; 4:6 §2; 4:10 §1.
괴로움을 끝냄(dukkhassanta) 2:8~9 §2; 2:12 §2; 4:8 §1.
괴로움의 멸진(dukkhakkhaya) 1:7~13 §1; 2:10 §2.
괴로움의 멸진으로 인도하는(dukkhūpasamagāmi) 1:24 §2; 4:4 §3.
괴로움의 무더기(dukkhakkhandha) 3:42 §1.
괴로움의 소멸(dukkha-nirodha) 4:3~4 §1.
괴로움의 소멸로 인도하는 도닦음(dukkha-nirodhagāminī paṭipadā) 4:3~4 §1.
괴로움의 일어남1(dukkha-samuppāda) 1:24 §2
괴로움의 일어남2(dukkha-samudaya) 3:45 §1; 4:3~4 §1;
괴롭지도 즐겁지도 않은 느낌[不苦不樂受](adukkhamasukhā vedanā) 3:3~4 §1, §2[설명]. 참 느낌(vedanā)
교만의 분쇄(madanimmaddana) 3:41 §2.
교제(saṁsagga) 3:29 §3.
교활한(siṅgi) 4:9 §1.
구경의 지혜(aññā) 1:1 §2[설명]; 1:2~13 §2; 1:17~20 §2; 3:35 §2; 3:43 §3; 4:3 §2[설명]; 4:5 §3.
구경의 지혜를 가지려는 기능[未知當知根](anaññātaññassāmītindriya) 3:13

§1[설명]
구경의 지혜를 구족한 자의 기능[具知根](aññātāvindriya) 3:13 §1[설명].
구경의 지혜의 기능[已知根](aññindriya) 3:13 §1[설명].
구부려야 하다(samiñjaye/sammiñjaye, saṁ+√iṅg, *to stir*, Pot. 3th sg) 4:12 §3.
구성요소(aṅga) 1:16 §1, 1:17 §1.
구애받다(paṭihaññati) 4:2 §2.
구족한(sampanna) 3:17 §2; 3:18 §2; 3:25 §5; 4:4 §3; 4:5 §1.
굳건한 자(thāvara) 2:11 §1[설명].
굴렸다(pavattayi, pra+√vṛt, *to turn* Aor. 3th sg) 4:13 §6.
굴레(yoga) 3:14 §2[설명]; 속박 3:35 §4. 참 요구에 반드시 부응하는(yāca-yoga) 4:1 §1[설명].
귀의처(saraṇa) 3:25 §§2～4; 4:13 §6.
그대로 설하는 분(tathāvādī) 4:13 §4
그대로 행하는 분(tathākārī) 4:13 §4.
그러한(tathārūpa) 4:5 §2
그릇(piṇḍola) 3:42 §1.
그릇된(micchā)
그릇된 바람(pāpiccha) 2:13 §2.
그릇된 원(願)을 가진(pāpicchatā) 3:40 §1.
그릇된 음행(micchācāra) 3:25 §2.
그리고, 역시(atha) 4:4 §3.
근거 없는(amūlaka) 2:21 §1.
근면한(ātāpī) 2:7 §1, §2; 2:7 §2; 2:19 §2; 2:20 §1; 2:23 §2; 3:36 §2; 3:50 §1; 4:11～12 §2.
근면하지 않는(anātāpī) 2:7 1[설명]; 4:11 §1.
근심 없는(anīgha) 3:48 §4; 4:13 §6.
근원(pabhava) 2:16 §2 참 음식과 [갈애라는] 사슬을 그 근원으로 하는(āhāra-nettippabhava) 2:16 §2[설명]
금생의1(diṭṭhadhammika) 1:23 §1[설명].
금생의2(diṭṭhe dhamme) 1:23 §2.
금하는(paṭivirata) 3:25 §2.
금하지 않는(appaṭivirata) 3:25 §2.
기부자라는 말 [큰 ～](subhikkhavāca) 3:26 §5.
기능을 구족한(indriyasampanna) 3:13 §1.
기다리다 [시간을～](kaṅkhati) 3:28 §2.
기분 좋은 모습(sātarūpa) 4:10 §1.
기뻐하는1(āmodamāna) 3:26 §3.

기뻐하는2(nandi) 4: 8 §2.
기뻐하다(abhinandati) 2:22 §2
기뻐하기 위한(abhinanditum) 2:16 §2 참 즐길 것이라고는 [하나도] 없는(an-abhinanditāni) 2:17 §3[설명]
기쁘게 하는(sampahaṁsaka) 4:5 §1.
기쁘게 하다(anumodati) 3:34 §1
기쁨(somanassa) 2:10 §1 = 많은 행복과 기쁨을 누리면서(sukhasomanassa-bahula)
기쁨을 만들어내는(pāmojjakaraṇa) 4:5 §3[설명].
기억하다(anussarati) 3:50 §1.
길들이는(damma) 3:35 §1 참 사람을 잘 길들이는 분[調御丈夫, purisadamma-sārathi]
길들임(dama) 1:22 §3[설명].
길을 따라가는(maggānuga) 3:40 §3.
깊은(ogadha) 2:8~9 §2. 참 열반에 깊이 들게 하는(nibbānogadhagāmi)
깊이 살펴야 한다(samavekkhiya, saṁ+ava+√īkṣ, *to see*, Grd.) 2:10 §2
깊이 살피는(samavekkhita) 4:12 §3.
깊이 탐닉하는(tibbasārāga) 3:42 §2; 3:43 §1.
깎고 [머리와 수염을 ~], 삭발을 하고(ohāretvā) 3:33 §1
깨끗한(pasādita) 1:21 §2.
깨끗한 마음을 가진[淸淨心](pasannacitta) 1:21 §1; 3:49 §4.
깨끗함(soceyya) 3:17 §§1[본문설명].
깨닫다(avabujjhati) 3:39 §2.
깨달음으로 인도하는(sambodhigāmi) 3:48 §4.
깨달음의 편에 있는 법[菩提分法](bodhipakkhiya dhamma) 3:33 §2[설명]; 3:48 §2.
깨어나다(pabujjhati) 2:20 §2.
깨어있는(jāgarita/jāgaranta) 2:20 §2.
깨어있음1(jāgariya) 2:20 §2.
깨어있음2(jāgara) 4:11 §1; 4:12 §2.
꺼버리다(nibbāpeti) 3:44 §2.
껍질이 딱딱한(tacasāra) 3:1 §2[설명].
꼭대기(muddha) 2:11 §5 = 바위산 꼭대기에 서면(pabbatamuddhaniṭṭhita)
꾸려감(pakata) 3:42 §1.
꿰뚫어 알다(pajānati) 1:20~21 §1; 2:14 §2; 3:2 §2; 3:5 §2; 3:7 §2; 3:48 §4; 3:50 §2; 4:4 §1.
꿰뚫어 알지 못하는(appajānanta) 3:24 §2
꿰뚫음으로 인도하는, 꿰뚫음으로 가는(nibbedhagāminī) 2:14 §2; 3:44 §2.

끊어지다1(ucchijjati) 2:22 §2.
끊어지다2(chijjati) 3:29 §3[설명].
끝 [괴로움의~](anta) 3:4 §2; 3:35 §4.
끝내는1 [괴로움을 ~](antakara) 1:24 §2.
끝내는2 [괴로움을 ~](antakiriya) 3:42 §1; 4:4 §3[설명]; 4:8 §1.
끝난(vikkhīṇa) 3:45 §2.
끝내다(byantīkaroti/vyantī-) 4:11 §1.
끝도 훌륭한(pariyosānakalayāṇa) 3:35 §1; 4:8 §1.

【나】

나누기 어려운(dubbhaga) 3:42 §3.
나누다(pakireti) 3:26 §5; 버리다 3:42 §3.
나라를 안정되게 함(janapadatthāvariyappatta) 1:22 §2
나무 아래(rukkhamūla) 4:2 §1.
나쁜 도(kummagga) 4:11 §3.
나쁜 행위[惡行] [세 가지 ~](duccarita) 3:15~16 §1[설명];
나의 [제자들](māmaka) 4:9 §1[설명].
나타나다1(okkamati) 3:34 §1.
나타나다2(pātubhavati) 3:34 §1 = 5가지 전조가 나타나다(pubbanimittāni pātu-bhavanti) [본문설명]
남들에 대한 동정심과 관련된 생각(parānuddayatā-paṭisaṁyutta vitakka) 3:31 §1[설명].
남들이 창조한 것을 지배하는 것(paranimmitavasavatti) 3:46 §1[설명].
낮은 단계의 족쇄[下分結] [다섯 가지 ~](orambhāgiya) 4:10 §2[설명]. 참 족쇄(saṁyojana)
낳음(janana) 3:39 §2.
내과의사(bhisakka) 4:1 §1[설명].
내려놓는(nikkhipanta) 3:43 §1.
내려놓은(bhāra) ☞ 짐을 내려놓은(ohitabhāra)
내리는 비(abhivassī) 3:26 §1, §4.
내면의(antara) 3:39 §1.
내생의 [이익](samparāyika) 1:23 §§1~2[설명]; 내생에 관계된 2:17 §4
내적인 구성요소(ajjhattika aṅga) 1:16 §1[설명].
넌더리내는(jigucchamāna) 2:22 §2.
널빤지(dāru) 3:29 §3.

넘기 어려운(duraccaya) 3:46 §2.
넘어서다(ativattati) 1:15 §2[설명]; 3:46 §2; 4:6 §2 ☞ 이 존재와 또 다른 존재가 [연속하여 전개되는] 윤회를 넘어서지 못한다(itthabhāvaññathābhāvaṁ, saṁsāraṁ nātivattati).
넘어서버리다(atidhāvati) 2:22 §2[본문설명].
넘어선1(upaccagā) 1:7 §2.
넘어선2(atikkamma) 3:10 §1
넘어선3(atikkanta) 3:50 §2.
넘어섰다(accaguṁ, ati+√gam, *to go*, Aor.3th) 3:44 §2; 3:46 §2
네 발을 가진(catuppada) 3:41 §1.
노란 가사를 목에 두른(kāsāvakaṇṭha) 2:21 §2; 3:42 §2.
노력(padhāna) 2:10 §1[설명]. = 지혜로운 노력(yoniso padhāna)
논쟁(bhaṇḍana) 1:18~19 §1.
놓아버린(paṭinissaṭṭha) 3:6 §2. = 추구를 놓아버린(esanā paṭinissaṭṭha)
놓아버림(paṭinissagga) 3:2 §2; 3:24 §2 ☞ 재생의 근거를 놓아버림(upadhi-ppaṭinissagga)
놓은(nikkhitta) 1:20~21 §1; 2:5~6 §1.
누리다(paccanubhoti) 1:22 §1; 만나다 2:17 §2.
누린(paccanubhūta) 1:22 §1
누워있는(sayāna) 4:11 §1; 4:12 §2.
누워있어야 한다(saye) 4:12 §3.
눈 [세 가지 ~](cakkhu) 3:12 §1[설명].
눈을 가진 자(cakkhumā) 2:17 §4; 2:22 §1[설명]; 4:5 §2; 4:10 §1.
눈을 만듦(cakkhukaraṇa) 3:38 §2.
눈을 없애버림(acakkhukaraṇa) 3:38 §1.
느낌 [세 가지 ~](vedanā) 3:3 §1[본문설명]; 3:4 §1[본문설명].
늘(sabbadā) 2:15 §2; 언제나 3:25 §2; 3:36 §2.
능가하고(adhiggahetvā) 1:27 §1.

【다】

다른(aññatara), 어떤 2:18~20 §1; 3:19 §2; 4:2 §1.
다른 것을 더 닦으신 분(bhāvitattaññatara) 3:19 §2.
다시 돌아오는 자(āgāmī) 3:47 §1[설명].
다시 돌아오지 않는 자(anāganta) 3:47 §1.

다시 여기 태어난(idhūpapanna) 3:50 §1.
다시 태어남[再有](punabbhava) 1:8 §2; 2:15 §2; 2:22 §4; 3:20 §2; 3:24 §2; 3:44 ~47 §2; 4:5 §3.
다시 태어남이 다한(khīṇapunabbhava) 2:15 §2; 3:47 §2.
다시는 돌아오지 않는 경지(anāgāmita) 1:1 §1[설명], 1:2~6 §1, 2:18~20 §1.
다시는 돌아오지 않는 자[不還者](anāgāmī) 3:47 §1[설명].
다툼을 버린 자(raṇañjaha) 4:5 §2[설명].
닦다1(bhāvayati/bhāveti) 1:16~17 §1[설명]; 1:22 §1; 1:23 §1; 1:27 §5(bhāva-yati);
닦는 데 전념하는(bhāvanānuyoga) 3:33 §2; 3:48 §2.
닦으신 분 [다른 것을 더 ~](bhāvitattaññatara) 3:19 §2.
닦은(bhāvita) 3:10 §2; 수행한 4:13 §1.
닦은 자(bhāvitatta) 3:19 §2; 수행을 얻은 3:28 §2; 3:35 §4; 3:40 §3;
닦다2(vussati) [청정범행을 ~], 삶을 살다 2:8~9 §1; 4:9 §1.
단속(saṁvara) 2:8 §1
빠띠목카(계목)의 단속으로 단속하는(pātimokkhasaṁvarasaṁvuta) 3:48 §1; 4:12 §1.
달빛(candī) 1:27 2.
닭(kukkuṭa) 2:15 §1.
담을 쌓음(parikkhepa) 1:18~19 §1.
닿다, 얻다(phuse) 2:20 §2.
닿은(phuṭṭha), 체득하는 3:14 §2[설명]; 닿은 [열반에 ~] 4:13 §6.
닿을 것이다 [해탈에 ~](phassaye) 4:10 §3[설명].
닿을 수 [깨달음에 ~](phuṭṭhuṁ) 2:7 §2; 3:30 §3; 3:31 §2; 4:11 §3.
대상(隊商)의 우두머리(satthavāha) 3:35 §4; 4:5 §2.
대선인(mahesi) 1:24 §2; 1 | 26 §2; 1:8~9 §2; 2:11 §5; 3:35 §4.
대해 [거처에 ~](ārabbha) 4:2 §2.
더 고요한(santatara) 3:24 §1.
더 해야 할 일(uttarikaraṇīya) 3:40 §2 [설명].
더러움의 인식[不淨想]을 가진(asubhasaññi) 3:44 §2.
더러워지다(kilissati) 3:34 §1.
더미 [해골~](kaṅkala) 1:24 §1.
더욱 증장함(bhiyobhāva) 1:19 §1.
덤불(vanatha) 3:29 §3.
덩어리(rāsi) 1:24 §1 = 해골 덩어리(aṭṭhirāsi)
덩이(kabala/kabaḷa) 1:26 §1.
덩이 [음식 ~](ālopa) 1:26 §1; 4:2 §1.

두려움을 보는 자(bhayadassāvi) 3:48 §1; 4:12 §1.
두려워하다(bhāyittha, √bhī, *to fear*, Aor. 2nd pl) 1:22 §1.
뒤범벅(sambheda) 2:15 §1.
뒤에서(piṭṭhito) 3:43 §1.
뒷받침하는(paccupaṭṭhita) 4:8 §1.
드러내는(udīrayanta) 3:35 §4.
드러내다(pakāseti) 3:35 §1; 4:8 §1.
드러낸(pakāsita), 밝혀진 2:11 §5; 2:12 §2; 2:17 §4.
듣는 것(savana) 4:5 §1.
듣다(suṇati) 2:20 §2; 3:49 §4.
들떠있는(uddhata) 3:30 §3[설명]
들뜨지 않는(anuddhata) 2:10 §2[설명]; 3:30 §3; 4:12 §3.
들뜸과 후회(uddhaccakukkucca) 4:12 §2
들러붙지 않는(asaṇṭhitā) 3:2 §2; 3:24 §2; 3:45 §1[설명].
들숨날숨에 대한 마음챙김(ānāpānasati) 3:36 §1.
들어가다 [마음이 [그 법에] ~](pakkhandati) 2:22 §1.
들어가야 하다(nivesaye) 3:34 §4.
등불을 만드는 자(pajjotakara) 4:5 §2.
따가라 향(tagara) 3:27 §2.
따돌린(hāyi) 3:2 §2. = 죽음을 따돌린(maccuhāyi)
따라가다(anukkamati) 3:35 §4.
따라서 출가하는(anupabbajja) 4:5 §1.
따르게 된다(anvad-eva) 2:13 1[설명].
따르는1(anvaya) 3:35 §4.
따르는2(anusāri) 3:13 §2; 4:3 §2.
따르는 것(sahavāsa) 3:27 §2;
땀(seda) 3:34 §1.
땅(pathavi) 1:27 §5.
때 [세 가지 내면의 ~](malā) 3:39 §1[본문설명].
떠내려가다(ovuyhasi, ava+√vah, *to carry*, Pass. Pre. 2nd sg) 4:10 §1.
떠오른 [태양이 창공에 ~](abbhussakkamāna) 1:27 §3.
떠오름(udaya) 3:39 §2
떨어지는 법(cavanadhamma) 3:34 §1[설명].
떨어지다1(padhaṁsati) 1:18 §2.
떨어지다2(cavati) 3:34 §4
떨어지다3(upapajjare, upa+√pad, *to go*, Ā. Pre. 3th pl) 2:21 §2; 3:42 §3.
뛰어나게 태어난 [아들](atijāta) 3:25 §2[본문설명].

뛰어난(adhiggahita) 4:2 §2[설명].
뛰어넘은, 넘어선(atiga) 3:4 §3; 3:20 §2; 3:23 §2; 3:36 §2.
뜻(attha) 1:1 §1 등의 모든 경들

【라】

락카사가 있는(sarakkhasa) 3:20 §§1～2; 4:10 §1.

【마】

마라(māra) 2:19 §2[설명]
  마라를 물리친(mārañjaha) 2:11 §5[설명]; 2:19 §2.
  마라를 포함한(samāraka) 4:13 §1.
  마라에게 묶였다(bandha mārassa) 3:19 §1[설명].
  마라에게 묶이지 않은(abandha mārassa) 3:19 §1.
  마라의 덫(mārapāsa) 3:19 §1[설명].
  마라의 영역(māradheyya) 3:10 §1[설명].
마음(citta) 1:7～13 §1[탐욕으로부터 빛바랜 ～]; 1:26 §1; 2:22 §1; 3:37 §2; 4:2 §2; 4:12 §2[～이 전일함].
  마음을 요동치게 함(cittappakopana) 3:39 §2.
  마음이 산란한(vibbhantacitta) 3:42 §2; 3:43 §1.
  마음이 전일한(ekaggacitta) 3:43 §2.
마음에 들거나 마음에 들지 않는 것(manāpāmanāpa) 2:17 §2.
마음에 잡도리함[如理作意] [지혜롭게 ～](manasikāra) 1:16 §1[설명].
마음으로 [짓는] 좋은 행위(mano-sucarita) 3:16 §1; 3:22 §1; 3:50 §2.
  마음으로 짓는 나쁜 행위(mano-duccarita) 2:3～4 §2; 3:15～16 §1; 3:21 §§1～3; 3:34 §4; 3:50 §2.
  마음으로 짓는 성자에게 어울리는 행위(mano-moneyya) 3:18 §1[설명].
  마음의 깨끗함(mano-soceyya) 3:17 §§1～2.
마음의 [이상인](mānasa)
  마음의 이상인 [아라한과를] 얻은(pattamānasa) 3:33 §4[설명]; 1:16～17 §1[설명].
마음의 사마타[止]에 몰두하는(cetosamatham anuyutta) 2:10 §2; 2:18 §1[설명].
  참 몰두하는(anuyutta); 전념하는(anuyutta).

마음의 해탈[心解脫](cetovimutti) 3:33 §3[설명]; 3:48 §3; 3:50 §3; 4:4 §3; 1:27 §1[자애를 통한 ~];
마음으로 마음을(cetasā ceto) 1:20~21 §1.
마음이 깨끗함(cetopasāda) 1:21 §1.
마음이 타락함(cetopadosa) 1:20 §1.
마음챙기는1(sata) 1:15 §2; 2:20 §1; 3:3 §2[설명]; 3:5 §2; 3:7 §2; 3:37 §1; 4:6 §2; 4:12 §3.
마음챙기는2(patissata) 1:17 §2; 1:27 §5; 3:36 §2;
마음챙김(sati) 4:12 §2.
마음챙김을 갖춘(satimā) 2:7 §2; 2:14 §2; 2:18 §2
마음챙김을 놓아버린(muṭṭhassati) 3:42 §2; § 3:43 §1.
마음챙김을 확립함, 마음챙김이 확립됨(upaṭṭhitasati) 3:43 §2; 4:12 §2.
마음챙김의 지배를 가진(satādhipateyya) 2:19 §1[설명].
마음챙김이 확립된(upaṭṭhitā sati, upaṭṭhitassati) 4:12 §2; 3:43 §2.
마지막 [몸](antima) 3:8 §2; 3:13 §2.
마지막 몸을 가진 분1(antimadehadhāri/-ra) 2:11 §5[설명]; 2:19 § 2: 3:8 §2; 3:13 §2; 4:1 §1.
마지막 몸을 가진 분2(sarīrantimadhāri) 2:14 §2.
마치(tathūpamaṁ) 2:11 §5; 그러한 3:42 §2.
마치 누가 그를 데려가서 놓는 것처럼(yathābhataṁ) 1:20~21 §1[설명]; 2:5~6 §1;
막상 오면(laddhāna) 3:26 §5[설명].
만나고(āgamma) 3:29 §3.
만들어지지 않은(akata) 2:16 §1; 하지 않은 2:3~4 §1;
만들었다(akāsi, √kṛ, *to do*, Aor. 3th sg) 3:4 §2.
만족하게 하다(tappeti) 3:26 §5.
만족한(tuṭṭha) 4:2 §1.
많은 도움이 되는(bahūpakāra) 4:5 §1.
많은 사람의 이익을 위하고 많은 사람의 행복을 위하는(bahujanahitāya bahujanasukhāya) 1:18~19 §1; 3:35 §1.
많이 공부짓는(bahulīkata) 1:23 §1.
많이 배운(bahussuta) 3:22 §4; 3:35 §3.
많이 하는 자(brūhetā) 2:18 §1 = 빈집에 머무는 것을 많이 하는 자(brūhetā suññāgārānaṁ)
말뚝을 던지는 제사(sammāpāsa) 1:27 §5.
말로 짓는 좋은 행위(vaci-sucarita) 3:16 §1; 3:22 §1; 3:50 §2.
말로 짓는 나쁜 행위(vaci-duccarita) 2:3~4 §2; 3:15~16 §1; 3:21 §§1~3; 3:34 §4; 3:50 §2.

말로 짓는 성자에게 어울리는 행위(vaci-moneyya) 3:18 §1[설명].
말의 깨끗함(vaci-soceyya) 3:17 §§1~2.
말을 바치는 제사(assamedha) 1:27 §5.
말하기를 좋아함(bhassārāma) 3:30 §1.
말하다1(brūti) 2:11 §5; 2:19 §2; 2:19 §2.
말하다2(lapati) 4:13 §3.
말해준 것을 그대로 따라 말하는(lapitalāpanamatta) 3:50 §1[설명].
말해진(akkhāta) 1:24 §2.
망가뜨리다(dubbhe) 3:40 §3.
망가지지 않게 함(aparihāna) 3:30 §2.
매듭(gantha) 1:8 §2; 4:3 §2; 4:13 §6.
머리와 수염(kesamassu) 3:33 §1.
머무는1(vihāri) 4:12 §3.
머무는2(esi) 4:8 §2.
머물다(ajjhāvasati) 3:33 §3.
머물러 있는(patiṭṭhita) 3:14 §2[설명]; 확립된 3:34 §§1~4.
먹여줌(posaka) 4:7 §2.
먼지(raja) 3:38 §3.
멀리 있는(ārakā) 3:43 1[설명].
멀리하다(parivajjeti) 3:29 §3.
멀어지다1(dhaṁsati) 1:19 §2.
멀어지다2(parihāyati) 3:37 §2.
멀어진(apagatā) 4:9 §1.
멸계(滅界, nirodhadhātu) 3:2 §1.
멸시받지 않음과 관련된 생각(anavaññattipaṭisaṁyutta vitakka) 3:31 §1[설명]
멸진(khaya) 1:16 §2; 2:17 §2; 3:3 §2; 3:5~7 §2; 3:40 §3; 4:13 §6. ☞ 갈망의 멸진(rāgakkhaya); 갈애의 멸진(taṇhakkhaya); 괴로움의 멸진(dukkhakkhaya); 번뇌의 멸진(āsavānaṁ khaya); 태어남의 멸진을 본(jātikhayanta-dassi); 존재의 사슬이 멸진한 것(bhavanettisaṅkhaya); 어리석음의 멸진(mohakkha-ya); 완전한 멸진(parikkhaya); 족쇄의 멸진(saṁyojanakkhaya); 취착의 멸진을 기뻐하는(upādānakkhayārāma); 태어남의 멸진(jātikkhaya); 태어남과 존재의 완전한 멸진(jātibhavaparikkhaya).
명성(siloka) 2:8~9 §1[설명]; 3:31 §1.
명지(明知)(vijjā) 2:13 §1[설명]; 3:36 §1; 3:50 §§1~3[본문설명]. 참 첫 번째 [등의] 명지(明知)(paṭhamā vijjā) 3:50 §1.
명지와 실천을 구족한 분[明行足](vijjācaraṇasampanna) 3:35 §1.
명칭(saṅkhā) 3:14 §2[설명].

모든(sabba) 1:27 §3; 3:39 §2; 4:13 §3; 일체 1:7 §1[설명];
모든 것을 버린 자(sabbappahāyina) 3:17 §2; 3:19 §2; 3:48 §4?
모든 곳에 내리는 비와 [같은 사람](sabbatthābhivassi) 3:26 §1[본문설명].
모든 매듭 풀어버린(sabbaganthapamocana) 4:3 §2; 4:13 §2. 참 매듭(gantha) 1:8 §2; 4:3 §2; 4:13 §6.
모든 세상(sabbaloka) 3:48 §4; 4:13 §6. ☞ 세상(loka)
모든 존재를 연민하는 자(sabbabhūtānukampi) 2:12 §2; 3:26 §5; 4:1 §3.
모든 형성된 것들[諸行, sabbasaṅkhārā] 3:23 §2; 3:36 §1. ☞ 형성된 것(saṅkhārā)
모습과 더불어(sākāra) 3:50 §1.
모아서(saṁharitvāna) 3:26 §5.
모욕(makkha) 1:5 §§1～2; 1:13 §§1～2.
모태(yoni) 3:44 §2; 원인 2:10 §1설명],
목숨이 다할 때까지(yāvajīvaṁ) 3:34 §4.
목욕하게 함(nhāpana) 4:7 §3.
목적(atthavasa) 3:42 §1.
목적을 이룬(vosita) 3:4 §3[설명]; 3:23 §2; 3:36 §2; 3:50 §4. = 최상의 지혜로 알아 목적을 이룬(abhiññāvosita)
목적을 추구하는 [바른～](atthavasika) 3:42 §1.
몰두하는(anuyutta) 3:30 §§1～2. 참 마음의 사마타[止]에 몰두하는(cetosamatham anuyutta); 전념하는(anuyutta).
몸1(kāya) 2:1～2 §2; 3:20 §1[설명]; 4:12 §2.
몸이 무너져 죽은 뒤(kāyassa bhedā paraṁ maraṇā) 1:20～21 §1; 2:1～5 §1; 2:14 §1; 2:22 §2; 3:21～22 §1; 3:27 §1; 3:32 §1; 3:50 §2.
몸으로 [짓는] 나쁜 행위(kāyaduccarita) 2:3～4 §2; 3:15～16 §1; 3:21 §§1～3; 3:34 §4; 3:50 §2.
몸으로 못된 짓을 골고루 함(kāyaduccaritena samannāgatā) 3:21 §1; 3:50 §2
몸으로 [짓는] 좋은 행위(kāyasucarita) 3:16 §1; 3:22 §1; 3:50 §2.
몸으로 좋은 일을 골고루 함(kāyasucaritena samannāgata) 3:22 §1; 3:50 §1.
몸으로 짓는 성자에게 어울리는 행위(kāyamoneyya) 3:18 §1[설명].
몸의 깨끗함(kāyasoceyya) 3:17 §§1～2.
몸2(deha) 3:8 §2; 3:13 §2 = [이생에서] 그의 마지막 몸을 가지고 있다(dhāreti antimaṁ dehaṁ) ☞ 마지막 몸을 가진 분(antimadehadhāri)
못생긴(dubbaṇṇa) 3:50 §2.
못하게 태어난 [아들](avajāta) 3:25 §4[본문설명].
무간지옥(avīciniraya) 3:40 §3.
무더기1(khandha) 1:14 §2; 3:42 §1; 4:12 §3.

무더기2(puñja) 1:24 §1 = 해골 무더기(aṭṭhipuñja)
무량한(appamāṇa) 1:27 §5; 3:34 §4.
무리(gaṇa) 3:41 §2.
무명(avijjā) 2:13 §1[설명]; 3:8 §2; 3:19~20 §2; 3:36 §1; 3:30 §1.
  무명의 번뇌(avijjāsava) 3:7 §1[설명]; 3:8 §1;
  무명의 장애(avijjānīvaraṇa) 1:14 §1[설명];
무상을 관찰하는(aniccānupassina) 3:36 §1.
  무상하고 괴롭고 변하기 마련인 법(aniccā dukkhā vipariṇāmadhammā) 3:28 §1[설명].
무색계(無色界)(arūpadhātu) 3:2 §1.
  무색[계]에 확고한 자(arūpaṭṭhāyi) 3:24 §2.
무시무시한(bhayānaka) 3:40 §3.
무여열반(無餘涅槃)의 요소(anupādisesā nibbānadhātu) 2:17 §3[본문설명] [설명]; 4:13 §3.
무전취식자(addhika) 3:26 §2[설명].
무학(asekha) 3:10 §1[설명].
묶다(upanayhati) 3:27 §2.
문 [네 개의 ~](catudvāra) 3:40 §3.
  문을 잘 보호함 [감각기능들의 ~](guttadvāratā) 2:2 §1[설명].
문질러 줌(ucchādana) 4:7 §3.
물(udadhī) 3:40 §3
물결이 있는(sa-ūmi) 3:20 §1; 4:10 §1.
물러가버리다(olīyati) 2:22 §2.
물방울(udabindu) 3:39 §2.
물질(rūpa) 3:23 §1[설명]; 3:24 §1[설명];
  물질을 가진(rūpi) 3:41 §1.
  물질이 없는(arūpi) 3:41 §1.
미래(āyati) 3:45 §1; 4:10 §3.
미래의 시간(anāgata addhā) 3:14 §1[설명];
  미래(anāgata addhāna) 3:29 §2.
미세한 견해로 위빳사나를 닦는 자(sukhuma diṭṭhivipassaka) 3:32 §2.
미혹한 자(sammūḷha) 3:44 §2.
믿다(pasīdati) 2:22 §1.
믿음(saddhā) 3:25 §5; 3:34 §3.
  믿음을 가진(saddahāna) 4:8 §2.

【바】

바라문(brāhmaṇa) 3:20 §1; 3:21~22 §2; 3:32 §2; 3:34 §3; 3:50 §§1~4; 4:1 §1; 4:4 §§1~2.
　바라문 생활의 목적(brahmaññattha) 4:4 §1.
　바라문이라고 인정됨(brāhmaṇasammatā) 4:4 §§1~2.
바라문들과 장자들(brāhmaṇagahapatikā) 4:8 §1[설명].
바람[願](iccha) 3:43 §3[설명].
　바람과 탐욕을 몸통으로 하는(icchālobhasamussaya) 2:13 §2.
바람 없는(nivāta) 3:43 §3.
바로 그때에(tattha tattha) 4:10 §3[설명].
바른, 바르게(sammā) 1:1 §2[설명]; 3:4 §2[설명]
　바른 견해를 지닌 자(sammādiṭṭhika) 3:22 §1; 3:50 §2.
　바른 구경의 지혜(sammad-aññā) 1:1 §2[설명]; 1:2~13 §2; 2:17 §2; 3:35 §2; 3:44 §2; 3:46 §2; 4:5 §3.
　바른 깨달음(sambodha) 2:7 §1; 정등각 2:20 §2.
　바른 깨달음(sammāsambodhi) 4:13 §3.
　바른 완성에 도달한(sammaggata) 3:40 §3.
　바른 통찰지로 보다(sammappaññāya passati) 1:24 §2.
　바르게 보는 자(sammaddasa) 3:4 §2[설명]; 3:23 §2; 3:36 §2.
　바르게 통찰하는(sammappajāna) 4:10 §3.
바르게 깨달은 분(sambuddha) 2:14 §2.
바르지 않은(asanta) 3:27 §2.
바른 행실과 행동의 영역을 갖춘(ācāragocarasampanna) 3:48 §1; 4:12 §1[설명]
바싹 붙은(anubandha) 3:43 §1
밖으로 치달리는 생각의 성향(bāhira vitakkāsaya) 3:36 §1[설명].
반대자(paccatthika) 3:39 §1[본문설명].
반연하여(paṭicca) 3:42 §1.
받아먹다(bhuñjeyya) 2:21 §2; 3:42 §3. 즐기다 1:26 §1;
받아 지녀(samādāya) 3:48 §1; 4:12 §1.
발이 없는(apada) 3:41 §1.
　여러 발을 가진(bahuppada) 3:41 §1.
밝게 하다(jotayati) 4:5 §3[설명].
밝은 뿌리(sukkamūla) 2:15 §2.
밝혀진 ☞ 드러낸(pakāsita)
밤(ratti) 1:27 §4; 2:1~2 §2; 3:44 §2; 4:13 §3.

밤과 낮(rattindiva) 3:44 §2.
방일(pamāda) 3:25 §§2～4 = 취하게 하고 방일하는 이유가 되는 여러 종류의 술(surāmerayamajjapamādaṭṭhāna)
방일하지 않음[不放逸](appamāda) 1:23 §1[설명]; 2:18 §2; 3:32 §3[설명].
방편적인 말씀(pariyāyavacana) 1:12 §2.
방향(disā) 4:2 §2[설명].
배움이 없는(appassuta) 3:21 §4.
배제하고(abhinivajjetvā) 3:37 §1[설명].
버려버린(suparihīna/parihīna) 2:14 §1[설명]; 버린 3:42 §2.
버려야 하다(jahe) 2:13 §2; (jaheyya) 4:10 §3.
버리고(hitvā) 2:4 §2; 3:16 §2; 3:31 §2; 3:34 §4.
버리다1(pajahati) 1:1～6 §1; 4:11 §§1～2; 제거하다 1:16～17 §1; 2:11 §4. = 해로움을 제거하고 유익함을 닦게 된다(akusalaṁ pajahati, kusalaṁ bhāveti) 1:16～17 §1.
  버렸다(pahaṁsu, pra+√hā, *to leave*, Aor. 3th pl) 2:17 §4.
  버리고(pahantvāna) [탐진치 등을 ～] 1:8 §2; 1:14 §2; 3:9 §2; 3:39 §2; 3:47 §2.
  버리지 못한(appahīna) 3:19～20 §1; 제거되지 않은 2:11 §4.
  버림(pahāna) 2:8 §1[설명].
버리다2(pariccajati) 3:46 §2.
  버림(pariccajana) 1:18～19 §1;
번뇌 [세 가지 ～](āsava) 3:7～8 §1[본문설명];
  번뇌 다한(khīṇāsava) 2:17 §2; 3:35 §2; 3:47 §1[본문설명]; 4:13 §6.
  번뇌가 다한/없는(anāsava) 2:11 §5; 3:33 §3; 3:48 §3; 3:50 §3.
  번뇌의 멸진(āsavānaṁ khaya) 2:10 §1; 3:48 §3; 3:33 §3; 3:50 §3; 4:3 §1.
  번뇌의 멸진(āsavakkhaya) 3:9 §2; 3:47 §2; 4:3.
범천(brahma) 3:34 §3; 4:7 §§2～3.
  범천과 함께하는 [가문](sabrahmaka) 4:7 §1; 범천을 포함한 4:13 §2, §5.
  범천의 궁전(brahmavimāna) 1:22 §1[설명].
법(dhamma) 2:18 §2; 3:50 §1.
  법(ekadhamma) [한 가지 ～] 1:1～6 §1; 1:14 §2; 1:18～19 §1; 1:23 §1; 1:25 §1.
  법 [세 가지 바르지 못한 ～](asaddhamma) 3:40 §1, §2[본문설명].
  법(부처님의 가르침, dhamma sammāsambuddhadesita) 4:9 §2;
  법 — 유위법과 무위법(dhammā saṅkhatā vā asaṅkhatā vā) 3:41 §2.
  법과 율(dhamma-vinaya) 3:34 §3; 3:48 §1; 4:9 §1.
  법다운(dhammika) 1:22 §2. 참 금생의(diṭṭhadhammika) 1:23 §1.
  법답게 사는(dhammajīvi) 4:5 §3[설명]
  법에 대한 생각(dhamma-vitakka) 3:37 §1.

법에서 태어난(dhammaja) 4:1 §1.
법으로 이루어진 제사(dhamma-yāga) 4:1 §2.
법으로 충만한(dhammamaya) 2:11 §5.
법을 함께 나눔(dhamma-saṁvibhāga) 3:49 §2; 4:1 §2.
법을 함께 나눔(dhammānuggaha) 3:49 §3; 4:1 §3.
법의 보시(dhamma-dāna) 3:49 §1; 4:1 §2.
법의 상속자(dhamma-dāyāda) 4:1 §1.
법이 만든(dhamma-nimmita) 4:1 §1.
법이 아닌 것(adhamma) 3:37 §1.
괴로운 법(dukkhadhammā) 2:16 §2
깨달음의 편에 있는 법[菩提分法](bodhipakkhiya dhamma) 3:33 §2[설명]; 3:48 §2.
바른 법, 정법(saddhamma) 3:34 §4; 3:37 §2; 4:5 §1; 4:8 §2.
사악한 법(pāpadhamma) 2:21 §2.
유익한 법(kusala dhamma) 1:23 §1; 2:13 §1; 2:20 §1.
유학의 법(sekhassa dhamma) 1:16 §2.
이러한 세 가지 법을 닦으면 행복이 생겨나나니(ete dhamme bhāvayitvā, tayo sukhasamuddaye) 3:11 §2.
이르게 하는 법(anudhamma) 3:37 §1[설명].
존재의 소멸에 대해 설법하면 마음이 [그 법에] 들어가지 못하고(tesaṁ bhava-nirodhāya dhamme desiyamāne cittaṁ na pakkhandati) 2:22 §1.
출세간법에 이르게 하는 법을 닦는(dhammānudhammapaṭipanna) 3:37 §1[설명].
퇴보에 빠지지 않은 법(apahānadhamma) 2:19 §2[설명].
해로운 법[不善法, akusala dhamma] 2:13 §1.
후회하는 법(dhamma tapanīya) 2:3 §1[본문설명] [설명];
후회하지 않는 법(dhamma atapanīya) 2:4 §1[본문설명].
벗어나게 하다(pomoceti) 3:35 §4.
벗어나지 못한(amutta) 3:44 §2.
벗어난1(visaṁyutta/visññuta) 4:13 §1; 3:47 §1. 참 감각적 쾌락의 속박에서 벗어난(kāmayogavisaṁyutta)
벗어난2(vokkanta) 2:15 §2.
벗어남(nissaraṇa) 2:16 §1.
벗어남의 요소 [세 가지 ~](nissaraṇiyā dhātu) 3:23 §1[본문설명].
베푸는(dadanta) 3:41 §4.
베푸는 자, 보시자(dātā) 3:26 §2; 3:41 §4.
변하기 마련인 법(vipariṇāmadhamma) 3:28 §1[설명]. 참 무상하고 괴롭고 변하기 마련인 법(aniccā dukkhā vipariṇāmadhammā)

변해버리는(aññathatta) 1:18 §1.
별빛(tārakarūpa) 1:27 §2.
병구완을 위한 약품(gilānapaccayabhesajja) 4:8 §1 ☞ 의복(cīvara)
보게 하는(sandassaka) 4:5 §1.
보고 듣고 감지하고 식별하고 얻고 탐구하고 마음으로 고찰한 것(diṭṭhaṁ sutaṁ mutaṁ viññātaṁ pattaṁ pariyesitaṁ anuvicaritaṁ manasā) 4:13 §2.
보다1(samanupassati) 1:14~17 §1;
보다2(passati) 1:24 §2; 2:12 §1; 2:22 §1; 3:33 §4; 3:39 §2; 3:43 §1; 3:50 §1. 참 바른 통찰지로 보다(sammappaññāya passati).
  보라(passa) 2:14 §1;
  보는(passanta) 1:27 §5; 2:11 §5; 4:3 §1;
  보는 자(dassāvī) 3:48 §1; 4:12 §1 ☞ 두려움을 보는 자(bhayadassāvī)
  보았다(addakkhi, √dṛś, *to see*, Aor. 3th sg) 3:4 §3
  보지 못하는(apassanta) 4:3 §1.
보배 [7가지 ~](ratana) 1:22 §2[설명].
보시(dāna) 1:22 §3[설명]; 3:41 §4; [두 가지 ~] 3:49 §1[본문설명]; 4:1 §2[본문설명].
  보시로 이루어진(dānamaya) 3:11 §1;
  보시와 함께 나눔(dānasaṁvibhāga) 1:26 §§1~2[설명];
  보시자(dāyaka) 1:26 §2.
  보시자(dātā), 베푸는 자 3:26 §2; 3:41 §4.
보시받아 마땅한(dakkhiṇeyya) 1:26 §2; 3:41 §§3~4.
보존된(sambhata) 1:24 §1
보증(pāṭibhoga) 1:1 §1[설명]; 1:2~6 §1
복밭[福田](khetta) 3:49 :4.
본, 보았던(diṭṭha) 3:21~22 §§1~3; 3:32 §§1~3.
  본 뒤, 보고(disvā) 2:12 §1; 2:22 §3; 3:28 §2; 3:33 §4; 4:10 §1.
  본 자(dassi) 2:19 §2. 참 태어남의 멸진을 본(jātikhayanta-dassi)
봉양(pāricariyā) 4:7 §3.
부끄러워하는(harāyamāna) 2:22 §2.
부단하게(sātatikaṁ) 3:32 §3.
부러워하다(pihāyati) 2:14 §2.
부모(mātāpitara) 3:25 §§2§4; 4:7 §§1~2.
부서지기 마련인(pabhaṅgura) 2:16 §2.
부수어진(parikkhīṇa) 3:8 §2; 2:17 §2; 3:35 §2[설명] 참 삶의 족쇄를 부순(parikkhīṇabhavasaṁyojana).
부인, 아내(dāra) 2:15 §1.

부정함을 관찰하는(asubhānupassī) 3:36 §1 [설명].
부패한(pūti) 3:27 §2; 썩은 오줌(pūtimutta) 4:2 §1.
분노(kodha) 1:4 §§1~2; 1:12 §§1~2.
분노와 절망(kodhūpāyāsa) 4:10 §2.
분발하게 하는(samuttejaka) 4:5 §1.
분소의(paṁsukūla) 4:2 §1.
불1 [세 가지~](aggī) 3:44 §1[설명].
불에 타오르는 [뜨거운 철환의] 비유(aggisikhūpama) 2:21 §2; 3:42 §3
불2(padīpeyya) 3:26 §2. = 침상과 숙소와 불(seyyāvasathapadīpeyya)
불굴의 [정진](asallīna) 4:12 §2.
불린다(vuccare) 3:47 §2; 4:7 §3.
불사의 요소(amatā dhātu) 3:24 §2.
불사의 문(amatassa dvāra) 3:35 §4.
불타는(paditta) 3:42 §2.
불행한 곳[惡處](duggati) 1:1 §2[설명]; 1:2~13 §2; 1:20 §1; 2:1 §1; 2:13 §2; 2:14 §1; 3:21 §1; 3:32 §1; 3:50 §2
불화를 좋아하는(vaggārāma) 1:18 §2.
비 없는 구름과 같은 [사람](avuṭṭhikasama) 3:26 §2[설명].
비난1(paribhāsā) 1:18~19 §1.
비난2(avaṇṇa) 3:27 §2.
비물질(arūpa) 3:24 §1;
비물질[無色]에 속하는 것(āruppa) 3:23 §1[설명].
비방하는 자(upavādaka) 3:21 §1; 3:50 §2.
비방하다(anuddhaṁseti) 2:21 §1.
비슷하게 태어난 [아들](anujāta) 3:25 §3 [본문설명].
비유(upamā) 4:10 §2; 같음 3:42 §2.
비천한 자(kapaṇa) 3:26 §2[설명].
빈집(suññāgāra) 2:18 §1.
빚(iṇaṭṭha/iṇaṭṭa) 3:42 §1
빛(pabhā) 1:27 §2, §5.
빛나는(pabhaṅkara) 3:35 §4; 빛을 발하는 4:5 §2.
빛나다(virocare) 3:25 §5.
빛바랜(virājita) 3:8 §2; 3:19~20 §2.
빛바래기 마련인 것(virāguṇa) 3:28 §2[설명].
빛바래기 마련인 법(virāgadhamma) 3:28 §1.
빛바램(virājaya) 2:13 §2; 3:20 §2. 탐욕으로부터 빛바래는(virājaya) 1:7 §1[설명]; 1:8~13 §1;

빛을 만드는 자(obhāsakara) 4:5 §2.
빛이 나는(jala) 3:40 §3.
빠띠목카(계목)(pātimokkha) 4:12 §1[설명].
빠띠목카(계목)의 단속으로 단속하는(pātimokkhasaṁvarasaṁvuta) 3:48 §1 [설명]; 4:12 §1[설명].
빠띠목카(戒目)를 지키는(sampannapātimokkha) 4:12 §1[설명].
빠져있는(otiṇṇa) 3:42 §1.
빠진(avatiṇṇa) 2:11 §5.
빠진, 묶인(gadhita) 3:46 §2
뿌리 [세 가지 해로움의 ~](mūla) 3:1 §1[본문설명].
뿌리 뽑은(samūhata) 3:6 §2; 제거한 3:38 §3.
뿌리내린(mūlajāta) 3:34 §3.

【사】

사견업(邪見業)을 짓는 것(micchā-diṭṭhikamma-samādāna) 3:21 §1; 3:50 §1.
사귐(upasevana) 3:27 §2.
사라져버린(atthaṅgata) 3:20 §2.
사람1 [세 가지 ~](puggala) 3:26 §1[본문설명]; 사람 [세 ~] 3:35 §1[본문설명];
사람2(purisa) 1:15 §2; 3:26 §5; 3:32 §3; 3:48 §1; 4:6 §2; 4:10 §1.
사람3 [여덟 단계에 있는 사람, 八輩](purisapuggala) 3:41 §3[설명].
사람들(janatā) 2:11 §5.
사람에게 계략을 부리기 위한(janakuhanattha) 2:8~9 §1.
사람을 잘 길들이는 분[調御丈夫](purisa-dammasārathi) 3:35 §1.
사랑스러운 형색/모습(piyarūpa) 3:46 §2; 4:10 §1.
사랑스럽고 기분 좋은 모습(piyarūpasātarūpa) 4:10 §1
사랑스러운 형색과 기분 좋은 향기에 빠지는(piyarūpasātagadhita) 3:46 §2.
사랑스럽고 기분 좋은 모습(piyarūpasātarūpa) 4:10 §1.
사로잡다(pariyādāti) 1:26 §1 = 마음을 사로잡아 머문다(cittaṁ pariyādāya tiṭṭhati)
사로잡힌(abhibhūta) 3:40 §1; 압도된 2:11 §5; 3:32 §1; 지배된 1:22 §1.
사마타, 가라앉음(samatha) = 마음의 사마타[止](cetosamatha) 2:10 §2; 2:18 §2; 4:12 §3. 참 모든 형성된 것들의 가라앉음(sabbasaṅkhārasamatha) 3:23 §2; 3:36 §2.
사문 생활(sāmañña) 4:4 §2.

상속자(dāyāda) 4:1 §1. 참 법의 상속자(dhamma-dāyāda); 재물의 상속자(āmisa-dāyāda).
상어가 있는(sagaha) 3:30 §1; 4:10 §1.
새벽녘(paccūsasamaya) 1:27 §4.
색계(色界)(rūpadhātu) 3:2 §1[설명].
색[계]에 도달한(rūpūpaga) 3:24 §2.
샛별(osadhitāraka) 1:27 §4.
생각(manasaṅkappa) 3:42~43 §1 = 타락한 생각(paduṭṭhamanasaṅkappa)
생각과 고찰이 없고(atakkāvacara) 2:16 §2.
생각을 일으키다(vitakketi) 3:37 §1; 4:11 §3.
생각을 일으키는(vitakkayamāna) 3:37 §1.
생각의 성향(vitakkāsaya) 3:36 §1[설명].
생각이 고요해진 마음으로(vitakkūpasamena cetasā) 3:38 §3
생계를 꾸려감(ājīvika) 3:42 §1.
생긴(sambhūta) 3:1 §2[설명]
생긴(jāta) 3:39 §2. 3:39 §2. 참 태어난(jāta)
생명(pāṇa) 1:27 §5.
서 있는(ṭhita) 4:11 1; 4:12 §2.
서원(paṭiñña) 2:21 §1[설명].
서있었다(aṭṭhā, √sthā, *to stand*, Aor. 3th sg) 3:40 §3.
선[행](kalyāṇa) 2:3~4 §1. 참 좋은 계행을 가진(kalyāṇa-sīla) 3:48 §1
선한 행실(kalyāṇadhamma) 3:25 §2
선사받아 마땅한(pāhuneyya) 3:41 §3.
선서(善逝, sugata) 3:35 §4; 3:49 §4; [길을] 잘 가신 분 4:8 §4[설명].
선언하다(paññāpemi) 3:50 §1.
禪을 경원시하지 않는(anirākatajjhāna) 2:18 §1.
선인(isi) 4:13 §6.
선처로 인도하는(sugatigāmi) 4:8 §2.
설명하였다(byākāsi, vi+ā+√kṛ, *to do*, Aor. 3th sg) 1:20~21 §2[설명].
설법 [두 가지 ~](dhamma-desana) 2:12 §1[본문설명].
설하는 그대로(yathāvādī) 4:13 §4.
설하다(deseti) 4:8 §1.
설했다(akkhāsi, √khyā, *to tell*, Aor. 3th sg) 3:12 §2.
섬기는(payirupāsanta) 4:5 §2.
섬기다(seveyya) 삼다 3:40 §3.
성냄(dosa) 3:1 §§1~2; 3:19~20 §§1~2; 3:39 §§1~2;
성냄의 불(dosaggi) 3:44 §§1~2[설명].

성 내는(duṭṭha) 1:27 §5; 3:39～40 §2;
성나는 것(dosaneyya) 3:39 §2.
성내다(dussati) 3:39 §2.
성스러운 제자(ariyasāvaka) 3:33 §1 이하[본문설명].
성스러운 진리(ariyasacca) 1:24 §2
성스러운 통찰지(ariyā paññā) 2:14 §1[설명]; ariyapaññā 4:8 §2.
성스러움을 보는 자(ariyaddasa) 3:44 §2[설명]; 3:46 §2.
성자(ariya) 1:27 §5; 3:4 §2.
성자에게 어울리는 행위 [세 가지 ～](moneyya) 3:18 §1[본문설명].
성취하다1(adhigaṇhāti) 1:23 §2.
성취하다2(paripūreti) 3:42 §2.
성취하여(samadhigayha) 1:23 §1[설명].
세간을 잘 알고 계신 분[世間解](loka-vidū) 3:35 §1.
세상(loka) 1:1～13 §2; 1:18～19 §1; 1:21～22 §1; 2:13～14 §2; 2:15 §1; 3:9 §2; 3:11 §2; 3:22 §1; 3:25～26 §1; 3:27 §1; 3:34～35 §1; 3:40～41 §3; 3:42 §1; 3:47 §2; 3:50 §2; 4:7 §1; 4:13 §1, §2, §5.
세상의 끝에 도달한(lokantagū) 4:10 §3
세상의 복밭[福田](puññakkhetta lokassa) 3:41 §3[본문설명].
세상의 소멸(loka-nirodha) 4:13 §1.
세상의 일어남(loka-samudaya) 4:13 §1.
세속에 의지한(gehanissita) 4:11 §3[설명].
세월(addhāna) 1:15 §1; 3:29 §2; 4:6 §2
소나기(vuṭṭhi) 3:38 §3.
소리(sadda) 3:34 §4; 말 4:10 §1.
소마 즙을 바치는 제사(vājapeyya) 1:27 §5[설명].
소멸(nirodha) 2:16 §2; 3:23 §1[설명]; 3:24 §1[설명]; 3:41 §2;
소멸시키는(nirodhika) 3:38 §1 = 통찰지를 소멸시키는(paññānirodhika)
소멸하다(uparujjhati) 4: 4: §3.
소용돌이(āvaṭṭa) 3:20 §2; 4:10 §2.
소진되지 않음(avighātatta) 2:17 §2.
속박(yoga) 3:35 §4; 굴레 3:14 §2[설명]. 참 요구에 반드시 부응하는(yāca-yoga) 4:1 §1[설명].
속박에 걸린(yoga-yutta) 3:9 §2; 3:47 §1[설명].
속박을 뛰어넘은(yogātiga) 3:4 §3; 3: 3:23 §2; 3:36 §2;
속이는(kuha) 4:9 §1.
속이지 않는(nikkuha) 4:9 §1.
손에 그릇을 든(pattapāṇi) 3:42 §1.

손은 깨끗한 자(payatapāṇi) 4:1 §1[설명].
손해를 낳음(anatthajanana) 3:39 §2.
쇠퇴(parihāna) 2:18 §2; 망가지게 함 3:30 §1.
수다스러운(lapa) 4:9 §1.
수다스럽지 않은(nillapā) 4:9 §1.
수명(āyu) 3:34 §4; 3:41 §4; 3:50 §1.
수명의 한계를 가진(ayupariyanta) 3:50 §1.
수승한(paṇīta) 2:22 §2.
수염(massu) 3:33 §1. 참 삭발하고(kesamassuṁ ohāretvā)
수용하는(sevī) 3:14 §2[설명].
수용하다(paṭicchati) 4:8 §2.
수축하는 겁(saṁvaṭṭakappa) 1:22 §1; 3:50 §1.
수축하고 있는 [겁](saṁvaṭṭamāna) 1:22 §1.
수축하고 팽창하는 겁(saṁvaṭṭavivaṭṭakappa) 1:22 §1; 3:50 §1.
수치심(ottappa) 2:15 §1[설명].
수치심 없는(anottāpi) 2:7 §1; 4:11 §1
수치심 없음(anottappa) 2:13 §1[설명]
수행으로 이루어진(bhāvanāmaya) 3:11 §1.
수행을 통해 완성됨(bhāvanāpāripūri) 4:5 §2.
순응하는(sappatissa) 1:17 §2.
술(surā) 3:25 §§2～4 = 취하게 하고 방일하는 이유가 되는 여러 종류의 술(surā-merayamajjapamādaṭṭhāna)
숲(arañña) 3:42 §2
쉽게 얻을 수 있는 것 [네 가지 ～](sulabha) 4:2 §1[본문설명]
스스로1(sāmaṁ) 3:21～22 §2; 3:32 §2.
스스로2(sake) 3:34 §1.
스스로 독려하는(pahitatta) 3:29 §3; 3:50 §1; 4:11 §2; 4:12 §2.
스스로 최상의 지혜로(sayaṁ abhiññā) 3:33 §3[설명]; 3:48 §3; 3:50 §3; 4:4 §1.
참 최상의 지혜(abhiññā)
스승(satthā) 3:35 §1; 4:5 §2.
스승의 교법을 행하는 자(satthusāsanakāri) 2:8～8 §2.
스승의 부인(ācariyabhariyā) 2:15 §1.
승가(saṅgha) 3:25 §2; 3:41 §3
승가가 분열됨(saṅghabhedaka) 1:18 §1
승가의 화합(saṅghasāmaggi) 1:19 §1.
승리하였다(ajjhabhū, adhi+√bhū, *to be*, Aor. 3th) 3:33 §4.
시간1 [세 가지～](addhā) 3:14 §1[본문설명]. 참 세월(addhāna)

시간2(samaya) 3:33 §1; 때에 3:37 §2.
시간에 맞게(samayā samayaṁ upādāya) 3:33 §1[설명].
시간에 [적당한 ~](kālena) 1:26 §2; 시의적절하게 2:20 §2.
시들다(milāyati) 3:34 §1.
시의적절하게 통찰을 하는 자(kālavipassī) 2:20 §1[설명].
시작도 훌륭한(ādikalyāṇa) 3:35 §1; 4:8 §1.
식별한(viññāta) 4:13 §1.
신과 인간을 포함한(sadevamanussa) 4:13 §2.
신들을 포함한 세상(sadevaka loka) 2:14 §2; 4:13 §2.
신들의 무리(deva-kāya) 3:34 §1[설명].
신들의 소리 [세 가지 ~](devasadda) 3:33 §1[본문설명] [설명]
신성한 눈[天眼](dibbacakkhu) 3:12 §1[설명].
신성한 바퀴(brahmacakka) 4:13 §6.
실현하여(sacchikatvā) 3:2 §2; 3:24 §2; 3:33 §3; 3:48 §3; 3:50 §3; 4:4 §1.
실현한(sacchikata) 4:13 §1.
싫어하는(aṭṭiyamāna/aṭṭīya-) 2:22 §2.
싸늘하게 식고 말 것이다(sītibhavissati) 2:17 §3[설명].
쌓아올림(sañcaya) 1:24 §2.
썩은 오줌(pūtimutta) 4:2 §1; 부패한(pūti) 3:27 §2;
쓸모없다(nassati) 3:42 §3.
씻음(dhovana) 4:7 §3.

【아】

아귀의 영역(pettivisaya) 3:44 §2.
아는(vijānanta) 3:41 §4; 4:3 §2; 4:5 §3.
아들 [세 가지 ~](putta) 3:25 §1[본문설명]; 4:1 §1[본문설명]; 4:7 §1.
아라한(arahaṁ) 2:17 §2; 3:35 §1;
아라한 · 정등각자(arahaṁ sammāsambuddha) 3:41 §1.
아래(heṭṭhā) 4:10 §1.
아래의(apācīna) 4:12 §3.
아름다움의 요소(subha dhātu) 3:36 §1.
아수라(asura) 3:44 §2
아주 깨끗한(vippasanna) 1:26 §2; 깨끗한 믿음 2:20 §1[설명].
악의(byāpāda/vyā-) 4:12 §2.

악의 없음(abyāpajjha) 1:22 §4; 2:11 §1[설명]; 3:11 §2.
악의 없음에 대한 생각(avyāpādavitakka) 3:38 §2[본문설명].
악의 없음을 기뻐함;(abyābajjhārāma) 2:11 §1.
악의에 대한 생각(byāpādavitakka/vyā-) 3:38 §1[본문설명]; 4:11 §1[본문설명].
악의에 찬(byāpanna/vyā-) 3:42 §2; 3:43 §1; 3:44 §2.
악처에 떨어지는(āpāyika) 1:18 §2; 2:21 §1; 3:40 §1.
악취가 나는(gūthagata) 3:42 §2.
안 뒤1(ñatvā) 1:7 §2; 1:15 §2; 3:23 §2; 3:27~28 §2; 3:46 §2; 4:6 §2.
안 뒤2(ñatvāna) 1:20~21 §2 = ñatvā
안으로(ajjhattaṁ) 2:18 §1; 3:36 §1; 3:37 §2; 3:45 §1
안은함(khema) 2:11 §1[설명].
안의 감각장소 [여섯 가지](ajjhattika āyatana) 4:10 §2.
안정된(ṭhāvariya) 1:22 §2. = 나라를 안정되게 하는(janapadatthāvariyappatta)
안주하다(santiṭṭhati) 2:22 §1.
앉다. 함께 머물다(sīdati) 3:29 §3.
앉아야 한다(acche) 4:12 §3
앉은(nisinna) 3:37 §2; 4:11 §1; 4:12 §2.
알게 하는(viññāpana) 4:10 §2.
알게 하는 자(viññāpaka) 4:5 §1.
알아지지 않는(avijānata) 4:3 §2.
알지 못하는(ajānanta) 4:3 §1[설명].
알고 보고 체험한(ñāta diṭṭha vidita) 3:21 §§1~3.
알다 [잘 ~](abhijānāti) 1:22 §1[설명].
알다(vedi) 3:50 §4.
알았다(vidū, √vid, *to konw*, Aor. 3th sg) 3:34 §4.
알아차림(sampajāna) 2:20 §1
알음알이(viññāṇa) 3:28 §1; 3:45 §1;
압도당한(pariyuṭṭhita) 2:22 §1.
압도된1(abhibhūta) 2:11 §5; 3:32 §1; 지배된 1:22 §1; 사로잡힌 3:40 §1.
압도된2(pareta) 3:42 §1. = 괴로움에 압도된(dukkhapareta)
앞날의(āyatagga) 1:22 §4; 3:11 §2.
애를 씀(vāyāma) 4:10 §2.
애를 쓸 것이다(vāyameyya) 4:10 §1.
야자나무 열매(tālapakka) 3:39 §2.
약(bhesajja) 4:2 §1; 4:8 §1.
양끝(ubhato) 3:42 §2.
양심(hiri) 2:15 §1[본문설명];

양심을 가진(hirīmata) 3:48 §4.
양심 없음(ahirika/ahirīka) 2:7 §1; 2:13 §1[설명], §2.
양심과 수치심(hirottappa) 2:13 §1[설명]; 2:15 §2.
어느 곳(amutra) 3:30 §1.
어둠을 만듦(andhakaraṇa) 3:38 §1.
어둠을 몰아낸(tamonuda) 2:11 §5; 4:5 §2.
어디서도 두려움 없는 [열반](akutobhaya) 4:13 §6.
어떤, 다른(aññatara) 2:18~20 §1; 3:19 §2; 4:2 §1.
어리석다(muyhati) 3:39 §2.
어리석은 사람을 사귀는 것(bālūpasevana) 3:27 §2.
어리석음(moha) 1:3 §§1~2; 1:11 §§1~2; 1:14 §2; 3:20 §1; 3:39 §§1~2;
어리석음을 일으키는 것(mohaneyya) 4:11 §3.
어리석음의 멸진(mohakkhaya) 2:17 §1;
어리석음의 불(mohaggi) 3:34 §1[설명].
언제나(satataṁ) 4:11 §1; 4:12 §2.
얻게 되다(pāpuṇe) 1:16 §2; 1:17 §2; 2:10 §2; 3:40 §3;
얻다(paṭilabhati) 3:34 §3.
얻다, 되다(āpajjati) 4:9 §1.
얻어라(labha, √labh, *to take*, Imp. 2nd sg) 3:34 §1.
얻었다(samajjhagā, saṁ+adhi+√gam, *to go*, Aor. 3th sg) 3:38 §3[설명].
얻을 것을 얻은(pattipatta) 2:11 §5[설명].
얻음1(adhigama) 2:7 §1; 3:40 §2; 증득 2:17 §4.
얻음2(paṭilābha) 3:12 §2.
얻지 못했지만 [아라한과를 ~](appattamānasa) 1:16~17 §1[설명]
얼이 빠져서(pariyādinnacitta) 3:32 §1; 3:40 §1.
없애야 하다(nirākare) 3:38 §3.
없앰(anabhāva) 4:11 §1.
여덟 가지로 된 도(aṭṭhaṅgika magga) 1:24 §2.
여래(tathāgata) 4:13 §§2~5[본문설명] [설명]; 3:19 §2; 3:40 §3; 3:50 §2; 4:1 §3; 4:10 §2.
여래의 제자들의 승가(tathāgatasāvakasaṅgha) 3:41 §3[본문 정형구]
여러 발을 가진(bahuppada) 3:41 §1.
여보시오(ambho) 4:10 §1.
여여하여(yathātathaṁ) 4:13 §6.
여인(mātugāma) 4:10 §2.
연민하는(anukampī) 2:12 §2; 4:1 §3.
연민하는 자(anukampaka) 3:26 §5; 4:7 §3.

연잎(pokkhara) 3:39 §2.
열망하는(patthayāna) 3:27 §§1～2; 추구하는 4:10 §3.
열매1(pakka) 3:39 §2
열매2(samphala) 3:1 §2.
열반(nibbāna) 2:7 §1; 2:17 §1; 2:18 §2; 3:38 §1; 3:41 §2; 4:3 §2; 4:13 §3.
  열반의 요소 [두 가지 ～](nibbāna-dhātu) 2:17 §§1～3[본문설명]; 4:13 §3.
  열반에 깊이 들게 하는(nibbānogadhagāmi) 2:8～9 §2.
  열반으로 인도하는(nibbāna-saṁvattanika) 3:38 §§1～2;
  열반으로 인도하지 못하는(anibbānasaṁvattanika) 3:38 §1.
열심히 얻은 [재물](uṭṭhāna-adhigata) 3:26 §5.
열심히 정진하는(āraddhavīriya) 3:29 §3; 4:11 §2; 4:12 §2.
염소(ajeḷaka) 2:15 §1.
염오하라(nibbindatha) 2:12 §1[설명].
예를 들면, 예를 들어(seyyathā) 1:27 §2; 3:42 §2; 4:10 §1.
예배해야 한다(namāsseyya) 4:7 §2.
예상(pāṭikaṅkha) 2:1～2 §1; 2:14 §1; 기대 2:18～20 §1;
오는 자(āgantā) 1:8 §2; 돌아오는 자 3:24 §2; 3:47 §1[설명].
오시오(ehi, ā+√i, *to go*, Imp. 2nd sg) 3:34 §4.
오염된(padūsita) 타락한, 1:20 §2; 3:40 §3.
  오염시키다(padūseyya) 3:40 §3.
오염원을 건넌(visantara) 2:11 §5[설명].
오줌(mutta) 4:2 §1. ☞ 썩은 오줌(pūtimutta)
온전히 파악하여(paricca) 1:20～21 §1[설명].
올곧은 도를 따르는(ujumaggānusāri) 3:13 §2; 4:3 §2.
올라(āruyha) 2:11 §5; 3:29 §3.
올바른 행실(samacariya) 1:22 §4; 3:11 §2.
완고하지 않은(atthaddha) 4:9 §1.
완고한(thaddha) 4:9 §§1～2.
완벽한(paripuṇṇa) 2:21 §1; 3:35 §1; 4:8 §1. 참 공부지음을 성취한(paripuṇṇa-sikkha) 2:19 §2
완성(pāripūri) 4:5 §2.
완성되지 못한(aparipūra) 4:5 §2.
완성하다(ārādhayati) 4:8 §2.
완전하게 깨닫다(abhisambujjhati) 4:13 §3.
  완전하게 깨달은 분(abhisambuddha) 4:13 §1[내용설명].
완전한 멸진(parikkhaya) 2:14 §2; 2:22 §4;
완전한 열반에 들다(parinibbati) 3:44 §2; 3:46 §2.

완전한 열반에 들다(parinibbāyati) 4:13 §3[설명].
완전한 평화를 얻은(parinibbuta) 3:3 §2[설명]; 3:5 §2; 3:7 §2;
왕권(rajja) 1:22 §2 = 지역의 왕권(padesarajja)
왕에게 이끌린(rājābhinīta) 3:42 §1.
외과의사(sallakatta) 4:1 §1.
외숙모(mātulānī) 2:15 §1.
외적인 구성요소(bāhira aṅga) 1:17 §1.
요구에 반드시 부응하는(yācayoga) 4:1 §1[설명]. 참 속박(yoga) 3:35 §4; 굴레(yoga) 3:14 §2[설명];
요동치게 함(pakopana) 3:39 §2.
요소 [세 가지 ~](dhātu) 3:2 §1[본문설명]; 3:24 §2; 3:29 §1;
열반의 요소 [두 가지 ~](nibbāna-dhātu) 2:17 §§1~3[본문설명]; 4:13 §3.
욕심(abhijjhālū) 3:42 §2; 3:43 §1.
욕심(abhijjhā) 4:12 §2.
용모(vaṇṇa) 3:41 §4; 3:50 §1.
용서받을 수 없는 [참회로~](atekiccha) 3:40 §1이하.
원수(sapatta) 3:30 §1.
원인(hetu) 1:14 §2. 참 이런저런 것을 원인으로 하여(itibhavābhavahetu) 4:6 §1[설명].
원인(ṭhāna) 4:5 §3[설명]; 토대 2:10 §1[설명].
원하고 좋아하고 사랑스럽고 마음에 드는(iṭṭha kanta piya manāpa) 1:22 §1.
원하는 대로 하게 되는 [마라가 ~](yathākāmakaraṇīya) 3:19 §1.
웨뿔라 산(Vepulla pabbata) 1:24 §1[설명].
위없는(anuttara) 2:20 §1; 3:12 §2; 3:14 §2; 3:34 §4; 3:41 §3; 3:49 §4; 4:1 §1; 4:13 §3. ☞ 유가안은 [위없는 ~](anuttara yogakkhema)
위대한(mahatta) 2:8~9 §2
위빳사나[觀](vipassanā) 2:18 §1[설명];
위험(parissaya) 4:8 §2. = 위험을 제거함(parissayavinodana)
위험함(ādīnava) 1:15 §2; 3:49 §2; 4:6 §2.
유가안은 [위없는 ~](yogakkhema) 1:16 §1[설명]; 1:17~19 §1; 2:7: §1; 4:8 §2; 4:10 §3.
유가안은이 없는 자(ayogakkhemi) 3:9 §2.
유여(有餘) [열반](sa-upādisesa) 2:17 §2[본문설명].
유익한 법(kusala dhamma) 1:23 §1; 2:13 §1; 2:20 §1.
유익한 생각 [세 가지 ~](kusalavitakka) 3:38 §2[본문설명].
유익함, 유익한(kusala) 1:16~17 §1; 1:27 §5; 2:3~4 §2; 3:15~16 §2; 3:34 §4.
유학(sekha) 1:16 §1[설명]; 3:30 §1[설명]; 3:35 §3.

유학의 법(sekhassa dhamma) 1:16 §2.
유행해야 한다(paribbaje, pari+√vraj, *to proceed*, Opt. 3th sg) 1:15 §2; 4:6 §2.
육체적인 눈[肉眼](maṁsacakkhu) 3:12 §1[설명].
윤회(saṁsara) 4:6 §2[설명].
윤회하다(saṁsarati) 1:14～15 §1[설명]; 1:24 §1.
윤회의 멸절(vaṭṭupaccheda) 3:41 §2.
율(律) vinaya) ☞ 법과 율(dhammavinaya).
으뜸가는(agga) 3:41 §2; 최상의 4:16 §6
으뜸가는 청정한 믿음 [세 가지～](aggappasāda) 3:41 §1, §3.
으뜸가는 분(brahmabhūta) 3:19 §2[설명].
으스대지 않는(anussada) 3:48 §4.
음식(bhojana) 2:1～2 §1; 3:26 §5; 4:2 §1.
음식(마시고 먹는 것)(pānabhojana) 4:2 §2.
음식과 [갈애라는] 사슬을 그 근원으로 하는(āhāranettippabbava) 2:16 §2[설명].
음식에서 적당함을 모르는(amattaññū) 2:1 §2.
음식에서 적당함을 알지 못함(amattaññutā) 2:1 §1[설명]
음식(piṇḍapāta) 4:8 §1 ☞ 의복(cīvara)
의기소침함을 벗어난(vīta-sārada) 3:33 §4[설명]; 4:13 §6.
의도하다(ceteti) 3:33 §1.
의미를 구족한(sāttha) 3:35 §1; 4:8 §1.
의복(cīvara) [값나가지 않는 ～] 4:2 §1; [～을 원인으로 함]4:6 §1;
의복과 음식과 거처와 병구완을 위한 약품(cīvarapiṇḍapātasenāsanagilāna-paccayabhesajjaparikkhārā, 4종 필수품) 4:8 §1
의심(vicikicchā) 4:12 §2.
의심을 받고(saṅkiya) 3:27 §2.
의심을 자름(chinnasaṁsaya) 3:47 §2; 3:48 §4; 4:13 §6.
의지하여(nissāya) 4:8 §1.
의혹이 없음(akathaṁkathī) 3:6 §2.
이런저런 것(itibhavābhava) 4:6 §1[설명].
이런저런 존재(bhavābhava) 2:22 §4[설명]; 3:9 §2[설명];
이 존재와 또 다른 존재가 [연속하여 전개되는](itthabhāvaññathābhāva) 1:15 §2[설명]; 3:46 §2; 4:6 §2.
이러한 상태로(itthattaṁ) 3:47 §1[설명].
이것만이 진리라는 고집(itisaccaparāmāsa) 3:6 §2[설명].
이나 ～ 이나(vā yadi vā) 2:1～2 §1; 4:11 §3 = 낮이나 밤이나 divā vā yadi vā rattiṁ
이득(lābha) 2:8～9 §1[설명]; 3:31 §1. 큰 이득(suladdhalābha) 3:34 §1. 이득과

존경과 명성(lābhasakkārasiloka) ☞ 존경(sakkāra)
이런 상태인(evaṁbhūta) 4:11 §1; 4:12 §2.
이르게 하는 법(anudhamma) 3:37 §1[설명].
이모(mātucchā) 2:15 §1.
이었다1(ahosiṁ, √bhū, *to be*, Aor. 1st sg) 1:22 §2.
이었다2(āsim, √as, *to be*, Aor. 1st sg) 3:50 §1.
이익1(hita) 1:18~19 §1; 3:35 §1 = 많은 사람에게 이익이 되는(bahujanāhita)
이익2(ānisaṁsa) 2:8~9 §1; 2:19 §1[설명].
이처럼;(iti) 역자 서문 §2.
인간(mānusā) 3:46 §2.
인간 세상(manussatta) 1:26 §2; 인간이 되는 것 3:34 §3.
인간들 [네 쌍의 ~ 四雙](purisa-yugāni) 3:41 §3[설명].
인간을 [넘어선](mānusaka) 3:50 §2 = 인간을 넘어선(atikkantamānusaka)
인간을 바치는 제사(purisa-medha) 1:27 §5.
인도하는1(saṁvattanika) 3:38 §1 ☞ 열반으로 인도하는
인도하는2(gāmina) 2:8 §2; 3:3 §2; 3:5 §2; 3:7 §2; 4:8 §2.
인도하다(neti) 3:27 §2.
인색하지 않은 자(amacchari) 1:26 §2; 인색함이 없는 자 4:1 §3
인색함의 때(maccheramala) 1:26 §1.
인식하는(saññi) 3:14 §2[설명]; 인식을 가진 3:41 §1; 3:44 §2.
인식이 없는(asaññi) 3:41 §1.
인식이 있는 것도 아니고 없는 것도 아닌(nevasaññināsaññi) 3:41 §1.
일어나고 사라짐(udayabbaya) 4:12 §3.
일어나다(samudācarati) 2:11 §1.
일어났다(udapādiṁ, ud+√pad, *to go*, Aor. 3th sg) 3:12 §2; 태어났다 3:50 §1.
일어남1(samudaya) [괴로움의 ~] 4:3~4 §1; [세상의 ~] 4:13 §1.
일어남2(samuppāda) 1:24 §2. 참 괴로움의 일어남(dukkhasamuppāda)
일어남3(upapatti) 3:46 §1[본문설명] = 세 가지 감각적 쾌락의 일어남(kāmūpapatti)
일으킨 생각 [두 가지 ~](vitakka) 2:11 §1[본문설명];
일체(sabba) 1:7 §1[설명]; 모든 1:27 §3; 3:39 §2; 4:13 §3.
일컫는(saṅkhāta) 3:34 §2.
일하기를 좋아하는 [잡다한 ~](kammārāma) 3:30 §1.
잃어버리지 않은(asaṁhīra, sam+√hṛ, *to take*, Grd.) 3:34 §4.
입에서 태어난(mukhato jāta) 4:1 §1[설명].
입은 뒤(acchādetvā) 3:20 §1
있는 그대로(yathābūtaṁ) 2:22 §4[설명]; 4:4 §1;

있는(santa) 3:25~26 §1.
있다면(abhavissa) 2:16 §1
잎사귀(palāsa) 3:27 §2.

【자】

자기 존재를 기뻐하는(sakkāyābhirata) 3:44 §2.
자만의 매듭(mānaganthā) 1:8 §2
 자만을 관통하여(mānābhisamaya) 3:4 §2.
자신의 결과(sampākam-attano) 3:27 §2.
자애(mettā) 1:27 §§1~5; 3:44 §2.
 자애의 마음(mettacitta) 1:27 §1, §5; 3:11 §2;
 자애로운 마음(metta citta) 1:27 §5.
 자애를 보내다(mettāyati) 1:27 §5.
 자애의 마음을 가진 자(mettaṁsa) 1:27 :5
자유자재한(vasima) 2:11 §5[설명].
자재자(vasavattī) 1:22 §1[설명]; 4:13 §5; 자재천 3:46 §2;
자칼(siṅgāla) 2:15 §1 = 개와 자칼(soṇasiṅgālā)
작은 [허물](aṇumatta) 3:48 §1; 4:12 §1.
작은(paritta) 3:29 §3.
잘 닦은(subhāvita) 1:27 §5; 3:10 §2; 3:48 §4.
잘 삼매에 든(susamāhita) 4:9 §1.
잘 생김(suvaṇṇa) 3:50 §2.
잘 선언된(suppavedita) 3:34 §4.
잘 설하는 자(samakkhātā) 4:5 §1.
잘 설할 수 있는(alaṁsamakkhātā) 4:5 §1.
잘 확립된(suppatiṭṭhita) 3:34 §1. ☞ 확립된(patiṭṭhita)
잘라버렸다(acchecchi, √chid, *to cut off,* Aor 3th sg) 3:4 §2
잠든(sutta) 2:20 §2.
잠자기를 좋아함(niddārāma) 3:30 §§1~3.
장애(nīvaraṇa) 1:14 §1[설명].
장자(gahapatika) 4:8 §1[설명]
장작(kaṭṭha) 3:42 §2.
재가의 쾌락(gihibhoga) 3:42 §2.
재가자1(gahaṭṭha) 4:8 §2.

재가자2(sāgāra) 4:8 §2.
재물(bhoga) 3:27 §1; 쾌락 3:42 §2 = 재가의 쾌락(gihibhoga)
재물을 얻음(vittalābha) 3:27 §2.
재물로 이루어진 제사(āmisa-yāga) 4:1 §2[설명]
재물에 의한 호의(āmisānuggaha) 3:49 §3; 4:1 §1[설명]
재물을 함께 나눔(āmisa-saṁvibhāga) 3:49 §2; 4:1 §1
재물의 보시(āmisa-dāna) 3:49 §1; 4:1 §1
재물의 상속자(āmisa-dāyāda) 4:1 §1
재생을 가져오는(opadhika) 1:27 §1[설명]; 3:34 §4.
재생의 근거(upadhi) 3:28 §1 [설명]
재생의 근거가 없는(nirūpadhi) 3:2 §2; 3:8 §2; 3:20 §2; 3:24 §2; 3:34 §4.
재생의 근거가 파괴됨(upadhikkhaya) 1:27 §5[설명]; 4:13 §6.
재생의 근거를 놓아버림(upadhippaṭinissagga) 3:2 §2; 3:24 §2.
재앙을 없애는(anītiha) 2:8 §2[설명]; 2:9 §2.
저 세상을 포기해버린(vitiṇṇaparaloka) 1:25 §2.
저 언덕[彼岸]에 도달한(pāragata) 2:11 §5[설명]; 4:10 §3.
저 언덕[彼岸]에 도달한 자(pāragu) 2:11 §5; 2:19 §2; 4:1 §3;
저 언덕에 도달한(pāraṅgata) 3:9 §2; 3:20 §1; 3:47 §2.
저 언덕에 도달한 자(pāragā) 2:19 §2.
저열한 성향을 가진 자(hīnādhimuttika) 3:29 §1.
저열한 업(nihīnakamma) 2:21 §2.
저지르지 못할1(akaraṇīya) 1:25 §1.
저지르지 못할2(akāriya) 1:25 §2
적(amitta) 3:39 §1.
적당함(mattaññū) 2:1~2 §2.
적당함을 앎 [음식에서 ~](mattaññutā) 2:1~2 §1[설명].
적멸에 든(nibbuta) 3:43 §3.
적멸에 들지 못한(anibbuta) 3:43 §3.
적출인(orasa) 4:1 §1.
적합한(anulomika) 4:2 §2.
전념하는(anuyoga) 3:33 2; 3:48 §2 = 7가지 깨달음의 편에 있는 법들[菩提分法]을 닦는 데 전념하며 머무른다(sattannaṁ bodhipakkhiyānaṁ dhammānaṁ bhāvanānuyogamanuyutto viharati). 참 몰두하는(anuyutta); 마음의 사마타[止]에 몰두하는(cetosamatham anuyutta)
전면에(parimukhaṁ) 3:36 §1.
전생의 삶(pubbenivāsa) 3:50 §1.
전일한 [마음이 ~](ekagga) 4:12 §2

제거하지 못함(appajaha) 1:7 §1[설명]; 1:8~13 §1.
제거한(samūhata) 3:38 §3; 뿌리 뽑은 3:6 §2.
제거했다(pahāsi, pra+√hā, *to leave*. Aor. 3th sg) 3:20 §2.
제사 [두 가지 ~](yāga) 4:1 §2[본문설명].
제사를 지내려고 함(anupariyaga) 1:27 §5
제사를 지냈다(ayajī, √yaj, *to sacrifice*, Aor. 3th sg) 4:1 §3.
제어(saññama/saṁyama) 1:22 §3[설명].
제어되지 않은(asaññata) 2:21 §2; 3:42 §3.
제어된1(saṁvuta) 2:1~2 §2; 3:48 §1; 4:12 §1.
제어된2(yata) 4:12 §3.
제어된3(damayanta) 4:13 §5.
제어된4(danta) 4:13 §5.
제자(sāvaka) 3:3 §2; 3:5 §2; 3:7 §2; 3:35 §§2~4.
제자들의 승가(sāvakasaṅgha) 3:41 §3. = 여래의 제자들의 승가(tathāgata-sāvakasaṅgha)
조건 따라 생겨난[緣起](paṭiccasamuppanna) 3:23 §1.
조합(saṅgaha) 1:27.
족쇄(saṁyojana) 1:15 §1; 2:7 §2; 2:20 §2; 3:4 §2; 4:3 §2; 4:10 §2.
족쇄의 멸진(saṁyojanakkhaya) 1:17 §2; 1:24 §2; 3:13 §2; 3:31 §2;
존경(sakkāra) 3:32 §1. 참 이득과 존경과 명성을 바라기 위함(lābhasakkāra-silokānisaṁsattha) 2:8~9 §1[설명]; 이득과 존경과 명성과 관련된 생각(lābhasakkārasilokapaṭisaṁyutta vitakka) 3:31 §1.
존경해야 하다(sakkareyya) 4:7 §3.
존경하는(garu) 2:15 §1.
존재1[有, bhava] 1:8 §2; 2:22 §1[설명]; 4:1 §3.
존재를 좋아함(bhavārāma) 2:22 §1[설명];
존재에 대한 갈애[有愛](bhava-taṇha) 2:22 §4; 3:9 §1[설명].
존재의 번뇌(bhavāsava) 3:7~8 §1[설명];
존재의 사슬이 멸진한 것(bhavanettisaṅkhaya) 2:17 4[설명].
존재의 소멸(bhavanirodha) 2:22 §1.
존재의 속박(bhava-yoga) 3:47 §1[설명].
존재의 추구(bhavesanā) 3:5~6 §1[설명];
존재2(bhūta) 2:12 §2; 존재하는 것 2:22 §3[설명]; 3:23 §1[설명]; 3:26 §5; 4:1 §3;
존재하는 것에 대한 통달지를 가진(bhūtapariñña) 2:22 §4.
존재하지 않았고(abhūta) 2:16 §1[설명].
존재하지 않음(vibhava) 2:22 §2.
존재하지 않음에 대한 갈애(vibhava-taṇhā) 3:9 §1[설명].

존중하는(sagārava) 1:17 §2.
좋아함(ārāma) 1:18 §2; 2:11 §1; 2:22 §1; 3:37 §2; 즐김 2:18 §1; 3:30 §1; 기뻐함 3:3
좋은 가문의 아들[善男子, kulaputta] 3:42 §§1～2.
좋은 계행을 가진(kalyāṇasīla) 3:48 §1[본문설명], §4. 참 선[행](kalyāṇa) 2:3～4 §1.
좋은 곳[善處](sugati) 1:21 §1[설명]; 2:2 §1; 2:14 §1; 3:22 §1; 3:27 §1; 3:34 §1; 3:50 §2; 4:8 §2.
좋은 사람(sādhujīvī) 3:29 §3.
좋은 성향을 가진(kalyāṇādhimuttika) 3:29 §§1～2
좋은 친구[善友]를 사귐(kalyāṇamittatā) 1:17 §1[설명]
좋은 태생을 가진 인간(purisājañña) 3:33 §4.
좋은 행위[善行] [세 가지 ～](sucarita) 3:16 §1[본문설명].
주지 않은 것을 가지는 것(adinnādāna) 3:25 §2.
죽다(kālaṁ karoti) 1:20～21 §1.
죽은(cuta) 3:50 §1.
죽음에 이르게 하는(maraṇamatta) 4:10 §1.
죽음의 왕(maccu-rāja) 3:20 §2.
죽이다 [남을 시켜 ～](ghāteti) 1:27 §5.
줄기(bandhanā) 3:39 §2.
중간도 훌륭한(majjhekalyāṇa) 3:35 §1; 4:8 §1. 참 끝도 훌륭한(pariyosāna-kalyāṇa)
중도에(antara) 3:40 §2[설명].
중생(satta) 1:1～15 §2; 1:20～21 §1; 1:26 §1[설명]; 2:14 §1; 3:9 §2; 3:14 §2 등; 4:1 §3.
중생의 숲(satta-saṇḍa) 1:27 §5.
즉(seyyathīdaṁ) 1:22 §3; 3:50 §1.
즐거운 느낌(sukhā vedanā) 3:3～4 §1; 3:4 §2[본문설명]. 참 느낌(vedanā)
즐거움과 괴로움(sukhadukkha) 2:17 §2; 행복과 고통 3:50 §1.
즐기다(bhuñjeyya) 1:26 §1; 받아먹다 2:21 §2; 3:42 §3.
즐길 것이라고는 [하나도] 없는(anabhinandita) 2:17 §3[설명]. 참 기뻐하기 위한 (abhinanditum) 2:16 §2
증오(vera) 1:27 §5; 증오와 두려움을 건넌 분(verabhayātīta) 3:19 §2.
증장(virūḷhi) 4:9 §1.
증장시키는 것(vuddhika) 3:38 §2 = 통찰지를 증장시킴(paññā-vuddhika)
증장시키다(vaḍḍhayati) 3:44 2.
증장하다(pavaḍḍhati) 3:41 §4.
지금(etarahi) 1:22 § 3; 현재에 3:29 §2.
지금 · 여기에서(diṭṭheva dhamme) 2:1～2 §1; 2:10 §1; 2:14 §1; 2:18～20 §1;

3:33 §3; 3:48 §3; 3:50 §3; 4:4 §1.

【차】

찬탄하다(pasaṁsati) 1:23 §2; 4:7 §3.
참된 사람(sappurisa) 3:32 §3.
참된 이상(sadattha) 2:17 §2; 3: 35 §2.
  참된 이상을 실현한(anuppatta-sadattha) 2:17 §2; 3:35 §2.
참선을 좋아하는(jhānarata) 2:19 §2.
참선하는 자(jhāyi) 2:7 §2; 2:18 §2; 3:29 §3; 2:32 §3; 4:8 §2.
창조한 것을 즐기는 것 [자기가 ~](nimmānarati) 3:46 §1[설명].
창조한, 만든(nimmita) 4:1 §1 = 법이 만든(dhammanimmita) 참 남들이 창조한 것을 지배하는 것(paranimmitavasavatti) 3:46 §1.
처참한 곳[苦界](apāya) 1:20 §1[설명]; 2:13 §2; 3:21 §1; 3:32 §1; 3:50 §2.
천(sahassa) 3:50 §1.
천둥을 치고(thanayitvā) 3:26 §5.
천명하다(paññāyetha) 2:15~16 §1; 3:42 §1.
천상(sagga) 1:21 §1; 2:6 §1; 3:27 §2; 4:7 §3.
  천상과 악도(saggāpāya) 3:50 §4[설명].
천상세계(devaloka) 4:8 §2.
철저하게 아는(parijānanta) 1:7 §1[설명]; 1:8~13 §1. 참 통달지(pariññā)
  철저하게 알고(pariññāya) 3:2 §2; 3:14 §2[설명]; 3:24 §2.
철환(ayoguḷa) 2:21 §2; 3:42 §3.
철회하지 않는(appahāya) 2:21 §1.
첫 번째 [두 번째 등으로 생긴] 지혜(paṭhama ñāṇa) 3:13 §2; 4:3 §2.
  첫 번째 [등의] 명지(明知)(paṭhamā vijjā) 3:50 §1. ☞ 명지(明知)(vijjā)
청정범행(brahmacariya) 2:8~9 §1; 2:15 §2; 3:35 §1; 4:8 §1; 4:10 §3.
  청정범행을 닦은(vūsitabrahmacariya) 4:10 §3.
  청정범행을 닦지 않는 자(abrahmacārī) 2:21 §1.
  청정범행을 닦지 않음(abrahmacariya) 2:21 §1.
  청정범행을 증장시키는(virūḷhabrahmacariya) 2:15 §2.
  청정범행의 추구(brahmacariyesana) 3:5~6 §1[설명].
청정하다(visujjhati) 3:49 §4[설명].
청정한 믿음1(pasanna) 1:18~19 §1; 3:41 §§1~4.
  청정한 믿음이 없는(appasanna) 1:18~19 §1.
청정한 믿음2(pasāda) 3:41 §1, §3.
체득되어야 하는(adhigantabba) 4:3 §2.
체득하는, 닿은(phuṭṭha) 3:14 §2[설명]; 닿은 [열반에 ~] 4:13 §6.

최상의 인간(uttamapurisa) 3:48 §1[설명].
최상의 지혜(abhiññā) 3:33 §3[설명]; 3:48 §3; 3:50 §3; 4:4 §1. = 스스로 최상의 지혜로 알고 실현하여(sayaṁ abhiññā sacchikatvā)
최상의 지혜로 알고(abhiññāya) 3:43 §3[설명]; 3:44 §2; 3:46 §2; 4:5 §2; 4:13 §6.
최상의 지혜로 알아 목적을 이룬(abhīññāvosita) 3:4 §3[설명]; 3:23 §2; 3:36 §2.
최상의 지혜를 위함(abhiññattha) 2:9 §1[설명].
최초의 스승(pubbācariya) 4:7 §1
최초의 스승과 함께 사는 [가문](sapubbācariya) 4:7 §1[본문설명].
추구 [세 가지 ~](esanā) 3:5 §1[본문설명]; 3:6 §1[본문설명].
추구하는(anuciṇṇa) 3:40 §3 [설명].
추종하는(samphuṭṭha) 3:27 §2.
추함(dubbaṇṇiya) 3:34 §1.
축생(tiracchāna) 3:44 §2.
출가(pabbajja) 3:33 §1;
출가한(pabbajita) 3:42 §2.
출리(出離)(nekkhamma) 3:23 §1[설명]; 4:10 §2.
출리에 대한 생각(nekkhammavitakka) 3:38 §2;
출세간법에 이르게 하는 법을 닦는(dhammānudhammapaṭipanna) 3:37 §1[설명].
충만함(vepulla) 4:9 §1.
충족하는(āraddha) 2:10 §1[설명];
취착하지 않는(anupādāya) 3:45 §1[설명].
취착의 멸진을 기뻐하는(upādānakkhayārāma) 3:32 §3[설명].
취착의 자취가 남아 있는(upādisesa) 2:18~20 §1 ☞ 무여 열반의 요소(anupādisesā nibbānadhātu)
취하게 하는(majja) 3:25 §2 = 취하게 하고 방일하는 이유가 되는 여러 종류의 술(surāmerayamajjapamādaṭṭhānā)
치달리다(sandhāvati) 1:14~15 §1; 1:24 §1.
친구(sakhā) 3:27 §2. = 사악한 친구(pāpa-sakhā)
칭송(pasaṁsā) 3:27 §§1~2.
칭송하였다(avaṇṇayi, √varṇ, *to paint*, Aor. 3th sg) 3:49 §4.

【카】

쾌락(bhoga) 3:42 §2 = 재가의 쾌락(gihibhoga)
큰 기부자라는 말(subhikkhavāca) 3:26 §5.

큰 바람[願](mahiccha) 3:43 §3[설명].
큰 이득(suladdhalābha) 3:34 §1.
키우는(āpādaka) 4:7 §2

【타】

타락(padosa) 1:20 §§1~2 = 마음이 타락하였기 때문(cetopadosahetu)
타락한(padūsita), 오염된 1:20 §2; 3:40 §3. 오염시키다(padūseyya) 3:40 §3.
타락한 마음을 가진(paduṭṭhacitta) 1:20 §1[설명]; 3:42 §2; 3:43 §1.
탁발로 얻은 한 덩이의 음식(piṇḍiyālopa) 4:2 §1.
탁발음식(piṇḍapāta) 4:6 §1; 음식 4:8 §1.
탄식(parideva) 3:42 §1.
탐구된(pariyesita) 4:13 §2.
탐나는 것(lobhaneyya) 3:39 §2.
탐닉함(sārāga) 3:42 §2; 3:43 §1.
탐욕(lobha) 1:1 §1; 1:9 §1; 3:1 §1; 3:39 §1[본문설명].
탐욕에 빠진 자(giddha) 3:43 §3.
탐욕이 없는(vīta-gedha) 3:43 §3
탐욕의 빛바램[離慾](viraga) 2:22 §3[설명]; 3:41 §2.
탐욕이 빛바래어(virāgūpasama) 3:31 §4.
탐욕이 빛바랜 경지(viraja pada) 2:16 §2[설명]; 3:2 §2; 3:24 §2.
탐욕으로부터 빛바래는(virājaya) 1:7 §1[설명]; 1:8~13 §1; 빛바래는 2:13 §2; 3:20 §2.
탐욕을 빛바래게 하라[離慾](virajjatha) 2:12 §§1~2[설명].
탐하다(lubbhati) 3:39 §2.
태양(ādicca) 1:27 §3; 3:10 §1; 3:39 §2.
태어나다(upapajjati) 1:20~23 §1; 2:4 §2; 3:11 §2; 3:27 §1.
태어나지 않은(ajāta) 2:16 §1.
태어난(jāta) 2:16 §2. 참 더 뛰어나게 태어난, 비슷하게 태어난, 못하게 태어난 [아들](atijāta, anujāta, avajāta) 3:25 §§2~4[설명]. 참 생긴(jāta) 3:39 §2. 3:39 §2.
태어남(jāti) 3:42 §1; 3:45 §1.
태어남의 멸진(jātikkhaya) 2:19 §2; 3:44 §2; 3:46 §2; 3:50 §4; 4:5 §3.
태어남의 멸진을 본(jātikhayantadassi) 2:19 §2.
태어남의 윤회(jātisaṁsāra) 3:45 §2.

태어남과 늙음(jātijarā) 2:7 §2; 2:11 §5; 2:20 §2; 4:4 §3.
태어남과 늙음으로 치달리지 않는(jātijarūpaga) 4:4 §3.
태어나고 늙고 죽는 괴로움의 일어남이 있는(jātijarāmaraṇadukkhasamudaya-sambhava) 3:45 §1
태어남과 죽음으로 가는(jātimaraṇagāmi) 2:15 §2; 3:9 §2; 3:47 §2.
태어남과 죽음을 넘어섬(jātimaraṇaṁ accaga) 3:28 §2.
태어남과 존재의 완전한 멸진(jātibhavaparikkhaya) 2:14 §2.
태어났다(udapādīṁ, ud+√pad, *to go*, Aor. 3th sg) 3:50 §1; 일어났다 3:12 §2;
토대(ṭhāna) 2:10 §1[설명]; 원인 4:5 §3[설명].
통달지(pariññā) 1:7 제목 §1[설명]; 2:22 §4; 철저하게 앎 1:7 제목 §1[설명]; 1:8~13 제목; 철저하게 알고(pariññāya) 3:2 §2; 3:14 §2[설명]; 3:24 §2.
통달지를 위함(pariññattha) 2:9 §1.
통찰하다(vipassati) 2:18 §2.
통찰력 가진 자(vipassi) 1:1 §2[설명] ; 1:2~6 §2; 1:9~13 §2;
통찰지(paññā) 2:10 §2; 3:44 §5; 3:48 §1; 4:5 §1.
통찰지 [더 높은 ~](paññuttara) 2:19 §1[설명].
통찰지를 소멸시키는(paññānirodhika) 3:38 §1.
통찰지를 소멸시키는 자(paññānirodhika) 3:38 §1.
통찰지를 통한 해탈[慧解脫](paññāvimutti) 3:33 §3[설명]; 4:4 §3.
통찰지의 눈[慧眼](paññācakkhu) 3:12 §1[설명].
통찰지의 무더기[慧蘊](paññakkhandha) 3:10 §1; 4:5 §2.
퇴보에 빠지지 않은 법(apahānadhamma) 2:19 §2[설명].
특이한 것을 얻은(visesādhigama) 3:40 §2[설명].

【파】

파멸처(vinipāta) 1:20 §1; 3:21 §1; 3:32 §1; 3:50 §2.
파멸하다(vinassati) 2:22 §2
팽창하는 겁(vivaṭṭakappa) 1:22 §1; 3:50 §1.
팽창하고 있는 [겁](vivaṭṭamāna) 1:22 §1.
퍼져 나오다(niccharati) 3:33~34 §1
펴다(pasāreti/pasārayati) 4:12 §3.
편안한(vighāta) 4:2 §2[설명].
평온한(upekkhaka) 3:37 §1[설명].
평지(thala) 3:26 §5.

포기(vosāna) 3:40 §2[설명].
포효하고(gajjayitvā) 3:26 §5.
폭류(ogha) 4:8 §1[설명].
표현을 구족한(sabyañjana/savya-) 3:35 §1; 4:8 §1.
표현할 수 있는 것(akkheyya) 3:14 §2[설명].
표현할 수 있는 것을 구족한(akkheyyasampanna) 3:14 §2.
표현할 수 있는 것을 인식하는 자(akkheyyasaññi) 3:14 §2[설명].
표현하는 자(akkhātāra) 3:14 §2.
풀린 [마라의 덫에서 ~](omukka) 3:19 §1.
풀어버린(pamocana) 4:3 §2; 4:13 §6. 참 모든 매듭 풀어버린(sabbaganthappa-mocana).
풀었다(vivattayi, vi+√vṛt, *to turn*, Aor. 3th sg) 3:4 §2.
품고 있다(adhivāseti) 4:11 §1.
풍기다(vāyati) 3:27 §2[설명].
필수품(paccaya) 4:8 §2; 2:8 §1 [각주]; 3:31 §1 [각주].
필적할 사람(paṭipuggala) 4:13 §6.

【하】

하나에 몰입된(ekodibhūta) 2:20 §2.
하다, 되다(saṁvattati) 3:30 §1.
하지 않은(akata) 2:3~4 §1; 만들어지지 않은 2:16 §1.
하찮은(oramattaka) 3:40 §2.
학습계목(sikkhāpada) 3:48 §1; 4:12 §1.
한거(paviveka) 2:11 §1[설명].
한거하는(pavivitta) 3:29 §3.
한결같이(samitaṁ) 4:11 §1; 4:12 §2.
한계(pariyanta) 3:50 §1 = 이런 수명의 한계를 가졌고(evamāyupariyanta)
한데 모은(saṁhāraka) 1:24 §1.
한량없는(anekavihita) 3:50 §1.
할 바를 다 한(katakaraṇīya) 2:17 §2; 3:35 §2.
할 수 있는(bhabba) 1:7~13 §1; 2:7 §1; 3:30 §3; 3:31 §2; 4:11 §3.
할 수 없는(abhabba) 1:7~13 §1; 2:7 §1; 3:30 §3; 4:11 §3.
함께 나누다1(saṁvibhājeti) 3:26 §5
함께 나눔(saṁvibhāga) 1:26 §1[설명]; [두 가지 ~] 3:49 §2[본문설명]; 4:1 §2

[본문설명].
함께 나누다2(pavecchati) 3:26 §5.
함께 머물다1(sahāvase, √vas3, *to dwell*, Pot. 3th sg) 3:29 §3.
함께 머물다2, 앉다(sīdati) 3:29 §3.
함께 모이다(saṁsandati) 3:29 §1.
함께 어울리다(sameti2) 3:29 §1.
함께 즐거워하는 자(sahanandi) 3:31 §2.
합당하게 닦는(sāmīci) 4:12 §3. = 마음의 사마타[止]를 합당하게 닦는(ceto-samathasāmīci)
합장받아 마땅한(añjalikaraṇīya) 3:41 §3.
해로운, 해로움(akusala) 1:16~17 §1; 2:3; 2:4; 2:11; 2:13; 3:15; 3:16.
해로운 법[不善法, akusala dhamma] 2:13 §1.
해로운 생각 [세 가지~](akusalavitakka) 3:31 §1[본문설명]; 3:38 §1[본문설명][설명]
해로움의 뿌리 [세 가지~](akusalamūla) 3:1 §1[본문설명].
해야 할(karaṇīya) 4:12 §1.
해치는(gandhana) 3:25 §1.
해치지 않다(byābādheti) 2:11 §1[설명].
해코지에 대한 생각(vihiṁsāvitakka) 3:38 §1[본문설명]; 4:11 §1[본문설명].
해코지 않음에 대한 생각(avihiṁsāvitakka) 3:38 §2[본문설명].
해코지하다(vihiṁsati) 3:40 §3.
해탈(vimokkha) 3:14 §2; 3:33 §4.
해탈의 무더기(vimuttikkhandha) 4:5 §2.
해탈의 정수(vimuttisāra) 2:19 §1[설명].
해탈의 지혜(vimuttiñāṇa) 4:3 §2.
해탈지견의 무더기(vimuttiññāṇadassanakkhandha) 4:5 §2.
해탈한(mocayanta) 4: 13 §6.
해태・혼침(thīnamiddha) 2:7 §2.
했다, 갔다(āpādi, ā+√pad, *to go*, Aor. 3th sg) 3:40 §2.
행동(iriyā) 2:11 §1.
행동의 영역(gocara) 3:48 §1; 4:12 §1[설명]
행복을 열망함 [세 가지 ~](sukhāni patthayamāna) 3:27 §1[본문설명].
행복과 고통(sukhadukkha) 3:50 §1; 즐거움과 괴로움 2:17 §2.
행복을 가져오는(sukha-samuddaya) 1:22 §4[설명]; 3:11 §2.
행하는 그대로(yathākārī) 4:13 §4.
향상(vuddhi) 4:9 §1.
향상하다(virūhati) 4:9 62.

향수(gandha) 3:26 §§2～4. ☞ 화환과 향수와 화장품(mālāgandhavilepana)
향하는(abhisamayā) 1:23 §2; 관통 3:4 §1.
허물(vajja) 3:48 §1; 4:12 §1.
허물이 없는(anavajja) 4:2 §1.
헌공하다(yajetha) 3:49 §4.
현자1(paṇḍita) 1:22 §4; 1:23 §2; 2:10 §2; 3:11 §2; 3:25 §5; 3:27 §1; 3:29 §2; 3:40 §3; 3:43 §3; 3:4 §2; 3:46 §2; 4:5 §2; 4:7 §3.
현자2(sumedha) 2:11 §5[설명].
현자3(dhīra) 4:5 §3; 4:9 §§1～2.
현자를 시귀는 것(dhīrūpasevana) 3:27 §2.
현재의 시간(paccuppanna addhā) 3:14 §1[설명].
현혹시켰다(amohayi, √muh, *to be crazed*, Aor. 3th sg) 3:20 §2
형성되지 않은(asaṅkhata) 2:16 §1; 2:17 §4; 3:41 §2[설명].
형성되지 않은 경지(pada asaṅkhata) 2:17 §4.
형성된(saṅkhata) 2:16 §1; 3:23 §1; 3:41 §2[설명].
형성된 것(saṅkhāra) 3:36 §1. ☞ 모든 형성된 것들[諸行](sabbasaṅkhārā)
형성된 것들의 가라앉음1(saṅkhārūpasama) 2:16 §2[설명];
형성된 것들의 가라앉음2(saṅkhārasamatha) 3:23 §2; 3:36 §2.
호수(rahada) 3:43 §3; 4:10 §1.
호의 [두 가지～](anuggaha) 1:19 §2; 3:49 §3[본문설명] [설명]; 4:1 §2.
혼란스럽지 않는(asammuṭṭha) 4:12 §2.
혼침(middha) 2:7 §2; 4:12 §2. ☞ 해태 · 혼침(thinamiddha)
홀로 앉음을 즐기는(paṭisallānārāma) 2:18 §1[설명].
홀리다(mucchita) 3:44 §2; 4:11 §3.
홀린(ratta) 3:44 §2.
화를 내다(duṭṭhāse) 1:2 §2; 1:10 §2;
화장터 나무토막(chavālāta) 3:42 §2.
화장품(vilepana) 3:26 §2. ☞ 화환과 향수와 화장품(mālāgandhavilepana)
화합(sāmaggi) 1:18～19 §§1～2.
화합하는(samagga) 1:18～19 §§1～2.
화환(mālā) 3:34 §1.
화환과 향수와 화장품(mālāgandhavilepana) 3:36 §2.
확고부동한 [나의 해탈은 ～](akuppā) 3:13 §2
확고한(niviṭṭha) 3:34 §3; 고착된 2:14 §2[설명].
확립된1(upaṭṭhita) 2:15 §2; 3:36 §1;
확립된2(patiṭṭhita) 3:34 §§1～4; 머물러 있는 3:14 §2[설명].
확신하다(adhimuccati) 2:22 §1.

횃불을 든(ukkādhāra) 4:5 §2.
회중(parisā) 3:25 §5.
후회 [들뜸과 ~](kukkucca) 4:12 §2
후회하는 [법, 두 가지 ~](tapanīya) 2:3 §1[본문설명] [설명];
후회하지 않는 [법, 두 가지 ~](atapanīya) 2:4 §1[본문설명].
훈도하는(ovādaka) 4:5 §1.
훼손하다(paridhaṁsamāna) 3:42 §3.
흐름(sota) 4:10 §2.
흐름을 건너는(paṭisota) 4:10 §§1~2.
흩어버렸다(padālayuṁ, pra+√dal, *to burst*, Aor. 3th pl) 1:14 §2.
흩어버리고(abhivihacca) 1:27 §3.
흩어지지 않은, 굳세어진(asaṁhāriya) 3:34 §3.
흩어진(avikkhitta) 3:45 §1[설명].

『이띠웃따까』 출판은 초기불전연구원을 후원해 주시는 아래
스님들과 신심단월님들의 보시가 있었기에 가능하였습니다.
깊이 감사드립니다.

설판재자: 윗자부미 정춘태 복위 망자모 윤태식 영가

자문위원: 고산스님, 덕광스님, 북천스님, 일연스님, 재연스님, 정보스님, 현묵스님, 혜안스님, 박웅석, 배인혜, 송민영, 송정욱, 이근순, 이현옥, 정상진, 차분남, 최윤호

후원회원: 강명주, 강인숙, 고정곤, 고현주, 곽정인, 구지연, 김경연, 김경희, 김기래, 김덕순, 김명희, 김미경, 김상호, 김석화, 김성경, 김수정, 김숙자, 김승석, 김승옥, 김신우, 김연주, 김은희, 김의철, 김정숙, 김정애, 김준우, 김준태, 김하용, 김학란, 류미숙, 박상호, 박영호, 박재홍, 박종운, 박청자, 박흥식, 박희구, 박희순, 박희애, 배성옥, (주)보성스톤, 서정례, 손동란, 송문자, 송영상, 송영태, 송원영, 신영천, 신혜경, 예원자, 유욱종, 유지현, 육종일, 이미선, 이미영, 이상열, 이상이, 이송자, 이수일, 이순자, 이유현, 이정훈, 이정희, 이창준, 이향숙, 이희도, 임주연, 장상재, 전미옥, 정규관, 정미자, 정인화, 제따부미, 조향숙, 주호연, 진병순, 차곡지, 차병진, 채병화, 초불후원금, 최동엽, 최두리, 최은영, 최정식, 최혜륜, 하영준, 한미애, 한정만, 허인구, 허종범, 화엄경보현행, 황금심, 황성문

역자 **각묵스님**

1957년 밀양생. 1979년 화엄사 도광 스님을 은사로 사미계 수지. 1982년 범어사에서 자운 스님을 계사로 비구계 수지. 7년간 제방 선원에서 안거 후 인도로 유학, 인도 뿌나 대학교(Pune University)에서 10여 년간 산스끄리뜨, 빠알리, 쁘라끄리뜨 수학. 현재 실상사 한주, 대한불교조계종 교육아사리, 초기불전연구원 지도법사.

역·저서로 『금강경 역해』(2001, 9쇄 2017), 『아비담마 길라잡이』(전2권, 대림 스님과 공역, 2002, 12쇄 2016, 전정판 2쇄 2018), 『네 가지 마음챙기는 공부』(2003, 개정판 4쇄 2013), 『디가 니까야』(전3권, 2006, 4쇄 2014), 『상윳따 니까야』(전6권, 2009, 3쇄 2016), 『초기불교 이해』(2010, 5쇄 2015), 『니까야 강독』(I/II, 2013), 『담마상가니』(전2권, 2016), 『초기불교 입문』(2017), 『위방가』(전2권, 2018), 「간화선과 위빳사나 무엇이 같고 다른가」(『선우도량』 제3호, 2003) 외 다수의 논문과 글이 있음.

이띠웃따까

2020년 4월 30일 초판 1쇄 발행
2024년 1월 24일 초판 2쇄 발행

옮긴 이 | 각묵 스님
펴낸 이 | 대림 스님
펴낸 곳 | **초기불전연구원**
경남 김해시 관동로 27번길 5-79
전화: (055) 321-8579
홈페이지 | http://tipitaka.or.kr
http://cafe.daum.net/chobul
이 메 일 | chobulwon@gmail.com
등록번호 | 제13-790호(2002.10.9)
계좌번호 | 국민은행 604801-04-141966 차명희
하나은행 205-890015-90404(구.외환147-22-00676-4) 차명희
농협 053-12-113756 차명희
우체국 010579-02-062911 차명희

ISBN 978-89-91743-42-7(03220)

값 | 30,000원